AF540340

हिन्दी साहित्य का इतिहास
पुनर्लेखन की आवश्यकता

डॉ. पुखराज मारू

राधाकृष्ण प्रकाशन

ISBN : 978-81-8361-608-9

हिन्दी साहित्य का इतिहास
पुनर्लेखन की आवश्यकता

पहला राधाकृष्ण संस्करण : 2013
पहली आवृत्ति : 2023
This book is printed on **Print on Demand** Technology : 2025

मूल्य : ₹895

प्रकाशक
राधाकृष्ण प्रकाशन प्राइवेट लिमिटेड
जी-17, जगतपुरी, दिल्ली-110 051

शाखाएँ : अशोक राजपथ, साइंस कॉलेज के सामने, पटना-800 006
पहली मंजिल, दरबारी बिल्डिंग, महात्मा गांधी मार्ग, प्रयागराज-211 001
1, अनमोल सोराबजी संतुक लेन, धोबी तलाव, मरीन लाइंस, मुम्बई-400 002

वेबसाइट : www.radhakrishnaprakashan.com
ई-मेल : info@radhakrishnaprakashan.com

HINDI SAHITYA KA ITIHAS
Punarlekhan Ki Awashyakata
by Dr. Pukhraj Maroo

भूमिका

प्रसिद्ध फ्रेंच विद्वान 'गार्सा द तासी' ने हिन्दी साहित्य लेखन का मंगलाचरण किया तत्पश्चात् जॉर्ज अब्राहम ग्रियर्सन, शिवसिंह इत्यादि के अव्यवस्थित एवं अपूर्ण पारम्परिक लेखन को आचार्य रामचन्द्र शुक्ल ने एक सुव्यवस्थित साहित्य इतिहास-लेखन का स्वरूप प्रदान करने का प्रयत्न किया। शुक्ल जी की परम्परा में अनेक साहित्येतिहास लेखकों ने इस क्रम को आगे बढ़ाने का पराक्रम किया।

वस्तुतः आचार्य रामचन्द्र शुक्ल ने विश्वविद्यालयीन शिक्षा को ध्यान में रखते हुए जिज्ञासु छात्रों, शोधकर्ताओं तथा अध्यापकों की आवश्यकता का गहन अनुभव किया। उन्होंने यह भी स्वीकार किया कि हिन्दी साहित्य की उच्च शैक्षणिक कक्षाओं में साहित्य के सुव्यवस्थित और सुचारु अध्ययन-अध्यापन के लिए हिन्दी साहित्य के इतिहास लेखन की, विशेषतः एक व्यवस्थित और प्रामाणिक इतिहास-लेखन की, तात्कालिक आवश्यकता है। समय सदैव गतिमान एवं परिवर्तनशील है, अतः आज भी यह आवश्यकता यथावत् अनुभव की जाती है। इन साठ-पैंसठ वर्षों में परिवर्तन की प्रक्रिया की गति अत्यन्त तीव्र रही है। साहित्य के मुकाबले व्यावसायिक पाठ्यक्रम तथा श्रव्य-दृश्य संचार माध्यमों ने मुद्रित अक्षर के महत्त्व को कम किया है, फिर भी साहित्य की मलय-समीर हमें निरन्तर आन्दोलित, आह्लादित और आनन्दित करती है। साहित्य की अभूतपूर्व श्रीवृद्धि भी इन साठ-पैंसठ वर्षों की अपनी विशेषता रही है।

''साहित्य समाज का दर्पण है।'' आचार्य महावीर प्रसाद द्विवेदी का यह आप्त वाक्य साहित्येतिहास लेखन की आवश्यकता और प्रभविष्णुता को भी रेखांकित करता है। समसामयिकता यदि साहित्य में प्रतिध्वनित होती है तो इतिहास-लेखन उसकी प्रामाणिकता का दस्तावेज होता है।

वैज्ञानिक दृष्टि और अधुनातन चिन्तन के लिए यह जरूरी है कि हमें अपने समाज और इतिहास की ठीक-ठीक जानकारी हो। अपने सामाजिक, राजनीतिक, आर्थिक और साहित्यिक परिवर्तन सदैव हमारे सामने एक चित्र की तरह आते-जाते रहें तो हमारे निर्णय, निष्कर्ष और प्रयास, संकल्प और प्रस्तावनाएँ सकारात्मक होंगी। साहित्य का इतिहास हमारी सामाजिक मूल्यवत्ता और नैतिक अर्थवत्ता को रेखांकित करता है। साहित्य की समृद्धि, नैतिकता, मर्यादा, सिद्धान्त, सत्य और ईमान की स्वत: प्रतिष्ठा करती चलती है। हमारे अतीत का शपथ-पत्र विगत साहित्येतिहासकारों के परिश्रम के फलस्वरूप हमारे समक्ष है। आनेवाली पीढ़ियों के स्वत्वाधिकारों की रक्षा के लिए यह अत्यन्त आवश्यक और अपरिहार्य है कि साहित्येतिहास लेखन की निरन्तरता तथा क्रमबद्धता बनी रहे। सामाजिक परिवर्तनों तथा राजनीतिक, आर्थिक और सांस्कृतिक ऊहापोह के प्रामाणिक दस्तावेज आनेवाली पीढ़ियों के अधिकार हैं, अत: साहित्य इतिहास के लेखन की अनिवार्यता के साथ-साथ यह भी आवश्यक है कि उसका तथ्यपरक विश्लेषण भी यथा-अवसर किया जाता रहे।

आचार्य रामचन्द्र शुक्ल, बाबू श्यामसुन्दर दास, आचार्य पीताम्बरदत्त बड़थ्वाल, आचार्य रामशंकर शुक्ल 'रसाल', मिश्रबन्धु, आचार्य नन्ददुलारे वाजपेयी, आचार्य हजारीप्रसाद द्विवेदी, डॉ. रामलेखावन पांडेय, डॉ. नगेन्द्र, बच्चन सिंह, डॉ. रामस्वरूप चतुर्वेदी तक एक अक्रमिक किन्तु निरन्तर लेखन प्राप्त होता है। कृष्णबिहारी मिश्र, गणपतिचन्द्र गुप्त और रामरतन भटनागर जैसे अनेक विद्वान लेखकों ने इस परम्परा को पुष्टि और गति प्रदान की है। हर विद्वान ने कुछ पुराना सुधारते हुए कुछ नया जोड़ने का सप्रयास किया है। हिन्दी का ज्ञानपिपासु छात्र होने के कारण मैं सदैव इस बिन्दु पर एकाग्र चिन्तन करता रहा हूँ कि साहित्येतिहास लेखन के आरम्भ से अद्यतन कब, क्या लिखा गया? क्या परिवर्तन हुआ? अतीत और वर्तमान की छवियाँ हमें कैसे मुग्ध और उदासीन करती हैं? परिवर्तित होते समय को किसने किस प्रकार अंकित किया है? यह जिज्ञासा अकसर मेरी नींद उड़ाती रही है।

प्रशासनिक बियाबान में भटकते हुए इस सतत चिन्तन का परिणाम ही यह शोधपूर्ण लेखन है। हिन्दी साहित्य के इतिहास के

पुनर्लेखन की आवश्यकता का तथ्यपरक विश्लेषण मेरे लिए सन्तोष का विषय है।

साहित्य और संस्कृति हमारी सर्वाधिक मूल्यवान धरोहरें हैं। श्रोत्रिय और चाक्षुष संचरित आक्रमणों के इस दौर में यह और भी महत्त्वपूर्ण हो गया है कि हम अपने साहित्यिक इतिहास-लेखन को एक गुरुतर दायित्व मानते हुए इसे क्रमिक और निरन्तर रूपबद्धता प्रदान करें। इसे वह रूपाकार दें जो उसकी सार्वभौमिक प्रामाणिकता और मानवीय संलग्नता को एक साथ उपस्थित करने में सहायता करे।

ग्रन्थ के लेखन में मुझे सागर विश्वविद्यालय के हिन्दी विभाग के प्रोफेसर सुरेश आचार्य एवं कुलपति प्यारे भाई, शिवकुमार जी श्रीवास्तव का प्रेरणात्मक मार्गदर्शन प्राप्त हुआ है।

अभिव्यक्ति के इन आत्मीय क्षणों में मैं अपने पूज्य पिता स्वर्गीय श्री मोहनलाल जी मारू तथा माताश्री स्व. श्रीमती केशरदेवी का पुण्य स्मरण करता हूँ, जिन्होंने मुझे इस योग्य बनाने के लिए सिंचित व पल्लवित किया।

मेरी धर्मपत्नी श्रीमती शोभना बाजपेयी मारू, जिन्होंने मुझे हमेशा लेखन के लिए प्रेरित किया और आज भी कर रही हैं, का आभार व्यक्त करने के लिए शब्द कम पड़ रहे हैं। आपने अपने व्यक्तिगत समय को इस कार्य के लिए समर्पित किया है।

सामग्री संकलन के सिलसिले में जवाहरलाल नेहरू पुस्तकालय, सागर के सभी कर्मचारियों एवं मेरे निजी सहायक श्री एस. के. मिश्रा और श्री एम. आर. अम्बे का भी आभार व्यक्त करता हूँ जिन्होंने समय-समय पर मेरी टंकण एवं अन्य कार्यों में सहायता की है। अन्त में मध्यप्रदेश हिन्दी ग्रन्थ अकादमी के संचालक प्रो. गोविन्द प्रसाद शर्मा का आभार व्यक्त करता हूँ जिन्होंने पुस्तक के प्रकाशन का उत्तरदायित्व अपने हाथ में लिया है और सभी पाठकों तक पहुँचाने के लिए अपना योगदान दिया है। आशा है, पुस्तक में उपलब्ध सामग्री हिन्दी साहित्य के अध्येताओं एवं छात्रों के लिए उपयोगी सिद्ध होगी।

–डॉ. पुखराज मारू

द्वितीय संस्करण की भूमिका

किसी भी साहित्य के इतिहास का लेखन सबसे दुरूह कार्य होता है। हिन्दी साहित्य के इतिहास को भी काफी विद्वानों ने अपने-अपने स्तर पर लिखने का यथासम्भव प्रयत्न किया है। लेकिन आज भी हिन्दी साहित्य का प्रामाणिक व पूर्ण इतिहास हमारे समक्ष उपलब्ध नहीं है। इसी सन्दर्भ में मैंने अपनी इस पुस्तक में हिन्दी साहित्य के इतिहास के पुनर्लेखन की आवश्यकता को बार-बार प्रतिपादित करने का अकिंचन प्रयास किया है।

पुस्तक का प्रथम संस्करण मध्यप्रदेश हिन्दी ग्रन्थ अकादमी द्वारा प्रकाशित किया गया था। लगभग दो वर्ष बीत जाने के बाद दूसरे संस्करण की आवश्यकता महसूस हुई ताकि इसे और व्यापक स्तर पर सुधीजनों के ध्यान में लाया जा सके। श्री अशोक महेश्वरी जी ने इस कार्य को पूर्ण करने के लिए यह गुरुतर उत्तरदायित्व स्वीकार किया है। मैं इस सिलसिले में श्री महेश्वरी जी का आभार व्यक्त करता हूँ और यह आशा करता हूँ कि यह पुस्तक हिन्दी साहित्य के अध्यापकों और छात्रों के लिए उपयोगी सिद्ध हो सकेगी।

–डॉ. पुखराज मारू

अनुक्रम

साहित्य इतिहास-लेखन

आधुनिक हिन्दी साहित्य अपने इतिहास-लेखन की प्रामाणिकता के कारण एक संचित ज्ञान कोश है। आचार्य रामचन्द्र शुक्ल द्वारा लिखित हिन्दी साहित्य का इतिहास अपनी सार्थक और वरेण्य प्रामाणिकता के कारण उन्हें साहित्य जगत का शाश्वत हस्ताक्षर बनाता है। यदि चन्द्रधर शर्मा 'गुलेरी' की 'उसने कहा था' कहानी उन्हें प्रतिष्ठित कथाकारों में स्थापित करती है तो साहित्य का इतिहास-लेखन भी इस तरह की शाश्वत स्थिति प्रदान करता है। रामचन्द्र शक्ल के इतिहास-ग्रन्थ में आदिकाल, भक्तिकाल, रीतिकाल और आधुनिक काल की सभी प्रवृत्तियाँ और धाराएँ जैसे अपना पंजीकरण कराती हैं और आचार्य विश्वनाथ प्रसाद मिश्र, डॉ. नगेन्द्र, डॉ. हजारीप्रसाद द्विवेदी, कृष्णबिहारी मिश्र, आचार्य नन्ददुलारे वाजपेयी, रामकुमार वर्मा, राममूर्ति त्रिपाठी आदि विद्वानों ने हिन्दी के इतिहास-लेखन पर काम करते हुए भी आचार्य रामचन्द्र शुक्ल के वैचारिक निर्णयों को यत्किंचित् ही अस्वीकार किया होगा। वस्तुतः आचार्य रामचन्द्र शुक्ल हिन्दी साहित्य-लेखन की रामकथा के वाल्मीकि हैं और कोई भी साहित्येतिहास का लेखक उनकी उपेक्षा करके अपना अभीष्ट प्राप्त नहीं कर सकता। यहाँ यह कहना अनुचित न होगा कि आदिकाल, भक्तिकाल और रीतिकाल की जैसी रंगारंग और जीवित पारदर्शियाँ आचार्य शुक्ल के इतिहास-लेखन में प्राप्त होती हैं वैसी आधुनिक साहित्य के बारे में प्राप्त नहीं होतीं। इस दृष्टिकोण से हिन्दी साहित्य के इतिहास के पुनर्लेखन की आवश्यकता अनुभव की जाती है। बीसवीं शताब्दी के चौथे दशक में जब आचार्य शुक्ल ने देह त्याग किया तब से साठ वर्षों का काल एक नई तकनीकी क्रान्ति संचार और सूचनाओं के विस्फोट के साथ हमारे सामने है। इन लगभग साठ वर्षों का हिन्दी साहित्य भाषा की दृष्टि से, अनुभव की दृष्टि से, ज्ञान की दृष्टि से और व्यापक विश्व दृष्टि से सम्पन्न साहित्य है। यह सभ्यता, संस्कृति और साहित्यलेखन का अद्‌भुत संगमकाल है। इस बिन्दु पर विचार करें तो साहित्य के इतिहास के पुनर्लेखन की आवश्यकता और बढ़ जाती है। जब मैंने श्रव्य और दृश्य माध्यमों के चाक्षुष और श्रोत्रिय आक्रमणों पर ध्यान दिया तो मुद्रित अक्षर के प्रति न्याय करने

की दृष्टि से भी साहित्यिक, सांस्कृतिक और राजनीतिक चेतना पर जहाँ प्रामाणिक टिप्पणी की जा सके, वहीं उन्हें संचित करके आनेवाली पीढ़ियों के लिए सुरक्षित भी रखा जा सके।

हिन्दी साहित्य के इतिहास-लेखन के सम्बन्ध में डॉ. गणपतिचन्द्र गुप्ता कहते हैं–हिन्दी साहित्य के इतिहास-लेखन की परम्परा बहुत पुरानी नहीं है–अब से लगभग डेढ़ सौ वर्ष पूर्व एक फ्रेंच विद्वान ने इस परम्परा का सूत्रपात किया था। उस विद्वान का नाम है–गार्सा द तासी। उनके द्वारा रचित हिन्दुस्तानी साहित्य का इतिहास (इस्त्वार द ला लितेरात्यूर ऐंदुई ऐं ऐंदुस्तानी) फ्रेंच भाषा में सन् 1839 में प्रकाशित हुआ था। इसमें अंग्रेजी वर्णक्रम से हिन्दी और उर्दू के साहित्यकारों की जीवनी व रचनाओं का परिचय दिया गया है। इसका दूसरा भाग 1847 में प्रकाशित हुआ।

काल-विभाजन, काल-क्रम एवं प्रवृत्तियों के निरूपण का इसमें कोई प्रयास न होने के कारण यह ग्रन्थ इतिहास कहलाने योग्य नहीं है, किन्तु परम्परा प्रवर्तक होने का श्रेय भी इसी को प्राप्त है। इसके अनन्तर दूसरा महत्त्वपूर्ण प्रयास सर जॉर्ज ग्रियर्सन का है, जिन्होंने अपना 'द मॉडर्न वर्नाक्युलर लिटरेचर ऑफ हिन्दुस्तान' अंग्रेजी में सन् 1889 के लगभग प्रकाशित कराया। सौभाग्य से इसका हिन्दी अनुवाद भी डॉ. किशोरीलाल गुप्त द्वारा कुछ वर्षों पूर्व 'हिन्दी साहित्य का प्रथम इतिहास' के नाम से प्रकाशित हो गया है।

इसमें काल-क्रम, काल-विभाजन, युगीन प्रवृत्तियों के विवेचन आदि का प्रयास किया गया है, अतः निश्चय ही हिन्दी साहित्य का प्रथम इतिहास कहलाने का गौरव इस ग्रन्थ को दिया जाना चाहिए। ग्रियर्सन महोदय ने हिन्दी साहित्य का आविर्भाव सातवीं शती के अन्तिम समय से मानते हुए सम्पूर्ण इतिहास अनेक काल-खंडों में विभक्त किया है। यद्यपि उनका यह विभाजन त्रुटिपूर्ण है फिर भी परवर्ती इतिहास-लेखकों के लिए मार्गदर्शक रहा है।[1] साहित्य इतिहास-लेखन की परम्परा को आगे बढ़ाने, उसे विकसित करने, निखारने में अनेक साहित्यकारों, इतिहासकारों का योगदान रहा है। इस सम्बन्ध में गुप्त जी कहते हैं कि "मिश्रबन्धुओं द्वारा प्रकाशित 'मिश्रबन्धु-विनोद' (प्रकाशन काल सन् 1913 ई.) ग्रियर्सन की परम्परा को आगे बढ़ानेवाला ग्रन्थ है। यह चार खंडों में प्रकाशित है तथा इसमें काल-विभाजन का सर्वथा नूतन प्रयास किया गया है, जो ग्रियर्सन के प्रयास की तुलना में अत्यन्त महत्त्वपूर्ण है। सामग्री, विषय-विवेचन, समीक्षा शैली आदि की दृष्टि से भी यह ग्रन्थ उच्चकोटि का है। इसमें लगभग पाँच हजार साहित्यकारों को स्थान दिया गया है। किन्तु इस परम्परा का शीर्षस्थ ग्रन्थ आचार्य रामचन्द्र शुक्ल द्वारा रचित 'हिन्दी साहित्य का इतिहास' जाना जाता है जो सन् 1929 ई. में प्रकाशित हुआ। आचार्य शुक्ल ने सामग्री-चयन, काव्य-परम्पराओं के वर्गीकरण, काल-विभाजन, युगीन

प्रवृत्तियों के निर्धारण, नामकरण एवं साहित्यकारों के मूल्यांकन आदि सभी की दृष्टि से स्पष्ट, मौलिक एवं प्रौढ़ प्रयास किया। उनके अनन्तर आचार्य हजारीप्रसाद द्विवेदी ने अपने तीन ग्रन्थों–'हिन्दी साहित्य की भूमिका' (1940 ई.), 'हिन्दी उद्भव और विकास' और 'हिन्दी साहित्य का आदिकाल'–में आचार्य शुक्ल की इतिहास सम्बन्धी अनेक धारणाओं एवं स्थापनाओं को चुनौती देते हुए उनका खंडन सफलतापूर्वक किया है, किन्तु फिर भी इतिहास के स्थूल ढाँचे-काल-विभाजन एवं काव्य-धाराओं के वर्गीकरण आदि की दृष्टि से उन्होंने शुक्ल जी के इतिहास को पल्लवित किया है। डॉ. रामकुमार वर्मा ने भी अपने 'हिन्दी साहित्य का आलोचनात्मक इतिहास' (1938 ई.) में भक्तिकाल तक के साहित्य का विवेचन, विश्लेषण व मूल्यांकन का नूतन प्रयास किया है, जो अनेक दृष्टियों से महत्त्वपूर्ण है।"[2] डॉ. रामकुमार वर्मा 'हिन्दी साहित्य का आलोचनात्मक इतिहास' के प्रारम्भ में 'निवेदन' के अन्तर्गत लिखते हैं–"इतिहास-लेखन बहुत कठिन कार्य है। वैज्ञानिक विवेचन की गम्भीरता के साथ-साथ इतिहास-लेखक का उत्तरदायित्व बहुत बड़ा है। इन दोनों बातों के लिए इतिहास-लेखक को तैयार रहना चाहिए। फिर हिन्दी साहित्य का इतिहास तो बहुत विस्तृत और व्यापक है। वास्तव में इस साहित्य में जितनी जटिलताएँ और गुत्थियाँ हैं, शायद भारतीय साहित्य के किसी इतिहास में न पाई जाएँगी, क्योंकि हिन्दी भाषा और साहित्य-विस्तार बहुत प्राचीन काल से अखिल भारतीय रूप में बिखरा हुआ है। अभी तो समुचित रूप से उसकी खोज की बात ही अलग है–मुझे तो ऐसा लगता है कि बहुत-सी सामग्री, जो प्रत्यक्ष फैली पड़ी है, उसका इतिहास-ग्रन्थों में अभी तक उल्लेख भी नहीं हो सका है। इतिहास लिखने में वैज्ञानिक काल-क्रम और विकास-क्रम की तो बात ही दूर है।"[3] इस कठिन कार्य का प्रारम्भ एक लम्बी प्रतीक्षा के बाद और प्रयत्नों से प्रारम्भ हुआ। सं. 700 से विक्रम की उन्नीसवीं शताब्दी के अन्त तक हिन्दी साहित्य का इतिहास संसार-समुद्र के भीतर बिखरे छिपे रत्नों की तरह बिखरा रहा। आश्चर्य यह है कि हिन्दी साहित्य का इतिहास सर्वप्रथम विदेशी लेखक 'गार्सा द तासी' ने लिखा न, कि किसी देशी या भारतीय लेखक ने। डॉ. रामकुमार वर्मा ने लिखा है, "यह आश्चर्य की बात है कि हिन्दी साहित्य का प्रथम विवरण हिन्दी लेखकों द्वारा न लिखा जाकर विदेशी भाषा में किसी विदेशी द्वारा लिखा जाए। विदेशी भाषा में लिखे जाने पर भी ग्रन्थ का महत्त्व है। यह हिन्दी का सबसे प्राचीन विवरण होने के कारण विद्वानों और इतिहास-लेखकों के लिए साहित्यिक और ऐतिहासिक दोनों ही विशेषताएँ रखता है। हिन्दी में इसका अनुवाद होना बहुत आवश्यक है। महाकवि चन्द से सम्बन्ध रखनेवाले अवतरण का अनुवाद डॉ. उदय नारायण तिवारी ने ज्येष्ठ संवत् 1993 की 'सुधा' मासिक पत्रिका में किया था। हिन्दी साहित्य के इतिहास से सम्बन्ध रखनेवाला

दूसरा ग्रन्थ अवश्य हिन्दी में लिखा गया और वह श्री महेश दत्त शुक्ल द्वारा संगृहीत 'भाषा-कात्य-संग्रह' है। इसमें संग्रहकर्ता ने पहले कुछ प्राचीन कविताएँ संग्रह की हैं फिर उन्हीं कवियों का जीवन चरित्र तथा समय आदि संक्षेप में दिया है। अन्त में कठिन शब्दों का कोष भी है। यह नवलकिशोर प्रेस, लखनऊ से संवत् 1930 में प्रकाशित हुआ।''[4] तासी की परम्परा को आगे बढ़ाने का श्रेय शिवसिंह सेंगर को है जिन्होंने 1883 में 'शिवसिंह सरोज' की रचना की। इसमें लगभग एक सहस्र भाषा-कवियों का जीवन चरित उनकी कविताओं के उदाहरण सहित प्रस्तुत करने का प्रयास किया। ''सन् 1888 में एशियाटिक सोसायटी ऑफ बंगाल की पत्रिका के विशेषांक के रूप में जॉर्ज ग्रियर्सन द्वारा रचित 'द मॉडर्न वर्नाक्युलर लिटरेचर ऑफ हिन्दुस्तान' का प्रकाशन हुआ, जो नाम से 'इतिहास' न होते हुए भी सच्चे अर्थों में हिन्दी साहित्य का पहला इतिहास कहा जा सकता है।''[5] (इस ग्रन्थ का हिन्दी अनुवाद 'हिन्दी साहित्य का प्रथम इतिहास' शीर्षक से डॉ. किशोरीलाल गुप्त द्वारा किया गया है। डॉ. रामकुमार वर्मा ने कहा कि ''ग्रियर्सन साहब का ग्रन्थ 'सरोज' की सामग्री से ही बनाया गया है किन्तु यह उससे अधिक व्यवस्थित और वैज्ञानिक शैली में लिखा गया है। इसमें कवियों की संख्या 952 है।''[6] हिन्दी साहित्य के आलोचनात्मक इतिहास में ही वर्मा जी ने लिखा है कि संवत् 1966 और 1971 में बाबू श्यामसुन्दर दास बी.ए. द्वारा सम्पादित 'हिन्दी कोविद रत्नमाला' के दो भाग प्रकाशित हुए। इनमें 80 आधुनिक लेखकों के जीवन-चरित, उनकी कृतियों के निर्देश के साथ दिए गए हैं। इन जीवनियों में इतिहास का कोई सूत्र नहीं है, केवल लेखक विशेष का साहित्यिक महत्त्व है। इतिहास का इतिवृत्तात्मक लेखन सर्वप्रथम मिश्रबन्धुओं के 'विनोद' में पाया जाता है। 'विनोद' चार भागों में लिखा गया है। पहले तीन भाग सं. 1970 में प्रकाशित हुए थे और चतुर्थ भाग जो साहित्य के वर्तमान काल से सम्बन्ध रखता है, सं. 1991 में प्रकाशित हुआ। 2250 पृष्ठों में लिखे गए 'विनोद' में लगभग 5000 कवियों को स्थान मिला है। ''जीवन की आलोचना, कवि का सन्देश, लेखक की अन्तर्दृष्टि और भावों की अनुभूति आदि के आधार पर उसमें कवियों और लेखकों की आलोचना नहीं है। भाषा भी आलोचना के ढंग की नहीं है, किन्तु साहित्य के प्रथम इतिहास को विस्तारपूर्वक लिखने का श्रेय मिश्रबन्धुओं को अवश्य है। उन्होंने अपने दूसरे ग्रन्थ 'हिन्दी नवरत्न' में नौ (संवत् 1967) कवियों की विस्तृत समालोचना की है। इस ग्रन्थ का चौथा सचित्र, संशोधित और संवर्द्धित रूप सं. 1991 में प्रकाशित हुआ।''[7] डॉ. नगेन्द्र लिखते हैं कि आचार्य रामचन्द्र शुक्ल ने यह स्वयं स्वीकार किया है–''कवियों के परिचयात्मक विवरण मैंने प्राय: 'मिश्रबन्धु विनोद' से ही लिये हैं।''[8] डॉ. रामकुमार वर्मा ने हिन्दी साहित्य के आलोचनात्मक इतिहास में इतिहास लिखने की परम्परा को आगे बढ़ानेवाले

लेखकों का भी चित्रण किया है जैसे संवत् 1974 में पंडित रामनरेश त्रिपाठी द्वारा लिखित 'कविता', 'कौमुदी' ग्रन्थ जिसमें भारतेन्दु हरिश्चन्द्र के पहले तक के 89 कवियों का जीवन चरित्र उनकी कविता के साथ दिया गया है। सं. 1983 में इसका दूसरा भाग प्रकाशित हुआ जिसमें 49 आधुनिक लेखकों और कवियों का विवरण है। संवत् 1974 में एडविन ग्रीव्स महाशय ने 'ए स्केच ऑफ हिन्दी लिटरेचर' नाम से हिन्दी साहित्य का इतिहास लिखा। यह 112 पृष्ठ की पुस्तक है जिसमें हिन्दी साहित्य के इतिहास को पाँच भागों में बाँटा गया है। संवत् 1977 में एफ.ई.के. ने 'ए हिस्ट्री ऑफ हिन्दी लिटरेचर' नाम से इतिहास लिखा। इसी शृंखला में संवत् 1980 में श्री वियोगी हरि ने ब्रजभाषा के 26 प्रमुख कवियों का जीवनवृत्त और उनका मधुर काव्य संकलित किया जिसका नाम 'ब्रजमाधुरी सार' रखा। इसकी प्रेरणा उन्हें पं. राधाचरण गोस्वामी से मिली थी। इसमें ऐतिहासिक काव्य-मीमांसा नहीं है। कवियों का काव्य-संग्रह काल-क्रमानुसार किया गया है। ग्रन्थ में आए हुए प्रत्येक कवि की जीवनी से प्रारम्भ में नाभा जी का या भारतेन्दु हरिश्चन्द्र का या गो. राधाचरण जी का या स्वयं का छप्पय दिया गया है। इसका दूसरा संस्करण संवत् 1990 में प्रकाशित हुआ। इसमें परमानन्ददास और कुम्भनदास के नाम जोड़कर कवि संख्या 28 कर दी गई और संग्रह के दो भागकर दिए गए। पहले खंड में सूरदास से ललित किशोरी तक दूसरे में बिहारी, देव, हरिश्चन्द्र, रत्नाकर और सत्यनारायण कविरत्न रखे गए। पहले खंड में केवल कृष्ण भक्ति पर लिखे काव्य किन्तु दूसरे में कृष्ण भक्ति के अलावा अन्य विषयों पर भी लिखे काव्य शामिल थे। इसके पश्चात् संवत् 1980 में पदुमलाल पुन्नालाल बख्शी ने हिन्दी साहित्य के इतिहास को आलोचनात्मक ढंग से प्रस्तुत करते हुए 196 पृष्ठों में 'हिन्दी साहित्य विमर्श' ग्रन्थ लिखा। इसमें उनके हिन्दी साहित्य के ऐतिहासिक विकास पर लिखे गए निबन्धों का संग्रह है। संवत् 1982 में हास्य रस के लेखक बदरीनाथ भट्ट ने विनोदमयी भाषा में हिन्दी भाषा और साहित्य से सम्बन्ध रखनेवाली 96 पृष्ठ की पुस्तिका 'हिन्दी' लिखी जिसमें हिन्दी साहित्य सम्मेलन की रिपोर्टों और 'मिश्रबन्धु विनोद' तथा 'शिवसिंह सरोज' की सहायता ली। संवत् 1983 में श्री अखौरी गंगाप्रसाद सिंह ने 'हिन्दी के मुसलमान कवि' नामक ग्रन्थ में 152 मुसलमान कवियों का जीवन-चरित और काव्य का संग्रह किया। सन् 1921 में असहयोग आन्दोलन में हिन्दू-मुसलमानों की एकता के फलस्वरूप पूर्व तथा वर्तमान कालीन हिन्दू-मुस्लिम की साहित्यिक एकता का दिग्दर्शन कराने के लिए रामनारायण मिश्र की प्रेरणा से यह ग्रन्थ सम्पादित हुआ।[9] संवत् 1984 में श्री गौरीशंकर द्विवेदी ने सनाढ्य जाति के सम्बन्ध से कवियों का चुनाव करते हुए 'सुकवि सरोज' नामक ग्रन्थ लिखा जिसमें 16 कवियों का प्रामाणिक जीवन-चरित है। संवत् 1990 में इसका दूसरा भाग प्रकाशित हुआ जिसमें गोस्वामी

तुलसीदास से लेकर रामगोपाल तक 74 सनाढ्य कवियों का विवरण है। ये कवि तीन खंडों में विभाजित हैं—पहले खंड में संवत् 1589 से संवत् 1640 तक के गोलोकवासी कवि, दूसरे खंड में संवत् 1640 से संवत् 1900 तक के गोलोकवासी कवि और तीसरे खंड में संवत् 1908 से वर्तमान काल के अन्य कविगण। नागरी प्रचारिणी सभा द्वारा सम्पादित 'शब्द सागर' की आठवीं जिल्द में हिन्दी साहित्य के इतिहास की रूपरेखा यथेष्ट परिष्कृत हुई। पं. रामचन्द्र शुक्ल ने संवत् 1986 (सन् 1929) में 'हिन्दी साहित्य का इतिहास' लिखा। यह ग्रन्थ साहित्य के इतिहास में प्रामाणिक माना जाता है। इसमें उन्होंने 900 वर्षों के इतिहास को चार स्पष्ट काल-खंडों में विभक्त किया। संवत् 1987 में रायबहादुर बाबू श्यामसुन्दर दास बी.ए. का 'हिन्दी भाषा और साहित्य' ग्रन्थ लिखा गया। इसका 'भाषा' भाग बाबू साहब की पूर्व लिखित भाषा विज्ञान पुस्तक का एक परिवर्तित भाग है। साहित्य भाग में हिन्दी की प्रमुख धाराओं, उनके विकास और विस्तार का निरूपण किया गया है। इस साहित्य भाग में लेखकों और कवियों का मात्र विवरण है। इसी समय पं. अयोध्यासिंह उपाध्याय ने पटना यूनिवर्सिटी में 'हिन्दी भाषा और उसके साहित्य का विकास' पर व्याख्यान दिया। 719 पृष्ठों की इस व्याख्यानमाला से हिन्दी साहित्य की रूपरेखा स्पष्ट होती है। संवत् 1987 में 'हिन्दी साहित्य का विवेचनात्मक इतिहास' लाहौर से प्रकाशित हुआ। जिसके लेखक श्री सूर्यकान्त शास्त्री थे। संवत् 1988 में पं. रामशंकर शुक्ल 'रसाल' ने 'हिन्दी साहित्य का इतिहास' लिखा। इसमें कवियों और लेखकों की कृतियों के उदाहरण नहीं हैं। संवत् 1991 में श्री कृष्णशंकर शुक्ल ने 'आधुनिक हिन्दी साहित्य का इतिहास' लिखा। इसमें भारतेन्दु जी के पूर्व का इतिहास जो, संक्षिप्त है किन्तु आधुनिक इतिहास का विस्तारपूर्वक विवेचन है। संवत् 1993 में श्री गौरीशंकर सत्येन्द्र एम.ए., विशारद ने 'साहित्य की झाँकी' नामक ग्रन्थ लिखा, जिसमें ऐतिहासिक विचारधारा को दृष्टि में रखकर लिखे गए उनके सात निबन्धों का संग्रह है। हिन्दी में भक्ति काव्य का आविर्भाव, विष्णु का विकास, सूरदास के कृष्ण, अष्टछाप पर मुसलमानी प्रभाव, राम में दो तत्त्वों की संयोजना, हिन्दी नाटकों में हास्य रस और भूषण कवि और उनकी परिस्थितियाँ ये निबन्ध दर्शाते हैं कि हिन्दी साहित्य में विकास की धारा है और उसमें काल और परिस्थितियों का पूर्ण सहयोग है।[10] साहित्य इतिहास-लेखन की शृंखला में आगे संवत् 1994 में पंडित राहुल सांकृत्यायन ने 'पुरातत्त्व निबन्धावली' ग्रन्थ लिखा। इसमें हिन्दी के प्राचीन साहित्य पर बड़ी खोजपूर्ण सामग्री है। साहित्य और धर्म की पुरातन परम्पराएँ, चौरासी सिद्धों के चित्रों के साथ उनका सम्पूर्ण विवरण इस पुस्तक में मिलता है। यह अपने ढंग की अद्वितीय पुस्तक मानी जाती है। संवत् 1996 में डॉ. इन्द्रनाथ मदान ने अंग्रेजी में 'मॉडर्न हिन्दी लिटरेचर' नामक ग्रन्थ

लिखा। इसके साथ ही संवत् 1996 में पं. मोतीलाल मेनारिया ने 'राजस्थानी साहित्य की रूपरेखा' नामक ग्रन्थ लिखा। इसमें राजस्थानी भाषा साहित्य तथा कवियों का विवेचनात्मक परिचय है। राजस्थानी साहित्य के प्राचीन काल से लेकर आज तक के इतिहास का यह पहला व्यवस्थित और क्रमबद्ध रूप है।[11] संवत् 1996 में प्रो. हीरालाल जैन ने 'जैन इतिहास की पूर्व पीठिका और हमारा अभ्युत्थान' नामक ग्रन्थ लिखा। पुस्तक के दो भाग हैं, पहला भाग जैन इतिहास से और दूसरा भाग जैन समाज से सम्बन्ध रखता है। आचार्य हजारीप्रसाद द्विवेदी ने विश्व भारती के अहिन्दी-भाषी साहित्यिकों को हिन्दी साहित्य का परिचय कराने की दृष्टि से जो व्याख्यान दिया, उन्हीं के संशोधित और परिवर्द्धित संकलन से 'हिन्दी साहित्य की भूमिका' तैयार हुई, जो संवत् 1997 में प्रकाशित हुई। संवत् 1998 में श्री ब्रजरत्न दास ने 'खड़ी बोली हिन्दी साहित्य का इतिहास' ग्रन्थ लिखा। इसमें राष्ट्रभाषा हिन्दी (खड़ी बोली) और उसमें प्राप्त साहित्य का ऐतिहासिक दृष्टिकोण से विवेचन किया गया है। अभी तक के इतिहासों में 'ब्रजभाषा, अवधी, डिंगल आदि ही के साहित्य का विशेष रूप से विवरण दिया गया है, खड़ी बोली हिन्दी अर्थात् राष्ट्रभाषा पर अधिकतर ध्यान भी नहीं दिया गया है।' स्व. लाला भगवानदीन जी के काशी साहित्य विद्यालय के एक वार्षिक अधिवेशन में स्वर्गीय मुंशी प्रेमचन्द जी ने भी कहा था, ''हिन्दी में प्राचीन साहित्य ही कहाँ है, ब्रजभाषा-अवधी का साहित्य हिन्दी का साहित्य नहीं है।'' इसी बात को लेकर ब्रजरत्नदास ने खड़ी बोली का इतिहास लिखा है जिसमें चारणकाल से लेकर वर्तमान काल के आरम्भ तक खड़ी बोली साहित्य की अच्छी समीक्षा है। यथास्थान कविताओं के उद्धरण भी दिए गए हैं। पुस्तक अपने दृष्टिकोण से प्रथम है और इससे खड़ी बोली साहित्य के विकास पर अच्छा प्रकाश पड़ता है।[12] संवत् 1998 में श्री भुवनेश्वर नाथ मिश्र 'माधव' ने निर्गुण धारा' का स्पष्टीकरण करते हुए कबीर से स्वामी रामतीर्थ तक लगभग तीस सन्तों की प्रवृत्तियों पर अत्यन्त भावुक शैली में 'सन्त साहित्य' लिखा। डॉ. धीरेन्द्र वर्मा ने इतिहास पर विशेष कार्य किया तथा संवत् 1998 में डॉ. लक्ष्मीसागर वार्ष्णेय ने 'आधुनिक हिन्दी साहित्य' नामक ग्रन्थ लिखा। इसमें 1850 से सन् 1900 तक के साहित्य विकास पर खोजपूर्ण दृष्टि डाली गई है। संवत् 1999 में डॉ. धीरेन्द्र वर्मा के निर्देशन में डॉ. श्री कृष्णलाल ने 'आधुनिक हिन्दी साहित्य का विकास' ग्रन्थ प्रस्तुत किया। यह 1900 से 1925 ई. तक के साहित्य और उसके विकास पर प्रकाश डालता है। ''पहली बार वर्तमान हिन्दी साहित्य के विकास का ऐसा सूक्ष्म, निष्पक्ष तथा आलोचनात्मक अध्ययन प्रस्तुत किया गया।''[13] इसी वर्ष संवत् 1999 में श्री नन्ददुलारे वाजपेयी ने आधुनिक साहित्य का अध्ययन 'हिन्दी साहित्य-बीसवीं शताब्दी' के रूप में प्रस्तुत किया। यह निबन्धों का संग्रह है, इसमें चिन्तन

पक्ष की प्रधानता है। संवत् 2002 में डॉ. माताप्रसाद गुप्त ने 'हिन्दी पुस्तक साहित्य' (सन् 1867-1942) लिखा जिसमें पिछले 75 वर्षों का हिन्दी-संसार उपस्थित हुआ है। इसे दो भागों में बाँटा गया है। पहला भाग सन् 1867-1909 ई. तक, इसे उन्होंने विगत युग कहा है तथा दूसरा भाग 1909-1942 ई. तक, जिसे वर्तमान युग का नाम दिया है। "यह ग्रन्थ हमारी आधुनिक साहित्य-सम्पत्ति का 'बीजक' कहा जा सकता है।"[14] इतिहास के इस क्षेत्र में अवतरित होनेवाले एक अन्य विद्वान डॉ. रामकुमार वर्मा ने 'हिन्दी साहित्य का आलोचनात्मक इतिहास' (1938) में 693 ई. से 1693 ई. तक की कालावधि को ही लिया है। सम्पूर्ण ग्रन्थ को सात प्रकरणों (सन्धिकाल, चारणकाल, भक्तिकाल की अनुक्रमणिका, भक्तिकाल, प्रेमकाव्य, रामकाव्य, कृष्णकाव्य) में विभक्त करते हुए सामान्यत: रामचन्द्र शुक्ल के ही वर्गीकरण का अनुसरण किया गया है।"[15] डॉ. नगेन्द्र ने लिखा है–"यद्यपि उन्नीसवीं शती से पूर्व विभिन्न कवियों और लेखकों द्वारा अनेक ऐसे ग्रन्थों की रचना हो चुकी थी जिनमें हिन्दी के विभिन्न कवियों के जीवनवृत्त एवं कृतित्व का परिचय दिया गया है, जैसे–'चौरासी वैष्णवन की वार्ता,' 'दो सौ बावन वैष्णवन की वार्ता', 'भक्तमाल', 'कविमाला', 'कालिदास हजारा' आदि–किन्तु इनमें कालक्रम, सन्-संवत् आदि का अभाव होने के कारण इन्हें इतिहास की संज्ञा नहीं दी जा सकती।"[16] अत: नगेन्द्र ने भी अन्य पूर्ववर्ती इतिहासकारों की तरह तॉसी को प्रथम इतिहासकार व उनके ग्रन्थ को प्रथम इतिहास-ग्रन्थ माना है। डॉ. रामकुमार वर्मा के 'हिन्दी साहित्य का आलोचनात्मक इतिहास' में इतिहास-लेखन का जो क्रम और वर्णन है वही नगेन्द्र के 'हिन्दी साहित्य का इतिहास' और धीरेन्द्र वर्मा और उनके मंडल के अन्य सदस्यों द्वारा सम्पादित 'हिन्दी साहित्य' तृतीय खंड में उपलब्ध है। नगेन्द्र के ग्रन्थ में कुछ नए विवरण हैं, जैसे–'हिन्दी साहित्य की भूमिका' के बाद आचार्य द्विवेदी की इतिहास सम्बन्धी कुछ और रचनाएँ प्रकाशित हुईं, जैसे–'हिन्दी साहित्य : उद्भव और विकास', 'हिन्दी साहित्य का आदिकाल' आदि। धीरेन्द्र वर्मा के सम्पादन में ही नागरी प्रचारिणी सभा द्वारा 'हिन्दी साहित्य का वृहत् इतिहास' प्रकाशित हुआ–जो आदिकाल, मध्यकाल व आधुनिक काल में विभाजित है। अनेक ऐसे ग्रन्थ भी प्रकाशित हुए जिन्होंने हिन्दी साहित्य के सम्पूर्ण इतिहास को तो नहीं बल्कि कुछ अंशों को समेटा है जिनका उल्लेख नगेन्द्र ने किया है। डॉ. भागीरथ मिश्र का 'हिन्दी-काव्यशास्त्र का इतिहास', डॉ. नगेन्द्र की 'रीतिकाव्य की भूमिका', श्री परशुराम चतुर्वेदी का 'उत्तरी भारत की सन्त परम्परा', श्री प्रभुदयाल मीतल का 'चैतन्य सम्प्रदाय और उसका साहित्य', डॉ. विजयेन्द्र स्नातक का 'राधावल्लभ–सम्प्रदाय : सिद्धान्त और साहित्य', श्री विश्वनाथ प्रसाद मिश्र का 'हिन्दी साहित्य का अतीत', श्री चन्द्रकान्त बाली का 'पंजाब प्रान्तीय हिन्दी साहित्य

का इतिहास', डॉ. टीकमसिंह तोमर का 'हिन्दी वीरकाव्य', डॉ. नलिन विलोचन शर्मा का 'साहित्य का इतिहास दर्शन', डॉ. सियाराम तिवारी का 'मध्यकालीन खंडकाव्य' आदि[17] अनेक ग्रन्थ हैं, सभी की चर्चा सम्भव नहीं है।

उपर्युक्त इतिहासकारों के साथ ही ब्रजरत्नदास ने अपने ग्रन्थ 'खड़ी बोली हिन्दी साहित्य का इतिहास' में कुछ अन्य इतिहास-ग्रन्थों का भी उल्लेख किया है, जैसे–बलदेव कृत 'सत्कवि गिराविलास' जिसमें सत्रह कवियों की रचनाएँ हैं। सुब्बासिंह की 'विद्वन्मोदतरंगिणी', लल्लूलाल जी का 'सभाविलास', कृष्णानन्द व्यास का 'राग कल्पद्रुम', अब्दुलहक का 'विजय हजारा', हफीजुल्ला खाँ का 'हजारा', ठाकुर प्रसाद त्रिपाठी का 'रस चन्द्रोदय', गोकुलप्रसाद कायस्थ का 'दिग्विजय भूषण', भारतेन्दु का सुन्दरीतिलक', मन्नाद्विज का 'सुन्दरी सर्वस्व नाम', अयोध्या के राजा मानसिंह के समय का 'रसकुसुमार 'तथा 'शृंगार सुधाकर' और 'शृंगार सरोज', नकछेदी तिवारी का 'भँड़ौआ संग्रह', 'मनोजमंजरी', 'होली गुल्लाला', आदि। सं. 1968 में मुंशी देवीप्रसाद का 'कविरत्नमाला' कलकत्ता विश्वविद्यालय से लाला सीताराम के सम्पादन में 6 भाग में 'सेलेक्शन फ्रॉम हिन्दी लिटरेचर' तथा भिखारीदास 'दास' का 'काव्य निर्णय' सं. 1803 में निर्मित हुआ। सूदन का ग्रन्थ 'सुजानचरित', मलूकदास का 'ज्ञानबोध'।[18] इसके अतिरिक्त कुछ अंग्रेजी विद्वानों द्वारा लिखे ग्रन्थ, जैसे–मैकॉलिक के 'हिस्ट्री ऑफ द सिख रिलिजन', बेसकट के 'कबीर एंड द कबीरपन्थ', मोनियर विलियम्स के 'हिन्दुइज्म एंड ब्राह्मनिज्म', मैकनिकाल के 'इंडियन थीम्स', फार्कुहर के 'एन आउटलाइन ऑफ द रिलिजस लिटरेचर ऑफ इंडिया', क्रुक्स कृत 'ट्राइब्ज एंड कास्ट्स ऑफ इंडिया', टॉड की 'एनल्स ऑफ राजस्थान', अबुलफजल की 'आईन-ए-अकबरी' आदि ग्रन्थों से ऐतिहासिक जानकारियाँ प्राप्त होती हैं।[19] हिन्दी साहित्य के इतिहास पर बराबर लेखनी चलती रही। डॉ. बच्चन सिंह का 'हिन्दी साहित्य का दूसरा इतिहास' भी उपयोगी ग्रन्थ है। इस पर भारत और यूरोप के विद्वानों ने अर्थात् हिन्दी-भाषी और अंग्रेजी-भाषी विद्वानों ने बराबर प्रयत्न किए हैं। वर्तमान में भी इतिहास लिखा जा रहा है किन्तु पूरा विवरण समेट पाना सम्भव नहीं हो सका है।

परिभाषा

हिन्दी भाषा और साहित्य का विस्तृत रूप सम्पूर्ण भारत में प्राचीन काल से ही दिखाई देता है। हिन्दी साहित्य की धारा किसी निर्जन वन प्रदेश में बहनेवाली एकान्त नदी की तरह निर्बाध रूप से प्रवाहित होती रही है। इस नदी के उद्‌गम और विस्तार के सम्बन्ध में जो लिखा गया, वही हिन्दी साहित्य का इतिहास कहलाया, क्योंकि 'इतिहास' शब्द का अर्थ ही है–'ऐसा ही था' या 'ऐसा ही हुआ'। नलिन

विलोचन शर्मा ने 'साहित्य का इतिहास दर्शन' के तीसरे पृष्ठ पर लिखा है कि कार्लाइल ने कहा–''इतिहास वैसा दर्शन है जो दृष्टान्तों के माध्यम से शिक्षा देता है।'' वैदिक साहित्य में, अथर्ववेद में, शतपथ ब्राह्मण में इतिहास शब्द का प्रयोग हुआ है। 'इतिहास' शब्द के अर्थ को देखते हुए कहा जा सकता है कि इतिहास का सम्बन्ध अतीत से होता है तथा उसके अन्तर्गत वे ही बातें या घटनाएँ आती हैं जो यथार्थ में घटी हों। नगेन्द्र के अनुसार–''उसमें उन सभी लिखित या मौखिक वृत्तों को सम्मिलित किया जाता है जिनका सम्बन्ध अतीत की यथार्थ परिस्थितियों व घटनाओं से है और साथ ही उसका सम्बन्ध केवल 'प्रसिद्ध घटनाओं' से ही नहीं, अपितु उन घटनाओं से भी है जो प्रसिद्ध न होते हुए भी यथार्थ में घटित हुई हों। वस्तुतः आज 'इतिहास' शब्द को इतने व्यापक अर्थ में प्रयुक्त किया जाता है कि उसके अन्तर्गत अतीत की प्रत्येक स्थिति, परिस्थिति, घटना, प्रक्रिया एवं प्रवृत्ति की व्याख्या का समावेश हो जाता है। अतः संक्षेप में अतीत के किसी भी तथ्य, तत्त्व एवं प्रवृत्ति के वर्णन, विवरण, विवेचन व विश्लेषण को, जो कि काल विशेष या काल–क्रम की दृष्टि से किया गया हो–इतिहास कहा जा सकता है।''[20] आंगे लिखते हैं–''लाक्षणिक अर्थ में इतिहास का प्रयोग अतीत की घटनाओं के विवरण के स्थान पर स्वयं अतीतकालीन घटनाओं और व्यक्तियों के लिए भी होता है, जैसे–'महात्मा गांधी ने भारत के नए इतिहास का निर्माण किया' या 'सम्राट अशोक भारत के इतिहास निर्माता थे' आदि वाक्यों में। किन्तु शास्त्रीय या वैज्ञानिक विवेचन में लाक्षणिक प्रयोग अग्राह्य या त्याज्य ही समझे जाते हैं। इतिहास हमें अतीत का इतिवृत्त प्रदान करता है, किन्तु यह हम पर निर्भर है कि उस इतिवृत्त का उपयोग किस प्रकार करते हैं। यदि अतीत के इतिवृत्त को हम आत्मपरक दृष्टिकोण, वैयक्तिक अनुभूति एवं ललित शैली में प्रस्तुत करते हैं तो वह 'कला' की संज्ञा से विभूषित हो सकता है जबकि वस्तुपरक दृष्टिकोण, तर्कपूर्ण शैली एवं गवेषणात्मक पद्धति से प्रस्तुत किया गया अतीत का विवरण 'विज्ञान' की विशेषताओं से युक्त माना जा सकता है।''[21] संसार की हर वस्तु का इतिहास से सम्बन्ध है। साहित्य को समाज का दर्पण कहा गया है, अतः समाज कब, कैसा था? कब कैसी, कौन–सी घटना घटी थी? आदि साहित्य के इतिहास में लिखा गया। नगेन्द्र ने लिखा–''यद्यपि अंग्रेजी–साहित्य के विभिन्न इतिहासकारों द्वारा यह धारणा बहुत पहले प्रचलित हो चुकी थी कि किसी भी जाति के साहित्य का इतिहास उस जाति के सामाजिक एवं राजनीतिक वातावरण को ही प्रतिबिम्बित करता है या साहित्य की प्रवृत्तियाँ सम्बन्धित समाज की प्रवृत्तियों की सूचक होती हैं, फिर भी इस धारणा को एक सुव्यवस्थित सिद्धान्त के रूप में प्रतिष्ठित करने का श्रेय फ्रेंच विद्वान तेन (Taine) को है जिन्होंने अपने अंग्रेजी साहित्य के इतिहास में प्रतिपादित किया कि साहित्य की विभिन्न प्रवृत्तियों के मूल

में मुख्यतः तीन प्रकार के तत्त्व सक्रिय रहते हैं–जाति (race), वातावरण (milieu), क्षण-विशेष (moment)। किसी भी साहित्य के इतिहास को समझने के लिए उससे सम्बन्धित जातीय परम्पराओं, राष्ट्रीय और सामाजिक वातावरण एवं सामयिक परिस्थितियों का अध्ययन–विश्लेषण आवश्यक है। तेन के इस सिद्धान्त की आलोचना करते हुए हडसन ने आक्षेप किया कि उन्होंने साहित्य की विकास-प्रक्रिया का सारा महत्त्व उपर्युक्त तीन तत्त्वों को ही दे दिया, जबकि साहित्यकार या काव्य-रचयिता के व्यक्तित्व एवं उसकी प्रतिभा की सर्वथा उपेक्षा कर दी।''[22] साहित्य के इतिहास की परिभाषा विभिन्न रचनाकारों ने अलग-अलग दी है। शिवदान सिंह चौहान कहते हैं–''इतिहासकार एक वैज्ञानिक होता है, इतिहास की दृष्टि सामयिक और प्रचलित धारणाओं और मतवादों से ही परिचालित नहीं होती बल्कि गत्यात्मक वास्तविकता की ऐतिहासिक गति और दिशा का उद्घाटन करने के लिए जो प्रत्यक्षतः दृश्यमान है उसके वास्तविक तथा आन्तरिक सत्य तक पहुँचने की चेष्टा करती है। तभी इतिहास मनुष्य के भावी विकास की दृष्टि से सार्थक बनता है, हमारा पथ-प्रदर्शन करता है, नहीं तो विकृत दृष्टिकोण को प्रोत्साहन देकर हमारी दृष्टि–परिधि को सीमित बना देता है।''[23] श्यामसुन्दर दास साहित्य के इतिहास की परिभाषा बताते हैं–''किसी साहित्य के इतिहास का ठीक-ठीक ज्ञान प्राप्त करने के लिए केवल उस साहित्य की जातिगत या देशगत प्रवृत्तियों को ही जानना आवश्यक नहीं होता, वरन् विभिन्न कालों में उसकी कैसी अवस्था रही, देश के सामाजिक, धार्मिक तथा कला-कौशल सम्बन्धी आन्दोलनों के उस पर कैसे-कैसे प्रभाव पड़े, किन-किन व्यक्तियों की प्रतिभा ने उसकी कितनी और कैसी उन्नति की, ऐसी अनेक बातों का जानना भी अनिवार्य होता है।''[24] इसी सन्दर्भ में डॉ. रामखेलावन पांडेय कहते हैं–''इतिहास तथ्यों का क्रमपूर्वक संचयन, संघटन, आकलन और संकलन नहीं, वह कर्तृत्व का प्रशस्तिमूलक चारण-गान भी नहीं, केवल स्मरणीय घटनाओं को स्मरण दिलाने का आयोजन भी नहीं है। वर्तमान समस्याओं के समाधान का वह दीपाधार भी नहीं है, उत्थान और पतन का अनुमापक यंत्र भी नहीं ही है। इतिहास वही नहीं जो स्मृत और सुरक्षित रह जाता है, बल्कि वही है जिसके स्मरण करने की आवश्यकता का अनुभव हमें होता चलता है और इसलिए प्रत्येक युग अपने लिए ऐतिहासिक तथ्यों और तत्त्वों का नवीन संगठन करता है, उसकी संरचनात्मक व्याख्या करता है। साहित्येतिहास का लेखक साहित्यकार ही नहीं है, वह वैज्ञानिक है, कला-पारखी है, दार्शनिक है और समाज-शास्त्री भी।''[25] आंगे लिखते हैं–''साहित्य के इतिहास के सम्बन्ध में अपना दृष्टिकोण स्पष्ट करते हुए शुक्ल ने लिखा–जबकि प्रत्येक देश का साहित्य वहाँ की जनता की चित-वृत्ति का संचित प्रतिबिम्ब होता है तब यह निश्चित है कि जनता की चित्त-वृत्ति के परिवर्तन

के साथ-साथ साहित्य के स्वरूप में भी परिवर्तन होता चलता है। आदि से अन्त तक इन्हीं चित्त-वृत्तियों की परम्परा को परखते हुए साहित्य परम्परा के साथ उसका सामंजस्य दिखाना ही 'साहित्य का इतिहास' कहलाता है। जनता की चित्त-वृत्ति और साहित्य को इसका प्रतिबिम्ब मानना वस्तुतः इस कथन को स्वीकृति देना ही है जिसके अनुसार साहित्य समाज का दर्पण है। पुनः संस्कारवादी युग के अन्यतम प्रतिनिधि रामचन्द्र शुक्ल की धारणा इससे भिन्न हो ही कैसे सकती थी?''[26] पांडेय जी इतिहास को सुगठित, संगठित, सार्थक, सम्पूर्ण माने जाने के लिए उसमें समाज का कितना, कैसा अध्ययन किया जाना आवश्यक है, बताते हुए कहते हैं- ''साहित्येतिहास में समाज-तंत्र का उतना ही अध्ययन अपेक्षित है जितना मानवीय चिन्ता के स्वरूप निर्धारण में सहायक है। सामाजिक सम्बन्धों और सामूहिक अहं का उतना ही निरूपण अनिवार्य है जितना वैयक्तिक प्रतिक्रिया का चित्रफलक है। विद्रोह तथा स्वीकृति के मध्य अनेकानेक स्थितियाँ हैं, जिनका सूक्ष्म अन्तर स्पष्ट करना यहाँ अभीष्ट नहीं किन्तु इतना तो स्पष्ट है कि दो प्रधान संकल्प ही नियोजित होते रहे हैं–विद्रोहात्मक स्वीकृति और स्वीकृतिमूलक विद्रोह। कबीर प्रथम वर्ग के अन्तर्गत हैं और तुलसी दूसरे के प्रतिनिधि।''[27] वे साहित्य के इतिहास पर निष्कर्ष रूप में कहते हैं–''साहित्य का इतिहास विचारों के संगठन और भावों के संयोजन का ही इतिवृत्त नहीं हो सकता। वह इनकी संरचनात्मक सम्भावनाओं की स्फूर्तिमयी उपलब्धियों का व्याख्याता होगा। साहित्य का इतिहास समाज शास्त्र का परिशिष्ट नहीं है, वह समर्पित और प्रतिबद्ध भी नहीं है। इसका स्वतंत्र अस्तित्व है और भिन्न है अनुशासन विधान। साहित्यिक प्रतिमान केवल वैयक्तिक रुचि का शास्त्रीय-संस्कार, शास्त्रीकरण नहीं है। साहित्येतिहास के नाम पर वैयक्तिक रुचि, संस्कार और धारणा का विज्ञापन नहीं दिया जाना चाहिए। उपलब्धियों का विवरणात्मक मूल्यांकन ही साहित्य का इतिहास नहीं हो सकता। इतिहास मात्र उपलब्धि नहीं, बल्कि बाध्यता है, दायित्वबोध भी है।''[28] प्रसिद्ध आलोचक नामवर सिंह ने इतिहास की अलग ही तरह से व्याख्या की है। वे कहते हैं–''यदि इतिहास भी साहित्य के समान कल्पना-प्रसूत रचना है तो उसे साहित्य की सामाजिक व्याख्या करने का सर्वोपरि विशेषाधिकार नहीं दिया जा सकता, जैसे कोई उपन्यास एक 'टेक्स्ट' है तो उसी काल का लिखा हुआ कोई इतिहास दूसरा 'टेक्स्ट'। दोनों 'पाठ' समान रूप से व्याख्या-सापेक्ष हैं। साहित्यिक इतिहास की विषय सामग्री किसी भाषा की सर्जनात्मकता और साहित्य-सृष्टि है जिसकी गुणवत्ता का तारतमिक मूल्यांकन भी साहित्यिक इतिहासकार का दायित्व है।''[29] इसी विषय पर डॉ. विश्वम्भरनाथ उपाध्याय कहते हैं–''इतिहास में किसी मानव समूह या समूहों के उद्‌भव, विकास, ह्रास और अभ्युदय का आलेख रहता है।''

साहित्य के इतिहास लेखक को सामाजिक सन्दर्भ का ध्यान रखना होगा जिसमें उस साहित्य का प्रादुर्भाव हुआ है। ''जिस मानव समूह का इतिहास नहीं होता, वह स्मृतिहीन होकर नष्ट हो जाता है। मानव समूह निर्मलता से ग्रस्त होकर वर्तमान काल में अपनी जड़ें जमाए नहीं रह सकता, उसी प्रकार साहित्य के इतिहास के बिना चीजें प्रवृत्तियाँ, रचनाएँ और लेखक हमें एक निरन्तरता में दिखाई न देकर आकस्मिक और अद्‌भुत लगने लगेंगे। साहित्य और समाज के अन्तःसम्बन्ध को समझे-समझाए बिना न साहित्य को समझा जा सकता है, न समाज को। साहित्य समाज का गुणात्मक विकास होता है, अतः दोनों का कल्याण अन्तरालंबन के बोध में है जो इतिहासदर्शन हमें सिखाता है।''[30] श्याम कश्यप ने अपने लेख 'हिन्दी साहित्य का इतिहास और जातीय निर्माण की प्रक्रिया' में साहित्य के इतिहास को परिभाषित करते हुए लिखा है-''साहित्येतिहास लेखन में भाषा, विधाओं, कलात्मक पद्धतियों, अभिव्यंजना शैलियों, विषय-वस्तु, साहित्यिक धाराओं और आन्दोलनों में परिवर्तनों के साथ ही साहित्य-रचना करनेवाली और उसका रसास्वादन करनेवाली, उससे प्रेरणा पानेवाली जनता के जीवन में घटित होनेवाले सामाजिक-आर्थिक परिवर्तनों, उसकी मनोदशाओं और भौतिक परिस्थितियों में तब्दीलियों को भी दृष्टिगत रखना आवश्यक होता है।''[31] 'आधुनिकता की अवधारणा' लेख में श्री गोविन्द श्रीवास्तव लिखते हैं-''इतिहास वर्तमान परिस्थितियों में अतीत की स्थितियों, दशाओं और गतिशीलताओं का अध्ययन होता है। आज के प्रश्नों का जवाब हम इतिहास में तलाशते हैं, किन्तु इसके साथ ही हमारी अतीत की व्याख्याओं में हमारी युगीन चेतना का आभास मिलता है, जिन भावनाओं से नियंत्रित होकर हम इतिहास की व्याख्याएँ प्रस्तुत करते हैं आगे आनेवाले इतिहासकार के लिए ये व्याख्याएँ भी विश्लेषण की वस्तु बन जाएँगी।''[32] इस सम्बन्ध में 'आधुनिक हिन्दी कविता का इतिहास-लेखन' शीर्षक से लिखते हुए डॉ. नन्दकिशोर नवल कहते हैं-''साहित्य के इतिहास के लिए यह आवश्यक नहीं है कि वह पूरे साहित्य का इतिहास हो। इतिहासकार वर्तमान की दृष्टि से, अतीत की परीक्षा करता है और उसमें जो कुछ आज के लिए उपयोगी और प्रासंगिक होता है, उसे उभारकर हमारे सामने रखता है। इतिहास समाज का हो या साहित्य का उसकी यही सार्थकता है, इससे वह नया इतिहास बनाने में योग देता है, वरना यह रेलवे की समयसारणी है, पुस्तकालय की लेखक या पुस्तक सूची है।''[33] डॉ. शम्भूनाथ लिखते हैं-''जब समाज में 'अखंडता' और किसी 'नई समग्रता' की ओर बढ़ने की आकांक्षा पैदा होती है तभी वह समाज इतिहास की ओर भी बढ़ता है। इतिहास से बननेवाला ही इतिहास बनाता है। इतिहास से विच्छिन्न होकर लिखा गया साहित्येतिहास ऊपरी विवरण (ऐतिहासिक) मात्र होता है। पहले के सुन्दर उदाहरण

आचार्य रामचन्द्र शुक्ल तथा दूसरे के डॉ. नगेन्द्र हैं।''[34] इस तरह हिन्दी साहित्य के इतिहास की व्याख्या करते हुए विभिन्न दृष्टियों से विभिन्न मत प्राप्त होते हैं जो हमें इस दिशा में यह मानने पर विवश करते हैं कि हमें साहित्य का अध्ययन, विश्लेषण केवल साहित्य तक सीमित नहीं रखना चाहिए बल्कि उससे सम्बन्धित राष्ट्रीय परम्पराएँ, सामाजिक, आर्थिक, राजनीतिक परिवेश, युगीन चेतना, साहित्यकार की व्यक्तिगत प्रवृत्तियों आदि को ध्यान में रखते हुए करना चाहिए, ताकि इतिहास के रूप में यह समृद्ध, सटीक, सार्थक सिद्ध हो सके। साहित्य की विकास-प्रक्रिया के लिए नगेन्द्र कहते हैं–''किसी भी साहित्य की विकास-प्रक्रिया के अध्ययन के लिए उससे सम्बन्धित इन पाँच तत्त्वों पर विचार किया जाना चाहिए–1. सर्जन-शक्ति (साहित्यकार की प्रतिभा और उसका व्यक्तित्त्व), 2. परम्परा (साहित्यिक व सांस्कृतिक परम्पराएँ), 3. वातावरण, 4. द्वन्द्व, 5. सन्तुलन। वस्तुत:, यह सिद्धान्त सृष्टि की सामान्य विकास प्रक्रिया की दृष्टि से प्रतिपादित है जिसे साहित्य पर लागू करते हुए संक्षेप में कहा जा सकता है–साहित्य में क्षेत्र में भी प्राकृतिक सर्जन-शक्ति अर्थात् साहित्यकार की नैसर्गिक प्रतिभा परम्परा (सांस्कृतिक तथा साहित्यिक परम्परा) और वातावरण (युगीन परिस्थितियाँ, प्रवृत्तियाँ तथा चेतना) के द्वन्द्व से प्रेरित होकर गतिशील होती है, जिसका द्वन्द्व के दोनों पक्षों में सन्तुलन स्थापन ही चरम लक्ष्य होता है। वस्तुत: यह द्वन्द्व ही साहित्यकार की मूल प्रेरणा होता है।''[35] साहित्य के इतिहास को परिभाषित करते हुए हम पाते हैं कि कहीं-कहीं आलोचनात्मक दृष्टिकोण का प्रयोग भी ऐतिहासिक व्याख्या करने के लिए किया जाता है। इस तरह से साहित्य का इतिहास और साहित्य की आलोचना दोनों कहीं-न-कहीं एक-दूसरे के पूरक और सहायक सिद्ध होते हैं। कुछ लोग भ्रान्तिवश इन दोनों को एक ही मान लेते हैं, अत: नगेन्द्र ने इसे स्पष्ट करते हुए लिखा है–''इतिहास का लक्ष्य सदा अतीत की व्याख्या करते हुए विवेच्य वस्तु के विकास-क्रम को स्पष्ट करने का होता है जबकि आलोचना का लक्ष्य वस्तु के गुण-दोषों का अन्वेषण करते हुए उसका मूल्य निर्धारित करना होता है। इतिहासकार भी कृति के गुण-दोषों पर विचार कर सकता है, किन्तु वहाँ भी उसका लक्ष्य उन्हें युगीन प्रवृत्तियों के सन्दर्भ में देखने का रहता है, स्वतंत्र मूल्यांकन का नहीं। देश (space) और काल (time) के महत्त्वपूर्ण आयामों में से जहाँ आलोचक देश या स्थान को दृष्टिगत रखते हुए उसके स्थिर या शाश्वत तत्त्वों के अनुसन्धान पर बल देता है, वहाँ इतिहासकार काल-क्रम और युगीन सन्दर्भ को सर्वाधिक महत्त्व प्रदान करते हुए परिवर्तनशील तत्त्वों के विश्लेषण में प्रवृत्त होता है। तीसरे, आलोचक व्यक्ति विशेष या कृति विशेष का मूल्यांकन स्वतंत्र रूप में भी कर सकता है जबकि इतिहासकार व्यक्ति और कृति का सदा पूर्व-परम्परा और युगीन वातावरण को

सन्दर्भ में रखकर ही उसके योगदान को स्पष्ट कर सकता है। चौथे, आलोचक के लिए महत्त्वपूर्ण व्यक्तियों और रचनाओं का चयन भी पर्याप्त सिद्ध हो सकता है, किन्तु इतिहासकार के लिए यह सम्भव नहीं।''[36] आगे इस विश्लेषण को संक्षिप्त रूप में बताते हैं–''संक्षेप में यह कहा जा सकता है कि साहित्य का इतिहासकार जहाँ अतीत के सर्जन कार्य को विभिन्न परम्पराओं और धाराओं के रूप में ग्रहण करते हुए युग विशेष के सन्दर्भ में उनका विश्लेषण करता है, वहाँ आलोचक किन्हीं स्थापित मूल्यों के आधार पर या नए मूल्यों की स्थापना के उद्देश्य से विभिन्न कृतियों के मूल्यपरक तत्त्वों का उद्घाटन करता है। एक के द्वारा जहाँ 'ऐसा क्यों हुआ' का उत्तर दिया जाता है, वहाँ दूसरा 'इसमें क्या विशेषता है' की व्याख्या करता है।''[37] इस तरह हम कह सकते हैं कि अच्छा आलोचक, अच्छा इतिहासकार हो सकता है और अच्छा इतिहासकार, अच्छा आलोचक हो सकता है। कभी एक ही व्यक्ति इतिहास लिखने व आलोचना करने का कार्य करता है। अतः ये दोनों धाराएँ घुलमिल-सी गई हैं। किन्तु दोनों की अलग-अलग दृष्टि, प्रतिभा और पद्धति होती है। वर्तमान युग विकृतियों का युग कहा जा सकता है क्योंकि व्यक्ति, समाज, देश में नैतिक, मानसिक, सांस्कृतिक, राजनीतिक आदि हर स्तर पर विकृति देखी जा सकती है। अतः इतिहास और आलोचना भी व्यक्तिगत स्वार्थों तक सीमित होती जा रही है। किसी व्यक्ति विशेष की प्रशंसा या आलोचना ही मुख्य उद्देश्य रह गया है।

आवश्यकता

हिन्दी साहित्य के इतिहास-लेखन की आवश्यकता क्यों हुई ? इस प्रश्न का उत्तर मानव समाज से प्रारम्भ करना होगा। मनुष्यों से समाज बनता है। समाज परिवर्तनशील है समय की तरह। मनुष्य जिज्ञासु होता है, भावुक होता है, उसे अपने अतीत से प्रेम होता है। वह अतीत से प्रेम करते हुए उससे प्रेरित होता है और भविष्य की ओर कदम बढ़ाता है। वह अतीत की हर बात याद रखना चाहता है, दूसरों को बताकर गौरवान्वित होने के भाव भी उसमें जाग्रत् होते हैं। अतः वह उन्हें लिपिबद्ध कर लेता है ताकि विस्मृत न हो जाएँ। वह अपने समाज और अपने परिवेश की तत्कालीन परिस्थितियों को क्रमवार, पूरी सत्यता से अपनी ही शैली में अंकित करता है और यह अतीत का अंकन इतिहास बन जाता है। इसे लिखने की आवश्यकता है क्योंकि मनुष्य अपने इतिहास की नींव पर अपने भविष्य का महल खड़ा करना चाहता है। वह इतिहास से सीखकर, प्रेरित होकर गलतियों को दूर करता, उनसे बचता है। वह जानता है कि उसके पूर्वज और उनका समय, परिस्थितियाँ कैसी थीं। अतः इतिहास मनुष्य की अनिवार्य आवश्यकता है। अब हम साहित्य के इतिहास के सम्बन्ध में

विचारें तो ठीक यही बात लागू होगी कि अतीत में कैसा समाज था? तत्कालीन परिस्थितियाँ कैसी थीं? सामाजिक मूल्यों की स्थिति कैसी थी? यह जानकारी तत्कालीन साहित्य में मिलेगी क्योंकि साहित्य सदा समाज का दर्पण रहा है। अत: हमें पूर्ववर्ती साहित्य की जानकारी अपने साहित्येतिहास से मिलेगी और हम अपने वर्तमान समाज और साहित्य को उस इतिहास को दृष्टि में रखते हुए अधिक सुदृढ़ और समर्थ बना सकेंगे। आचार्य विश्वनाथ प्रसाद मिश्र लिखते हैं–''साहित्य अतीत से अनुराग करता है–प्रधान रूप से। राजनीति वर्तमान को सिर पर उठाए चलती है–प्रमुख रूप से। राजनीति कहती है–अतीत शव है, उसके ऊपर वर्तमान जीवित प्रत्यक्ष है। अतीत को भुला दो, वर्तमान को सँभालो, भविष्य की चिन्ता करो–नीति का उपदेश है। कोई कहता है कि 'अनुराग व्यर्थ है' वर्तमान में ही साँस लेने का अभ्यास करने से अर्थ-स्वार्थ की साधना होती है, सिद्धि मिलती है और अर्थ या स्वार्थ की सिद्धि जीवन का यदि चरम नहीं तो प्रथम लक्ष्य अवश्य है। जो इससे भागता है वह अयोग्य है, कातर है, पलायनवादी है। वर्तमान की उपेक्षा अतीत से अधिक अनुराग करनेवाला चाहे अयोग्य न हो पर पलायनवादी अवश्य है। साहित्य में जहाँ अतीत का ग्रहण दिखाई दे, वर्तमान की ओर से दृष्टि मुड़ी हो, उसका परित्याग कर दिया गया हो, वहाँ पलायनवाद समझना चाहिए।''[38] किन्तु अतीत को स्मरण करना आवश्यक मानते हुए आचार्य जी कहते हैं–''अतीत का अनुराग साहित्य का क्या, जीवन का ही लक्षण है–मानव जीवन का ही। अतीत मानव का ही होता है, पशु का नहीं। यदि वर्तमान से प्रेम करना अतीत को न जानना ही प्रकर्ष का लक्षण हो तो पशु-पक्षियों, कीड़े-मकोड़ों को उन साहित्यिकों से उत्कृष्ट समझना चाहिए जो बेचारे इस अनुराग के कारण पलायनवादी कहे जाते हैं। प्रत्युत मानव से ही उन्हें उत्तम कहना चाहिए, जो अतीत का स्मरण किए बिना नहीं रहता, नहीं रह सकता। जगत परिवर्तनशील है, क्षण-क्षण पर परिवर्तन होता है। जो रूप उसका आज है कल न रह जाएगा। यदि जगत के इन परिवर्तमान चित्रों का संग्रह किया जा सके तो सिनेमा की रील की भाँति वे सामने किए जा सकते हैं। हमारी स्मृति कुछ रील की ही भाँति गत चित्रों को प्रस्तुत करती है।''[39] इन स्मृतियों को लिपिबद्ध करके हम स्वयं समय-समय पर इनका अवलोकन करके इनसे लाभ प्राप्त करते हैं और हमारे इस प्रयास का लाभ दूसरों को भी प्राप्त होता है। आचार्य रामचन्द्र शुक्ल ने इस आवश्यकता को समझते हुए ही हिन्दी साहित्य का इतिहास लिखा जो साहित्य के पाठकों, शोधार्थियों के साथ ही कालान्तर में इतिहास लिखनेवालों के लिए मील का पत्थर साबित हुआ। रामविलास शर्मा कहते हैं–''किसी भी जाति के साहित्य का इतिहास उसकी उपलब्धियों को सँजोए रखने का साधन है। अपनी स्मृतियों के सहारे मनुष्य अपने व्यक्तित्व को पहचानता है : इसी तरह साहित्य द्वारा

जाति अपने अस्तित्व को पहचानती है। इस इतिहास के प्रति जागरूकता जाति की जीवन्तता का प्रमाण है, वह उसके गठन में सहायक होती है : बाधाओं से जूझकर उसे आगे बढ़ने की प्रेरणा देती है। सामान्य भाषा के व्यवहार से लोग परस्पर भाईचारे का अनुभव करते हैं, साहित्य के इतिहास से लोग एक सामान्य मानसिकता में सहभागी बनते हैं। जाति जिन श्रेष्ठ प्रतिभाओं को जन्म देती है, उसकी सृजनशीलता की अभिव्यक्ति का एक माध्यम है साहित्य। ये प्रतिभाएँ किसी युग से, किसी सामाजिक अथवा सांस्कृतिक आन्दोलन से जुड़ी होती हैं। साहित्य की सतत प्रवहमान धाराओं से कोई भी रचनाकार पूर्णत: तटस्थ नहीं रह सकता। वह उनके निर्माण में सहायक होता है, स्वयं उनका अंग बन जाता है। इन धाराओं के, युगों के रचनाकारों के आपसी सम्बन्धों की पहचान साहित्य के इतिहास से होती है। इन सम्बन्धों को पहचानने का अर्थ है साहित्य और समाज के गतिशील स्वरूप को पहचानना। साहित्य के इतिहास की उपेक्षा करने का मतलब है इन सम्बन्धों को जड़ बना देना, साहित्यिक यथार्थ के वास्तविक स्वरूप की अनदेखी करना।''[40] प्रत्येक युग में साहित्य-चेतना का विकास या परिवर्तन होता रहा है तथा अनुसन्धान के कारण नए शोध परिणाम भी अधिकता में प्राप्त होते रहे हैं अत: इस गतिशील समय के साथ समाज और साहित्य को जानने के लिए इतिहास-लेखन की आवश्यकता है। धीरेन्द्र वर्मा ने कहा है, ''हिन्दी साहित्य के इतिहास के इन विविध ग्रन्थों के अनुशीलन से इस बात का पता लगता है कि लेखकों, संस्थाओं, सम्प्रदायों आदि के द्वारा उनकी निजी, सामूहिक एवं सामाजिक प्रेरणाओं के परिज्ञान तथा साहित्य के निर्माण का जो कार्य हुआ है, वह साहित्यिक मूल्यांकन की दृष्टि से पर्याप्त स्वस्थ एवं प्रेरणादायक है। इन इतिहास-ग्रन्थों के अध्ययन से हिन्दी के साहित्य की मध्यकालिक एवं युगीन ऐतिहासिकता का व्यापक परिवेश दृष्टिगत होता है। इसके व्यापक ऐतिहासिक बोध के पश्चात् हम यह अनुभव किए बिना नहीं रह सकते कि भारत की राष्ट्रभाषा हिन्दी का साहित्य विश्व की महान भाषाओं के साहित्य से सहज ही तुलनीय है। उसकी समृद्धि एवं उत्कृष्टता किसी से भी हीन नहीं कही जा सकती।''[41] इतिहास के द्वारा ही हर नई पीढ़ी अपने गौरवशाली अतीत से परिचित होती है। हमारी राष्ट्रभाषा हिन्दी का उद्भव और विकास और उसमें साहित्य रचे जाने की प्रक्रिया कब से प्रारम्भ हुई ? किन-किन बोलियों और भाषाओं में कैसा साहित्य रचा गया ? किस कवि या लेखक ने किस क्षेत्र के समाज को वहाँ की परिस्थितियों, परिवेश को किस प्रकार दर्शाया है ? आदि अनेक प्रश्नों के उत्तर इतिहास में हैं। समय के साथ बदली परिस्थितियों को जानने के लिए यह आवश्यक है कि ऐतिहासिक ग्रन्थ लिखे जाएँ। डॉ. रामखेलावन पांडेय कहते हैं-''इन इतिहास-ग्रन्थों के अनुसार वर्तमान परम्परा का क्रमागत विकास नहीं, बल्कि वह वर्तमान का अतीत-ग्रह है। कवि को

प्रजापति कहा जाता रहा है, इतिहासकारों को अतः सृष्टिकर्ता ब्रह्मा मानना चाहिए, किन्तु वे हो गए विश्वामित्र, उलटी सृष्टि रचानेवाले। कुछ समस्याएँ जाने-अनजाने उपस्थित होती रहीं और वे समाधान खोजती हैं। साहित्य को समाज का दर्पण मान लेने पर साहित्येतिहास सामाजिक अवबोध के इतिहास का परिशिष्ट हो जाता है, वह केवल प्रतिबिम्ब रह जाता है तो क्या इसे इतना ही मान लेने की विवशता अनिवार्य है ? फिर लोक-मंगल और समाज कल्याण की धारणा क्या शुक्ल जी की लक्ष्मण रेखा की बन्दिनी सीता ही है और क्या इस प्रतिबद्ध धारणा को साहित्येतिहास का मूलकल्प मानना ही होगा ? विकासवाद की स्थूल धारा इतिहास को परम्परा का अनुवर्तन और विक्षेप मानती है। यह उसकी नियति है, विवशता है तो क्या आचार्य हजारीप्रसाद द्विवेदी की भाँति प्रत्येक नई उपलब्धि को पूर्व परम्परा का अभिनव विवर्तमान ही मान लिया जाय ?''[42] आदि अनेक प्रश्न हैं जो क्रम से लिखे गए साहित्येतिहासों का अध्ययन करने पर स्वतः प्राप्त होते रहते हैं। विभिन्न इतिहासकारों ने अपनी दृष्टि, अपनी शैली और श्रम से ज्यादा-से-ज्यादा तथ्य जुटाकर इतिहास के रूप में प्रस्तुत किया है जो हमारी जिज्ञासा को शान्त करते हैं। आचार्य शुक्ल के समय सामाजिक परिवेश, मूल्य कुछ और थे, बाद में इन मूल्यों में परिवर्तन आया। परिवेश बदला। अनेक नए कवि और लेखक साहित्य-जगत में उदित हुए और उन्होंने अपने समय और परिस्थिति को कलमबद्ध किया। इस तरह साहित्य में रचनाकारों के और नाम दर्ज हुए, अतः इन रचनाकारों और उनकी रचनाओं को उनके समय सहित इतिहास रूप में दर्ज करना आवश्यक है—यह मानते हुए इतिहासकारों ने इस आवश्यकता की पूर्ति की ताकि नई पीढ़ी की कुछ और जिज्ञासा शान्त हो सके। डॉ. शम्भूनाथ सिंह ने स्वीकार किया—''अब तक हिन्दी साहित्य के अनेक इतिहास लिखे जा चुके हैं और उनमें से कई अत्यन्त महत्त्वपूर्ण हैं। किन्तु इतिहास सम्बन्धी आधुनिक मान्यताओं के निकष पर खरे नहीं उतरते। ऐसी स्थिति में हिन्दी साहित्य के इतिहास पर पुनर्विचार करके उसे नए ढंग से लिखने की आवश्यकता है। वर्तमान समय में इतिहास के सम्बन्ध में विद्वानों की धारणा बहुत बदल चुकी है। उस धारणा के अनुसार इतिहास केवल घटनाओं और व्यक्तियों के जीवन-वृत्त का संग्रह नहीं है, न तो वह विचारधाराओं का आकलन मात्र है। वह मानव चेतना की सक्रियता का विवेचनात्मक अभिलेख है। मानव की चेतना जिन प्रत्यक्ष या परोक्ष क्रिया-प्रतिक्रियाओं द्वारा अभिव्यक्त होती है, उनके समग्र रूप का आकलन ही इतिहास है। मानव की प्रत्येक क्रिया उसके परिवेश तथा उसकी अपनी ही अन्य क्रियाओं से विविध रूपों में सम्बद्ध होती है, इसी कारण वह उसकी चेतना की समग्र धारा का अंग होती है। अतः इतिहास मानव की विकास-प्रक्रिया का ही दूसरा नाम है। यह सोचना नितान्त भ्रमपूर्ण है कि किसी समाज या देश के राजनीतिक,

सांस्कृतिक, धार्मिक, सामाजिक और साहित्यिक क्षेत्रों की क्रियाएँ परस्पर असम्बद्ध होती हैं और उनका इतिहास भी अलग-अलग होता है। वस्तुतः इतिहास एक अखंड सत्ता है जिसमें चेतना के सभी आयाम अविच्छिन्न होते हैं। इस दृष्टि से देखने पर इतिहास एक प्रवाह प्रतीत होगा जिसमें राजनीति, धर्म, संस्कृति, समाज-व्यवस्था, साहित्य, कला, विज्ञान, प्रविधि आदि सभी मानवीय प्रयत्नों का समावेश रहता है।''[43] यह विस्तृत व्याख्या स्वयं ही यह स्पष्ट कर देती है जब जीवन के सभी रूपों का समावेश इतिहास में है तो इसकी आवश्यकता होगी या नहीं। स्वाभाविक है कि इसकी सर्वाधिक आवश्यकता होगी ताकि हम अतीत के हर रंग, हर रूप को वर्तमान में देखें और भविष्य की योजनाएँ बनाएँ। साहित्येतिहास की आवश्यकता पर बल देते हुए डॉ. रूपचन्द पारीक कहते हैं-''साहित्येतिहास से साहित्य का पूर्ण परिचय प्राप्त होता है। उससे सम्बद्ध विविध विषयों, उसमें प्रयुक्त विधाओं, उसमें व्यवहृत भाषा शैलियों तथा उनमें होनेवाले परिवर्तनों का व्यवस्थित विवेचन भी वह करता है। साहित्य विविध धाराओं तथा प्रभावों को आत्मसात् करता है। सभी धाराएँ और सभी प्रभाव एक साथ तो प्रवाहित होते नहीं। समय विशेष में एक धारा और एक प्रभाव का ही प्राधान्य रहता है और अन्य धाराएँ गौण होती हैं। धाराओं का अध्ययन काल-क्रमानुसार होता है। काल युग का नाम है। इतिहास में समय को युग कहते हैं और साहित्येतिहास में काल। दोनों का आशय एक परन्तु अभिव्यंजना भिन्न है। युग अपनी सामाजिक एवं राजनीतिक परिस्थितियों की व्याख्या करता है और काल इनके अतिरिक्त साहित्यिक एवं धार्मिक परिस्थितियों को भी अपनी सीमा में समेटता है। इतिहास में भी इन सभी परिस्थितियों का विवेचन किया जाना चाहिए परन्तु सामान्यतया इतिहास में सामाजिक एवं राजनीतिक परिस्थितियों को अधिक महत्त्वपूर्ण समझा जाता है। वह शब्द का सीमित अर्थ है और सीमित अर्थ से सम्भवतः उसका कार्य चल भी जाता है परन्तु साहित्येतिहास अपने क्षेत्र को इतना संकुचित और सीमित नहीं रख सकता। उसे इन सबका विशद वैज्ञानिक विश्लेषण करना पड़ता है जो काल-विभाजन के बिना सम्भव नहीं और काल-विभाजन के लिए साहित्येतिहास इतिहास का आधार ग्रहण करता है। साहित्यिक पृष्ठभूमि को समझने के लिए इतिहास का ज्ञान आवश्यक है। इतिहास से परिचित हुए बिना साहित्येतिहास आगे नहीं बढ़ सकता। इतिहास उसे गति तथा स्फूर्ति देता है।''[44] हिन्दी साहित्य का इतिहास हिन्दी जाति के विकास का इतिहास है, साथ ही हमारी गौरवशाली हिन्दी साहित्य की परम्परा से हमें अवगत कराने का एकमात्र साधन है। यह हमारे अनेक प्रश्नों का, समस्याओं का समाधान करता चलता है। डॉ. रामखेलावन पांडेय कहते हैं-''साहित्य का इतिहास अनेकानेक प्रश्नों और समस्याओं के प्रतिस्पर्धी संघातों का विधान करता चलता है जिनके क्रम में सामंजस्य और अन्विति के

अन्वेषण की चिन्ता सजग रहती है। अन्विति भी प्रतिद्वन्द्वी स्थिति उत्पन्न करती है। वाद और प्रतिवाद के अन्तराल में से वाद संयोजित होता है जो पुनः विवाद बनकर नए प्रतिवाद की स्थिति उत्पन्न करता है। उपलब्धियाँ विवेच्य हैं। इसका यह अर्थ नहीं कि अनूदित न हो पाई सम्भावनाएँ महत्त्वहीन हैं, क्योंकि अपनी समग्रता में अभिव्यक्त होने की सामर्थ्यहीनता भी उन्हें उपलब्धि के आभास की सूचना देती है। उपलब्धियों का विकल्प यदि ऐतिहासिक सामग्री है तो सम्भावनाओं का संकल्प उसके विन्यास का दिशा-निर्देश। विकल्पात्मक संकल्प और संकल्पात्मक विकल्प दोनों ऐतिहासिक प्रक्रिया के शिलान्यास हैं। मील के किसी एक पत्थर को ही यात्रा का अनुमापक नहीं माना जा सकता। फिर, अनुमापक तो अनुमापक ही रहेंगे, समग्र यात्रा नहीं हो सकते, यात्रा के प्रतीक भी नहीं बन सकते। यह इतिहास नहीं मात्र इतिहास की भूमिका है। पूरी भूमिका भी नहीं बन पाई।''[45] इस तरह पांडेय जी ने आचार्य रामचन्द्र शुक्ल के इतिहास को सम्पूर्ण इतिहास नहीं बल्कि व्याकरण कहा। उन्होंने ऐसे इतिहास-ग्रन्थों को इतिहास की भूमिका मात्र कहा यानी हर काल का इतिहास लगातार लिखा जाना चाहिए क्योंकि हमें एकमात्र ग्रन्थ से उस समय का सम्पूर्ण विवरण प्राप्त नहीं हो सकता। अतः यदि किसी समय की सामाजिक, आर्थिक, सांस्कृतिक, राजनीतिक गतिविधियों का परिचय प्राप्त करना है तो उसका सम्पूर्ण इतिहास पढ़ना पड़ेगा जो किसी एक ग्रन्थ से जानना सम्भव नहीं। विभिन्न रचनाकारों के जीवन और साहित्य, शैली और प्रवृत्ति को विभिन्न इतिहासकारों ने अपनी सामर्थ्य और समझ के अनुसार समेटा और प्रस्तुत किया। अतः आचार्य शुक्ल इतिहास के मार्ग निर्देशक और मील का पत्थर हैं जिनसे प्रेरणा और निर्देशन पाकर अन्य साहित्येतिहासकारों ने इतिहास-ग्रन्थों की रचना की जो समाज, नई पीढ़ी, शोधार्थियों, जिज्ञासु मनुष्यों के लिए अत्यन्त आवश्यक हैं। साहित्य के अतीत को जानने के लिए साहित्येतिहास आवश्यक है।

प्रामाणिकता

हिन्दी साहित्य के इतिहास-लेखन की प्रामाणिकता पर टिप्पणी करते हुए आचार्य रामचन्द्र शुक्ल ने लिखा है–''1883 ई. में ठाकुर शिवसिंह सेंगर ने हिन्दी कवियों का एक परिचय ग्रन्थ प्रकाशित किया था। उसके पश्चात् लॉर्ड ग्रियर्सन ने 1889 में 'मॉडर्न वर्नाक्युलर लिटरेचर ऑफ नॉर्दर्न हिन्दुस्तान' नामक एक और बड़ा परिचय-ग्रन्थ निकाला। इसके पश्चात् काशी की नागरी प्रचारिणी सभा ने देश का ध्यान इस ओर खींचा कि राजाओं के पुस्तकालयों और देश के विभिन्न हिस्सों में हजारों हस्तलिखित पांडुलिपियाँ अज्ञात और अप्रकाशित पड़ी हैं। सरकार ने 1900 ई. में काशी नागरी प्रचारिणी सभा को आर्थिक सहायता दी और 1911 तक सभा की आठ

रिपोर्टों में सैकड़ों ज्ञात-अज्ञात कवियों का उल्लेख किया गया। 1913 में इसी सामग्री के बूते 'मिश्रबन्धु विनोद' सामने आया।" विश्वविद्यालयों में हिन्दी की उच्च शिक्षा का विधान होते ही हिन्दी साहित्य के इतिहास-लेखन की प्रामाणिक सामग्री की आवश्यकता का अनुभव हुआ। उत्तर भारत में काशी हिन्दू विश्वविद्यालय के आचार्य और अध्यक्ष रामचन्द्र शुक्ल ने इस दृष्टि से अकादमिक गुणवत्ता और प्रामाणिकता के आधार पर इतिहास-लेखन और काल-विभाजन का वैज्ञानिक स्वरूप प्रस्तुत किया। विषय विशेषज्ञता की दृष्टि से, अध्ययन और अध्यापन की दृष्टि से उत्तर भारत के सबसे महत्त्वपूर्ण विद्यापीठ के रूप में बनारस हिन्दू विश्वविद्यालय की मान्यता है। हिन्दी के इतिहास-लेखन की प्रामाणिकता का दायित्व काशी नागरी प्रचारिणी सभा ने उठाया था। आचार्य शुक्ल उसके प्रथम ध्वज वाहक हैं। विश्वविद्यालयों के द्वारा किए गए प्रामाणिक पुस्तक एवं पांडुलिपि संचय के आधार पर उपलब्ध ग्रन्थों का विधिवत् अध्ययन करके मूल प्रवृत्तियों की बहुलता के आधार पर उनका काल-विभाजन करके आचार्य रामचन्द्र शुक्ल विषय के अधिकारी विद्वान की हैसियत से जो स्थापनाएँ करते हैं, वे इतनी प्रामाणिक हैं कि उस लेखन के लगभग आठ दशक होने को हैं लेकिन सारा साहित्य इतिहास-लेखन आज भी आचार्य शुक्ल की प्रामाणिकता की धुरी के इर्द-गिर्द घूमता है। कालान्तर में प्राप्त हुई स्वतंत्रता ने हिन्दी को राष्ट्रभाषा का दर्जा दिलाया और तेज गति से विकास करते हुए देश के सामने विभिन्न विश्वविद्यालयों और उच्च शैक्षणिक संस्थाओं तथा अन्य अकादमिक संस्थाओं की स्थापना के साथ ही रचनात्मकता बढ़ी। खुली हवा में साँस लेते हुए कवि-लेखकों ने अनेक जीवनानुभवों को अपने लेखन में रूपान्तरित और प्रक्षिप्त किया। विभिन्न मतवादों, धारणाओं, निष्ठाओं और सिद्धान्तों ने भी रचनात्मक लेखन और समीक्षा दोनों पर अपनी छाप छोड़ी। सारे संसार की खिड़कियाँ खुल जाने से भिन्न-भिन्न भाषाओं में होनेवाली रचनाओं की मलय समीर ने हिन्दी लेखन पर अपने प्रभाव छोड़े। हम सारे साहित्यिक आन्दोलन को समकालीन इतिहास के रूप में, प्रामाणिक रूप से दर्ज करने-कराने का दायित्व सँभालते हुए नए साहित्य इतिहासकारों ने प्रामाणिक इतिहास-ग्रन्थों की एक शृंखला ही रच डाली जिस पर आगे चर्चा करेंगे। बच्चन सिंह का 'हिन्दी साहित्य का दूसरा इतिहास', हजारीप्रसाद द्विवेदी का 'हिन्दी साहित्य की भूमिका' आदि इसी शृंखला में आते हैं। नगेन्द्र के 'हिन्दी साहित्य का इतिहास' में आदिकाल में प्रामाणिक और अप्रामाणिक दोनों तरह की रचनाओं की चर्चा की गई है। डॉ. रामगोपाल शर्मा 'दिनेश' इस खंड के लेखक हैं। उन्होंने लिखा है—"निम्नांकित रचनाओं की प्रमाणिकता सन्दिग्ध रही है : हम्मीर रासो, खुमान रासो, बीसलदेव रासो, पृथ्वीराज रासो, परमाल रासो। इनमें से 'हम्मीर रासो' अभी तक उपलब्ध नहीं

हो सका है, केवल 'प्राकृत-पैंगलम' में प्राप्त आठ छन्दों के आधार पर उसकी कल्पना चली आ रही है। शेष रासो-ग्रन्थों के आकार में धीरे-धीरे विकास होता रहा है। अतः उनका मूल रूप क्या था, यह कहना कठिन है। 'बीसलदेव रासो' तथा 'परमाल रासो' गेय काव्य रहे हैं इसलिए उनका आकार ही नहीं, भाषा भी बदलती रही है। 'पृथ्वीराज रासो' के जो संस्करण हस्तलिखित रूप में मिलते हैं, उनके आकार में पर्याप्त असमानता है। अतः इस काव्य के मूल रूप का भी अभी तक ठीक-ठाक पता नहीं चल सका है। 'खुमाण रासो' के आकार में भी समय-समय पर वृद्धि होती रही है तथा क्षेपक जुड़ते चले गए हैं। अतः रासो-ग्रन्थों के वर्तमान रूप पर हम अप्रामाणिकता का आरोप लगा सकते हैं। यह आरोप प्रायः लगाया भी जाता रहा है, किन्तु यह स्वीकार करना भी अनुचित नहीं कि ये सभी रासो-ग्रन्थ सर्वांश में न तो उत्तर-कालीन रचनाएँ हैं और न अप्रामाणिक ही। निश्चय ही इनकी रचना आदिकाल में हुई थी। परिवर्तन के कारण आदिकाल में इनके अस्तित्व को अस्वीकार नहीं किया जा सकता।''[46] यहाँ रासो-ग्रन्थों को अप्रामाणिक मानने के पीछे अनेक तर्क दिए हैं, जैसे-'रासो' में उल्लिखित घटनाएँ और नाम इतिहास से मेल नहीं खाते। घटनाओं से सम्बन्धित तिथियाँ अशुद्ध हैं आदि। किन्तु बाल की खाल खींचने की चेष्टा की जाए तो 'रामचरितमानस', 'सूरसागर' आदि के लिए भी अनेक तर्क दिए जा सकते हैं। अतः इन रासो-ग्रन्थों को अप्रामाणिक मानना उचित नहीं है। डॉ. गणपतिचन्द्र गुप्त ने 'आदिकाल और उसकी समस्याएँ' अध्याय में प्रामाणिक रचनाओं के अभाव के सम्बन्ध में अपने विचार व्यक्त किए हैं। उन्होंने लिखा है-''आचार्य हजारी प्रसाद द्विवेदी ने शुक्ल जी की मान्यताओं का खंडन करते हुए सिद्ध किया है-'अब यह स्पष्ट है कि जिन ग्रन्थों के आधार पर इस काल का नाम वीरगाथा काल रखा गया है, उनमें से कुछ नोटिस मात्र से बहुत अधिक महत्त्वपूर्ण नहीं हैं और कुछ या तो पीछे की रचनाएँ हैं या पहले की रचनाओं के विकृत रूप हैं। इन पुस्तकों को गलती से प्राचीन मान लिया गया है।' साथ ही उन्होंने डॉ. मोतीलाल मेनारिया के इस मत का भी समर्थन किया है कि वीर-गाथाएँ किसी युग विशेष की प्रवृत्ति न होकर चारण, भाट आदि कुछ वर्ग के कवियों की जातिगत मनोवृत्ति की सूचक हैं। यदि इनकी रचनाओं के आधार पर कोई निर्णय किया जाए, तब तो वीरगाथा काल राजस्थान में आज भी ज्यों-का-त्यों बना हुआ है। द्विवेदी जी ने स्पष्ट घोषणा की है कि आदिकाल में हिन्दी-भाषी प्रदेश में रचित एक भी ऐसी रचना नहीं मिलती जिसे हिन्दी की कहा जा सके।''[47] प्रामाणिक साहित्य रचना का उल्लेख करते हुए लिखे जानेवाले प्रामाणिक साहित्येतिहास के सम्बन्ध में कालान्तर में अनेक इतिहासकारों ने अपने-अपने मत व्यक्त किए हैं। आदिकाल की रचनाओं ने सर्वाधिक भ्रम उत्पन्न किया। अतः शुक्ल जी का हिन्दी

साहित्य का इतिहास मील का पत्थर होते हुए भी अनेक प्रश्नों से घिर गया। डॉ. गणपतिचन्द्र कहते हैं–''हिन्दी साहित्य के आविर्भाव काल के लिए निर्णय लेते हुए हमें यह देखना है कि हिन्दी का सबसे पहला कवि कौन है ?...आचार्य शुक्ल के हिन्दी कवियों में सबसे पहले 'खुमान रासो' के रचयिता 'दलपति विजय' का परिचय दिया है, क्योंकि इसका रचना काल उनके मतानुसार दसवीं शताब्दी था, पर अब यह निर्विवाद रूप से सिद्ध हो गया है कि यह रचना अठारहवीं शती में रचित है। आचार्य शुक्ल द्वारा उल्लिखित अन्य रचनाओं में से 'बीसलदेव रासो', 'परमार रासो', 'पृथ्वीराज रासो', 'अमीर खुसरो की पहेलियाँ' आदि में से किसी को भी हिन्दी की पहली रचना होने का गौरव नहीं दिया जा सकता, क्योंकि एक तो उनके रचनाकाल अनिश्चित हैं, दूसरे उनमें से कोई भी तेरहवीं शती से पूर्व रचित सिद्ध नहीं होती। यह भी आश्चर्य की बात है कि प्रथम रचना का निर्णय किए बिना ही आचार्य शुक्ल ने कोरे अनुमान के आधार पर हिन्दी साहित्य का आविर्भाव काल 1050 विक्रमी घोषित कर दिया। यदि पूर्ववर्ती इतिहासकारों द्वारा उल्लिखित कवियों में से ही किसी को हिन्दी का पहला कवि स्वीकार करना है तो कबीर ही पहले कवि सिद्ध होते हैं। ऐसी स्थिति में हिन्दी साहित्य का आरम्भ भक्तिकाल मानना पड़ेगा।''[48] यहाँ आदिकाल को अस्तित्वहीन मानने की स्थिति उत्पन्न हो जाएगी। अतः गुप्तजी ने आगे लिखा है–''गुजरात के जैन भंडारों से कुछ ऐसे रास-संज्ञक ग्रन्थ उपलब्ध हुए हैं कि आदिकाल के अस्तित्व को बचाया जा सकता है, जैसे–''शालिभद्र सूरि रचित 'भरतेश्वर बाहुबलि रास' है, जिसका रचनाकाल स्वयं कवि के निर्देशानुसार संवत् 1241 वि. (1184 ई.) है। अतः इसी रचना को हिन्दी की प्राचीनतम उपलब्ध प्रामाणिक साहित्यिक रचना मानते हुए मुनि सूरि को हिन्दी का प्रथम कवि तथा 1184 ई. को हिन्दी साहित्य का आविर्भाव काल मान सकते हैं।''[49]

आचार्य रामचन्द्र शुक्ल ने आदिकाल की निम्न बारह रचनाएँ स्वीकृत की हैं– (1) विजयपाल रासो, (2) हम्मीर रासो, (3) कीर्तिलता, (4) कीर्तिपताका, (5) खुमान रासो, (6) बीसलदेव रासो, (7) पृथ्वीराज रासो, (8) जयचन्द्र-प्रकाश, (9) जय मयंक जस चन्द्रिका, (10) परमाल रासो, (11) खुसरो की पहेलियाँ, (12) विद्यापति की पदावली। गुप्त जी ने लिखा है–''इनमें से प्रथम चार तो अपभ्रंश की रचनाएँ हैं, अतः उन्हें हिन्दी साहित्य के अन्तर्गत स्थान नहीं दिया जा सकता। पाँचवीं 'खुमान रासो' का रचना काल संवत् 1760 के बाद सिद्ध हो चुका है। अतः उसे आदिकाल की रचना नहीं मान सकते। 'बीसलदेव रासो' और 'पृथ्वीराज रासो' भी रचनाकाल के विवादास्पद होने के कारण प्रामाणिक नहीं हैं। 'जयचन्द्र प्रकाश' एवं 'जय मयंक जस चन्द्रिका' का अस्तित्व ही नहीं है, उनका नाम मात्र कदाचित् आचार्य शुक्ल ने कहीं पढ़ा था। ऐसी स्थिति में ये भी आदिकाल

की रचनाएँ नहीं कही जा सकतीं। आचार्य शुक्ल ने मिश्रबन्धुओं द्वारा परिगणित अस्तित्वहीन रचनाओं का उपहास उन्हें 'नोटिसमात्र' कहकर किया है पर यह विशेषण इन दोनों रचनाओं पर भी लागू होता है। 'परमाल रासो' एवं 'खुसरो की पहेलियाँ' भी भाषा एवं रचना-काल की दृष्टि अप्रामाणिक एवं परवर्ती सिद्ध होती हैं। अन्त में एक ही रचना ऐसी बच जाती है जो निश्चित ही प्रामाणिक है,वह है– 'विद्यापति की पदावली'। इसका रचनाकाल स्वयं शुक्ल जी ने संवत् 1460 वि. माना है, जबकि उनके मतानुसार आदिकाल संवत् 1375 में ही समाप्त हो जाता है। ऐसी स्थिति में यह रचना आदिकाल की न होकर भक्तिकाल की सिद्ध होती है। द्विवेदी जी ने यह स्वीकार किया है कि इस काल में जितनी भी प्रामाणिक रचनाएँ उपलब्ध हैं वे अपभ्रंश की ही हैं, लोकभाषा या हिन्दी की रचनाएँ सन्दिग्ध अप्रामाणिक हैं।''[50] गुप्त जी कहते हैं, ''ऐसी स्थिति में हमें हिन्दी साहित्य का आरम्भ 14वीं शती से ही मानना चाहिए पर इधर गुजरात के जैन-भांडारों से हिन्दी की जो रचनाएँ उपलब्ध हुई हैं उन्होंने स्थिति को बदल दिया है–प्राचीनतम रचना-'भरतेश्वर बाहुबलि रास' के साथ ही 'चन्दन बाला रास', 'जीव-दया रास' (इन दोनों के रचयिता कवि आस गुथे. एवं रचनाकाल 1200 ई.) 'स्थूलिभद्र रास' (जिन धर्म सूरि-1209 ई.) रेवन्तगिरि रास (विजय सेन सूरि 1231 ई.), आबू रास (पल्हण-1232 ई.), नेमिनाथ रास (सुमति गुणि-1238 ई.), कच्छुली रास (प्रज्ञातिलक-1306 ई.) गयसुकुमाल रास (देल्हण-14वीं शती), जिन पद्मसूरि पट्टाभिषेक रास (सारमूर्ति-1333 ई.) पंच-पांडव-चरित-रास (शालिभद्र सूरि द्वितीय-1353 ई.), गौतम स्वामी रास (उदयवन्त-1355 ई.), 'भयण रेहारासु' (रयणु 14वीं शती)। इन सभी का विस्तार से परिचय देना सम्भव नहीं, अतः 'हिन्दी साहित्य के वैज्ञानिक इतिहास' में प्रस्तुत परिचय के आधार पर संक्षेप में इतना ही कहना पर्याप्त होगा कि ये सभी आदिकाल के प्रामाणिक हिन्दी कात्य हैं।''[51] आदिकाल के बाद भक्तिकाल पर भी कुछ प्रश्न उठाये गए। डॉ. रामखेलावन पांडेय कहते हैं–''विद्यापति का जन्म 1360 ई. के आसपास और कबीर का 1399 में हुआ। कबीर के जन्म के समय विद्यापति की रचनाएँ प्रकाश में आईं। अतः यदि कबीर भक्तिकाल के हैं तो विद्यापति को भी इसी काल का मानना होगा। रामचन्द्र, नामदेव, त्रिलोचन, जयदेव कबीर के पूर्व हुए। अतः भक्तिकाल का प्रारम्भ तो रामानन्द से ही मानना पड़ेगा। रामानन्द का जन्म 1299 ई. में हुआ, अतः हिन्दी के साहित्य के मुख्य चरण का आरम्भ सन् 1300 के आसपास माना जा सकता है।''[52] पांडेय जी कहते हैं, ''संस्कृत साहित्य के अनुसार भक्तिकाल की स्थिति और भी विलक्षण दिखाई देती है। भानुदत्त ने 'रसमंजरी' और 'रसतरंगिणी' की रचना कर साहित्य-शास्त्र की नवीन धारा का प्रतिष्ठापन किया। भानुदत्त मैथिल कवि था और विद्यापति का प्रायः

समसामयिक। संस्कृत के अलंकारशास्त्रियों में गंगाधर भट्ट ने 'रसिक मंजरी' और हरि कवि ने 'सुभाषित रत्नावली' में 'रसमंजरी' के छन्दों को उद्धृत किया है। वल्लभीय सम्प्रदाय के अन्यतम कवि नन्ददास ने इसका भाषान्तर किया। भोज-कृत 'शृंगार प्रकाश' इसके कुछ पूर्व ही लिखा गया था। जयदेय के 'चन्द्रलोक' की रचना सन् 1300 ई. के आसपास हुई थी। 'विश्वनाथ कविराज' का समय सन् 1200-1350 ई. के भीतर है जिसके 'साहित्य दर्पण' की चर्चा के अभाव में साहित्य शास्त्र अधूरा रहेगा। केशव मिश्र ने सोलहवीं शताब्दी में 'अलंकार शेखर' की रचना की थी। इसी अवधि के कवि विद्याधर ने 'एकावली' की रचना की जिसके समस्त उदाहरण विद्याधर-रचित हैं और अपने आश्रयदाता उत्कल नरेश राजा नरसिंह की स्तुति में लिखे गए हैं। इसी पद्धति का अनुगमन किया विद्यानाथ ने 'प्रतापरुद्रयशोभूषण' में। यहाँ तक कि इसने 'प्रताप कल्याण' नामक नाटक की भी इसी क्रम में रचना की। स्पष्ट है कि संस्कृत में उस समय वह प्रवृत्ति थी जिसका हिन्दी भावान्तर केशवदास में मिलता है। फिर तो 'भक्तिकाल' नाम की सार्थकता सन्दिग्ध हो जाती है।''[53] यहाँ और भी अनेक विषयों पर प्रश्न उठाए गए हैं। विवाद हुआ और शुक्ल जी द्वारा निर्धारित तिथियों, रचनाओं, कवि, लेखकों को कहीं प्रामाणिक तो कहीं अप्रामाणिक सिद्ध किया गया है। पांडेय जी ने कहा, ''मिश्रबन्धुओं ने जिसे 'अलंकृत काल' कहा शुक्ल जी ने उसे 'रीतिकाल' कहा। कहीं इन्हें 'कला काल' तो कहीं 'शृंगार काल' कहा है और ये सभी नाम व्यर्थ हैं।'' डॉ. रामकुमार वर्मा का 'हिन्दी साहित्य का आलोचनात्मक इतिहास' देखें तो आदिकालीन ग्रन्थ जिन्हें अप्रामाणिक घोषित कर दिया, अनेक इतिहासकार उसका विस्तार से वर्णन करते हैं। जैसे नरपति नाल्ह द्वारा रचित 'बीसलदेव रासो' कहते हैं-''यह ग्रन्थ गीतात्मक है। इसमें अपभ्रंश के प्रयोग अधिक हैं। इसमें कहीं-कहीं सत्रहवीं शताब्दी की हिन्दी के प्रयोग पाए जाते हैं (बेटी राजा भोज की बीसलदेव रासो, सम्पादक-श्री सत्यजीवन वर्मा-पृ. 4, नागरी प्रचारिणी सभा, संवत् 1982)। इसे विकसित हिन्दी का ग्रन्थ कहने में आपत्ति नहीं होनी चाहिए। इसका समय सन् 1001 (सं. 1058) माना जाना चाहिए। मिश्रबन्धुओं ने इसे सं. 1220, लाला सीताराम ने सं. 1272, सत्यजीवन वर्मा ने सं. 1212, पं. रामचन्द्र शुक्ल ने सं. 1212, गौरीशंकर हीराचन्द ओझा ने सं. 1030 से सं. 1056 के बीच माना है। श्री अमरचन्द नाहटा बीसलदेव रासो को 13वीं शताब्दी के बाद की रचना मानते हैं। यह ग्रन्थ 2000 चरणों में है। चार खंड हैं। पहले खंड में 85 छन्द, दूसरे में 86, तीसरे में 103 और चौथे में 42 छन्द हैं। ग्रन्थ में कुल 316 छन्द हैं। यह शृंगार काव्य है। भोज परमार की लड़की राजमती और बीसलदेव साँभर के विवाह का वर्णन है।''[54] 'पृथ्वीराज रासो' को वर्मा जी ने राजस्थानी साहित्य का सर्वप्रथम प्रबन्ध काव्य माना

है। इसका रचयिता चन्द भी हमारे साहित्य का प्रथम महाकवि है। इसमें पृथ्वीराज चौहान की कीर्तिगाथा 69 अध्याय में है। इसमें 2500 से अधिक पृष्ठ हैं। रॉयल एशियाटिक सोसाइटी ने उसके प्रकाशन पर विचार किया था किन्तु बुलर ने इसकी प्रामाणिकता पर सन्देह व्यक्त करते हुए इसे छपने से रोक दिया था। अन्त में इसका प्रकाशन नागरी प्रचारिणी सभा से सं. 1962 में हुआ। अभी तक इसकी अनेक प्रतियाँ प्राप्त हो चुकी हैं–(1) बेदले की प्रति (बेदला उदयपुर से लगभग दो कोस उत्तर में चौहान वंशी राजपूतों का एक ठिकाना है।), (2) रॉयल एशियाटिक सोसाइटी में सुरक्षित कर्नल टाड की प्रति, (3) कर्नल कालफील्ड की प्रति, (4) बोदलियन की प्रति, (5) आगरा कॉलेज की प्रति। ये सभी प्रतियाँ प्रामाणिक हैं। इनके अतिरिक्त बीकानेर राज्य से दो हस्तलिखित प्रतियाँ मिली हैं। श्री मोतीलाल मेनारिया राजस्थान में हिन्दी के हस्तलिखित ग्रन्थों की खोज में 'पृथ्वीराज विजय' का रचना काल सं. 1178 और सं. 1200 के बीच मानते हैं। उन्होंने इस ग्रन्थ और उसकी कथा का विस्तार से वर्णन करते हुए अनेक विद्वानों के इस सम्बन्ध में मत प्रस्तुत किए हैं। वे लिखते हैं–''इस ग्रन्थ की केवल एक प्रति प्राप्त है जो शारदा लिपि में लिखी गई है और पूना के दक्षिण कॉलेज लाइब्रेरी में सुरक्षित है। यह प्रति डॉ. बुलर द्वारा काश्मीर में प्राप्त की गई थी, जब वे सन् 1875 में संस्कृत ग्रन्थों की खोज में वहाँ पर्यटन कर रहे थे।''[56] वर्मा जी लिखते हैं कि 'हम्मीर रासो' के लेखक ग्वालियर के तोमरवंशी राजा वीरमदेव के आश्रित जैन कवि नयचन्द्र सूरि थे जिनका आविर्भाव विक्रम संवत् 1460 के आसपास माना गया है। इस ग्रन्थ में चौहानों को सूर्यवंशी लिखा गया है, अग्निवंशी नहीं। श्री 'ओझा' इस ग्रन्थ के आधार पर भी 'रासो' को जाली मानते हैं। 'विजयपाल रासो' के लेखक नल्लसिंह भट्ट थे, जिनका समय संवत् 1355 माना गया है। डिंगल साहित्य में प्रधान रूप से दो ही ग्रन्थ माने गए हैं, 'बीसलदेव रासो' और 'पृथ्वीराज रासो'। इनमें 'पृथ्वीराज रासो' सन्दिग्ध है।''[57] इस तरह आदिकाल, रीतिकाल, भक्तिकाल आदि में जो ऐतिहासिक वर्णन शुक्ल जी ने किया है, जो तथ्य प्रस्तुत किए हैं उनके सम्बन्ध में कालान्तर में अनेक इतिहासकारों ने विशद वर्णन करते हुए कुछ को प्रामाणिक और कुछ को अप्रामाणिक सिद्ध किया। शुक्ल जी ने अपने ग्रन्थ में आधुनिक गद्य साहित्य की परम्परा पर प्रकाश डाला है और भारतेन्दु हरिश्चन्द्र से अपनी बात प्रारम्भ करते हुए छायावादी कवियों तक ले आए हैं। बालकृष्ण शर्मा 'नवीन', सुभद्राकुमारी चौहान, माखनलाल चतुर्वेदी आदि के लिए उन्होंने कहा है–''छायावादी कवियों के अतिरिक्त वर्तमान काल में और भी कवि हैं जिनमें से कुछ ने यत्र–तत्र ही रहस्यात्मक भाव व्यक्त किए हैं। उनकी अधिक रचनाएँ छायावाद के अन्तर्गत नहीं आतीं। उन सबकी अपनी अलग–अलग विशेषता है। इस कारण उनको एक

ही वर्ग में नहीं रखा जा सकता। सुभीते के लिए ऐसे कवियों की समष्टि रूप से 'स्वच्छन्द धारा' प्रवाहित होती है।''[58] इनमें 'दिनकर', 'बच्चन' जैसे कवि भी शामिल हैं। छायावाद की विशेषता और परिभाषा बताते हुए पन्त जी के 'पल्लव' तथा 'गुंजन', और 'कामायनी', 'कानन-कुसुम', 'महाराणा का महत्त्व', 'करुणालय', 'प्रेम-पथिक' के माध्यम से प्रसाद की चर्चा की है। स्वच्छन्द धारा के अन्तर्गत उन्होंने अनेक कवियों और उनकी रचनाओं की चर्चा की है। पंडित उदयशंकर भट्ट ने 'तक्षशिला' और 'मानसी' काव्यों के अतिरिक्त विविध कविताएँ लिखी हैं, जो 'राका' और 'विसर्जन' में संकलित हैं। शुक्ल जी ने इसके साथ ही 'दिनकर' की पहली रचना 'प्रणभंग' को मानते हुए उसे प्रबन्ध काव्य कहा है। ठाकुर गुरुभक्त सिंह की सबसे प्रसिद्ध और श्रेष्ठ कृति 'नूरजहाँ' है जो प्रबन्ध काव्य है। श्री सियारामशरण गुप्त ने आरम्भ में 'मौर्य विजय' खंड-काव्य लिखा था। उनकी कविताओं के ये संग्रह प्रसिद्ध हैं जिनका उल्लेख शुक्ल जी ने अपने ग्रन्थ में किया है—दूर्वादल, विषाद, आर्द्रा, पाथेय और मृण्मयी। श्री आरसी प्रसाद की रचनाओं का संग्रह 'कलापी' में हुआ है। श्री नरेन्द्र के गीत उनके 'कर्णफूल', 'शूलफूल', 'प्रभात-फेरी' और 'प्रवासी के गीत' नामक संग्रहों में संकलित हुए हैं। इस तरह अनेक प्रामाणिक ग्रन्थों का उल्लेख हमें शुक्ल जी के हिन्दी साहित्य के इतिहास में मिलता है जो विभिन्न प्रकाशन संस्थाओं एवं पुस्तकालयों में सुरक्षित हैं और अपने युग का प्रतिनिधित्व करते हैं तथा लेखक की पहचान को सुरक्षित रखते हैं। डॉ. रूपचन्द पारीक लिखते हैं—''किसी कलाकार ने एक कृति की रचना की है और किसी ने दर्जनों की। लोकप्रिय साहित्यकारों के नाम से अनेक रचनाएँ मिलती हैं। यहाँ तक कि उनकी प्रमुख रचना में क्षेपक भी बहुत मिलते हैं। इन क्षेपकों और तिथि सम्बन्धी विसंगतियों ने ही पृथ्वीराज रासो की प्रामाणिकता के सम्बन्ध में जबरदस्त विवाद खड़ा किया। रासो मुनि जिन विजय के प्रयत्न के परिणामस्वरूप रासो प्रामाणिक माना जाने लगा है। तुलसीदास और सूरदास के नाम से नागरी प्रचारिणी सभा की खोज रिपोर्ट में अनेक पुस्तकें मिलीं परन्तु क्या वे सब सूरदास और तुलसीदास द्वारा रचित थीं। हिन्दी साहित्येतिहासकारों ने इस सम्बन्ध में पर्याप्त विवेक और जागरूकता का परिचय दिया और केवल उन रचनाओं को ही माना जो वास्तविक रूप से उनकी थीं।''[59] किसी भी रचना की प्रामाणिकता सिद्ध करने के लिए यह आवश्यक है कि उसके सम्बन्ध में कहीं-न-कहीं, किसी-न-किसी रूप में उसका उल्लेख किया गया हो, उसके लेखक, स्थान, क्षेत्र की जानकारी हो, कहीं किसी पुस्तकालय, संस्था या किसी के व्यक्तिगत पुस्तकालय में उसकी प्रति सुरक्षित हो। पूर्व मध्य युग में ब्रजभाषा का साहित्य लिखा गया, क्योंकि हिन्दी-भाषी क्षेत्रों में ब्रजभाषा प्रमुख साहित्यिक भाषा के रूप में प्रतिष्ठित होने लगी थी। कृष्णभक्त

सम्प्रदायों ने ब्रजभाषा काव्य के साथ गद्य साहित्य की रचना के विकास में योगदान किया। डॉ. पांडेय लिखते हैं–"उस युग का ब्रजभाषा गद्य वल्लभ सम्प्रदाय के आचार्यों के उपदेशों, वार्ता ग्रन्थों, कथाओं, सैद्धान्तिक रचनाओं, पत्रों, शिलालेखों और टीकाओं आदि के रूप में उपलब्ध है। उस युग के स्वतंत्र गद्य ग्रन्थों में विट्ठलनाथ कृत 'शृंगार मंडन', गोकुलनाथ कृत 'चौरासी वैष्णवों की वार्ता', और 'दो सौ बावन वैष्णवों की वार्ता', नाथादास कृत 'अष्टयाम' (सन् 1623 के आसपास), वैकुंठ मणि शुक्ल कृत 'अगहन माहात्म्य' और 'वैशाख माहात्म्य' (सन् 1623 के आसपास) आदि रचनाएँ विशेष रूप से उल्लेखनीय हैं। उस युग में नाथ पन्थ के महात्माओं एवं जैन आचार्यों की भी लिखी हुई गद्य की कुछ पुस्तकें उपलब्ध हैं।"[60] हिन्दी साहित्य का इतिहास लिखते समय प्रामाणिकता पर जोर दिया जाना चाहिए। रचनाएँ और रचनाओं में दिए विवरण सभी कुछ प्रामाणिक होने चाहिए। इस सम्बन्ध में रामशंकर शुक्ल जी ने अपने हिन्दी साहित्य के इतिहास में पृ. 9 एवं 10 पर जो टिप्पणी की उसे डॉ. रूपचन्द पारीक जी ने अपने ग्रन्थ में समेटा है। इस पर एक दृष्टि डालते हैं–"जनता पर कवियों और लेखकों के काव्यों और रचनाओं का जैसा प्रभाव पड़ा हो तथा जिन-जिन प्रभावों से प्रभावित होकर उन्होंने अपनी वे रचनाएँ की हों, उन सब पर भी पूर्ण प्रकाश डाला जाना चाहिए। इस प्रकार साहित्य का पूर्ण परिशीलन वैज्ञानिक गवेषणा के आधार पर साहित्य के इतिहास में होना आवश्यक है, तभी उसके उद्देश्य की यथोचित पूर्ति हो सकती है। साहित्य की परिभाषा में जब यह कहा गया है कि किसी देश या समाज का साहित्य उसके विचारों का एक सुव्यवस्थित भांडारगार है, तब यह आवश्यक है कि उसके इतिहास में विचारधाराओं की पूर्ण व्याख्या हो। इतिहास के समान साहित्य के इतिहास में भी जितनी बातें दी जाएँ, वे सब सत्य और प्रमाण पुष्ट ही रहें। भूतकालीन बातों पर जो अनुमान किए जाएँ वे सब युक्ति और तर्क संगत ही हों।"[61] इस प्रकार इतिहास-ग्रन्थों एवं उनके भीतर दिए गए सारे विवरण प्रामाणिक होने चाहिए। हमने रामचन्द्र शुक्ल से लेकर बच्चन जी तक के सारे इतिहास-ग्रन्थों का अध्ययन किया तथा पाया कि इनमें दिए गए विवरण और रचनाएँ सभी कहीं-न-कहीं किसी पुस्तकालय, संस्था आदि में सुरक्षित हैं। इतिहास-ग्रन्थों की परम्परा में रामचन्द्र शुक्ल के हिन्दी साहित्य के इतिहास को सर्वाधिक, सर्वप्रथम प्रामाणिक ग्रन्थ माना गया है।

हिन्दी साहित्य के इतिहास का क्षेत्र और उपयोगिता

हिन्दी साहित्य के इतिहास का क्षेत्र जानने के लिए बात भाषा से प्रारम्भ करनी होगी। आधुनिक भारतीय आर्यभाषाओं के उदय के साथ तमिल, तेलुगु, हिन्दी, बँगला, मराठी, गुजराती, पंजाबी आदि जातियों का उदय भी हुआ। ये सभी जातियाँ भाषा,

संस्कृति, रीति-नीति, आचार-विचार के विकास और सुरक्षा के प्रति सचेत हुईं और भौगोलिक, ऐतिहासिक परिस्थितियों से प्रेरित होकर एक-दूसरे से सम्बन्धित हुईं किन्तु सभी अपनी पहचान को बनाए रखने के प्रति सचेत थीं। हिन्दी भाषा क्षेत्रीयता और भाषा समुदाय के अर्थ में अन्य भाषाओं से अलग है। अन्य भाषाएँ केवल अपने क्षेत्र से सम्बन्धित हैं किन्तु हिन्दी बहुक्षेत्रीय भाषा है। यह हिमाचल प्रदेश, हरियाणा, राजस्थान, उत्तरप्रदेश, मध्यप्रदेश, बिहार, छत्तीसगढ़, झारखंड, उत्तरांचल तक फैली है। हिन्दी अनेक भाषाओं और बोलियों का समूह है, जैसे-राजस्थानी, ब्रज, अवधी, मैथिली, बुन्देलखंडी, छत्तीसगढ़ी आदि। इन बोलियों और भाषाओं का व्याकरणिक ढाँचा अलग-अलग है। फिर भी ये शब्द-समूह, सांस्कृतिक अभिव्यक्ति और रूपविधान की विविधता में भी जातीय एकसूत्रता से सम्बन्धित हैं। अवधी भाषा को बोलनेवाला ब्रज भाषा समझ लेता है और ब्रज भाषा बोलनेवाला अवधी साहित्य को पढ़-समझ लेता है। ब्रज और अवधी भाषा-भाषी मैथिली समझ लेते हैं। तुलसीदास ने अवधी और ब्रज भाषा पर समान अधिकार रखते हुए साहित्य रचना की। एक ऐसा समय भी था जब ब्रज भाषा हिन्दी साहित्य के क्षेत्र में अपना सम्पूर्ण अधिकार रखती थी और अभिव्यक्ति का एकमात्र माध्यम थी हिमाचल से विदर्भ और राजस्थान से असम तक। चूँकि इसमें केवल काव्य की रचना हुई, इसलिए यह राष्ट्रभाषा का स्थान न ले सकी। यदि इसमें गद्य साहित्य लिखा जाता तो यह खड़ी बोली का स्थान लेती और राष्ट्र के स्तर पर प्रतिष्ठित होती। आज खड़ी बोली की प्रतिष्ठा प्रत्येक भाषा-भाषी क्षेत्र में है तथा साहित्य, संस्कृति, शिक्षा, पत्रकारिता, विचार-विनिमय, राजकाज का माध्यम भी यही खड़ी बोली है। इससे इसकी जातीयता स्वतः सिद्ध प्रतीत होती है। परतंत्रता के युग में भारत कुछ और था। स्वतंत्रता प्राप्ति के साथ ही इसमें अनेक परिवर्तन हुए। देश का बँटवारा हुआ। प्रदेशों का भी बँटवारा हुआ, अतः हर प्रदेश में हर भाषा बोलने, समझने, लिखने, पढ़नेवाले मिल जाते हैं। भारत का हिन्दू उर्दू में साहित्य रचना करता है और बाकी स्थान के कुछ लेखक हिन्दी में लिखते हुए मिल सकते हैं। राजस्थान का कोई रचनाकार अवधी में लिख सकता है तो उत्तरप्रदेश का कोई रचनाकार अपनी रचना में राजस्थानी भाषा का प्रयोग कर सकता है। अतः साहित्य को प्रादेशिकता की, क्षेत्र की संकीर्ण सीमा में बाँधा नहीं जा सकता। बच्चन सिंह ने लिखा है-"प्रादेशिकता की संकीर्ण सीमा से बाँधना मध्यप्रदेश की प्रवृत्ति कभी नहीं रही।" 9वीं शताब्दी के अन्त में राजशेखर ने काव्य मीमांसा में लिखा है-"गौड़ आदि देशों के कवि संस्कृत में, लाटदेश के कवि प्राकृत में, मरुभूमि और पंजाब के कवि अपभ्रंश में अधिक रुचि रखते हैं। अवन्तिका, पारियात्र और दशपुर आदि प्रदेशों के कवि भूतभाषा का अधिक प्रयोग करते हैं और मध्यप्रदेश के कवि? 'यो मध्ये मध्यदेशं निवसति स कवि सर्वभाषा निषएणः'। उसे

किसी भाषा विशेष में रुचि नहीं है। वह सभी भाषाओं में समान रुचि रखता है। मध्यप्रदेश की माटी का ही गुण है कि वह अपने लोगों को उदार बना देती है।'' सम्भवतः राजेशखर ने भूतभाषा का प्रयोग अवन्ती और दशपुर की लोकभाषा के लिए किया था। विधानतः भूतभाषा के कवि विट, बहेलिया आदि के बीच बैठते थे। अतः ऐसे कवियों की भाषा जनभाषा हो सकती है। किन्तु उत्तर भारत, जो सामान्यतः हिन्दुस्तान भी कहा जाता रहा होगा, की लोकभाषा 11-12-13वीं शताब्दी में हिन्दुवी, हिन्दवी या हिन्दी कही जाती थी। इन शब्दों का प्रयोग मुसलमानों ने किया है।[62] हिन्दी का इतिहास बहुत लम्बा और रोचक है। 'हिन्दवी' शब्द का प्रयोग सबसे पहले अबू सईद के फारसी इतिहास (1049) में मिलता है। प्रसिद्ध जीवनी लेखक औफी (13वीं शताब्दी) ने बताया है कि लाहौर के यमनी राज्य के फारसी कवि मसूद सलमान (ज.1050) ने हिन्दी या हिन्दवी में एक दीवान लिखा था। सम्भवतः यह लाहौरी बोली में लिखा गया होगा। अमीर खुसरो (1253-1325) ने हिन्दवी शब्द का प्रयोग किया है। अनेक विवरणों से स्पष्ट है कि हिन्दुई, हिन्दवी, हिन्दी शब्द उत्तर भारत की विभिन्न भाषाओं और बोलियों के लिए भिन्न-भिन्न समय में हुए कभी ब्रज, कभी अवधी, कभी बुन्देलखंडी, कभी लाहौरी, कभी देहलवी के लिए। जायसी हिन्दुई अवधी को कहते हैं (पद्मावत के उपसंहार में)। बच्चन जी कहते हैं—''जो लोग हिन्दी, हिन्दुई को केवल खड़ी बोली कहते हैं, वे दिग्भ्रमित हैं और जो लोग हिन्दी का इतिहास अस्सी वर्षों का मानते हैं वे इतिहास बोध से च्युत हैं।'' इस तरह हिन्दी के इतिहास पर प्रकाश डालते हुए बच्चन जी कहते हैं—''हिन्दी साहित्य का इतिहास हिन्दी जाति के विकास का इतिहास है, ठीक उसी तरह जिस तरह बँगला साहित्य बंगाली जाति, मराठी साहित्य मराठी जाति, गुजराती साहित्य गुजराती जाति के विकास का इतिहास है। इन जातियों का विकास अकस्मात् नहीं हो गया। विकास धीरे-धीरे होता है। इस विकास का बीज अपभ्रंश साहित्य में अँखुआ चुका था।'' शुक्ल जी सिद्धों की भाषा के बारे में कहते हैं—''सिद्धों की उद्धृत रचनाओं की भाषा देशभाषा मिश्रित अपभ्रंश अर्थात् पुरानी हिन्दी की काव्य भाषा है, यह तो स्पष्ट है। सिद्ध कण्हपा की रचनाओं को यदि हम ध्यानपूर्वक देखें तो एक बात साफ झलकती है। वह यह कि उनकी उपदेश की भाषा तो पुरानी टकसाली हिन्दी (काव्य भाषा) है, पर गीतों की भाषा पुरानी बिहारी या पूर्वी बोली मिली है। यही भेद हम आगे चलकर कबीर की 'साखी' और 'रमैनी' की भाषा में पाते हैं। साखी की भाषा तो खड़ी बोली राजस्थानी मिश्रित सामान्य सधुक्कड़ी है, पर रमैनी के पदों की भाषा में काव्य की ब्रजभाषा और कहीं-कहीं पूर्वी बोली भी है।'' कुछ चर्या गीतों की भाषा को सुकुमार सेन अपने बँगला साहित्य के इतिहास में अवहट्ठ कहते हैं।[63] साहित्यिक भाषा के साथ-साथ

लोकभाषाओं की धाराएँ भी प्रवाहित होती रहती हैं। इन्हीं लोकभाषाओं में से कोई विकसित होकर साहित्यिक भाषा का रूप ले लेती है। बच्चन जी कहते हैं– "अपभ्रंश साहित्य में सातवीं शताब्दी में बोलचाल की भाषा का हस्तक्षेप होने लगा था। यद्यपि अपभ्रंश का व्याकरण बहुत कुछ प्राकृत व्याकरण है पर उन पर बोलचाल की भाषा के क्रियापदों, विभक्तियों, परसर्गों का प्रभाव स्पष्ट देखा जा सकता है। इनके माध्यम से ब्रज, अवधी, मैथिली, खड़ी बोली, भोजपुरी के पूर्वरूप की एक झलक मिल सकती है। अपभ्रंश में विभिन्न काव्य रूपों, कथानक, रूढ़ियों आदि को सीधे लोक से लिया गया है–न प्राकृत से न संस्कृत से। इसलिए हिन्दी साहित्य के इतिहास-ग्रन्थ में अपभ्रंश साहित्य का अध्ययन अनिवार्य है। अपभ्रंश साहित्य हिन्दी साहित्य का समृद्ध रिक्थ है।"[64] हिन्दी साहित्य का इतिहास-लेखन प्रारम्भ होते ही काव्य के अध्ययन का आग्रह बढ़ा। विभिन्न प्रदेशों, भाषाओं, कवियों के काव्य ग्रन्थों का अध्ययन प्रारम्भ हुआ। ग्रन्थों की प्रामाणिकता, क्षेत्रीयता की ओर ध्यान गया। तब गद्य साहित्य का लेखन नगण्य था। जन समुदाय की धर्म के प्रति रुझान अत्यधिक थी। नवजागरण के लिए भक्ति आन्दोलन एक सटीक मार्ग था। कश्मीर से कन्याकुमारी और गुजरात से असम तक भक्ति आन्दोलन व्यापक, गहरे, लोकोन्मुखी और प्रभावशाली रूप में फैला। ऐतिहासिक परिस्थितियों के कारण यह कहीं 5वीं, 7वीं, कहीं 12-13वीं तो कहीं 15वीं शताब्दी में फैला। इसके साथ ही जातीय संघटन प्रारम्भ हुआ तथा भक्तों ने संस्कृत और अपभ्रंश से आगे बढ़कर देश की भाषा में लिखना प्रारम्भ किया। आलवार भक्तों के माध्यम से तमिल जाति अस्तित्व में आई। 12-13वीं शताब्दी में कन्नड़ जाति उदित हुई। 15वीं शताब्दी में लगभग साथ-साथ बँगला, हिन्दी, गुजराती का उदय हुआ तथा मराठी अस्तित्व में आई। "हिन्दी प्रदेश में कबीर पहले व्यक्ति थे जिन्होंने संस्कृत को कूपजल और भाषा को बहता नीर कहा।" (बच्चन सिंह) हिन्दी प्रदेश की विचित्रता यह है कि भक्ति आन्दोलन का सूत्रपात कबीर जैसे कवि द्वारा हुआ जो वेद को नहीं मानता, कितेब को भी नहीं मानता। कबीर के निर्भीक, साहसी व्यक्तित्व के साथ हिन्दू, मुस्लिम सभी थे। हिन्दी-भाषी क्षेत्र सूफियों का मुख्य क्षेत्र था। अधिकांश सूफी साहित्य हिन्दी में ही लिखा गया, बँगला में सूफी काव्य की मूल विशेषताओं से युक्त रचना 'सती मैना ओ लोर चन्द्रानी' दौलतकाजी द्वारा लिखी गई, मिलती है। इसका रचनाकाल 16-17वीं शताब्दी है। बच्चन जी लिखते हैं–"खुसरो ने अपनी मसनवी 'नूर सिपह' (यह बहुत प्रामाणिक न होने पर भी स्वयं में महत्त्वपूर्ण है) में लिखा है–लोग मुझसे पूछते हैं कि भारत के लिए मेरे मन में श्रद्धा क्यों है? भारत मेरी जन्म-भूमि और मेरा देश है। पैगम्बर ने कहा है कि अपने देश से प्रेम करना मजहब का एक अंग है। हिन्दी सूफी काव्य की शैली तो मसनवी है पर भाषा, छन्द, विधान,

काव्य रूढ़ियाँ, कहानियाँ सबकी सब भारतीय हैं। सूफी काव्य तो दक्खिनी हिन्दी में भी लिखे गए, पर उनके प्रेरणा-स्रोत विदेशी हैं। वे हिन्दी जाति के काव्य नहीं हैं। पर हिन्दी के सूफी काव्य अपने 'जातीय' में एक नया गत्यात्मक आयाम जोड़ते हैं जो अन्य भारतीय भाषाओं के साहित्य में नहीं है। सन्त काव्य और सूफी काव्य अपनी असमानताओं के बावजूद सामन्त-विरोध, मानवीय समता, निर्गुणोपासना में एक ही धरातल पर खड़े हैं।''[65] हिन्दी भाषा-भाषी प्रदेश की सांस्कृतिक-राजनीतिक समस्याएँ हिन्दीतर प्रदेशों की समस्याओं की अपेक्षा दो-तीन गुनी जटिल हैं। मुसलमानों के आगमन के पश्चात् ये जटिलताएँ और बढ़ी हैं। डॉ. शम्भूनाथ सिंह कहते हैं– ''हिन्दी भाषा के उद्‌भव के समान ही हिन्दी भाषा के क्षेत्र के विषय में भी भाषा वैज्ञानिकों और साहित्य के इतिहासकारों की मान्यताएँ समीचीन नहीं हैं। हिन्दी साहित्य के इतिहासकार एक ओर भाषा वैज्ञानिकों के मतानुसार शौरसेनी अपभ्रंश से निकली हुई खड़ी बोली, ब्रजभाषा तथा बुन्देलखंडी को पश्चिमी हिन्दी और अर्धमागधी प्राकृत से उद्‌भूत काल्पनिक अर्धमागधी अपभ्रंश से उत्पन्न अवधी, कन्नौजी, बघेली आदि को पूर्वी हिन्दी मानते हैं। भाषा वैज्ञानिकों द्वारा स्वतंत्र भाषा के रूप में स्वीकृत राजस्थानी और बिहारी को वे हिन्दी के अन्तर्गत नहीं मानते किन्तु दूसरी ओर राजस्थान से लेकर पूर्वी और दक्षिणी बिहार तथा हिमाचल प्रदेश से लेकर मेवाड़, निमाड़ और छत्तीसगढ़ तक की बोलियों के प्राचीन साहित्य को वे हिन्दी साहित्य के इतिहास में सम्मिलित करते हैं। यह एक अन्तर्विरोध मूलक मान्यता है, क्योंकि यदि राजस्थान और बिहार की बोलियाँ हिन्दी नहीं हैं तो प्राचीन साहित्य हिन्दी साहित्य कैसे है ? हिन्दी साहित्य का प्रथम इतिहास जॉर्ज ग्रियर्सन ने लिखा था। किन्तु उसका नामक हिन्दी साहित्य का इतिहास नहीं, 'हिन्दुस्तान के आधुनिक देशी भाषा–साहित्य का इतिहास' था।''[66] इस तरह हम देखते हैं कि हिन्दी साहित्य का क्षेत्र विस्तृत है तथा इसका विकास धीरे-धीरे हुआ। इतिहासकारों ने इसके हर क्षेत्र को ध्यान में रखते हुए अपने ग्रन्थों को सम्पूर्ण बनाने की चेष्टा की है। किसी भी प्रदेश या रचनाकार को तुच्छ या नगण्य न मानते हुए महत्त्व प्रदान किया है। हिन्दी साहित्य के इतिहास में हर क्षेत्र के साहित्य का विवरण पढ़ने के साथ ही इसकी उपयोगिता पर चर्चा करना आवश्यक है। हिन्दी साहित्य के इतिहास की क्या उपयोगिता है ? इसके उत्तर के लिए रामचन्द्र शुक्ल के 'हिन्दी साहित्य का इतिहास' को देखें। उन्होंने लिखा है–''जबकि प्रत्येक देश का साहित्य वहाँ की जनता की चित्तवृत्ति का संचित प्रतिबिम्ब होता है, तब यह निश्चित है कि जनता की चित्तवृत्ति के परिवर्तन के साथ-साथ साहित्य के स्वरूप में भी परिवर्तन होता चला जाता है। आदि से अन्त तक इन्हीं चित्तवृत्तियों की परम्परा को परखते हुए साहित्य परम्परा के साथ उसका सामंजस्य दिखाना ही 'साहित्य का इतिहास' कहलाता है। जनता की

चित्तवृत्ति बहुत कुछ राजनीतिक, सामाजिक, साम्प्रदायिक तथा धार्मिक परिस्थिति के अनुसार होती है। अतः कारण स्वरूप इन परिस्थितियों का किंचित् दिग्दर्शन भी साथ-साथ आवश्यक होता है। इस दृष्टि से साहित्य का विवेचन करने में यह बात ध्यान में रखनी होगी कि किस समय में लोगों में रुचि विशेष का संचार और पोषण किधर से और किस प्रकार हुआ।''[67] शुक्ल जी की इस परिभाषा से ही इतिहास की उपयोगिता का भी पता चलता है। इतिहास के द्वारा हम तत्कालीन जीवन, संस्कृति, जनता की मानसिकता, रचनाकार और उसके व्यक्तित्व के सम्बन्ध में जानकारी प्राप्त कर सकते हैं। इतिहास हमारे गौरवशाली अतीत को जानने का साधन है। इलियट ने कहा है–''केवल अतीत ही वर्तमान को प्रभावित नहीं करता बल्कि वर्तमान भी अतीत को प्रभावित करता है।'' मनुष्य जिज्ञासु प्राणी है। वह वर्तमान में जीते हुए भी अपने अतीत और परम्पराओं से प्रेम करता है। वह अतीत और तत्कालीन परम्परा को, सभ्यता और संस्कृति को जानकर अपने वर्तमान से उसकी तुलना करते हुए अच्छा जीवन चाहता है। अतीत पर गर्व करते हुए वर्तमान को भी गौरवशाली बनाने का प्रयत्न करता है। अतीत को जानने के लिए इतिहास-ग्रन्थ उपयोगी हैं। साहित्य का इतिहास हमें साहित्य का पूर्व परिचय कराता है। साहित्य से सम्बन्ध रखनेवाले सभी विषयों का क्रमवार परिवर्तन और विकास कैसे हुआ, यह जानने के लिए तथा तत्कालीन भाषा और शैली की जानकारी के लिए भी साहित्येतिहास की महत्त्वपूर्ण उपयोगिता है। विश्वविद्यालयों में उच्च शिक्षा प्राप्त कर रहे छात्रों, शोधार्थियों के लिए साहित्य के क्रमबद्ध विकास, परिवर्तन को जानने का एकमात्र साधन साहित्येतिहास है। धीरे-धीरे विकास करते हुए हम आधुनिक हुए, वैज्ञानिक युग में प्रवेश किया और हमारी तर्कशक्ति, सूक्ष्म विश्लेषक दृष्टि भी बढ़ी, अतः हम हर बात, हर घटना को अनेक बार, अनेक दृष्टियों से देखते हैं, सोचते हैं, समझते हैं तब कहीं सन्तुष्ट होते हैं। हमारी यानी नई पीढ़ी, नव युग की आवश्यकता को देखते हुए अनेक इतिहास लिखे गए। इतिहास लेखकों ने समय और जनसमुदाय के बीच ऐतिहासिक तथ्यों की उपयोगिता को समझते हुए इतिहास लिखा। मिश्रबन्धु साहित्येतिहास लिखने के इच्छुक थे किन्तु अपनी सीमाएँ और इतिहास-लेखन का उद्देश्य भी जानते थे। अतः अपने सामर्थ्य को स्वीकारते हुए उन्होंने लिखा–''हमारे विचार में प्रायः सभी मुख्य एवं अमुख्य कवियों के नाम तथा उनके ग्रन्थों के कथन से एक तो इतिहास में पूर्णता आती है दूसरे हिन्दी भंडार का गौरव प्रकट होता है। यदि कोई व्यक्ति किसी कवि के बारे में कुछ जानना चाहे तो उसे भी उस विषय की सामग्री प्रचुरता से मिल सकती है। इन्हीं कारणों से साधारण कवियों एवं ग्रन्थों के नाम छोड़कर इतिहास का शुद्ध स्वरूप स्थिर रखना हमें अनावश्यक समझ पड़ा। फिर भी इतिहास का क्रम रखने का हमने कवियों का काल

समयानुसार लिखा है और ग्रन्थ के आदि में एक संक्षिप्त इतिहास भी दे दिया है।''[68] इस तरह मिश्रबन्धुओं ने साहित्येतिहास लिखते हुए उद्देश्य और उपयोगिता का ध्यान रखा। साहित्य के विद्यार्थियों की यह जिज्ञासा होती है कि क्या साहित्य के इतिहास का अध्ययन करते हुए हम अन्य विषयों से इसके सम्बन्ध को जान सकते हैं? इसका अन्य विषयों से सम्बन्ध होता भी है या नहीं? साहित्येतिहास केवल इतिहास है, या और कुछ? और विषयों के साथ वह किस प्रकार सम्बन्धित है? वेदव्यास के अनुसार–''धर्म, अर्थ, काम और मोक्ष में मानव सभ्यता एवं मानव व्यवहार का प्रत्येक क्षेत्र समाहित है। घटनाओं की आवृत्ति तथा मात्र युद्धों तक सीमित रखना इतिहास की एकांगिता निर्धारित करना है। इतिहास सम्राटों की यशगाथा ही नहीं कहता, वह मनुष्य को शिक्षा प्रदान करता है।'' वेदव्यास की यह बात कार्लाइल ने भी स्वीकार की है। वे कहते हैं–''इतिहास वैसा दर्शन है जो दृष्टान्तों के माध्यम से शिक्षा देता है।'' कार्लाइल के कथन का नलिन विलोचन शर्मा ने अपने साहित्य का इतिहास दर्शन नामक ग्रन्थ में उल्लेख किया है। साहित्येतिहास की परिभाषा, उद्देश्य, क्षेत्र, आवश्यकता तथा उपयोगिता का अध्ययन करते हुए हमने पाया कि साहित्येतिहास का इतिहास, दर्शन, आलोचना, पुरातत्व, धर्म, भाषा–विज्ञान, समाजशास्त्र, अर्थशास्त्र, राजनीति, जनता की रुचि और समय से घनिष्ठ सम्बन्ध होता है। साहित्यिक पृष्ठभूमि को समझने के लिए इतिहास का ज्ञान आवश्यक है। इतिहास से परिचित हुए बिना साहित्येतिहास आगे नहीं बढ़ सकता। इतिहास स्फूर्ति और गति प्रदान करता है। साहित्येतिहासकार अपने युग के प्रभावों की उपेक्षा नहीं कर सकता। आलोचना साहित्य के गुण–दोषों की व्याख्या करते हुए विवेचना करती है। आलोचक साहित्येतिहास को टटोलता है और साहित्येतिहासकार को बार–बार आलोचना का सहारा लेना पड़ता है। वरिष्ठ इतिहासकारों ने सुन्दर आलोचनात्मक कृतियाँ दी हैं और सफल आलोचकों ने श्रेष्ठ साहित्येतिहास लिखा। साहित्येतिहासकार भाषा वैज्ञानिक होता है। वह साहित्य में विभिन्न कालों में प्रयुक्त हुई भाषा, जैसे–पालि, प्राकृत, अपभ्रंश आदि का ज्ञान रखता है। पुरातत्व का साहित्य से गहरा सम्बन्ध होता है। यह विरासत के रूप में साहित्येतिहास को बहुत कुछ देता है। साहित्येतिहास यह भी स्पष्ट करता है कि किस युग को तत्कालीन धार्मिक सम्प्रदायों और प्रवर्तक दार्शनिकों ने कहाँ तक, किस प्रकार प्रभावित किया। समाज की जिन रीतियों से इतिहास प्रभावित होता है बाद में इतिहास समाज को, साहित्य को प्रभावित करता है। जिस तरह समाज और साहित्य सम्बन्धित हैं उसी तरह समाजशास्त्र और साहित्येतिहास भी सम्बन्धित हैं। समाजशास्त्र की तरह अर्थशास्त्र के साहित्येतिहास से सम्बन्ध को नकारा नहीं जा सकता। साहित्येतिहास के सम्बन्ध में भारतीय एवं पाश्चात्य इतिहासकारों के मत अलग–अलग महत्त्व

रखते हैं। प्राचीन से लेकर परवर्ती साहित्येतिहासकारों ने साहित्येतिहास को सम्पूर्ण एवं सुन्दर बनाने का प्रयत्न किया। नगेन्द्र लिखते हैं–''प्राचीन युग में भारतीय इतिहासकारों की रचनाएँ चारित्रिक मूल्यों, नैतिक उपदेशों व आध्यात्मिक रूपकों से युक्त होकर पौराणिक रूप में परिणत हो गईं, वहाँ परवर्ती इतिहासकारों की रचनाएँ शुद्ध इतिहास की अपेक्षा 'काव्यात्मक इतिहास' या 'ऐतिहासिक काव्य' के रूप में विकसित हुईं। वस्तुतः भारत का प्राचीन इतिहासकार सत्य शोधन तक ही सीमित नहीं रहा, वह 'शिवं' और 'सुन्दरम्' के समन्वय के लिए भी बराबर सचेष्ट रहा। इसे व्यावहारिक दृष्टि से जहाँ उसका 'गुण' कहा जा सकता है वहाँ सैद्धान्तिक दृष्टि से यह उसका सबसे बड़ा 'दोष' भी माना जा सकता है, क्योंकि उसने इतिहास के कलेवर में कला और नीति को स्थान देकर उसे शुद्ध ऐतिहासिकता से वंचित रखा। फिर भी, यदि इतिहास के कलात्मक या काव्यात्मक रूप का किसी भी दृष्टि से कोई महत्त्व है तो उस दृष्टि से भारतीय इतिहासकार को सर्वोच्च स्थान प्रदान किया जा सकता है। वास्तव में भारतीय इतिहासकार ने अपनी संस्कृति और जीवन के आदर्शों के अनुरूप ही इतिहास के क्षेत्र में भी संश्लेषणात्मक व समन्वयात्मक दृष्टिकोण का परिचय देते हुए उसमें सत्यं, शिवं, सुन्दरम् के समन्वय का प्रयास किया, जो उसकी परम्पराओं को देखते हुए उचित व स्वाभाविक कहा जा सकता है।''[69] इस तरह पठनीय होने के साथ रुचिकर व अपने युग की सम्पूर्ण जानकारी को प्रदान करनेवाला साहित्य का इतिहास अपने अस्तित्व और महत्त्व को स्वीकार करने के लिए बाध्य करता है।

सन्दर्भ ग्रन्थ

1. डॉ. गणपतिचन्द्र गुप्त, हिन्दी साहित्य का विकास, भूमिका से
2. वही
3. डॉ. रामकुमार वर्मा, हिन्दी साहित्य का आलोचनात्मक इतिहास, 'निवेदन' से
4. वही, पृ. 2
5. डॉ. नगेन्द्र, हिन्दी साहित्य का इतिहास, पृ. 45
6. डॉ. रामकुमार वर्मा, हिन्दी साहित्य का आलोचनात्मक इतिहास, पृ. 3
7. वही, पृ. 4
8. डॉ. नगेन्द्र, हिन्दी साहित्य का इतिहास, पृ. 47
9. डॉ. रामकुमार वर्मा, हिन्दी साहित्य का आलोचनात्मक इतिहास, पृ. 5-6
10. वही, पृ. 7-9
11. वही पृ. 10
12. वही पृ. 11-12
13. वही पृ. 13
14. वही पृ. 14-15

15. डॉ. नगेन्द्र, हिन्दी साहित्य का इतिहास, पृ. 51
16. वही, पृ. 44
17. वही, पृ. 53
18. ब्रजरत्नदास, खड़ी बोली हिन्दी साहित्य का इतिहास, पृ. 6-8
19. वही, पृ. 9
20. नगेन्द्र 'हिन्दी साहित्य का इतिहास', पृ. 37
21. वही, पृ. 38
22. वही, पृ. 41-42
23. शिवदान सिंह चौहान, हिन्दी साहित्य के अस्सी वर्ष, पृ. 10
24. श्यामसुन्दर दास, हिन्दी साहित्य, पृ. 17
25. डॉ. रामखेलावन पांडेय, हिन्दी साहित्य का नया इतिहास, पृ. 9
26. वही, पृ. 15
27. वही, पृ. 23
28. वही, पृ. 27-28
29. सं. श्याम कश्यप, हिन्दी साहित्य का इतिहास : पुनर्लेखन की समस्याएँ, डॉ. नामवर सिंह, पृ. 13, 14
30. डॉ. विश्वम्भरनाथ उपाध्याय, वही, पृ. 15, 19, 26
31. श्याम कश्यप, वही, पृ. 44
32. गोविन्द श्रीवास्तव, वही, पृ. 113
33. डॉ. नन्दकिशोर नवल, वही, पृ. 123
34. डॉ. शम्भूनाथ, वही, पृ. 136
35. डॉ. नगेन्द्र, हिन्दी साहित्य का इतिहास, वही, पृ. 43
36. वही, पृ. 43-44
37. वही, पृ. 44
38. आचार्य विश्वनाथ प्रसाद मिश्र, हिन्दी साहित्य का अतीत, पृ. 24
39. वही, पृ. 25-26
40. सं. श्याम कश्यप, हिन्दी साहित्य का इतिहास, पुनर्लेखन की समस्याएँ, पृ. 1
41. धीरेन्द्र वर्मा एवं सम्पादक मंडल, हिन्दी साहित्य, तृतीय भाग, पृ. 647
42. डॉ. रामखेलावन पांडेय, हिन्दी साहित्य का नया इतिहास, पृ. 1-2
43. डॉ. शम्भूनाथ सिंह, हिन्दी काव्य की सामाजिक भूमिका, प्राक्कथन से
44. डॉ. रूपचन्द्र पारीक, हिन्दी साहित्य के इतिहास-ग्रन्थों का आलोचनात्मक अध्ययन, पृ. 5
45. डॉ. रामखेलावन पांडेय, हिन्दी साहित्य का नया इतिहास, पृ. 4
46. नगेन्द्र, हिन्दी साहित्य का इतिहास, पृ. 77
47. डॉ. गणपतिचन्द्र गुप्त, हिन्दी साहित्य का विकास, पृ. 30
48. वही, पृ. 32-33
49. वही, पृ. 33
50. वही, पृ. 34
51. वही, पृ. 35

52. डॉ. रामखेलावन पांडेय, हिन्दी साहित्य का नया इतिहास, पृ. 16
53. वही, पृ. 17
54. डॉ. रामकुमार वर्मा, हिन्दी साहित्य का आलोचनात्मक इतिहास, पृ. 146–48
55. डॉ. रामकुमार वर्मा, हिन्दी साहित्य का आलोचनात्मक इतिहास, पृ. 151–52
56. वही, पृ. 160
57. वही, पृ. 176
58. आचार्य रामचन्द्र शुक्ल, हिन्दी साहित्य का इतिहास, पृ. 721
59. डॉ. रूपचन्द पारीक, हिन्दी साहित्य का इतिहास-ग्रन्थों का आलोचनात्मक अध्ययन, पृ. 322
60. डॉ. राजकिशोर पांडेय, हिन्दी साहित्य का उत्तर मध्ययुग, पृ. 483
61. डॉ. रूपचन्द पारीक, हिन्दी साहित्य के इतिहास-ग्रन्थों का आलोचनात्मक अध्ययन, पृ. 148
62. डॉ. बच्चन सिंह, हिन्दी साहित्य का दूसरा इतिहास, पृ. 17
63. वही, पृ. 22, 24
64. वही, पृ. 25
65. वही, पृ. 83
66. डॉ. शम्भूनाथ सिंह, हिन्दी काव्य की सामाजिक भूमिका, पृ. 12
67. आचार्य रामचन्द्र शुक्ल, हिन्दी साहित्य का इतिहास, प्रथम संस्करण का वक्तव्य, पृ. 1
68. डॉ. रूपचन्द पारीक, हिन्दी साहित्य के इतिहास-ग्रन्थों का आलोचनात्मक अध्ययन, पृ. 114
69. नगेन्द्र, हिन्दी साहित्य का इतिहास, पृ. 39

हिन्दी साहित्य के इतिहास-लेखन पर एक विहंगम दृष्टि और उसका तथ्यात्मक विश्लेषण

इतिहास का सामान्य अर्थ हमारे देश में परम्परा से लिया जाता है। परम्परा का वर्तमान रूप उद्घाटित करने के साथ पूर्ववर्तियों का उल्लेख करना इतिहास का महत्त्वपूर्ण कार्य है। हिन्दी साहित्य का इतिहास लिखने की परम्परा अति प्राचीन है किन्तु पूर्व में लिखे गए अनेक ग्रन्थों में सन्-संवत्, काल, क्रम इत्यादि का अभाव है। अत: इतिहास लेखक ऐसे ग्रन्थों को इतिहास-ग्रन्थ मानने में झिझकते हैं, जैसे– 'चौरासी वैष्णवन की वार्ता', 'भक्तमाल', 'कविमाला', 'कालिदास हजारा' आदि। डॉ. रूपचन्द्र पारीक ने 'हिन्दी साहित्य के इतिहास-ग्रन्थों का आलोचनात्मक अध्ययन' नामक ग्रन्थ में इनका उल्लेख संवत् सहित किया है। 'कविमाला' के संकलनकर्ता तुलसी (पिता यदुराम) और संकलन काल सं. 1712 (1655 ई.) तथा कुल 75 कवियों का संकलन है ऐसा उल्लेख किया है। इसी तरह 'कालिदास हजारा'-सं. 1776 (1719 ई.), 212 कवियों की रचनाएँ हैं। 'हजारा' को 'सरोज' के प्रेरक ग्रन्थों में एक महत्त्वपूर्ण ग्रन्थ माना है। शिवसिंह सेंगर ने 'हजारा' के लगभग 85 कवियों का और ग्रियर्सन ने 4 कवियों का उल्लेख किया है। 'अलंकार रत्नाकर' का संकलन सं. 1792 (1735 ई.) दल पतिराय वंशीधर तथा प्रवीण कवि कृत 'सार संग्रह' सं. 1800 (1743 ई.) है। मिश्रबन्धुओं ने इनका उल्लेख किया है बलदेव कृत 'सत्कवि गिराविलास' सं. 1803 (1746 ई.) है। इसमें 17 कवियों की रचनाएँ हैं। शिवसिंह सेंगर, ग्रियर्सन और मिश्रबन्धुओं ने इसका उल्लेख किया है। सुब्बासिंह ओयल 'श्रीधर' कृत विद्वन्मोद तरंगिणी' का सं. 1874 (1817 ई.) में हुआ। इसमें 44 कवियों की रचनाएँ हैं। उपर्युक्त तीनों इतिहासकारों ने इसका उल्लेख किया है।''[1] पारीक आगे अन्य ग्रन्थों का विवरण देते हैं-''कृष्णानन्द व्यासदेव रामसागर द्वारा सं. 1900 (1843 ई.) में 'रागकल्पद्रुम' संकलित किया गया। 'सरोज' के अनुसार इसमें 500 महात्माओं के पद संकलित हैं। मिश्रबन्धुओं ने रचनाकाल वही दिया है किन्तु नाम 'राससागरोद्भव संग्रह' दिया है। सम्भवत: इसका पूरा नाम 'रागसागरोद्भव रागकल्पद्रुम' जान पड़ता है। ग्रियर्सन ने इसका

यही नाम दिया है। ग्रियर्सन ने एक और ग्रन्थ 'शृंगार संग्रह' का उल्लेख किया है जो सं. 1905 (1848 ई.) में संकलित हुआ। रायबरेली जिले के बिशुनवासपुर के ठाकुरप्रसाद त्रिपाठी ने 242 कवियों की 9 रसों की रचनाओं को सं. 1920 (1863 ई.) में संकलित कर 'रसचन्द्रोदय' ग्रन्थ लिखा जिसका उल्लेख ग्रियर्सन और शिवसिंह सेंगर ने किया है। इन दोनों इतिहासकारों ने एक ग्रन्थ 'दिग्विजय भूषण' का भी उल्लेख किया है जो गोकुलप्रसाद 'ब्रज' द्वारा सम्पादित है। सं. 1925 (1868 ई.) में संकलित इस ग्रन्थ में 192 कवियों की रचनाएँ हैं। 1869 ई. में भारतेन्दु हरिश्चन्द का 'सुन्दरी तिलक' प्रथम बार प्रकाशित हुआ। सरोजकार ने इसे सं. 1931 (1874 ई.) में संकलित बताया है। इसमें 69 कवियों की रचनाएँ हैं। 'सरोज' रचना का प्रेरक ग्रन्थ वास्तव में 'भाषा-काव्य-संग्रह' है। इसका रचना काल सं. 1932 (1875 ई.) बताया गया है। मुंशी नवलकिशोर प्रेस, लखनऊ से प्रकाशित इस ग्रन्थ के सम्पादक पं. महेशदत्त शुक्ल हैं। इसमें 51 कवियों की कविताएँ और उनका परिचय दिया गया है। 'सरोज' के नवीनतम संस्करण में 838 कवियों की रचनाओं के उदाहरण और उनके परिचय उपलब्ध हैं। ग्रन्थ रचना की प्रणाली शिवसिंह सेंगर ने निश्चित रूप से महेशदत्त शुक्ल से ली है। यदि संग्रह और परिचय के कारण ही 'सरोज' को किसी भारतीय द्वारा लिखित हिन्दी साहित्य का प्रथम इतिहास अथवा कविवृत्त होने का महत्त्व और गौरव प्राप्त है तो वह महत्त्व और गौरव पं. महेशदत्त शुक्ल को मिलना चाहिए, शिवसिंह सेंगर को नहीं।''[2] भाषा-काव्य संग्रह में निम्नलिखित 51 कवियों की रचनाएँ हैं–महेशदत्त, मदनगोपाल, हुलासराय, भगवतीदास, ब्रजवासीदास, नरोत्तमदास, लल्लूजीलाल, बिहारीलाल, रघुनाथदास, मोतीलाल, क्षेमकरण, चरणदास, रामनाथ प्रधान, अयोध्याप्रसाद, श्रीपति, केशवदास, रंगाचार, मीरा, नाभादास, वंशीधर, मतिराम, सूरदास, सुन्दर कवि, हरिनाथ, गदाधर, शिवप्रसाद तुलसीदास, नारायणदास, सहजराम, रत्नकवि, सबलसिंह, नवलदास, गिरिधरराय, अनन्यदास, मलूकदास, कृपाराम, सीतारामदास, भिखारीदास, महाराज मानसिंह, शिव प्रसन्न, पद्माकर, हिमाचलराम, प्रियदास, देवदत्त, दासकवि, जानकीदास, रामसिंह, गिरिजादत्त, नरहरि, रसखानि, चन्द्रकवि। विभिन्न साहित्यकारों, इतिहासकारों, रचनाओं, मतों की तुलना करते हुए 'पारिक' जी ने 'भाषा-काव्य-संग्रह' को ही प्रथम इतिहास लेखक महेशदत्त शुक्ल का प्रथम इतिहास-ग्रन्थ माना है। सं. 1930 (1873 ई.) में मातादीन मिश्र ने कवित्त रत्नाकार का सम्पादन किया जिसमें 42 कवियों की रचनाएँ हैं। ग्रियर्सन ने इसका काल 1876 ई. दिया है। संवत् 1944 (1887 ई.) में नकछेदी तिवारी ने 'विचित्रोपदेश' में नीति कविताओं का हास्यरस पूर्ण संग्रह निकाला जिसमें 50 कवियों के उदाहरण संगृहीत हैं।''[3] हिन्दी साहित्य के इतिहास-लेखन का प्रारम्भिक काल कविवृत्त संग्रहों से भरा पड़ा है।

श्यामसुन्दर दास की 'हिन्दी कोविद ग्रन्थमाला' और रामनरेश त्रिपाठी की 'कविता कौमुदी' भी ऐसे ही प्रयास हैं। 'सरोज' को पूर्व शुक्ल युग में रखा जाता है क्योंकि शुक्ल जी से पहले डॉ. ग्रियर्सन और मिश्रबन्धुओं ने उसका पूरा-पूरा उपयोग किया है। हिन्दी साहित्य का इतिहास सर्वप्रथम पुस्तकों के रूप में नहीं बल्कि छोटे-छोटे निबन्धों के रूप में लिखा गया, जिनमें साहित्य एवं भाषा के विकास की रूपरेखा स्पष्ट की गई। 'कविवचनसुधा' में प्रकाशित 'हिन्दी कविता' नामक लेख में लिखा है कि सर्वप्रथम राजा शिवप्रसाद 'सितारेहिन्द' ने भाषा के इतिहास पर निबन्ध लिखा। भारतेन्दु हरिश्चन्द्र ने अपने एक-दो निबन्धों में हिन्दी साहित्य के विकास पर सरसरी दृष्टि डाली। डॉ. रामकुमार वर्मा लिखते हैं–''लल्लूलाल और सदल मिश्र ने क्रमशः स्वरचित 'प्रेमसागर' और 'नासिकेतोपाख्यान' में हिन्दी गद्य के स्वरूप का निर्देश करते हुए अपनी पुस्तकों के लिखाने का श्रेय फोर्ट विलियम कॉलेज के प्रिंसिपल जॉन गिलक्राइस्ट को दिया है। हमें उससे तत्कालीन गद्य की एक विशेष परिस्थिति अवश्य ज्ञात होती है, इतिहास नहीं। राजा शिवप्रसाद 'सितारेहिन्द' ने भाषा के इतिहास पर निबन्ध लिखा था, पर साहित्य के इतिहास पर नहीं। इस प्रकार हिन्दी साहित्य की क्रमागत प्रवृत्तियों, विचारधाराओं और कवि-विवरणों का इतिहास विक्रम की उन्नीसवीं शताब्दी तक नहीं मिलता। कवि के नामों का सबसे पहला संग्रह, जो इतिहास के रूप का आभासमात्र है, फ्रेंच साहित्य में गार्से-द तासी लिखित 'इस्त्वार द ला लितेरात्यूर ऐंदुई ऐं ऐंदुस्तानी' है। यह ग्रन्थ ग्रेट ब्रिटेन और आयरलैंड की प्राच्य साहित्य-अनुवादक समिति की ओर से पेरिस में मुद्रित किया गया।''[4] तासी के इस ग्रन्थ को लगभग सभी इतिहासकारों ने हिन्दी साहित्य के प्रथम इतिहास-ग्रन्थ की संज्ञा दी है। इसका प्रथम संकलन सन् 1839 में और दूसरा सन् 1946 में प्रकाशित हुआ था। द्वितीय संस्करण में इस ग्रन्थ के तीन भाग हो गए। यह तीसरा भाग अर्थात् परिवर्धित व परिष्कृत संस्करण सन् 1871 में प्रकाशित हुआ। तासी के इस ग्रन्थ के अलावा अनेक इतिहास-ग्रन्थों की सूची रामकुमार वर्मा ने प्रस्तुत की है जिनका उल्लेख हम प्रथम अध्याय में कर चुके हैं। विस्तार से लिखे गए इतिहास-ग्रन्थों के अतिरिक्त कुछ छोटे-छोटे इतिहास भी लिखे गए हैं। रामकुमार वर्मा द्वारा प्रस्तुत सूची संलग्न है।[5]

विस्तृत इतिहास-ग्रन्थों के अतिरिक्त अन्य छोटे-छोटे इतिहास भी लिखे गए जिनमें निम्नलिखित विशेष अच्छे हैं :

सं. 1980 हिन्दी का संक्षिप्त इतिहास, श्री रामनरेश त्रिपाठी

सं. 1987 हिन्दी साहित्य का संक्षिप्त इतिहास, श्री रमाशंकर प्रसाद

सं. 1988 हिन्दी साहित्य के इतिहास का उपोद्घात, श्री मुंशीराम शर्मा

सं. 1988 हिन्दी साहित्य, श्री गणेश प्रसाद द्विवेदी

सं. 1988 हिन्दी साहित्य का संक्षिप्त इतिहास, श्री नन्ददुलारे वाजपेयी

सं. 1988 साहित्य प्रकाश, श्री रामशंकर शुक्ल 'रसाल'

सं. 1989 हिन्दी साहित्य का इतिहास, श्री ब्रजरत्नदास

सं. 1994 हिन्दी साहित्य सुबोध इतिहास, श्री गुलाब राय

सं. 1995 हिन्दी साहित्य की रूपरेखा, डॉ. सूर्यकान्त

सं. 1995 हिन्दी साहित्य का संक्षिप्त इतिहास, श्री गोपाललाल खन्ना

सं. 1996 हिन्दी साहित्य इतिहास, श्री मिश्रबन्धु

सं. 1997 हिन्दी साहित्य इतिहास का रेखा-चित्र, श्री उत्तमचन्द्र श्रीवास्तव

सं. 1997 खड़ी बोली का संक्षिप्त परिचय, श्री रामनरेश त्रिपाठी

इन इतिहासों के अतिरिक्त साहित्य के इतिहास के विविध अंगों पर भी ग्रन्थ लिखे गए हैं। इन अंगों में कविता, नाटक, कहानी और उपन्यास तथा निबन्ध के ऐतिहासिक ग्रन्थ आते हैं। वे अधिकतर वर्तमान काल से ही सम्बन्ध रखते हैं। उनका संक्षिप्त विवरण निम्नलिखित है:

कविता

सं. 1993 कवि और काव्य, श्री शान्तिप्रिय द्विवेदी

सं. 1995 नवयुग काव्य विमर्श, श्री ज्योति प्रसाद मिश्र 'निर्मल'

सं. 1997 हिन्दी कविता का विकास, श्री आनन्दकुमार

सं. 1998 हिन्दी के कवि और काव्य 1-3, श्री गणेशप्रसाद द्विवेदी

सं. 1998 काव्य कलना (द्वितीय सं.) श्री गंगाप्रसाद पांडेय

सं. 1999 हिन्दी के वर्तमान कवि और उनका काव्य–श्री गिरिजादत्त शुक्ल 'गिरीश'

सं. 2000 आधुनिक काव्य-धारा, डॉ. केसरी नारायण शुक्ल

सं. 2002 हिन्दी गीति काव्य, श्री ओम प्रकाश अग्रवाल

सं. 2002 हिन्दी काव्य-धारा, श्री राहुल सांकृत्यायन

नाटक

सं. 1987 हिन्दी नाट्य साहित्य का विकास, श्री विश्वनाथप्रसाद मिश्र

सं. 1995 हिन्दी नाट्य साहित्य, श्री ब्रजरत्नदास

सं. 1997 हिन्दी नाट्य विमर्श, श्री गुलाब राय

सं. 1997 हमारी नाट्य परम्परा, श्री दिनेश नाराणय उपाध्याय

सं. 1998 हिन्दी नाट्य चिन्तन, श्री शिखरचन्द्र जैन

सं. 1999 आधुनिक हिन्दी नाटक, श्री नगेन्द्र

सं. 1999 एकांकी नाटक, श्री अमरनाथ गुप्त

सं. 1999 हिन्दी नाटक साहित्य की समालोचना, श्री भीमसेन

कहानी और उपन्यास

सं. 1996 हिन्दी के सामाजिक उपन्यास, श्री ताराशंकर पाठक
सं. 1997 हिन्दी उपन्यास, श्री शिवनारायण श्रीवास्तव
सं. 2001 आधुनिक कथा-साहित्य, श्री गंगाप्रसाद पांडेय

निबन्ध

सं. 1998 हिन्दी साहित्य में निबन्ध, श्री ब्रह्मदत्त शर्मा
सं. 2002 हिन्दी में निबन्ध-साहित्य, श्री जनार्दनस्वरूप अग्रवाल

आलोचना

इन ग्रन्थों के अतिरिक्त हिन्दी साहित्य के कालों और विशिष्ट भागों पर भी ग्रन्थ लिखे गए हैं। ऐसे ग्रन्थ अधिकतर परीक्षाओं के पाठ्य-ग्रन्थों के रूप में ही लिखे गए हैं। विशेष महत्त्वपूर्ण ग्रन्थों का विवरण निम्नलिखित है :

सं. 1991 हिन्दी साहित्य का गद्यकाल, श्री गणेशप्रसाद द्विवेदी
सं. 1995 साहित्यिक, श्री शान्तिप्रिय द्विवेदी
सं. 1997 आधुनिक हिन्दी साहित्य, श्री स.ही. वात्स्यायन
सं. 1997 नया हिन्दी साहित्य, श्री प्रकाशचन्द्र गुप्त
सं. 1997 गद्य भारती, श्री केशवप्रसाद मिश्र, श्री पद्मनारायण आचार्य
सं. 1997 हमारे गद्य निर्माता, श्री प्रेमनारायण टंडन
सं. 1998 युग और साहित्य, श्री शान्तिप्रिय द्विवेदी
सं. 1998 मंचारिणी (द्वि.सं.), श्री शान्तिप्रिय द्विवेदी
सं. 1999 हिन्दी साहित्य निर्माता, श्री प्रेमनारायण टंडन
सं. 2000 हिन्दी साहित्य की वर्तमान विचार-धारा, श्रीराम शर्मा
सं. 2001 ब्रजभाषा साहित्य में नायिका-निरूपण, श्री प्रभुदयाल मीतल।

साहित्य की सामग्री

हिन्दी साहित्य के इतिहास की सामग्री दो रूपों में मिलती है। एक अन्तर्साक्ष्य के रूप में और दूसरी बाह्य साक्ष्य के रूप में। साहित्य के जितने परिचय-ग्रन्थ हैं, उनके द्वारा मिली हुई सामग्री अन्तर्साक्ष्य के रूप में है और साहित्य के अतिरिक्त अन्य साधनों से मिली हुई सामग्री बाह्य साक्ष्य के रूप में। बाह्य साक्ष्य की अपेक्षा अन्तर्साक्ष्य अधिक विश्वनीय होता है, अतएव पहले उसी पर विचार करना है। निम्नलिखित परिचय-ग्रन्थों ने हमारे सामने साहित्य के इतिहास की सामग्री प्रस्तुत की है :

सं.	ग्रन्थ का नाम	लेखक	संवत्	विवरण
1.	चौरासी और दो सौ बावन वैष्णवन की वार्ता	गोकुल नाथ	सं. 1625	इसमें पुष्टि-मार्ग में दीक्षित वैष्णवों की जीवनी पर गद्य में प्रकाश डाला गया है, इनमें अनेक कवि भी हैं। अष्टछाप के कवि भी इसी में निर्दिष्ट हैं।
2.	भक्तमाल	नाभादास	सं. 1642	108 छप्पय छन्दों में भक्तों का विवरण है। इनमें अनेक भक्त-कवि भी हैं। साधारणतया प्रत्येक भक्त के लिए एक छप्पय है जिसमें उसकी विशेषताओं का उल्लेख है।
3.	श्री गुरुग्रन्थ साहब	गुरु अर्जुन देव (संग्रहकर्ता)	सं. 1661	श्री गुरु अर्जुन देव ने प्रमुखतः नानक एवं कबीर, रैदास, नामदेव आदि 16 सन्तों का काव्य संग्रह किया है।
4.	मूल गोसाई चरित	बेणी माधोदास	सं. 1687	इसमें चौपाई, दोहा और त्रोटक छन्दों में गोस्वामी तुलसीदास का जीवन-चरित्र लिखा गया है। इसमें अनेक अलौकिक घटनाओं का भी समावेश किया गया है।
5.	भक्तनामावली	ध्रुवदास	सं. 1698	116 भक्तों का संक्षिप्त चरित्र-वर्णन है। अन्तिम नाम नाभादास जी का है।
6.	कविमाला	तुलसी	सं. 1712	75 कवियों की कविताओं का संग्रह। इन कवियों का कविता-काल सं. 1500 से 1700 तक है।
7.	कालिदास हजारा	कालिदास त्रिवेदी	सं. 1775	212 कवियों की एक हजार कविताओं का संग्रह। इन कवियों का कविता-काल सं. 1480 से लेकर 1575 तक है।

			इसी के आधार पर शिवसिंह ने अपना 'सरोज' लिखा।
8. काव्य-निर्णय	भिखारीदास	लगभग 1782	इस ग्रन्थ में काव्य के आदर्शों के साथ अनेक कवियों का भी निर्देश किया गया है, किन्तु यह निर्देश संक्षिप्त है। कवित्त-संख्या 16 और दोहा-संख्या 17
9. सत्कवि गिराविलास	बलदेव	1803	सत्रह कवियों का काव्य-संग्रह जिनमें केशव, चिन्तामणि, मतिराम, बिहारी आदि मुख्य हैं।
10. कवि नामावली	सूदन	1810	इसमें सूदन ने दस कवित्तों में कवियों के नाम गिनाकर उन्हें प्रणाम किया है।
11. विद्वान मोद तरंगिणी	सुब्बासिंह	1874	45 कवियों का काव्य-संग्रह जिनमें षट्ऋतु, नखशिख, दूती आदि का वर्णन है।
12. राग सागरोद्भव रागकल्पद्रुम	कृष्णानन्द व्यासदेव	1900	कृष्णोपासक दो सौ से अधिक कवियों का काव्य-संग्रह उनके ग्रन्थों की नामावली-सहित दिया गया है। यह ग्रन्थ तीन भागों में है। इसमें हिन्दी के अतिरिक्त मराठी, तेलुगु, गुजराती, बँगला, उड़िया, अंग्रेजी, अरबी आदि में लिखे गए ग्रन्थों का भी उल्लेख है।
13. शृंगार संग्रह	सरदार कवि	1905	इसमें 125 कवियों के उद्धरण हैं। इसमें काव्य के विविध अंगों का निरूपण है।
14. रस चन्द्रोदय	ठाकुर प्रसाद त्रिपाठी	1902	बुन्देलखंड के 242 कवियों का काव्य-संग्रह।
15. दिग्विजय भूखन	गोकुल प्रसाद	1925	192 कवियों का काव्य-संग्रह।

16. सुन्दरी तिलक	हरिश्चन्द्र	1926	69 कवियों का सवैया-संग्रह।
17. काव्य-संग्रह	महेशदत्त	1932	अनेक कवियों का काव्य-संग्रह।
18. कवित्त-रत्नाकर	मातादीन मिश्र	1933	20 कवियों का काव्य-संग्रह।
19. शिवसिंह सरोज	शिवसिंह सेंगर	1940	1000 कवियों का जीवन-वृत्त उनकी कविताओं के उदाहरण-सहित दिया गया है। इसी के आधार पर जॉर्ज ए. ग्रियर्सन ने दि मॉडर्न वर्नाक्यूलर लिटरेचर ऑफ हिन्दुस्तानी' लिखा है। हिन्दी भाषा में सर्वप्रथम इतिहास का सूत्रपात यहीं से माना जाना चाहिए।
20. विचित्रोपदेश	नकछेदी तिवारी	1944	अनेक कवियों का काव्य-संग्रह।
21. कवि रत्नमाला	देवीप्रसाद मुंसिफ	1968	राजपूताने के 108 कवि-कोविदों की कविता जीवनी-सहित दी गई है।
22. हफीजुल्ला खाँ हजारा	हफीजुल्ला खाँ	1972	दो भागों में अनेक कवियों का कवित्त और सवैया-संग्रह।
23. सन्तवानी संग्रह तथा अन्य सन्तों की बानी	'अधम'	1972	जीवन-चरित्र सहित 24 सन्तों का काव्य-संग्रह।
24. सूक्ति सरोवर	लाला भगवानदीन	1979	ब्रजभाषा के अनेक कवियों की साहित्यिक विषयों पर सूक्तियाँ।
25. सलेक्सन्स फ्रॉम हिन्दी लिटरेचर	लाला सीताराम	1978 से 1984	साहित्य के अनेक कवियों पर आलोचना और उनका काव्य-संग्रह।

बाह्य साक्ष्य के अन्तर्गत दो रूपों में सामग्री प्राप्त होती है। पहले रूप में साहित्यिक सामग्री है तथा दूसरे रूप में शिलालेख तथा अन्य प्राचीन ऐतिहासिक स्थानों के निर्देश आदि हैं। हमें अपने साहित्य के इतिहास के लिए निम्नलिखित मुख्य-मुख्य आलोचनात्मक एवं वर्णनात्मक पुस्तकों से साहित्यिक सामग्री मिलती है :

सं.	ग्रन्थ का नाम	लेखक	संवत्	विवरण
1.	ऐनल्स एंड एन्टीविटीज ऑफ राजस्थान	कर्नल टाड	सं. 1889	राजस्थान के चारणों के निर्देश हैं।
2.	हिन्दूइज्म एंड ब्रह्मनिज्म	मानियर विलियम्स	सं. 1940	हिन्दू धर्म के सिद्धान्तों के निरूपण में हिन्दी-कवियों और आचार्यों के विचारों की आलोचना।
3.	नागरी प्रचारिणी सभा की खोज रिपोर्ट	श्यामसुन्दर दास, मिश्रबन्धु, हीरालाल	सं. 1957 से प्रारम्भ 1988 तक	अनेक अज्ञात कवियों और लेखकों का परिचय एवं उनकी रचना के उदाहरण।
4.	कबीर एंड द कबीरपन्थ	बेसकट	सं. 1964	कबीर और कबीरपन्थ के आदर्शों का स्पष्टीकरण।
5.	हिस्ट्री ऑफ द सिक्ख रिलीजन	मैकालिफ	सं. 1965	सिक्ख धर्म का आविर्भाव, उसके अन्तर्गत हिन्दी कवियों का भी उल्लेख।
6.	इंडियनथीज्म	मैकनिकाल	सं. 1972	हिन्दू दार्शनिक सिद्धान्तों का स्पष्टीकरण। इस सम्बन्ध में कवियों का उल्लेख।
7.	ए डिस्क्रिप्टिव केटलॉग ऑफ वार्डिक एंड हिस्टारिकल मैन्यूस्क्रिप्ट	डॉ. एल.पी. टैसीटरी	सं. 1974	राजस्थान में डिंगल काव्य के अन्तर्गत अनेक ग्रन्थों के विवरण और उदाहरण।
8.	एन आउट लाइन ऑफ द रिलीजस लिटरेचर ऑफ इंडिया	फर्कुहर	1977	धार्मिक सिद्धान्तों के प्रकाश में कवियों पर आलोचना।
9.	गोरखनाथ एंड द कनफटा योगीज	ब्रिग्स	1995	गोरखनाथ और नाथ-सम्प्रदाय का धार्मिक एवं दार्शनिक विवेचन।
10.	राजस्थान में हिन्दी के हस्तलिखित ग्रन्थों की खोज	मोतीलाल-मेनारिया	1999	राजस्थान के अनेक ज्ञात और अज्ञात कवियों और लेखकों का परिचय और उनकी रचना के उदाहरण।

रामकुमार वर्मा ने कुछ ऐसे कवियों की रचनाओं का भी उल्लेख किया है जो इतिहास पर प्रकाश डालती हैं, जैसे–सोम प्रभुसूरि का 'कुमार पाल प्रतिबोध' (सं. 1240), धर्मसूरि का 'जम्बू स्वामी रासो' (सं. 1266), मेरुतुंग का 'प्रबन्ध चिन्तामणि' (सं. 1366), अम्ब देव का संघपतिसमरा रासो (सं. 1317), ईश्वर सूरि का 'ललितांग चरित्र' (सं. 1561), बनारसीदास का 'अर्धकथानक' (सं. 1698), श्रीकृष्ण भट्ट का 'सांमर युद्ध' (लगभग सं. 1700), मान कवि के 'राजविलास', 'लक्ष्मण शतक', 'नीतिनिधान', 'समरसार', पहली (सं. 1752)। गोरेलाल की 'छत्रप्रकाश' (सं. 1764), मुरलीधर की 'जंगनामा' (सं. 1767), हृषीकेश की 'जगतराज दिग्विजय' (सं. 1769), सूदन की 'सुजान चरित' (सं. 1820), पद्माकर की हिम्मत 'बहादुर विरुदावली' (सं. 1855) में और जगतसिंह विरुदावली (लगभग सं. 1855) में, गोपाल की 'भगवन्त राय की विरुदावली' (सं. 1855), जोधराज की 'हम्मीर रासो' (सं. 1875) में, प्रतापसाहि की 'जैसिंह प्रकाश' (सं. 1891) में। इसके साथ ही वर्मा जी ने देवीप्रसाद मुंसिफ के ग्रन्थ 'राजपूताना में हिन्दी-पुस्तकों की खोज' के पृष्ठ 12 पर उल्लिखित एक ग्रन्थ 'वचनका' का भी उल्लेख किया है जिसके लेखक जग्गा चारण हैं। यह (सं. 1715) की है।[6]

ये ग्रन्थ इतिहास की अनेक घटनाओं से परिचय कराते हैं। हिन्दी साहित्य के इतिहास-ग्रन्थों का आलोचनात्मक अध्ययन करते हुए डॉ. पारीक ने तासी, शिवसिंह सेंगर 'सरोज' वह ग्रियर्सन का तुलनात्मक अध्ययन करने के बाद आचार्य रामचन्द्र शुक्ल के इतिहास पर प्रकाश डाला है। पारीक कहते हैं, ''तासी के ग्रन्थ के प्रथम संस्करण की प्रथम जिल्द में 72 कवियों की चर्चा है किन्तु डॉ. वार्ष्णेय ने 357 कवियों की चर्चा की है जो प्रधानतः उर्दू के हैं। 'सरोज' के कवियों की कुल संख्या लगभग 100 है।''

ग्रियर्सन ने कुछ 951 कवियों का परिचय दिया है। 886 कवि 'सरोज' से लिए गए हैं, शेष 65 विलसन कृत रेलिक्ट्स ऑफ हिन्दूज और जर्नल ऑफ रॉयल एशियाटिक सोसायटी ऑफ बंगाल (विशेष रूप से अंक 53) के आधार पर दिया गया है। तासी, सरोज और ग्रियर्सन के ग्रन्थों में पारीक जी ने अशुद्धियों पर भी प्रकाश डाला है, जैसे–तासी ने कबीर की जन्म तिथि संवत् 1205 और मृत्यु तिथि 1505 दी है जो अशुद्ध है। इसी तरह कवियों के नाम, ग्रन्थ विवरण, तथ्य सम्बन्धी अशुद्धियाँ भी हैं। भाषा भी कहीं-कहीं अशुद्ध है फिर भी तासी के ग्रन्थ का महत्त्व सर्वमान्य है। परवर्ती साहित्येतिहासकारों के लिए मार्गदर्शक है। पारीक जी ने ही शर्मा के कथन का उल्लेख किया है–''वर्गीकरण के इस प्रयत्न के पीछे फ्रेंच वैदुष्य स्पष्ट ही अनुमेय है। यह दूसरी बात है कि हिन्दी कवियों के कामचलाऊ विवरण तक के अभाव में वर्गीकरण का कोई सम्यक् प्रयास सम्भव नहीं था और तासी को

वर्णन क्रमानुसार विवरण से ही सन्तुष्ट रहना पड़ा (नलिन विलोचन शर्मा–साहित्य का इतिहास दर्शन)।''[7] पारीक ने उपर्युक्त तीनों इतिहासकारों के ग्रन्थों के अलावा मिश्रबन्धु विनोद पर विस्तार से चर्चा करते हुए लिखा है, ''विनोद के चारों भागों में 4591 कवि संगृहीत हुए जो खंडानुसार निम्नलिखित हैं–प्रथम भाग–1–277, द्वितीय भाग 278–1321, तृतीय भाग 1322–2556, चतुर्थ भाग 2557–4591 हैं। अनेक कवियों की संख्या बटों में है। इस तरह विनोद की कुल कवि संख्या 5000 तक पहुँचती है। नवीन ढंग से मिश्रबन्धुओं ने विनोद रचा जो समय की बहुत बड़ी आवश्यकता थी। नागरी प्रचारिणी सभा की खोज रिपोर्ट जैसे साधन उनको सुलभ थे जो उनके पूर्ववर्तियों को नहीं थे। अपने प्रयत्न में चाहे वे सर्वथा सफल न हुए हों, इतिहास–लेखन का चाहे उन्होंने प्रत्यक्ष संकेत नहीं दिया हो, अधिकतम कवियों और उनकी रचनाओं का विवरण देकर इतिहास के प्रति उन्होंने हिन्दी–प्रेमियों का ध्यान आकृष्ट किया। आचार्य शुक्ल तक अपने प्रौढ़ इतिहास–लेखन में बहुत कुछ अंशों तक उनके द्वारा दी गई सूचनाओं पर निर्भर रहे।''[8] पारीक ने जहाँ 'ए स्केच ऑफ हिन्दी लिटरेचर' एडविन ग्रीव्ज, 'ए हिस्ट्री ऑफ हिन्दी लिटरेचर' एफ. ई. के. हिन्दी बदरीनाथ भट्‌ट पर संक्षिप्त प्रकाश डाला है वहीं आचार्य शुक्ल के 'हिन्दी साहित्य के इतिहास' पर विस्तार से चर्चा करते हुए गुण–दोषों पर प्रकाश डाला है। शुक्ल युग को प्रौढ़ इतिहास–लेखन का युग कहा है तथा इस युग में अन्य लेखकों द्वारा लिखे गए श्रेष्ठ इतिहासों की चर्चा की है, जैसे–डॉ. श्यामसुन्दर दास का 'हिन्दी साहित्य', रामशंकर शुक्ल 'रसाल' का 'हिन्दी साहित्य का इतिहास', सूर्यकान्त शास्त्री का 'हिन्दी साहित्य का विवेचनात्मक इतिहास', अयोध्यासिंह उपाध्याय 'हरिऔध' का 'हिन्दी भाषा और साहित्य का विकास', कृष्णशंकर शुक्ल का 'आधुनिक हिन्दी साहित्य का इतिहास', डॉ. रामकुमार वर्मा का 'हिन्दी साहित्य का आलोचनात्मक इतिहास', ब्रजरत्नदास का 'खड़ी बोली हिन्दी साहित्य का इतिहास', आचार्य चतुरसेन शास्त्री का 'हिन्दी भाषा और साहित्य का इतिहास' आदि। इन सभी ग्रन्थों पर टिप्पणी करते हुए उन्होंने शुक्ल जी के इतिहास को ही सर्वश्रेष्ठ सिद्ध किया है। शुक्ल जी ने इतिहास को नवीन रूप दिया तथा साहित्य के इतिहास को गहन, विस्तृत और गरिमामय बनाया। आचार्य हजारीप्रसाद द्विवेदी के 'हिन्दी साहित्य' और 'हिन्दी साहित्य की भूमिका' पर पारीक जी विस्तार से चर्चा करते हैं। 'हिन्दी साहित्य की भूमिका' में हजारीप्रसाद द्विवेदी ने कुछ प्रमुख कृतिकारों की कृतियों का गहन विश्लेषण किया है, जैसे–कबीर, सूर, तुलसी आदि। आचार्य शुक्ल, प्रेमचन्द, प्रसाद के प्रभामंडल पर भी टिप्पणी कर इतिहास को नया मोड़ दिया है। द्विवेदी जी के इस ग्रन्थ पर टिप्पणी करते हुए पारीक लिखते हैं, ''हिन्दी साहित्य की भूमिका'' लिखकर आचार्य हजारीप्रसाद द्विवेदी ने यह सिद्ध कर दिया कि आचार्य रामचन्द्र

शुक्ल द्वारा निर्दिष्ट पथ ही एकमात्र पथ नहीं है। उससे भिन्न पथ का अवलम्बन करके भी इतिहास लिखा जा सकता है। 'हिन्दी साहित्य की भूमिका' वास्तव में साहित्येतिहास लेखन क्षेत्र में एक नए युग की भूमिका है जो अपने विचार-विस्तार के लिए किसी अन्य साहित्येतिहासकार की प्रतीक्षा कर रही है।''[9] आचार्य हजारीप्रसाद द्विवेदी के इतिहास के बाद पारीक खंड विशेष में लिखे गए इतिहास-ग्रन्थों की चर्चा करते हुए निम्नलिखित ग्रन्थों का उल्लेख करते हैं—डॉ. लक्ष्मीसागर वार्ष्णेय का 'आधुनिक हिन्दी साहित्य' (1850-1900 ई.), डॉ. श्री कृष्णलाल का 'आधुनिक हिन्दी साहित्य का विकास' (1900-1929 ई.) डॉ. लक्ष्मीसागर वार्ष्णेय का 'आधुनिक हिन्दी साहित्य की भूमिका' (1757-1857 ई.), डॉ. भोलानाथ का 'हिन्दी साहित्य' (1926-1947 ई.), हिन्दी साहित्य का वृहद् इतिहास' प्रथम भाग राजबली पांडेय (सं.) द्वितीय भाग सं. धीरेन्द्र वर्मा, 'रीतिकाल रीतिबद्ध काव्य' सं. डॉ. नगेन्द्र आदि। हिन्दी साहित्य के 'वृहत् इतिहास' के 17 भागों की चर्चा की गई है। इसके बाद मझोले आकार के इतिहास के अन्तर्गत उन्होंने 3 खंडों में हिन्दी साहित्य के नवीनतम इतिहास की चर्चा की है। प्रथम खंड में हिन्दी भाषा और साहित्य की भूमिका के रूप में हिन्दी प्रदेश का सम्पूर्ण सामाजिक, सांस्कृतिक, साहित्यिक इतिहास। द्वितीय खंड में प्रारम्भ से 1850 ई. तक के हिन्दी साहित्य का इतिहास और तीसरे खंड में 1850 ई. के बाद का साहित्य। इसके सम्पादक धीरेन्द्र वर्मा और ब्रजेश्वर वर्मा हैं, जिन्होंने द्वितीय खंड की प्रस्तावना में इसे प्रभावशाली बताया है और इसकी आवश्यकता को स्वीकार करते हुए लिखा है, ''विगत लगभग अर्धशताब्दी की अवधि में हिन्दी अनुसन्धान और आलोचना के क्षेत्रों में जो बहुविधि प्रगति हुई है, वह साहित्य के इतिहास लेखकों के सामने नित नई चुनौती के रूप में आती रही है। इतिहास लेखक के लिए यह आवश्यक है कि वह साहित्य की नवीन खोजों और नवीन व्याख्याओं से पदानुपद लाभान्वित होता हुआ उनका यथोचित उपयोग करता रहे। परन्तु सन् 1913 ई. में 'मिश्रबन्धु विनोद' के प्रकाशन के बाद (प्रथम भाग के) हिन्दी साहित्य के जो दर्जनों इतिहास लिखे गए हैं उनमें प्राय: ऐसा नहीं हुआ है। इसी को ध्यान में रखकर भारतीय हिन्दी परिषद ने एक मझोले आकार के इतिहास की योजना बनाई थी जो विभिन्न विषयों के विशेषज्ञों के सहयोग से प्रस्तुत किया जाए और उसमें नवीनतम खोजों और व्याख्याओं का समुचित उपयोग हो सके। 'हिन्दी साहित्य द्वितीय खंड' उसी योजना की पूर्ति का प्रथम अंश हैं।''[10] पारीक ने इसकी विशेषताओं पर प्रकाश डालते हुए आगे लिखा है कि इसमें हिन्दी साहित्य का काल-विभाजन करने की चेष्टा नहीं की गई है। काल-विभाजन के विवाद और मतभेद से बचने के लिए इसमें कालपरक अध्ययन की अपेक्षा प्रवृत्तिगत अध्ययन को ही महत्त्व दिया गया है। साहित्य का संस्कृति, धर्म, कला, समाज से गहन

सम्बन्ध है तथा दक्षिण भारत के साहित्य पर हिन्दी या उर्दू किस भाषा का अधिकार है, यह अध्ययन और विश्लेषण के द्वारा सिद्ध किया गया है कि दक्खिनी साहित्य पर हिन्दी का आधिपत्य है। साहित्य के इतिहास का आलोचना से प्रगाढ़ सम्बन्ध है। साहित्य की आलोचना के इतिहास-ग्रन्थों पर दृष्टि डालते हुए पारीक जी ने कुछ इतिहास-ग्रन्थों का उल्लेख किया है, जैसे–डॉ. भगवतीस्वरूप मिश्र का 'हिन्दी आलोचना : उद्‌भव और विकास' है। इस ग्रन्थ के प्रथम संस्करण के प्राक्कथन में नन्ददुलारे वाजपेयी ने लिखा है–''एक प्रकार से भगवतस्वरूप जी ने पुरानी बेढनों को खोलकर उसमें दिखाई देनेवाली वस्तुओं को एक तरतीब से हमारे सामने रखने की चेष्टा की है।'' इस पुस्तक को निम्नांकित क्रम में विभाजित किया गया है– 1. विषय प्रवेश, 2. संस्कृत साहित्य में समीक्षा का स्वरूप, 3. हिन्दी में रीति ग्रन्थ और साहित्य समीक्षा, 4. आधुनिक समीक्षा पद्धति का प्रारम्भ, 5. द्विवेदीकाल में आलोचना का स्वरूप, 6. मिश्रबन्धुओं की समीक्षा पद्धति, 7. तुलनात्मक समालोचना, 8. आचार्य रामचन्द्र शुक्ल, 9. समीक्षा की वर्तमान शैलियाँ, 10. सौष्ठववादी अथवा स्वच्छन्दतावादी समीक्षा, 11. मनोविश्लेषणात्मक समीक्षा, 12. मार्क्सवादी समीक्षा, 13. समीक्षा की अन्य शैलियों, 14. चरितमूलक समीक्षा, 15. ऐतिहासिक समीक्षा पद्धति, 16. आधुनिक काल में साहित्य शास्त्र, 17. उपसंहार। इस विभाजन में पारीक जी को ऐतिहासिक दृष्टि का अभाव प्रतीत होता है। 1960 में डॉ. रामदरश मिश्र का 'आलोचना का इतिहास' प्रकाशित हुआ। 1962 ई. में डॉ. वेंकट शर्मा का ग्रन्थ 'आधुनिक हिन्दी साहित्य में समालोचना का विकास' प्रकाशित हुआ। यह शोध प्रबन्ध था। इसे निम्नलिखित क्रमों में बाँटा गया है–1. जीवन-साहित्य और समालोचना, 2. आधुनिक युग-चेतना और साहित्य, 3. आधुनिक हिन्दी समालोचना के स्रोत, 4. आधुनिक हिन्दी समालोचना का काल विभाग, 5. समालोचना का प्रवर्तन काल, 6. समालोचना का संवर्धन काल, 7. समालोचना का विकास काल, 8. समालोचना का प्रसाद काल-1, 9. समालोचना का प्रसार काल-2, 10. समालोचना के विकास पथ की समस्याएँ तथा स्वतन्त्र मानदंड का विचार, 11. उपलब्धि और आवश्यकताएँ। इस ग्रन्थ के सैद्धान्तिक और व्यावहारिक दोनों पक्ष अत्यन्त सन्तुलित और सारगर्भित हैं।[11] इसके अतिरिक्त अन्य विधाओं के इतिहास की चर्चा भी पारीक जी ने की है। जैसे डॉ. सोमनाथ गुप्त का 'हिन्दी नाटक साहित्य का इतिहास', डॉ. दशरथ ओझा की नाटक साहित्य के इतिहास पर महत्त्वपूर्ण कृति 'हिन्दी नाटक : उद्‌भव और विकास' है। ओझा जी ने जहाँ नाटकों पर सम्पूर्ण सामग्री बड़े सरस ढंग से प्रस्तुत की है, वहीं सोमनाथ गुप्त ने अपने ग्रन्थ में अजातशत्रु और अशोक को एक ही व्यक्ति कहकर नई स्थापना की है। जबकि इतिहासकार इन दोनों के बीच 380 वर्ष का अन्तर बताते हैं। श्री कृष्णदास का ग्रन्थ 'हमारी नाट्य परम्परा' भी

महत्त्वपूर्ण ग्रन्थ है। 'एकांकी नाटक' पर दो महत्त्वपूर्ण किताबों की चर्चा पारीक ने की है–एक डॉ. सत्येन्द्र की 'हिन्दी एकांकी' और डॉ. महेन्द्र की 'हिन्दी एकांकी : उद्भव और विकास'। कविता का आलोचनात्मक अध्ययन प्रस्तुत करनेवाली पुस्तकें केसरीनारायण शुक्ल की 'आधुनिक काव्यधारा' और स्व. डॉ. सुधीन्द्र की 'हिन्दी कविता में युगान्तर' है। उपन्यास साहित्य पर शिवनारायण श्रीवास्तव का 'हिन्दी उपन्यास' और डॉ. गणेशन का 'हिन्दी उपन्यास साहित्य का अध्ययन' महत्त्वपूर्ण ग्रन्थ हैं जिनमें उपन्यास के उद्भव, विकास, यथार्थ, कला, शिल्प, शैली, विषय आदि हर पक्ष पर प्रकाश डाला गया है। कहानी के इतिहास पर लिखे गए ग्रन्थों में डॉ. लक्ष्मीनारायण लाल का 'हिन्दी कहानियों की शिल्प विधि का विकास' और काव्यशास्त्र पर डॉ. भगीरथ मिश्र के 'हिन्दी काव्य शास्त्र का इतिहास' की चर्चा पारीक जी ने की है, साथ ही वादों पर विचारणीय एक पुस्तक डॉ. प्रेमनारायण शुक्ल की 'हिन्दी साहित्य में विविधवाद' पर विस्तार से प्रकाश डाला है। गद्य काव्य पर लिखी पुस्तक 'हिन्दी गद्य काव्य का उद्भव और विकास' के लेखक डॉ. अष्टभुजाप्रसाद पांडे हैं।

राजेन्द्र सिंह गौड़ ने 'हिन्दी भाषा और साहित्य का विकास' नामक संक्षिप्त साहित्येतिहासिक ग्रन्थ में जिन ऐतिहासिक ग्रन्थों और रचनाकारों का उल्लेख किया है, चर्चा की है, वे सभी रूपचन्द्र पारीक के 'हिन्दी साहित्य के इतिहास–ग्रन्थों का आलोचनात्मक अध्ययन' में भी उपस्थित हैं। इसी श्रृंखला में डॉ. रामखेलावन पांडेय का 'हिन्दी साहित्य का नया इतिहास' देखें तो उन्होंने भी तासी, ग्रियर्सन, सरोज से लेकर शुक्ल जी व शुक्लोत्तर इतिहास–ग्रन्थों का उल्लेख अन्य इतिहासकारों की तरह ही किया है। कुछ अन्य ग्रन्थों के नाम भी हैं, जैसे–'निर्गुन स्कूल ऑफ हिन्दी पोएट्री' पीताम्बर दत्त बड़थ्वाल, 'वल्लभ सम्प्रदाय और अष्टछाप के कवि' दीनदयाल गुप्त, 'राम कथा का विकास' रेव फादर कामिल बुल्के, 'हिन्दी महाकाव्य का स्वरूप विकास' शम्भूनाथ सिंह, 'मध्यकालीन सन्त साहित्य' रामखेलावन पांडेय, 'नाथ सम्प्रदाय' हजारीप्रसाद द्विवेदी, इन्हीं का 'हिन्दी साहित्य का आदिकाल', 'उत्तरी भारत की परम्परा' परशुराम चतुर्वेदी, 'गोरखनाथ और उनका साहित्य' रांगेय राघव आदि। पांडेय जी ने अपने ग्रन्थ को सात खंडों में बाँटा है, साहित्य का इतिहास दर्शन, संक्रमण काल, संयोजन काल, संवर्धन काल, संचयन काल, सम्बोधिकाल, संचरण काल। प्रथम खंड में साहित्य के इतिहास की सीमा, हिन्दी का अर्थ, भाषा का उद्भव–विकास, साहित्येतिहास के ग्रन्थ व काल–विभाजन पर चर्चा की है। द्वितीय खंड में संक्रमण काल के अन्तर्गत वे जैन, बौद्ध, वैष्णव धर्मों पर चर्चा करते हुए राज्याश्रित काव्य परम्परा, इस्लाम का प्रभाव पर भी प्रकाश डालते हैं। राज्याश्रित काव्य परम्परा के अन्तर्गत वे 'रासो' की उत्पत्ति के सम्बन्ध में

अनेक सन्दर्भ देते हैं तथा 'रासो' शब्द की उत्पत्ति कैसे हुई बताते हैं। उन्होंने लिखा है–"गुर्जर काव्य परम्परा के अन्तर्गत उपलब्ध 'रासो' के नाम हैं–'उपदेश रसायन रास' (रसायन से कुछ लोगों ने 'रासो' शब्द की व्युत्पत्ति मानी), जिनदत्त सूरि, (आनुमानिक समय बारहवीं-तेरहवीं शताब्दी), भरतेश्वर रास (शालिभद्र सूरि, 1184 ई.), 'बुद्धि रास' (शालिभद्र सूरि), 'जीव दया रास' (आसगु, 1200 ई.) 'चन्दन बाला रास' (आसगु), 'रेवंत गिरि रास' (विजय सेन सूरि), 'नेमिनाथ रास' (सुमतिगण), 'गयसुकुमाल रास' (देल्हणि), 'कुमारपाल रास' (1378 ई.) और 'कलिकाल रास' (हीरानन्द सूरि, 1429 ई.)। इसी परम्परा की रचना है 'मुन्ज रासो', जिसके सम्प्रति बीस छन्द ही उपलब्ध हैं। हेमचन्द्र ने अपने व्याकरण में इसका उल्लेख किया है अत: इसकी रचना सन् 1133 ई. पूर्व होनी चाहिए।"[12] इसके अलावा अन्य 'रासो' ग्रन्थ व इस काल के महत्त्वपूर्ण ग्रन्थों की चर्चा है।

तीसरे खंड में संयोजन काल के अन्तर्गत धर्मसाधन, सन्तकाव्य के अन्तर्गत सूर, कबीर, तुलसी, अष्टछाप के सभी कवियों, राम काव्य, राज्याश्रयी काव्य परम्परा के अन्तर्गत 'कीर्तिपताका', 'कीर्तिलता', 'अमरुक शतक', 'गीत गोविन्द' तथा सभी महत्त्वपूर्ण ग्रन्थों का उल्लेख मिलता है। इन्होंने प्रत्येक खंड में ग्रियर्सन, मिश्र बन्धु और आचार्य शुक्ल के ग्रन्थों का आधार प्राप्त किया है। प्रत्येक खंड के प्रथम पृष्ठ पर इन इतिहासकारों के नामों का उल्लेख है। चतुर्थ खंड में संवर्धनकाल के रीतिकाव्य परम्परा के कवि व रचनाओं का उल्लेख है। पंचम खंड यानी संचयन काल के अन्तर्गत राजनीतिक परिवर्तन व भारतेन्दु युगीन पत्र-पत्रिकाओं, ग्रन्थों आदि का चित्रण है। खड़ी बोली का विकास, रामकाव्य, कृष्णकाव्य व भागवत की अनेक टीकाओं के नामों का वर्णन है। षष्ठम खंड में सम्बोधिकाल के अन्तर्गत निराला, पन्त, महादेवी, प्रसाद, रामकुमार वर्मा, बच्चन, दिनकर, नवीन, अज्ञेय, माखनलाल चतुर्वेदी की रचनाओं का उल्लेख है। सियारामशरण गुप्त, रांगेय राघव, उदयशंकर भट्ट आदि पर चर्चा करते हुए राहुल सांकृत्यायन के सम्बन्ध में कहते हैं कि वे–"विचारक से अधिक प्रचारक, साहित्यिक से अधिक इतिहासकार हैं। इनकी मार्क्सवादी धारणाएँ भी निर्दिष्ट और सम्भूति हैं। इनकी इतिहासकल्प साहित्यिक रचनाएँ हैं–'सिंह सेनापति' (1944), 'जय यौधेय' (1944 ई.), 'वोल्गा से गंगा' (कहानी संग्रह 1944 ई.) और 'सप्तसिन्धु'।"[13] पांडेय जी ने शुक्ल जी व ग्रियर्सन द्वारा स्थापित अनेक मान्यताओं में से कुछ को ठीक व कुछ को सन्दिग्ध माना है। अन्तिम खंड संचरण काल में 1947 के बाद के साहित्य पर चर्चा की है तथा गिरिजा कुमार माथुर, नरेश मेहता, विष्णु प्रभाकर, अमृतलाल नागर, इलाचन्द्र जोशी तथा अनेक साहित्यकारों की रचनाओं पर टिप्पणी करते हुए राजेन्द्र यादव, कमलेश्वर की कहानियों तक की चर्चा की है।

हिन्दी साहित्य (तृतीय खंड) के सम्पादक मंडल के सदस्य डॉ. धीरेन्द्र वर्मा, डॉ. हजारीप्रसाद द्विवेदी, डॉ. नगेन्द्र, डॉ. ब्रजेश्वर वर्मा, डॉ. रघुवंश हैं। इन्होंने इस ग्रन्थ में हिन्दी साहित्य के इतिहास-ग्रन्थों की एक लम्बी सूची प्रस्तुत की है। वृत्त या चरित सम्बन्धी ग्रन्थ, जिनमें वार्ता साहित्य, चरितमाल साहित्य, परिचयी साहित्य, भक्तमाल की टीकाएँ, रचनात्मक संग्रह सम्बन्धी सामग्री आदि है। इतिहास-ग्रन्थों का वर्गीकरण 5 भागों में किया है-समग्र, प्रवृत्तिगत, विधागत, युगीन, सम्प्रदाय, प्रदेश, संस्थागत इतिहास।[14] सूची संलग्न है।

ग्रन्थ	लेखक	रचनाकाल
क. वार्ता साहित्य		
1. चौरासी वैष्णवन की वार्ता	गोकुलनाथ जी	सं. 1625
2. दो सौ बावन वैष्णवन की वार्ता	गोकुलनाथ जी	सं. 1625 लगभग
3. अष्टसखान की वार्ता		
4. निजवार्ता, घरूवार्ता तथा चौरासी वैष्णवन के चरित		
5. श्री गोसाई जी के सेवकन की वार्ता (हरिराय कृत भावना)		
ख. चरितमाल साहित्य		
1. भक्तमाल नाभादास		सं. 1642
2. भक्तमाल	राघवदास दादूपन्थी (नाभादास के बाद के भक्तों का वर्णन है)	सं. 1770
ग. भक्तमाल की टीकाएँ		
क. भक्तविनोद	मियासिंह	
ख. भक्तिरस बोधिनी	प्रियादास	सं. 1769
ग. भक्त उरवशी	चन्ददास	सं. 1800
घ. भक्तमाल टिप्पणी	वैष्णवदास	सं. 1800
ड. भक्तमाल-भक्तकाव्यद्रुम	प्रताप सिंह	
च. फारसी भक्तमाल	गुमानीलाल	सं. 1898
छ. रामरसिकावली	रघुराजसिंह	सं. 1927
ज. हरिभक्ति प्रकाशिका	ज्वालाप्रसाद मिश्र	सं. 1955
झ. भक्तमाल-भक्तिसुधस्वाद तिलक	सीतारामशरण, भगवानदास रूपकला	सं. 1966
ट. भक्तमाल रसिक प्रकाश	महन्त जीवाराम	सं. 1807
ठ. मूल गोसाई चरित	बाबा वेणीमाधव दास	सं. 1687

घ. परिचयी साहित्य

1. गोपीचन्द्र चरित परिचयी	वेमदास	सं. 1700
2. भरथरी की परिचयी	अनन्तदास	सं. 1950
3. त्रिलोचन परिचयी	अनन्तदास	सं. 1950
4. रंकाबंका की परिचयी	अनन्तदास	सं. 1950
5. नामदेव की परिचै	अनन्तदास	सं. 1945
6. कबीर की परिचै	अनन्तदास	सं. 1945
7. धना की परिचयी	अनन्तदास	सं. 1945
8. रैदास की परिचयी	अनन्तदास	सं. 1945
9. पीपा की परिचयी	अनन्तदास	सं. 1945
10. दादू जन्मलीला परचयी	जनगोपाल	सं. 1709
11. मलूकदास की परिचयी	सथुरादास की प्रतिलिपि, संवत् 1740 के लगभग	सं. 1783
12. स्वामी सेवादास की परिचयी	रूपदास	सं. 1832
13. स्वामी हरिदास की परिचयी	रघुनाथदास	सं. 1700 के लगभग
14. जगजीवन साहब की परिचयी	बोधदास	सं. 1848
15. चरनदास की परिचयी	रामरूप	सं. 1840 के लगभग

रचनात्मक संग्रह सम्बन्धी सामग्री

उपर्युक्त वृत्त संग्रह सम्बन्धी सामग्री के अतिरिक्त अनेक प्राचीन ग्रन्थों में प्रसिद्ध कवियों के उत्तम छन्दों के संग्रह प्राप्त होते हैं–

1. गुरु ग्रन्थ साहब	गुरु अर्जुनदेव	सं. 1662
2. सर्वगी	रज्जबसाहेब	सं. 1700 वि (लगभग)
3. कविमाल	तुलसी (75 कवियों की कविताओं का संग्रह)	सं. 1712
4. कालिदास हजारा	कालिदास त्रिवेदी (सं. 1480 से 1775 तक के कवियों के एक हजार छन्दों का संग्रह)	सं. 1775
5. सत्कवि गिराविलास	बलदेव (17 उत्तम कवियों का काव्य संग्रह)	सं. 1803
6. गोविन्दानन्द घन	गोविन्द कवि	सं. 1858

7.	विद्वन्मोद तरंगिणी	सुब्बासिंह (45 कवियों का काव्य संग्रह)	सं. 1803
8.	साहित्यसंग्रह, 2 भाग	कहानजी धर्मासिंह (144 कवियों की रचनाओं का संग्रह)	सं. 1897
9.	राग सागरोद्भव तथा राग कल्पद्रुम	कृष्णानन्दव्यास देव (कृष्णोपासक 200 से अधिक कवियों का काव्य संग्रह)	सं. 1900
10.	शृंगार संग्रह	सरदार कवि (125 कवियों के छन्द)	सं. 1905
11.	दिग्विजय भूषण	गोकुलप्रसाद (192 कवियों का संग्रह)	सं. 1225
12.	सुन्दरीतिलक	भारतेन्दु हरिश्चन्द्र (69 कवियों के सवैयों का संग्रह)	सं. 1927
13.	संगीत राग रत्नाकर	संगीतज्ञ कवियों की रचनाओं का संग्रह	
14.	सन्तवाणी संग्रह	वेलबेडियर प्रेस	
15.	कविता कौमुदी	रामनरेश त्रिपाठी	सं. 1975

अ. इतिहास-ग्रन्थों का वर्गीकरण

हिन्दी साहित्य के इतिहास-ग्रन्थों को हम मोटे तौर से पाँच खंडों में विभक्त कर सकते हैं–

1. समग्र इतिहास,
2. प्रवृत्तिगत इतिहास,
3. विधागत इतिहास,
4. युगीन इतिहास,
5. साम्प्रदाय, प्रदेश और संस्थागत इतिहास।

इनमें से हम प्रत्येक के अन्तर्गत आनेवाले इतिहास-ग्रन्थों की पहले सूची देकर तदनन्तर इनमें से प्रमुख का संक्षिप्त विवेचनात्मक परिचय आगे दे रहे हैं–

1. समग्र इतिहास ग्रन्थ

1.	इस्त्वार द ला लितरेत्यूर ऐंदुई ऐ ऐंदुस्तानी	गार्सा द तासी
2.	भाषा काव्य संग्रह	महेशदत्त शुक्ल
3.	शिव सिंह सरोज	शिवसिंह सेंगर
4.	मॉडर्न वर्नाक्युलर लिटरेचर ऑफ हिन्दुस्तान	जॉर्ज ए ग्रियर्सन
5.	हिन्दी कोविद रत्नमाला	श्यामसुन्दर दास
6.	मिश्रबन्धु विनोद	मिश्रबन्धु

7. कविता कौमुदी	राम नरेश त्रिपाठी
8. ए स्केच ऑफ़ हिन्दी लिटरेचर	एडविन ग्रीव्स
(क्रिश्चियन लिटरेचर सोसायटी फॉर इंडिया, ई. 1978)	
9. ए हिस्ट्री ऑफ़ हिन्दी लिटरेचर	एफ.ई.के.
(हेरिटेज ऑफ इंडिया सीरीज इंडिया, 1980)	
10. हिन्दी साहित्य विमर्श	पदुमलाल पुन्नालाल बख्शी
11. हिन्दी साहित्य का इतिहास	रामचन्द्र शुक्ल
12. हिन्दी भाषा और साहित्य	श्यामसुन्दर दास
13. हिन्दी भाषा और उसके साहित्य का विकास	अयोध्यासिंह उपाध्याय
14. हिन्दी साहित्य का विवेचनात्मक इतिहास	सूर्यकान्त शास्त्री
15. हिन्दी साहित्य आलोचनात्मक इतिहास	रामकुमार वर्मा
16. राजस्थानी साहित्य की रूपरेखा	मोतीलाल मेनारिया
17. हिन्दी साहित्य का इतिहास	रामशंकर शुक्ल 'रसाल'
18. हिन्दी साहित्य का संक्षिप्त इतिहास	रामशंकर प्रसाद
19. हिन्दी साहित्य के इतिहास का उपोद्घात	मुन्शीराम शर्मा
20. हिन्दी साहित्य का इतिहास	ब्रजरत्नदास
21. हिन्दी साहित्य का सुबोध इतिहास	गुलाबराय
22. हिन्दी साहित्य का संक्षिप्त इतिहास	गोपाल लाल खन्ना
23. हिन्दी साहित्य का रेखाचित्र	उत्तमचन्द्र श्रीवास्तव
24. हिन्दी साहित्य उद्भव और विकास	हजारीप्रसाद द्विवेदी
25. हिन्दी साहित्य का इतिहास	चतुरसेन शास्त्री
26. हिन्दी साहित्य का उद्भव और विकास	भागीरथ मिश्र, रामबहोरी शुक्ल
27. हिन्दी साहित्य का संक्षिप्त इतिहास	रामरतन भटनागर
28. हिन्दी भाषा तथा साहित्य	उदयनारायण तिवारी
29. हिन्दी साहित्य का परिचयात्मक इतिहास	यज्ञदत्त शर्मा
30. हिन्दी साहित्य का अतीत, 8 भाग	विश्वनाथ प्रसाद मिश्र
31. हिन्दी साहित्य और उसकी प्रगति विजयेन्द्र स्नातक	क्षेमचन्द्र सुमन
32. हिन्दी साहित्य का विवेचनात्मक इतिहास	देवीशरण रस्तोगी
33. हिन्दी साहित्य और साहित्यकार	सुधाकर पांडेय
34. हिन्दी साहित्य, 3 भाग	धीरेन्द्र वर्मा, ब्रजेश्वर वर्मा
35. हिन्दी साहित्य का वृहत् इतिहास 17 भाग	प्रत्येक भाग के सम्पादक अलग–अलग
36. हिन्दी साहित्य के विकास की रूपरेखा	रामअवध द्विवेदी

37. हिन्दी भाषा और साहित्य — प्रेमनारायण टंडन
38. हिन्दी साहित्य का इतिहास — लक्ष्मीसागर वार्ष्णेय
39. हिन्दी साहित्य परिचय — भीमसेन विद्यालंकर
40. हिन्दी — बदरीनाथ भट्ट
41. साहित्य का इतिहास दर्शन — नलिन विलोचन शर्मा

2. प्रवृत्तिगत इतिहास

1. हिन्दी कृष्ण काव्य में माधुर्योपासना — श्यामनारायण पांडेय
2. ब्रजभाषा कृष्णकाव्य में माधुर्यभक्ति — रूपनारायण
3. भक्ति साहित्य में मधुरोपासना — परशुराम चतुर्वेदी
4. रामभक्ति साहित्य में मधुरोपासना — भुवनेश्वर प्रसाद मिश्र माधव
5. रामभक्ति में रसिक सम्प्रदाय — भगवतीप्रसाद सिंह
6. रीति परम्परा के प्रमुख — आचार्य सत्यदेव चौधरी
7. हिन्दी रीति साहित्य — भगीरथ मिश्र
8. हिन्दी और मराठी के सन्त कवि — प्रभाकर माचवे
9. हिन्दी और मराठी के कृष्णकाव्य का तुलनात्मक अध्ययन — डॉ. रा.श. केलकर
10. हिन्दी और मराठी का वैष्णव साहित्य और उसका तुलनात्मक अध्ययन — न.चि. जोगलेकर
11. हिन्दी और बंगाली के वैष्णव कवि — रत्नकुमारी
12. हिन्दी और मलयालम में कृष्णभक्ति काव्य — भास्करन् नायर
13. आधुनिक हिन्दी साहित्य में समालोचना का इतिहास — वेंकट शर्मा
14. हिन्दी आलोचना का इतिहास — रामदरश मिश्र
15. हिन्दी काव्यशास्त्र का इतिहास — भगीरथ मिश्र
16. भारतीय काव्यशास्त्र की परम्परा — नगेन्द्र
17. हिन्दी अलंकार साहित्य — ओमप्रकाश
18. हिन्दी काव्यधारा में प्रेमधारा का विकास — परशुराम चतुर्वेदी
19. भारतीय प्रेमाख्यान — हरिकान्त श्रीवास्तव
20. भारतीय प्रेमाख्यान परम्परा — परशुराम चतुर्वेदी
21. हिन्दी के सूफी प्रेमाख्यान — परशुराम चतुर्वेदी
22. हिन्दी के सूफी कवि — पृथ्वीनाथ कुलश्रेष्ठ
23. आधुनिक साहित्य की प्रवृत्तियाँ — जय किशन प्रसाद
24. आधुनिक हिन्दी साहित्य की प्रवृत्तियाँ — जय किशन प्रसाद
25. हिन्दी साहित्य की प्रेरणाएँ और प्रवृत्तियाँ — शिवनन्दन प्रसाद
26. हिन्दी साहित्य और विभिन्नवाद — रामजी लाल बदौछिया

27. हिन्दी उपन्यास और यथार्थवाद — त्रिभुवन सिंह
28. हिन्दी साहित्य में विविधवाद — प्रेमनारायण शुक्ल
29. हिन्दी काव्य में छायावाद — दीनानाथ शरण
30. प्रयोगवाद — नरेन्द्रदेव वर्मा
31. साहित्य में हालावाद और बच्चन — दशरथ राज 'असनानी'
32. भक्ति का विकास — मुन्शीराम शर्मा 'सोम'
33. हिन्दी और कन्नड़ में भक्ति आन्दोलन — हिरण्यमय
34. उत्तरी भारत की सन्त परम्परा — परशुराम चतुर्वेदी
35. जायसी के परवर्ती हिन्दी सूफी कवि और काव्य — सरला शुक्ला
36. रास और रासान्वयी काव्य — दशरथ ओझा, दशरथ शर्मा
37. बावरी पन्थ के हिन्दी कवि — भगवती प्रसाद शुक्ल
38. निरंजनी सम्प्रदाय और सन्त तुलसीदास — भगीरथ मिश्र
39. हिन्दी पद परम्परा और तुलसीदास — रामचन्द्र मिश्र
40. हिन्दी काव्य में निर्गुण सम्प्रदाय — पीताम्बरदत्त बड़थ्वाल
41. दक्खिनी हिन्दी का उद्‌भव और विकास — श्रीराम
42. आधुनिक हिन्दी काव्य में प्रकृति चित्रण — खंडेललाल
43. आधुनिक कथा साहित्य और मनोविज्ञान — देवराज उपाध्याय
44. रामकथा : उद्‌भव और विकास — कामिल बुल्के
45. राम भक्तिशाखा — रामनिरंजन पांडेय
46. आधुनिक हिन्दी काव्य की प्रमुख प्रवृत्तियाँ — नगेन्द्र
47. आधुनिक हिन्दी कविता की प्रमुख प्रवृत्तियाँ — जगदीश नारायण त्रिपाठी
48. आधुनिक कविता की प्रवृत्तियाँ — मोहन वल्लभ पन्त
49. आधुनिक हिन्दी कविता की स्वच्छन्द — धारा त्रिभुवन सिंह
50. आधुनिक हिन्दी साहित्य की प्रवृत्तियाँ — इन्द्रनाथ मदान
51. हमारे साहित्य में हास्यरस — कृष्णकुमार श्रीवास्तव
52. हिन्दी काव्य में हास्यरस बरसाने — लाल चतुर्वेदी
53. हिन्दी काव्य में भ्रमरगीत — सरला शुक्ला

3. विधागत इतिहास

1. हिन्दी गद्य साहित्य का इतिहास — जगन्नाथ प्रसाद
2. हिन्दी का गद्य साहित्य — रामचन्द्र तिवारी
3. हिन्दी गद्यशैली का विकास — जगन्नाथ प्रसाद शर्मा
4. मध्यकालीन हिन्दी गद्य — हरिमोहन श्रीवास्तव
5. हिन्दी का निबन्ध साहित्य — प्रभाकर माचवे

6. हिन्दी निबन्ध का विकास	ओंकारनाथ शर्मा
7. हिन्दी साहित्य में निबन्ध	ब्रह्मदत्त तिवारी
8. हिन्दी महाकाव्य, स्वरूप और विकास	शम्भूनाथ सिंह
9. आधुनिक हिन्दी काव्य की रूपविधाएँ	निर्मला जैन
10. हिन्दी की काव्य शैलियों का विकास	हरदेव बाहरी
11. हिन्दी मुक्तक काव्य का विकास	जितेन्द्रनाथ पाठक
12. गीतिकाव्य का विकास	लालधर त्रिपाठी
13. नया हिन्दी काव्य	शिवकुमार मिश्र
14. ब्रजभाषा नाटक	गोपीनाथ तिवारी
15. हिन्दी नाटक	बच्चन सिंह
16. आन्ध्र हिन्दी रूपक	पांडु रंगाराव
17. हिन्दी नाटक : उद्भव और विकास	दशरथ ओझा
18. भारतेन्दुयुगीन नाट्य साहित्य	भानुदेव शुक्ल
19. हिन्दी नाटककार	जयनाथ नलिन
20. हिन्दी उपन्यास	शिवनारायण श्रीवास्तव
21. हिन्दी उपन्यास	ब्रजरत्न दास
22. हिन्दी उपन्यास में कथाशिल्प का विकास	प्रताप नारायण टंडन
23. हिन्दी उपन्यास साहित्य का अध्ययन	गणेशन
24. हिन्दी कथा साहित्य पदुमलाल	पुन्नालाल बख्शी
25. कथा साहित्य में मनोवैज्ञानिक	देवराज उपाध्याय
26. हिन्दी उपन्यास का समाजशास्त्रीय अध्ययन	चंडिका प्रसाद जोशी
27. हिन्दी उपन्यास और यथार्थवाद	त्रिभुवन सिंह
28. हिन्दी कहानी में शिल्पविधि का विकास	लक्ष्मी नारायण लाल
29. आधुनिक हिन्दी कहानी	लक्ष्मी नारायण लाल
30. हिन्दी कहानी और कहानीकार	मोहनलाल 'जिज्ञासु'
31. हिन्दी एकांकी : उद्भव और विकास	रामचरण महेन्द्र
32. समाचार पत्रों का इतिहास	रामरतन भटनागर
33. खड़ी बोली और हिन्दी की अन्य बोलियाँ	श्रीराम शर्मा

4. युगीन साहित्य

1. हिन्दी साहित्य का आदिकाल	हजारीप्रसाद द्विवेदी
2. हिन्दी साहित्य की भूमिका	हजारीप्रसाद द्विवेदी
3. हिन्दी काव्यधारा	राहुल सांकृत्यायन
4. दक्खिनी काव्य धारा	राहुल सांकृत्यायन

5. 15वीं-16वीं शती के हिन्दी काव्य में प्रतिबिम्बित भारतीय संस्कृति — मदन गोपाल
6. हिन्दी रीति साहित्य — भगीरथ मिश्र
7. मध्यकालीन हिन्दी कवयित्रियाँ — सावित्री सिन्हा
8. महावीर प्रसाद द्विवेदी और उनका युग — उदयभानु सिंह
9. मध्यकालीन हिन्दी गद्य — हरि मोहन श्रीवास्तव
10. रीतिकाव्य संग्रह — जगदीश गुप्त
11. उन्नीसवीं शताब्दी — लक्ष्मी सागर वार्ष्णेय
12. आधुनिक हिन्दी साहित्य की भूमिका — लक्ष्मी सागर वार्ष्णेय
13. आधुनिक हिन्दी साहित्य का इतिहास — लक्ष्मी सागर वार्ष्णेय
14. आधुनिक हिन्दी साहित्य का इतिहास — श्रीकृष्ण लाल
15. आधुनिक हिन्दी साहित्य — भोला नाथ
16. आधुनिक हिन्दी साहित्य का इतिहास — कृष्ण शंकर शुक्ल
17. आधुनिक हिन्दी साहित्य — सत्यकाम वर्मा
18. आधुनिक काव्यधारा — केसरी नारायण शुक्ल
19. आधुनिक साहित्य — नन्ददुलारे वाजपेयी
20. हिन्दी साहित्य : बीसवीं शताब्दी — नन्ददुलारे वाजपेयी
21. हिन्दी कविता में युगान्तर — सुधीन्द्र

5. सम्प्रदाय, प्रवेश एवं संस्थागत इतिहास

1. बुन्देल वैभव — गौरीशंकर द्विवेदी
2. राजस्थानी साहित्य की रूपरेखा — मोतीलाल मेनारिया
3. पंजाब प्रान्तीय हिन्दी साहित्य का इतिहास — श्री चन्द्रकान्त बाली
4. हिन्दी साहित्य को मराठी सन्तों की देन — विनय मोहन शर्मा
5. गुजरात के हिन्दी गौरव ग्रन्थ — अम्बाशंकर नागर
6. हिन्दी साहित्य और बिहार — शिवपूजन सहाय
7. हिन्दी साहित्य का विकास और कानपुर — महेशचन्द्र चतुर्वेदी
8. हिन्दी भाषा और साहित्य को आर्यसमाज की देन — लक्ष्मीनारायण गुप्त
9. राजस्थानी का प्राचीन पिंगल (हिन्दी) साहित्य — मोतीलाल मेनारिया
10. मैथिली साहित्य का संक्षिप्त इतिहास और उस पर मागधी का प्रभाव — जयकान्त मिश्र
11. अष्टछाप और वल्लभ सम्प्रदाय — दीनदयाल गुप्त
12. रामानन्द सम्प्रदाय तथा हिन्दी साहित्य पर उसका प्रभाव — बदरीनाथ श्रीवास्तव

13. राधावल्लभ सम्प्रदाय : सिद्धान्त और साहित्य — विजयेन्द्र स्नातक
14. रामभक्ति में रसिक सम्प्रदाय — भगवती प्रसाद सिंह
15. रामभक्ति साहित्य में मधुरोपासना — भुवनेश्वर मिश्र 'माधव'
16. सन्तमत का सरभंग साहित्य — धर्मेन्द्र ब्रह्मचारी
17. श्री हितहरिवंश गोस्वामी (सम्प्रदाय और साहित्य) — ललिताचरण गोस्वामी
18. निरंजनी सम्प्रदाय और सन्त तुलसीदास निरंजनी — भगीरथ मिश्र
19. सूफी मत एवं सूफी साहित्य का अध्ययन — रामपूजन तिवारी
20. जायसी के परवर्ती हिन्दी सूफी कवि और काव्य — सरला शुक्ल
21. हिन्दी साहित्य पर सूफी मत का प्रभाव — विमलकुमार जैन
22. बावरी पन्थ के हिन्दी कवि — भगवती प्रसाद शुक्ल
23. अवध के प्रमुख कवि — ब्रजकिशोर मिश्र
24. निमाड़ी और उसका साहित्य — अम्बाप्रसाद सुमन
25. भोजपुरी लोक साहित्य का अध्ययन — कृष्णदेव उपाध्याय
26. हिन्दी और प्रादेशिक भाषाओं का वैज्ञानिक इतिहास — शमशेर नरूला
27. अवधी और उसका साहित्य — त्रिलोकी नारायण दीक्षित

'हिन्दी साहित्य का उत्तर मध्ययुग' में डॉ. राजकिशोर पांडेय ने 'तासी' के ग्रन्थ को अन्य इतिहासकारों की तरह ही प्रथम इतिहास-ग्रन्थ माना है, साथ ही इस युग के एक और ग्रन्थ की चर्चा भी की है–''इस युग का दूसरा महत्त्वपूर्ण ग्रन्थ मौलवी करीमुद्दीन का 'तजकिरा-ए-शुअरा-ए-हिन्दी' है।[15] इस ग्रन्थ का प्रकाशन सन् 1848 में दिल्ली कॉलेज द्वारा हुआ। इस ग्रन्थ में कुछ 1004 कवियों का परिचय है जिनमें 62 कवि हिन्दी के शेष उर्दू या अन्य भारतीय भाषाओं के हैं। मौलवी करीमुद्दीन ने कवियों का परिचय कालक्रम से देने का प्रयत्न किया है किन्तु इसमें उन्हें पूरी सफलता ही मिली है।'' पांडेय जी ने इस ग्रन्थ में कुछ ऐतिहासिक संग्रह ग्रन्थों की चर्चा करते हुए उन्हें साहित्य के इतिहास में महत्त्वपूर्ण स्थान दिया है, जैसे–'कालिदास हजारा', 'कृष्ण लीला पद संग्रह', 'सेवक बानी संग्रह', 'ललित सार संग्रह' (1761), 'कवित्त संग्रह'(हरिनाथ गुजराती), 'संग्रह कवित्त', 'बानी संग्रह', 'संग्रह' (रामदास दादू पन्थी 1965), 'संग्रह' (सुखनन्दन त्रिवेदी 1782), 'सभा विलास' (लल्लूलाल 1815), 'विनोद तरंगिणी' (श्रीधर 1827) आदि। डॉ. नगेन्द्र ने 'हिन्दी साहित्य का इतिहास' में साहित्येतिहास लेखकों की जो सूची प्रस्तुत की है उसका उल्लेख हमने प्रथम अध्याय में किया है। बच्चन सिंह का 'हिन्दी साहित्य का दूसरा इतिहास' में भी पूर्ववर्ती इतिहासकारों की मान्यताओं की चर्चा हुई है। ब्रजरत्नदास द्वारा लिखे गए संक्षिप्त इतिहास 'खड़ी बोली हिन्दी साहित्य का इतिहास' में कुछ इतिहास-ग्रन्थों की सूची दी गई है जो प्रस्तुत है।''[16]

सं. रचना	रचयिता	रचनाकाल (संवत्)	विशेष
1. चौरासी वैष्णवन की वार्ता	गो. गोकुलनाथ जी	1625	मौखिक रूप में गोकुलनाथ जी की होते भी दूसरों की लिखी है। वल्लभ सम्प्रदाय के भक्तों का विवरण है।
2. दो सौ बावन वैष्णवन की वार्ता	गो. गोकुलनाथ जी	1625	
3. भक्त नामावली	भगवतरसिक	1620–40	129 भक्तों का उल्लेख
4. भक्तमाल	नाभादास	1620–80	दो सौ भक्तों का वर्णन
5. भक्त नामावली	ध्रुवदास	1680–1700	108 दोहों में, 122 भक्तों का उल्लेख
6. मूल गोसाई चरित	वेणीमाधवदास	1687	सन्दिग्ध ग्रन्थ
7. ज्ञानबोध	मलूकदास	1700–66	भक्तों का उल्लेख
8. ग्रन्थ साहब	सिख गुरु	1661–1700	सिख गुरुओं तथा अन्य भक्तों के पद
9. कविमाला	तुलसी (यदुराय के पुत्र)	1712–75	कवियों का उल्लेख
10. भक्ति रसबोधिनी टीका	प्रियादास	1769	नाभाजी के भक्तमाल पर टीका
11. व्यास जी की बानी	हरिराम व्यास	1650	
12. कालिदास हजारा	कालिदास द्विवेदी	1775	212 कवियों के पद
13. काव्य निर्णय	भिखारीदास 'दास'	1803	16वीं सवैया तथा 17वें दोहे में 23 कवियों का उल्लेख
14. सत्कविगिरा विलास	बलदेव बघेलखंडी	1803	17 कवियों के पद
15. पद प्रसंगमाला	नागरीदास जी	1800–20	
16. सुजान चरित	सूदन	1810	6 कवित्तों में ककारादि्र क्रम से 175 कवियों का उल्लेख
17. विद्वन्मोदतरंगिणी	सुब्बासिंह (श्रीधर कवि)	1884	43 कवियों के पद
18. सभाविलास	लल्लूलाल जी	1870	
19. रागकल्पद्रुम	कृष्णानन्द व्यास	1900	सैकड़ों कवियों के पद
20. रसचन्द्रोदय	ठाकुरप्रसाद त्रिपाठी	1920	बुंदेलखंड के 242 कवियों के पद
21. दिग्विजयभूषण	गोकुलप्रसाद कायस्थ	1906	192 कवियों के पद

22. रामरसिकावली	महाराज रघुराज सिंह		1910
23. शृंगार-संग्रह	सरदार	1905	125 कवियों के पद
24. सुन्दरीतिलक	भारतेन्दु हरिश्चन्द	1926–31	प्रथम संस्करण में 46 व द्वितीय में 67 कवियों के पद
25. काव्य संग्रह	महेशदत्त शुक्ल	1930	51 कवियों के परिचय तथा पद-संग्रह
26. कवित रत्नाकर	मातादीन मिश्र	1933	20 कवियों के पद
27. शिवसिंह सरोज	शिवसिंह सेंगर	1940	100 कवियों के परिचय तथा उनकी कविता
28. शृंगारचन्द्रिका, विचित्रोपदेश, भँडौआ संग्रह, मनोजमंजरी, वीरोल्लास, होरीगुल्लाला, विज्ञानमार्तंड	नकछेद तिवारी 'अजान'	1940–47	कई सौ कवियों के शृंगार, वीर, शान्त आदि रसों के पदों के संग्रह-ग्रन्थ
29. हजारा, मनमोहिनी, नवीन संग्रह, प्रेमतरंगिनी, षट्ऋतु-काव्य-संग्रह	हफीजुल्ला खाँ	1939–51	कई सहस्र पद सैकड़ों कवियों के
30. सुन्दरी सर्वस्व	मन्नालाल द्विज		शृंगार सुधाकर, शृंगार सरोज आदि भी लिखे हैं।
31. षट्ऋतु हजारा	परमानन्द सुहाने	1950	221 कवियों के 1253 पद
32. विविधसंग्रह	भूरिसिंह	1950	ऐतिहासिक टिप्पणी संयुक्त
33. कविरत्नमाला, महिला मृदुवाणी	देवी प्रसाद	1962–68	
34. साहित्य रत्नाकर	कहानसिंह धर्मसिंह	1964	167 कवियों के 2362 पद
35. रसकुसुमाकर	प्रतापनारायणसिंह	1960	
36. विजय हजारा	अब्दुलहक	1971	352 कवित्त, 252 सवैया, 400 दोहे
37. कविता कौमुदी	रामनरेश त्रिपाठी		
38. सेलेक्शन्स फ्रॉम हिन्दी लिटरेचर, छह भाग	सीताराम बी.ए.	1978–82	
39. सन्त बानी माला	बालेश्वर प्रसाद, बी.ए. 'अधम'		
40. खोज की रिपोर्ट	काशी नागरी प्रचारिणी सभा की	1957–79	कवियों के परिचय तथा उद्धरण

इन बड़े-बड़े इतिहास-ग्रन्थों के सिवा कई छोटे-छोटे भी इतिहास निकल चुके हैं जिनकी नीचे तालिका दी जाती है—

सं.	रचना	रचयिता	रचनाकाल (संवत्)	विशेष
1.	गोरखपुर विभाग के कवि	मन्नन द्विवेदी गजपुरी बी.ए.	1969	19 कवि, 2 कवयित्री का वर्णन, 17 पृष्ठ में
2.	हिन्दी जैन साहित्य का इतिहास	नाथूराम प्रेमी	1973	निबन्ध
3.	गत 50 वर्षों में बिहार में हिन्दी की दशा	शिवनन्दनसहाय	1977	सूची मात्र
4.	हिन्दी का संक्षिप्त इतिहास	रामनरेश त्रिपाठी	1980	कविता कौमुदी की भूमिका 'हिन्दी और जैन' आदि से लेखों का संग्रह, काल विभाग आदि नहीं है।
5.	हिन्दी	बदरीनाथ भट्ट, बी.ए.	1981	45 पृष्ठ भाषा पर, 51 पृष्ठ साहित्य पर
6.	हिन्दी साहित्य का संक्षिप्त इतिहास	रमाशंकर प्रसाद, एम.ए., एल.एल.बी.	1987	पृष्ठ संख्या 314
7.	हिन्दी साहित्य का संक्षिप्त इतिहास	नन्ददुलारे वाजपेयी एम.ए.	1988	पृष्ठ सं. 117 बाबू श्यामसुन्दर दास के ग्रन्थ का संक्षेप
8.	हिन्दी साहित्य के इतिहास का उपोद्घात	मुंशीराम शर्मा, एम.ए.	1988	124 पृष्ठ
9.	साहित्य प्रकाश	रामशंकर शुक्ल 'रसाल', एम.ए.	1988	पृष्ठ संख्या 219 बड़े संस्करण का संक्षेप
10.	साहित्य परिचय	रामशंकर शुक्ल 'रसाल', एम.ए.	1988	संख्या 9 का संक्षेप
11.	हिन्दी साहित्य का इतिहास	ब्रजरत्नदास, बी.ए., एल.एल.बी.	1989	पृष्ठ संख्या 220
12.	हिन्दी साहित्य का सुबोध इतिहास	गुलाबराय, एम.ए.	1994	पृष्ठ संख्या 268
13.	हिन्दी साहित्य का संक्षिप्त इतिहास	गोपाललाल खन्ना, एम.ए.	1995	पृष्ठ संख्या 204 बाबू श्यामसुन्दर दास के ग्रन्थ का संक्षेप
14.	खड़ी बोली का संक्षिप्त परिचय	रामनरेश त्रिपाठी	1997	पृष्ठ संख्या 123, कविता की प्रगति का विवेचन

हिन्दी साहित्येतिहास ग्रन्थों की रचना और रचनाकार का अध्ययन करते हुए हम पाते हैं कि प्रत्येक रचनाकार और रचना में भाषा का प्रश्न अवश्य उठा है। हिन्दी साहित्य के आरम्भ का प्रश्न भाषा से जुड़ा है। इस शोध ग्रन्थ में हम इसका संक्षिप्त अध्ययन करेंगे। डॉ. शम्भूनाथ सिंह लिखते हैं, ''हिन्दी भाषा के उद्‌भव काल से सम्बन्धित मतभिन्नता के आधार पर हिन्दी साहित्य के उद्‌भव के विषय में भी विद्वानों और साहित्य के इतिहासकारों में मतभेद है। उनके दो वर्ग हैं, जो लोग हिन्दी और अपभ्रंश में भेद नहीं मानते। वे हिन्दी भाषा का प्रारम्भ काल 500 ई. और हिन्दी साहित्य का प्रारम्भ काल 7वीं–8वीं शताब्दी मानते हैं। जो लोग अपभ्रंश को हिन्दी से भिन्न स्वतंत्र भाषा मानते हैं, वे हिन्दी भाषा का उद्‌भव 1000 ई. के आसपास स्वीकार करते हैं। इनमें से पहले वर्ग में ग्रियर्सन, मिश्रबन्धु, राहुल सांकृत्यायन, चन्द्रधर शर्मा 'गुलेरी', काशीप्रसाद जायसवाल तथा डॉ. रामकुमार वर्मा हैं और दूसरे वर्ग में सुनीतिकुमार चटर्जी, आचार्य रामचन्द्र शुक्ल, डॉ. श्यामसुन्दर दास, सूर्यकान्त शास्त्री, हजारीप्रसाद द्विवेदी, डॉ. धीरेन्द्र वर्मा आदि हैं।''[17] डॉ. सिंह ने दूसरे वर्ग के विद्वानों के मत को विवेचनीय माना है। कहते हैं उनकी मान्यताएँ असंगतिपूर्ण हैं क्योंकि किसी भी भाषा के साहित्य का उद्‌भव उस भाषा के उद्‌भव के साथ नहीं हो सकता। 'अपभ्रंश' को एक ओर स्वतंत्र भाषा मानकर हिन्दी साहित्य के इतिहास में उसका संक्षिप्त इतिहास लिखना और दूसरी ओर उसे हिन्दी का मूल कहना उचित नहीं है। अपभ्रंश से खड़ी बोली का जन्म हुआ, ऐसा माना जाता है। आचार्य रामचन्द्र शुक्ल अपभ्रंश को प्राकृताभास हिन्दी का नाम देते हैं। उनके मत से अपभ्रंश प्राकृत भी है और हिन्दी भी। यह अन्तर्विरोधमूलक कथन है। हजारीप्रसाद द्विवेदी ने अपभ्रंश को हिन्दी से भिन्न भाषा मानते हुए परम्परा के नाम पर अपभ्रंश साहित्य का हिन्दी के इतिहास में विस्तार से विवेचन किया है। डॉ. सिंह कहते हैं–''समग्र विवेचन का निष्कर्ष यह है कि हिन्दी साहित्य का प्रारम्भ काल 1000 ई. के आसपास निर्धारित करना किसी भी तर्क से उचित नहीं है। वस्तुत: हिन्दी साहित्य का प्रारम्भ 700 ई. के आसपास मानना चाहिए क्योंकि पुरानी हिन्दी का साहित्य उसी समय से लिखा जाने लगा था।''[18] भाषा के इस प्रश्न पर राजेन्द्र सिंह गौड़ लिखते हैं–''हिन्दी भाषा ने कब जन्म लिया, यह बताना कठिन है। परन्तु इतना निश्चित है कि उसका जन्म आर्यों की प्राचीन भाषा से हुआ। प्राचीन आर्य भाषा काल 1500 ई.पू. से 500 ई.पू. के लगभग माना जाता है। इस समय की भाषा का आभास हमें प्राचीनतम ग्रन्थ ऋग्वेद में मिलता है। आर्य भाषाओं का दूसरा काल प्रारम्भ हुआ जो 500 ई.पू. से 1 ई. तक माना जाता है। इस समय की जनभाषा को बौद्ध 'मगधी' अथवा मूलभाषा कहते हैं। बाद में इसका नाम पाली हुआ। पाली प्राकृत का पूर्व रूप है। 1 ई. का समय प्राकृत काल माना जाता है। अशोक की

धर्मलिपियों की भाषाएँ ही इस काल में प्राकृत के नाम से प्रसिद्ध हुईं और संस्कृत के साथ-साथ इनमें रचनाएँ होने लगीं। व्याकरण के नियमों से बँधी हुई साहित्यिक प्राकृतों के सामने वैयाकरणों ने जनभाषा को अर्थात् जनसाधारण की बोलियों को अपभ्रंश अर्थात् बिगड़ी हुई भाषा का नाम दिया। अपभ्रंश भाषाओं का समय 500 ई. से 1000 ई. तक माना जाता है। 1000 ई. से अब तक भारत में आधुनिक आर्यभाषा काल माना जाता है। इनकी उत्पत्ति अपभ्रंश से हुई।''[19] गौड़ भी हिन्दी साहित्य का अभ्युदय 1000 सं. से मानते हैं। डॉ. रामकुमार वर्मा लिखते हैं-''अपभ्रंश के 'जड़' हो जाने की अवस्था का ठीक-ठीक समय निर्धारित नहीं किया जा सकता। अनुमानतः यह समय 1000 ई. के बाद का ही है। अनेक स्थानों में बोले जानेवाले अपभ्रंश अनेक भाषाओं में परिवर्तित हो गए। अर्धमागधी अपभ्रंश से पूर्वी हिन्दी का विकास हुआ।'' मिश्रबन्धुओं के अनुसार, ''हिन्दी की उत्पत्ति संवत् 700 के आसपास मानी गई, क्योंकि पुंड अथवा पुष्य नामक हिन्दी का पहला कवि सं. 770 में हुआ। साहित्य में केवल पुष्य कवि का नामोल्लेख ही है।''[20] रामखेलावन पांडेय ने शुक्ल जी और गुलेरी जी के कथनों को उद्धृत किया है। गुलेरी जी के अनुसार, ''विक्रम की सातवीं शताब्दी से ग्यारहवीं तक अपभ्रंश की प्रधानता रही और फिर वह पुरानी हिन्दी में परिणत हो गई।'' (शुक्ल जी का मत हम पहले ही जान चुके हैं।) अतः पांडेय जी कहते हैं, ''अपभ्रंश और आधुनिक भारतीय भाषाओं के तुलनात्मक अध्ययन से स्पष्ट हो जाता है कि दोनों के विभेदक तत्त्व स्पष्ट हैं और उत्तर अपभ्रंश ही पुरानी हिन्दी नहीं है। भाषा रूप के राजनीतिक उपयोग का समर्थन नहीं होना चाहिए।''[21] इस विषय पर गणपतिचन्द्र गुप्त ने लगभग यही विचार व्यक्त किए हैं कि भाषा का जन्म होने के कई वर्ष बाद साहित्य का जन्म होता है। अतः अपभ्रंश कब हिन्दी में परिवर्तित हुई, इस पर भी विवाद है और हिन्दी साहित्य का उद्भव कब हुआ, इस पर भी विवाद है। गुप्त जी ने अपने ग्रन्थ में हजारीप्रसाद द्विवेदी, रामकुमार वर्मा, धीरेन्द्र वर्मा, शुक्ल जी आदि विभिन्न इतिहासकारों के मतों का उल्लेख किया है। अतः इस विवादित विषय को और दीर्घकालिक विवाद न बनाते हुए हम बच्चन जी के कथन पर विचार करते हैं। प्राचीन और मध्यकालीन आर्यभाषाओं-संस्कृत, प्राकृत, अपभ्रंश का क्षेत्र सार्वदेशिक था। जिस रूप में वे उपलब्ध हैं उस रूप में उनका व्याकरणिक ढाँचा भी अलग था। इन भाषाओं में प्रादेशिक निष्ठा नहीं थी, किन्तु जातीय भाषाओं में यह निष्ठा बढ़ी। संस्कृत से प्राकृत प्राकृत से अपभ्रंश और अपभ्रंश से उत्तर भारत की आधुनिक आर्यभाषाओं या जातीय भाषाओं का विकास हुआ। ऐसा विश्वास किया जाता रहा है और इसके लिए सिद्धान्त भी गढ़े गए थे। किन्तु अब यह धारणा कि हिन्दी या बँगला आदि अपभ्रंश से निकलीं, खंडित हो चुकी है। किन्तु जातीय भाषाओं ने संस्कृत और

अपभ्रंश से बहुत कुछ लिया है। हिन्दी ने उनकी विरासत को सबसे अधिक ग्रहण किया विशेष रूप से अपभ्रंश की विरासत को। शब्द-समूह, उच्चारण तथा व्याकरणिक ढाँचे के अलग होने से अपभ्रंश साहित्य के इतिहास का अंग नहीं माना जा सकता। किन्तु सांस्कृतिक नैरन्तर्य के लिए उसका अध्ययन आवश्यक है।[22] डॉ. नगेन्द्र कहते हैं–''आदिकालीन हिन्दी का व्याकरण 1000 या 1100 ई. के आसपास तक अपभ्रंश के बहुत निकट था। भाषा में काफी रूप ऐसे थे जो अपभ्रंश के थे, किन्तु धीरे-धीरे अपभ्रंश के व्याकरणिक रूप कम होते गए और हिन्दी के अपने रूप विकसित होते गए। धीरे-धीरे 1500 ई. तक आते-आते हिन्दी अपने पैरों पर खड़ी हो गई और अपभ्रंश के रूप प्राय: प्रयोग से निकल गए।''[23] ब्रजरत्नदास ने यही विचार व्यक्त किए हैं, ''भारत के भिन्न-भिन्न प्रान्तों में प्राकृत के समान ही अपभ्रंश भी अनेक रूपों में प्रचलित हो गया था। समय पाकर ये अपभ्रंश भी साहित्यिक होते ही वैयाकरण केसरियों द्वारा अनुशासित कर दी गई पर उनके प्रयत्न सहज स्वाभाविक प्रवाह को न रोक सके। अपने प्रान्तिक भेदों के साथ वे भिन्न-भिन्न मार्ग पर चल पड़ीं तथा 'डबल' अपभ्रष्ट होने लगीं। ये भाषाएँ, जो कुछ समय बाद ही अपना-अपना स्पष्ट भिन्न रूप धारण करने लगीं, जब एक ओर अपभ्रंश से मिलती-जुलती थीं, तब दूसरी ओर आधुनिक भाषाओं से मेल खाती थीं। हिन्दी भाषा से मिलती हुई इस प्रकार की भाषा को कुछ विद्वानों ने 'पुरानी हिन्दी' नाम दिया।''[24] अत: विभिन्न विद्वानों के विभिन्न मतों को जानकर हम यह प्रश्न यहीं छोड़ देते हैं। हिन्दी साहित्य के इतिहास पर शोध ग्रन्थ लिखते हुए हमने इतिहास-लेखन तथा हिन्दी भाषा और साहित्य के उद्‌भव पर चर्चा की। अब हिन्दी साहित्येतिहास के काल-विभाजन का भी तत्थात्मक विश्लेषण कर लें कि किस साहित्यकार ने किस काल को क्या नाम दिया और क्यों दिया।

काल-विभाजन

इतिहास की विभिन्न परिस्थितियों के सन्दर्भ में उसकी घटनाओं एवं प्रवृत्तियों के विकास क्रम को स्पष्ट करना ही काल-विभाजन का लक्ष्य है। साहित्य की विभिन्न प्रवृत्तियों में किस प्रकार का दिशा परिवर्तन हुआ, साहित्यिक परम्पराओं के उत्थान-पतन और उसकी अन्तर्निहित चेतना में किस प्रकार का क्रमिक विकास हुआ, यह साहित्येतिहास के काल-विभाजन से पता चलता है। काल-विभाजन एक विवादग्रस्त मसला है। तॉसी एवं शिवसिंह सेंगर का ध्यान काल-विभाजन की ओर नहीं गया। अत: वे विवाद से बचे हैं। प्रथम प्रयास जॉर्ज ग्रियर्सन ने किया, और इसकी असफलता को उन्होंने स्वयं स्वीकार किया है–''सामग्री को यथासम्भव काल-क्रमानुसार प्रस्तुत करने का प्रयास किया है। यह सर्वत्र सरल नहीं रहा है और

कतिपय स्थलों पर तो यह असम्भव सिद्ध हुआ है। अतएव वे कवि, जिनका समय मैं किसी भी प्रकार स्थिर नहीं कर सका, अन्तिम अध्याय में वर्णानुक्रम से एक साथ दे दिए गए हैं। प्रत्येक अध्याय सामान्यतया एक काल का सूचक है।''[25] अत: ग्रियर्सन को अपने काल-विभाजन की अपूर्णता का ज्ञान था, कहा जा सकता है। डॉ. गणपतिचन्द्र ने 'हिन्दी साहित्य का विकास' में (पृ. 19 पर) और डॉ. रामखेलावन पांडेय ने 'हिन्दी का नया इतिहास' में (पृ. 13 पर) 'ग्रियर्सन' का काल-विभाजन इस प्रकार दिया है–1. चारण काल (700–1300 ई.), 2. पन्द्रहवीं शती का धार्मिक पुनर्जागरण, 3. जायसी की प्रेम कविता, 4. ब्रज का कृष्ण-सम्प्रदाय, 5. मुगल दरबार, 6. तुलसीदास, 7. रीति-काव्य, 8. तुलसीदास के अन्य परवर्ती, 9. अठारहवीं शताब्दी, 10. कम्पनी के शासन में हिन्दुस्तान, 11. महारानी विक्टोरिया के शासन में हिन्दुस्तान। गुप्त जी कहते हैं–''कालक्रम का प्रवाह इसमें अविच्छिन्न रूप से नहीं चलता, यथा–चारण काल (700–1300 ई.) के बाद एकाएक वे पन्द्रहवीं शती में पहुँच जाते हैं, पूरी चौदहवीं शताब्दी को वे इतिहास में से निकाल देते हैं। कालों का नामकरण भी सर्वत्र किसी एक आधार पर नहीं है–किसी धार्मिक सम्प्रदाय को उसका आधार बताया गया है तो कहीं किसी शासक विशेष को और कहीं शताब्दी का ही उल्लेख मात्र है। साथ ही तथ्यों की दृष्टि से इसमें सबसे बड़ी भ्रान्ति यह है कि सातवीं शती से लेकर तेरहवीं शती तक के समय को इसमें हिन्दी साहित्येतिहास का एक युग माना गया है, पर यह भ्रान्ति तो उनके पहले और बाद भी बहुत समय तक चलती रही। अत: इसके लिए केवल उन्हें ही दोष नहीं दिया जा सकता। अस्तु, ग्रियर्सन का यह प्रयास प्रारम्भिक प्रयास मात्र है।[26] ''डॉ. रूपचन्द पारीक ने ग्रियर्सन का जो काल-विभाजन प्रस्तुत किया है, उनकी संख्या आठ है। उसमें मुगल दरबार, तुलसीदास, रीतिकाव्य ये तीन भाग नहीं दिए हैं।''[27] मिश्रबन्धु और रामचन्द्र शुक्ल के काल पर डॉ. गणपति चन्द्र गुप्त, डॉ. खेलावन पांडेय, डॉ. रूपचन्द पारीक तथा अन्य इतिहासकार सहमत हैं। सभी ने अपने इतिहास-ग्रन्थों में समान रूप से इसे प्रस्तुत किया है। मिश्रबन्धु द्वारा किए गए काल-विभाजन पर एक दृष्टि डालते हैं–

1. आरम्भिक काल	–	पूर्वारम्भिक काल (700–1343 वि.)
		उत्तरारम्भिक काल (1344–1444 वि.)
2. माध्यमिक काल	–	पूर्वा माध्यमिक काल (1445–1560 वि.)
		प्रौढ़ माध्यमिक काल (1561–1680 वि.)
3. अलंकृत काल	–	पूर्वालंकृत काल (1681–1790 वि.)
		उत्तरालंकृत काल (1791–1889 वि.)
4. परिवर्तन काल	–	1890–1925 वि.
5. वर्तमान काल	–	1926 वि. से अब तक।

गुप्त जी कहते हैं–"यह वर्गीकरण बहुत सम्यक् एवं स्पष्ट है। किन्तु तथ्यों की दृष्टि से इसमें भी अनेक असंगतियाँ विद्यमान हैं। सबसे पहले तो इन्होंने भी ग्रियर्सन की भाँति 700 से 1300 ई. तक के युग को हिन्दी साहित्य के साथ सम्बद्ध कर दिया है जो वस्तुतः अपभ्रंश का युग है। यह भी विचित्र बात है कि जहाँ वे मध्य काल में लगभग दो सौ वर्ष के समय को भी साहित्य का प्रौढ़ता के आधार पर दो अवान्तर भेदों पूर्व एवं प्रौढ़ माध्यमिक काल में विभाजन करते हैं, जिसका अर्थ है कि सौ वर्षों में ही साहित्य प्रौढ़ हो गया, जबकि प्रारम्भ में सात-आठ सौ वर्षों में भी वह एक-सा रहता है। इसी प्रकार 'अलंकृत काल' के बाद परिवर्तन काल (1890-1925 वि.) के रूप में केवल 35 वर्ष के समय को अलग स्थान देना भी अस्वाभाविक प्रतीत होता है। जहाँ अन्य नाम विकासवादिता के सूचक हैं वहाँ 'अलंकार काल' आन्तरिक प्रवृत्ति पर आधारित है। अस्तु, इन दोषों के होते हुए भी मिश्रबन्धुओं का यह प्रयास पर्याप्त प्रौढ़ है।"[28]

अब सर्वमान्य शुक्ल के काल-विभाजन पर एक दृष्टि डालते हैं–1. आदिकाल (वीरगाथा काल सं. 1050-1375 वि.), 2. पूर्व मध्यकाल (भक्तिकाल सं. 1375-1700), 3. उत्तर मध्यकाल (रीतिकाल 1700-1900 वि.), 4. आधुनिक काल (गद्यकाल 1900-1984 वि.)। आचार्य रामचन्द्र शुक्ल ने यह 'हिन्दी साहित्य का इतिहास' (1929 ई.) में प्रस्तुत किया था। डॉ. रूपचन्द्र पारीक ने शुक्ल जी के इस काल-विभाजन को इस तरह प्रस्तुत किया है–1. वीरगाथा काल, 2. पूर्व मध्यकाल (भक्तिकाल), निर्गुण धारा (ज्ञानाश्रयी शाखा), निर्गुण धारा (प्रेममार्गी सूफी शाखा), सगुण धारा (रामभक्ति शाखा), सगुण धारा (कृष्णभक्ति शाखा), 3. उत्तर मध्यकाल (रीतिकाल), 4. आधुनिक काल गद्य आधुनिक गद्य के पूर्व गद्य का रूप, गद्य साहित्य का आविर्भाव, आधुनिक गद्य साहित्य परम्परा का प्रवर्तन, गद्य साहित्य का प्रसार। काव्य पुरानी धारा, नई धारा, वर्तमान काव्य धाराएँ।"[29] पारीक ने 'ए हिस्ट्री ऑफ लिटरेचर' में एफ.ई. के. महोदय द्वारा प्रस्तुत काल-विभाजन को वर्णित किया है जो इस प्रकार है–1. प्रारम्भिक चारणी साहित्य (1150-1400), 2. प्रारम्भिक भक्त कवि (1400 से 1550), 3. मुगल दरबार और हिन्दी साहित्य पर कलात्मक प्रभाव, (1550-1800), 4. तुलसीदास और रामभक्ति शाखा (1500-1800), 5. कबीर के उत्तराधिकारी (1550-1800), 6. कृष्णभक्ति शाखा (1550-1800), 7. चारणी और अन्य साहित्य (1550-1800), 8. आधुनिक काल 1800 से कहते हैं यह वर्गीकरण अवैज्ञानिक तो है ही इसमें ऐतिहासिकता का भी अभाव है।[30] डॉ. श्यामसुन्दर दास ने 'हिन्दी साहित्य' में काल-विभाजन इस प्रकार किया है–1. वीरगाथा काल, 2. योगधारा, 3. भक्तिकाल की ज्ञानाश्रयी शाखा, 4. प्रेममार्गी भक्ति शाखा, 5. रामभक्ति शाखा, 6. कृष्णभक्ति शाखा, 7. रीतिकाल,

8. आधुनिक काल पद्य, 9. आधुनिक काल गद्य। पारीक जी ने लिखा है कि आलोचना विशेषांक से पृष्ठ 27 पर श्यामसुन्दर दास ने लिखा–''शुक्ल जी का इतिहास वे उनके साथ लिखना चाहते थे किन्तु शुक्ल जी ने उनसे विश्वासघात किया।'' (गुलाबराय के शब्दों में?) पारीक कहते हैं–''श्यामसुन्दर दास के इतिहास में शुक्ल जैसी गहराई और प्रतिपादन कुशलता नहीं है। न उनका दृष्टिकोण ही आचार्य के समान व्यापक है। रचनाओं के उदाहरणों की जबर्दस्त कमी है।''[31] पारीक ने अनेक इतिहासकारों के काल-विभाजन को प्रस्तुत किया है। रामशंकर शुक्ल 'रसाल' के 'हिन्दी साहित्य का इतिहास' में काल-विभाजन इस प्रकार है– 1. आदिकाल 1000 सं. से 1400 सं. तक। बाल्यावस्था–'क' पूर्वार्ध 1000 से 1200 तक। 'ख' उत्तरार्ध 1200 सं. से 1400 सं. तक। 2. मध्यकाल 1400-1800 तक। किशोरावस्था 'क' पूर्वार्ध 1400-1600 तक, 'ख' उत्तरार्ध 1600-1800 तक। 3. आधुनिक काल 1800-1900 तक। युवावस्था 'क' परिवर्तन काल 1800-1900 तक, 'ख' वर्तमान सं. 1900 से अब तक।[32] सूर्यकान्त शास्त्री के 'हिन्दी साहित्य का विवेचनात्मक इतिहास' में काल-विभाजन निम्न अध्यायों में विभक्त है–1. हिन्दी साहित्य पर सरसरी दृष्टि, 2. प्राचीन चारणों का इतिहास, 3. प्राचीन भक्त कवि (दो बार उल्लेख), 4. प्राचीन भक्त कवि कबीर, नानक, 5. कबीर तथा ईसाइयों का भावयोग, 6. कबीर और सूफी मार्ग, 7. प्राचीन भक्त कवि कृष्ण सम्प्रदाय, 8. मुगल दरबार और हिन्दी साहित्य पर लालित्य की छाप, 9. तुलसीदास तथा रामायत सम्प्रदाय, 10. कबीर के अनुयायी, 11. कृष्ण पूजा सम्प्रदाय, 12. गाथा सम्बन्धी तथा अन्य साहित्य, 13. नवीन युग का सिंहावलोकन, 14. आधुनिक युग, 15. आधुनिक युग नाटककार तथा अन्य लोग, 16. वर्तमान कवि, 17. आधुनिक युग हिन्दी गद्य।[33] अयोध्या सिंह उपाध्याय 'हरिऔध' ने काल-विभाजन इस प्रकार किया है–1. हिन्दी साहित्य का पूर्व रूप और आरम्भिक काल, 2. हिन्दी साहित्य का माध्यमिक काल, 3. उत्तर काल, 4. वर्तमान काल।[34] कृष्णशंकर शुक्ल ने आधुनिक हिन्दी साहित्य का इतिहास में काल-विभाजन इस प्रकार किया है– 1. वीरगाथा काल सं. (1000-1375), 2. भक्ति काल (1375-1700) निर्गुण धारा, सगुण धारा, रामभक्ति शाखा, कृष्णभक्ति शाखा, फुटकर रचनाएँ, 3. रीतिकाल सं. 1700-1900 तक ब्रजकाव्य धारा खड़ी बोली प्रस्तावना, 4. प्रारम्भिक काल (सं. 1924-1960 तक), 5. मध्यकाल (सं 1960-1975), 6. नवीनकाल (1975-1990) तक।[35] मिश्रबन्धु, ग्रियर्सन और शुक्ल जी द्वारा किए गए काल-विभाजन पर विस्तार से टिप्पणी करते हुए कुछ बातों पर सहमति और कुछ पर असहमति दर्ज करते हुए डॉ. रामखेलावन पांडेय ने काल-विभाजन इस प्रकार किया है–1. संक्रमण काल (1000-1400 ई.) अपभ्रंश भाषाएँ आधुनिक भारतीय भाषाओं के रूप में

संक्रमित हो रही थीं। 2. संयोजन काल (1401 से 1600) इसमें संक्रमण शिथिल चरण हुआ। सम्भावनाओं ने निर्दिष्टता पाई। परम्परा के कल्पों का नव्य संयोजनायोजन हुआ। 3. संवर्धन काल (1601–1800 ई.), 4. संचयन काल (1801–1900 ई.) इस अवधि के साहित्य की मुख्य चिन्ता है सम्यक् रूप से चयन की। अपने अभाव की ओर विशेष ध्यान गया एवं टीका भाष्य और अनुवाद का आयोजन किया गया। 5. सम्बोधित काल (1901–1947 ई.) संचयन की प्रक्रिया ने साहित्य बोध को जाग्रत् गति दी। 6. संचरण काल (1947...) राजनीतिक स्वतंत्रता मिली, युग-युग की आकांक्षा फलवती हुई। स्वप्न सिद्ध हुए।[36] डॉ. रामकुमार वर्मा ने जो काल-विभाजन प्रस्तुत किया वह इस प्रकार है–1. सन्धिकाल (750–1000 वि.), 2. चारण काल (1000–1375 वि.), 3. भक्तिकाल (1375–1700 वि.), 4. रीतिकाल (1700–1900 वि.) 5. आधुनिक काल (1900 से अब तक)। गुप्त जी कहते हैं–"इस विभाजन के अन्तिम चार काल-खंड तो आचार्य शुक्ल के ही विभाजन के अनुरूप हैं केवल 'वीरगाथा काल' के स्थान पर 'चारण काल' नाम अवश्य दे दिया गया है, किन्तु इसमें एक विशेषता 'सन्धिकाल' की है जो वस्तुतः गुण-वृद्धि का सूचक कम एवं दोष-वृद्धि का द्योतक अधिक है। जैसा कि अन्यत्र स्पष्ट किया जा चुका है कि हिन्दी साहित्य का आरम्भ सातवीं-आठवीं शताब्दी से मानना एक विशेष भ्रान्ति का परिणाम है तथा डॉ. वर्मा का यह सन्धिकाल भी उसी भ्रान्ति से सम्बन्धित है, अतः इसे शुक्ल जी के काल-विभाजन का परिष्कृत रूप नहीं कहा जा सकता। फिर भी उन्होंने किन्हीं अंशों में आचार्य शुक्ल की रूढ़ि को त्यागने का साहस अवश्य किया है, जो इस युग के लिए कम महत्त्व की बात नहीं है।[37] इसके बाद उन्होंने जो काल-विभाजन दिया उस पर दृष्टि डालते हैं– 1. प्रारम्भिक काल (1184–1350 ई.), 2. पूर्व मध्यकाल (1350–1600 ई.), 3. उत्तर मध्यकाल (1600–1857 ई.), 4. आधुनिक काल (1857 ई. से अब तक)।

आचार्य हजारीप्रसाद द्विवेदी ने हिन्दी साहित्य में जो "काल-विभाजन किया है वह इस प्रकार है–1. हिन्दी साहित्य का आदिकाल (1000–1400 ई.), 2. भक्ति साहित्य का आविर्भाव, 3. रीतिकाल (16वीं शताब्दी के मध्यभाग से 19वीं शताब्दी के मध्यकाल तक), 4. आधुनिक काल (1800–1952 ई.)।"[38] डॉ. शम्भूनाथ सिंह कहते हैं–"केवल पं. राहुल सांकृत्यायन ने हिन्दी साहित्य का प्रारम्भ 760 ई. से मानकर 1300 ई. तक के काल को 'सिद्ध सामन्त युग' नाम दिया है। 'हिन्दी काव्यधारा' पुस्तक में दिए गए इस 'सिद्ध सामन्त युग' नाम को भी दोषरहित नहीं माना जा सकता क्योंकि इस काल में जैन काव्य भी प्रचुर मात्रा में लिखा गया।" इसी तरह सं. 1700 से सं. 1900 तक का समस्त साहित्य 'रीतिबद्ध' साहित्य नहीं है। इसलिए "आचार्य विश्वनाथ प्रसाद मिश्र ने शृंगारिकता को इस काल की प्रमुख

प्रवृत्ति मानकर इस काल का नाम 'शृंगारकाल' रखा।'' यदि आधुनिक शब्द वर्तमानत्व का बोधक है तो आधुनिक काल का प्रारम्भ 1850 ई. से क्यों माना जाए, क्योंकि 19वीं शताब्दी तो अतीत काल है, वर्तमान नहीं। इस तरह विभिन्न तर्क-वितर्क करते हुए शम्भूनाथ सिंह ने काल-विभाजन इस प्रकार प्रस्तुत किया है–

खंड-1 : प्राचीन काल

1. उद्भव काल, सामन्ती वीरयुग, राजपूत काल, 700-1200 ई.
2. विकास काल, पतनोन्मुख वीरयुग, सल्तनत काल, 1200-1400 ई.
3. उत्कर्ष काल, विकासोन्मुख साम्राज्य युग, पूर्ववर्ती मुगलकाल, 1400-1650 ई.
4. ह्रास काल, पतनोन्मुख साम्राज्य युग, परवर्ती मुगलकाल, 1650-1850 ई.

खंड-2 : आधुनिक काल

1. संक्रान्ति युग–विदेशी पूँजीवादी साम्राज्य युग–ब्रिटिश राज्यकाल–1850-1900 ई.
2. पुनरुत्थान युग–विदेशी पूँजीवादी शोषण युग–राष्ट्रीय समझौता काल–1900-1920 ई.
3. विद्रोह युग–विकासोन्मुख राष्ट्रपति पूँजीवादी युग–राष्ट्रीय संघर्ष काल-1920-1950 ई.
4. सामंजस्य युग–लोकतांत्रिक समाजवादी युग–स्वातंत्र्योत्तर काल–1950 से अब तक[39]

राजेन्द्र सिंह गौड़ ने 'हिन्दी भाषा और साहित्य' में काल-विभाजन इस तरह प्रस्तुत किया है–1. आदिकाल सं. 1000-1375 तक, 2. पूर्व मध्यकाल अथवा भक्तिकाल–सं. 1375-1700 तक, 3. उत्तरमध्य काल अथवा रीतिकाल–सं. 1700 से 1900 तक, 4. आधुनिक काल–सं. 1900 से अब तक।[40] डॉ. रामगोपाल शर्मा 'दिनेश' ने काल-विभाजन इस प्रकार दिया है–1. आदिकाल या वीरगाथा काल या चारणकाल (सं. 1050 वि. से 1375 वि.)-अपभ्रंश काल और वीरगाथा काल। 2. पूर्व मध्यकाल या भक्तिकाल (सं. 1375 वि. 1700 वि.)–निर्गुण भक्ति-प्रेम काव्य, सन्तकाव्य, सगुण भक्ति-रामकाव्य, कृष्णकाव्य, 3. उत्तर मध्यकाल या रीतिकाल (सं. 1700 वि.-1900), 4. आधुनिक काल या स्वातंत्र्य काल (1900 वि. से)।[41] डॉ. नगेन्द्र ने 'हिन्दी साहित्य का इतिहास' में इस प्रकार काल-विभाजन किया है–1. आदिकाल–सातवीं शती के मध्य से 14वीं शती के मध्य तक। 2. भक्ति काल–14वीं शती के मध्य से 17वीं शती के मध्य तक। 3. रीतिकाल–17वीं शती

के मध्य से 19वीं शती के मध्य तक। 4. आधुनिक काल–उन्नीसवीं शती के मध्य से अब तक। 1. पुनर्जागरण काल (भारतेन्दु काल) 1857–1900 ई., 2. जागरण–सुधार काल (द्विवेदीकाल) 1900–1918 ई., 3. छायावाद–काल–1918–1938 ई., 4. छायावादोत्तर काल–(क) प्रगति प्रयोग काल–1938–1953 ई., (ख) नवलेखन काल–1953 ई. से अब तक।[42] डॉ. नगेन्द्र काल–विभाजन की आवश्यकता को ही नहीं स्वीकार करते। जो काल–विभाजन की परम्परा चल पड़ी, उसके अनेक कालों और उसके नामों से भी कहीं सहमत और कहीं असहमत हैं। इसी क्रम में ब्रजरत्नदास द्वारा प्रस्तुत विभाजन देखते हैं। उन्होंने 'खड़ी बोली हिन्दी साहित्य का इतिहास' को निम्नलिखित भागों में बाँटा है–1. आदिकाल–चारणकाल–नाथ साहित्य। 2. पूर्व मध्यकाल या भक्ति तथा ज्ञान काल–सन्त साहित्य–प्रेमकाव्य उर्दू–हिन्दी धारा, सगुण सम्प्रदाय–भक्ति काव्य–स्फुट। 3. उत्तर मध्यकाल या रीतिकाल, रीतिकाल के अन्य कवि। 4. वर्तमान काल का विकास उसका आरम्भ।[43] इस प्रकार विवादित काल–विभाजन का कोई हल नहीं निकल पाया। 'रीतिकाल' और 'भक्तिकाल' पर अनेक प्रश्न उठे। शुक्ल जी ने हिन्दी साहित्य के मध्यकाल को दो भागों में बाँट दिया था, पूर्व मध्यकाल और उत्तर मध्यकाल। साथ ही उन्होंने इन कालों की विशेष प्रवृत्तियों का ध्यान रखकर इन्हें क्रमशः 'भक्तिकाल' और 'रीतिकाल' कहा। मिश्रबन्धुओं का कहना है कि 'रीतिकाल' का नाम 'शृंगार काल' होना ज्यादा ठीक होता क्योंकि इससे इसकी दो शाखाएँ हो जातीं–'रीतिबद्ध' और 'रीतिमुक्त'। बच्चन सिंह 'हिन्दी साहित्य का दूसरा इतिहास' लिखते हुए काल–विभाजन इस प्रकार करते हैं–

1. अपभ्रंश काल–हिन्दी भाषा, जाति और साहित्य। अपभ्रंश काव्य और हिन्दी की रचनाएँ। शृंगार और वीर–दर्पपूर्ण काव्य। प्राकृत पैंगलम और हिन्दी के कवि।
2. भक्ति काल (1400–1650)–भक्ति आन्दोलन, निर्गुण काव्यधारा सगुण काव्यधारा।
3. रीतिकाल (1650–1857)–बद्ध रीतिकाव्य, मुक्त रीति काव्य। हिन्दी की उर्दू शैली का काव्य। रीतीतर काव्य।
4. आधुनिक काल–नवजागरण युग, स्वच्छन्दतावाद युग, उत्तर स्वच्छन्दतावाद युग।[44]

इस प्रकार हिन्दी साहित्य का इतिहास–लेखन प्रथमतः किसने, कब प्रारम्भ किया और यह परम्परा चलती हुई कहाँ तक पहुँची, यह अध्ययन करते हुए हमने हिन्दी भाषा और साहित्य के उदय और विकास पर एक दृष्टि डाली तथा विभिन्न साहित्येतिहासकारों ने अपने–अपने ग्रन्थों में हिन्दी साहित्य के इतिहास का काल–

विभाजन कर उनके नाम क्या और क्यों दिए, यह अध्ययन भी किया। इतिहास के विविध प्रश्न, चाहे वे भाषा के हों, साहित्य की उत्पत्ति के हों या काल-विभाजन के विवाद के प्रश्न होंगे ही क्योंकि विभिन्न साहित्यकारों के अपने-अपने तर्क, सिद्धान्त, साधन हैं जिनके अनुसार वे निर्णय देते हैं या परिणाम सामने रखते हैं। अनेक इतिहास लिखे गए हैं। जितने उपलब्ध हुए उनका विवरण, सूची में मैंने इस अध्याय में ठीक-ठीक प्रस्तुत करने की चेष्टा की है।

सन्दर्भ ग्रन्थ

1. डॉ. रूपचन्द्र पारीक, हिन्दी साहित्य के इतिहास-ग्रन्थों का आलोचनात्मक अध्ययन, पृ. 52-53
2. वही, पृ. 54-56
3. वही, पृ. 66
4. डॉ. रामकुमार वर्मा, हिन्दी साहित्य का आलोचनात्मक इतिहास, पृ. 1-2
5. वही, पृ. 15-22
6. वही, पृ. 24-25
7. डॉ. रूपचन्द्र पारीक, हिन्दी साहित्य के इतिहास-ग्रन्थों का आलोचनात्मक अध्ययन, पृ. 85
8. वही, पृ. 112-23
9. वही, पृ. 174
10. वही, पृ. 266
11. वही, पृ. 277-84
12. डॉ. रामखेलावन पांडेय, हिन्दी साहित्य का नया इतिहास, पृ. 58
13. वही, पृ. 241
14. डॉ. धीरेन्द्र वर्मा एवं सम्पादक मंडल, हिन्दी साहित्य (तृतीय खंड), पृ. 625-32
15. डॉ. राजकिशोर पांडेय, हिन्दी साहित्य का उत्तर मध्ययुग, पृ. 536
16. ब्रजरत्नदास, खड़ी बोली हिन्दी साहित्य का इतिहास, पृ. 10-11, 18-19
17. डॉ. शम्भूनाथ सिंह, हिन्दी काव्य की सामाजिक भूमिका, पृ. 29
18. वही, पृ. 31
19. राजेन्द्र सिंह गौड़, हिन्दी भाषा और साहित्य का विकास, पृ. 20-22
20. डॉ. रामकुमार वर्मा, हिन्दी साहित्य का आलोचनात्मक इतिहास, पृ. 48-49
21. डॉ. रामखेलावन पांडेय, हिन्दी साहित्य का नया इतिहास, पृ. 42
22. बच्चन सिंह, हिन्दी साहित्य का दूसरा इतिहास, पृ. 15
23. डॉ. नगेन्द्र जैन, हिन्दी साहित्य का इतिहास, पृ. 29
24. ब्रजरत्नदास, खड़ी बोली हिन्दी साहित्य का इतिहास पृ. 6-7
25. किशोरीलाल गुप्ता, हिन्दी साहित्य का प्रथम इतिहास पृ. 48
26. डॉ. गणपतिचन्द्र गुप्त, हिन्दी साहित्य का विकास, पृ. 19-20
27. डॉ. रूपचन्द्र पारीक, हिन्दी साहित्य के इतिहास-ग्रन्थों का आलोचनात्मक अध्ययन, पृ. 106

28. डॉ. गणपतिचन्द्रा गुप्त, हिन्दी का विकास, पृ. 20
29. डॉ. रूपचन्द्र पारीक, हिन्दी साहित्य के इतिहास-ग्रन्थों का आलोचनात्मक अध्ययन, पृ. 106-07
30. वही, पृ. 124
31. वही, पृ. 146-47
32. रामशंकर शुक्ल 'रसाल', हिन्दी साहित्य का इतिहास, पृ. 22
33. सूर्यकान्त शास्त्री, हिन्दी साहित्य का विवेचनात्मक इतिहास-विषय सूची
34. अयोध्यासिंह उपाध्याय 'हरिऔध', हिन्दी भाषा और साहित्य का विकास-विषय सूची
35. कृष्णशंकर शुक्ल, आधुनिक हिन्दी साहित्य का इतिहास, निवेदन
36. डॉ. रामखेलावन पांडेय, हिन्दी साहित्य का नया इतिहास, पृ. 29
37. डॉ. गणपतिचन्द्र गुप्त, हिन्दी साहित्य का विकास, पृ. 21
38. आचार्य हजारीप्रसाद द्विवेदी, हिन्दी साहित्य, पृ. 43
39. डॉ. शम्भूनाथ सिंह, हिन्दी काव्य की सामाजिक भूमिका, पृ. 44-50
40. राजेन्द्र सिंह गौड़, हिन्दी भाषा और साहित्य का विकास, पृ. 42
41. डॉ. रामगोपाल शर्मा 'दिनेश', हिन्दी साहित्य का आदर्श इतिहास, पृ. 15-16
42. डॉ. नगेन्द्र जैन, हिन्दी साहित्य का इतिहास, पृ. 16
43. ब्रजरत्नदास, खड़ी बोली हिन्दी साहित्य का इतिहास, विषय-सूची
44. बच्चन सिंह, हिन्दी साहित्य का दूसरा इतिहास, भूमिका

आचार्य रामचन्द्र शुक्ल और हिन्दी साहित्य के इतिहास-लेखन में उनकी भूमिका, उसका महत्त्व, अध्ययन और विवेचना

हिन्दी साहित्य के इतिहास-लेखन में आचार्य शुक्ल की भूमिका और महत्त्व

पं. रामचन्द्र शुक्ल उत्कृष्ट गद्य लेखक और समालोचक ही नहीं बल्कि साहित्येतिहास लेखन के क्षेत्र में 'मील का पत्थर' हैं। 1884 में जन्मे शुक्ल जी अत्यन्त स्वाभिमानी और राष्ट्रभक्त थे। वे ब्रिटिश सरकार की नौकरी करने के पक्ष में कभी नहीं रहे। उनके युवा काल की एक घटना बताती है कि वे और उनका लेखन दोनों ही राष्ट्रीय अस्मिता से युक्त रहे हैं। जब पं. शुक्ल 19 वर्ष के थे तब मिर्जापुर के कलेक्टर बिंढम साहब ने उनके पिताजी पं. चन्द्रबली शुक्ल को जिले का एक नक्शा ठीक से बनाने के लिए दिया था, जिसे पं. रामचन्द्र शुक्ल ने ठीक से बनाकर दिया था। यह बात सन् 1903 ई. के आसपास की है। नक्शे को देखकर बिंढम साहब प्रसन्न हुए और उन्होंने शुक्ल जी को नायब तहसीलदार के पद पर नियुक्त किया किन्तु पं. शुक्ल ने यह पद अस्वीकार कर दिया। वे सरकारी नौकरी नहीं करना चाहते थे। उन्होंने बाद में एक क्रान्तिकारी लेख लिखा–''(भारत को क्या करना है) यह लेख 'दि हिन्दुस्थान रिव्यू' के फरवरी 1907 ई. के अंक में छपा था। आशय यह कि शुक्ल जी राष्ट्रीय अस्मिता की पहचान के लिए प्रारम्भ से ही प्रयत्नशील रहे। शुक्ल जी के इस क्रान्तिकारी लेख का हिन्दी अनुवाद जो अपूर्वानन्द ने किया था, आलोचना के 74वें अंक में छपा था। इसके कुछ अंशों पर दृष्टि डालें–''दरअसल हमें समाज-सुधारक, राजनीतिक, आन्दोलनकर्ता कवि और शिक्षाविद्–इन सबकी एक ही साथ, एक ही समय में जरूरत है। लेकिन इनमें भी ज्यादा जरूरत हमें ऐसे लोगों की है, जिनका काम यह देखना हो कि किसी विशेष कार्य क्षेत्र में किसी विशिष्ट अवसर की आवश्यकताओं को पूरा करने के लिए पर्याप्त लोग हैं या नहीं।''...''भारतीय जनमानस को एक सामंजस्यपूर्ण धरातल पर लाने में देशी भाषा के बढ़ते हुए साहित्य की जो भूमिका है उसकी शायद हम उपेक्षा नहीं कर

सकते।"..."जहाँ तक हम देख पाए हैं, साम्राज्यवाद ही भारत में ब्रिटिश राष्ट्र की नीति की प्रेरक शक्ति रहा है। उन्होंने यह हाल कर रखा है कि भारतीय प्रशासन में उनकी अपनी ब्रिटिश परिकल्पना का एक रेशा भी नहीं दिखाई देता। इसमें शक नहीं कि वे रूप को सुरक्षित रखते हैं, लेकिन वे उस सार-तत्त्व को खत्म कर देते हैं।"[1] कलेक्टर बिंढम साहब ने अंग्रेजी में छपे इस आलेख को पढ़कर उनके पिताजी को यह कहकर सजग कर दिया कि वे अपने क्रान्तिकारी लड़के को सँभालकर रखें। आचार्य शुक्ल ने इस नायब तहसीलदारी के अलावा अलवर की नौकरी भी छोड़ दी। पत्नी ने आग्रह किया तो उसे निम्नलिखित पंक्तियाँ सुनाकर चुप करा दिया–"चीथड़े लपेटे चने चाभेंगे, चौखट चढ़, चाकरी करेंगे नहीं चौपट चमार की।"[2] शुक्ल जी की इस स्वाभिमानी प्रवृत्ति के कारण उनका इतिहास सशक्त आत्माभिव्यक्ति का रूप ग्रहण कर सकता है। असहयोग आन्दोलन के समय भी वे तत्कालीन राजनीतिक स्थितियों का अपनी बौद्धिक क्षमता के अनुरूप विश्लेषण करते रहे और वैचारिक दृढ़ता के साथ इतिहास-लेखन का कार्य भी करते रहे। आचार्य शुक्ल ने 'हिन्दी शब्द सागर' की भूमिका के रूप में 'हिन्दी साहित्य का विकास' लिखा। इसी का प्रकाशन 'हिन्दी साहित्य का इतिहास' के रूप में हुआ। 1922 में नागरी प्रचारिणी सभा द्वारा इसके लेखन की योजना बनी थी और पहली बार 1922 में इसका प्रकाशन हुआ। इसके प्रकाशन के बाद भी इसमें संशोधन-परिवर्द्धन का काम शुक्ल जी की मृत्यु तक अर्थात् 1941 ई. तक चलता रहा। आचार्य शुक्ल की नियुक्ति काशी हिन्दू विश्वविद्यालय में मालवीय जी ने 1919 ई. में की। तब से मृत्युपर्यन्त वे वहीं हिन्दी का अध्यापन करते रहे। विश्वविद्यालय की आवश्यकता को अनुभव करते हुए उन्होंने लिखा–"इधर जब से विश्वविद्यालय में हिन्दी की उच्च शिक्षा का विधान हुआ तब से उसके साहित्य के विचार-शृंखला-बद्ध इतिहास की आवश्यकता का अनुभव छात्र और अध्यापक दोनों कर रहे थे।"[3] उन्होंने काशी हिन्दू विश्वविद्यालय में रहते हुए ही यह कार्य पूर्ण किया। इस कार्य में बाबू श्यामसुन्दर दास का नाम सहयोगी के रूप में महत्त्वपूर्ण है।'हिन्दी साहित्य का इतिहास' पुस्तक के प्रकाशन काल में पं. शुक्ल और बाबू श्यामसुन्दर दास के सम्बन्ध बिगड़ गए। इस पुस्तक के साथ केवल शुक्ल जी का नाम जुड़े यह शुक्ल जी की इच्छा थी जो उन्होंने बाबू साहब का विरोध सहते हुए पूरी की। यही बात बाबू साहब के मन में काँटे की तरह गड़ी रही। विरोधों के बावजूद श्यामसुन्दर ने मुक्त कंठ से शुक्ल जी की प्रशंसा करते हुए उन्हें निर्दोष चरित्रवाला, सरल स्वभाव का व संकोची स्वीकार किया है। गम्भीर, गूढ़, जटिल, स्वतंत्र और शिक्षाप्रद विचारोंवाला माना है। शुक्ल जी का इतिहास तीसरे दशक की महत्त्वपूर्ण व श्रेष्ठ उपलब्धि है। इसी दशक में आचार्य शुक्ल ने हिन्दी साहित्य में

सर्वोच्च स्थान प्राप्त किया। राजमल बोरा कहते हैं–"इतिहास-लेखन में आचार्य रामचन्द्र शुक्ल के–'हिन्दी साहित्य के इतिहास' के सन्दर्भ में जनक कहना चाहिए। इसका कारण यह है कि इतिहास के नाम पर मौलिक चिन्तन के रूप में पथ का निर्माण शुक्ल जी ने ही किया है। उनके इतिहास की सामग्री से अधिक महत्त्वपूर्ण उनके ऐतिहासिक सिद्धान्त हैं। जो व्यक्ति सिद्धान्तों में दृढ़ रहता है, उसकी परम्परा बलवती होती है। शुक्ल जी के सिद्धान्तों से जूझना ही तो कठिन कार्य है। उनकी सामग्री को उनके सिद्धान्तों से अलग कर उनकी बौद्धिक क्षमता पर विचार करेंगे तब आप आचार्य शुक्ल को ठीक-ठाक पहचान पाएँगे। शुक्ल जी ने अपने इतिहास-लेखन में जिस सामग्री का उपयोग किया, उस सामग्री को लेकर विवाद हुआ है और वह ठीक भी है किन्तु सिद्धान्तों को लेकर ऐसा कम हुआ है। सिद्धान्तों में दृढ़ रहने के कारण ही आचार्य शुक्ल की परम्परा बलवती हुई है।"[4] बोरा जी निष्पक्ष विचार करते हैं। आचार्य शुक्ल उन्हें बहुत प्रिय थे किन्तु उन्होंने प्रिय होने के कारण नहीं बल्कि आचार्य जी की बौद्धिक क्षमता को उनके गुरु-गम्भीर व्यक्तित्व को देखते हुए उनके ऐतिहासिक ग्रन्थ के सम्बन्ध में अपने विचार व्यक्त किए हैं– "इतिहास में चयन का सिद्धान्त महत्त्वपूर्ण होता है। इतिहासकार को प्रत्यक्ष-अप्रत्यक्ष रूप से अपनी अभिरुचि के अनुसार चयन करना ही पड़ता है। इस चयन में ही तथ्य निर्माण होता है, समीक्षा होती है और सिद्धान्त भी तदनुसार बनते हैं। इन चयन को कहनेवाले पूर्वग्रह भी कहना चाहें तो कह सकते हैं। किन्तु क्या शुक्ल जी का चयन आचार्यत्व की क्षमता से किया हुआ चयन नहीं है ? क्या उनके चयन ने उन्हें आचार्य नहीं बना दिया ? उनके चयन ने उन्हें ज्ञान गरिमा का पद दिया है। शुक्ल जी ने अपने लेखन में जो आलोचनात्मक टिप्पणियाँ लिखी हैं, वे विषयपरक अधिक हैं और वस्तु-मूलक हैं और वे ऐसी हैं जिनका महत्त्व ज्ञान का पथ प्रशस्त करने के लिए है। ऐसा व्यक्ति इतिहास लिखता है तो उसकी परम्परा अपने आप बलवान बनती है। आचार्य शुक्ल की क्षमता का कोई व्यक्ति सामने आए तो सन् 1929 से 1986 तक का इन 57 वर्षों का इतिहास ठीक उसी ताकत से लिख सकता है। शुक्ल जी की परम्परा को ठीक इतिहास के बदलते क्रम में प्रस्तुत किया जाए तो शुक्ल जी की परम्परा आगे बढ़ेगी।"[5] शुक्ल जी ने अपने ग्रन्थ में इतिहास की जो परिभाषा दी उसे सभी परवर्ती इतिहासकारों ने स्वीकार किया और सराहना की तथा लेखन में शुक्ल जी के ग्रन्थ और उनकी निर्धारित मान्यताओं का सहारा लिया। शुक्ल जी ने साहित्येतिहास की परिभाषा देते हुए लिखा है–"प्रत्येक देश का साहित्य वहाँ की जनता की चित्तवृत्ति का संचित प्रतिबिम्ब होता है, तब यह निश्चित है कि जनता की चित्तवृत्ति के परिवर्तन के साथ-साथ साहित्य के स्वरूप में भी परिवर्तन होता चला जाता है। आदि से अन्त तक इन्हीं चित्तवृत्तियों की

परम्परा को परखते हुए साहित्य परम्परा के साथ उनका सामंजस्य दिखाना ही 'साहित्य का इतिहास' कहलाता है। जनता की चित्तवृत्ति बहुत कुछ राजनीतिक, सामाजिक, साम्प्रदायिक तथा धार्मिक परिस्थिति के अनुसार होती है। अतः कारण स्वरूप इन परिस्थितियों का किंचित् दिग्दर्शन भी साथ ही साथ आवश्यक होता है। इस दृष्टि से हिन्दी साहित्य का विवेचन करने में यह बात ध्यान में रखनी होगी कि किसी विशेष समय में लोगों में रुचि विशेष का पोषण और संचार किससे और किस प्रकार हुआ। उपयुक्त व्यवस्था के अनुसार हम हिन्दी साहित्य के 900 वर्षों के इतिहास को चार कालों में विभक्त कर सकते हैं—आदिकाल (वीरगाथा काल, सं. 1050–1375,) पूर्व मध्यकाल (भक्तिकाल, 1375–1700), उत्तर मध्यकाल (रीतिकाल, 1700–1900), आधुनिक काल (गद्यकाल, 1900–1984) यद्यपि इन कालों की रचनाओं की विशष प्रवृत्ति के अनुसार ही इनका नामकरण किया गया है, पर यह न समझना चाहिए कि किसी काल में और प्रकार की रचनाएँ होती ही नहीं थीं। जैसे भक्तिकाल या रीतिकाल को लें तो उनमें वीररस के अनेक काव्य मिलेंगे।''[6] शुक्ल जी का यह महत्त्वपूर्ण मत और काल-विभाजन विभिन्न विद्वानों के लिए आदर्श सिद्ध हुआ है। श्री नलिन विलोचन शर्मा जी कहते हैं—''शुक्ल जी ने स्वकालीन पाश्चात्य वैदुष्य की उपलब्धि को विलक्षण सजगता का परिचय देते हुए, हिन्दी साहित्येतिहास के निर्माण के लिए अपना लिया है—कदाचित् किसी भी भारतीय भाषा के साहित्य के इतिहास लेखक के पूर्व। उन्नीसवीं शताब्दी में पश्चिम में साहित्येतिहास के क्षेत्र में जो विधेयवाद प्रचलित था, शुक्ल जी ने इसी विधेयवाद को, उस समय के लिए आश्चर्यजनक नव्यवादिता के साथ अधिकृत और व्यवहृत किया—उन्हीं शुक्ल जी ने जो काफी पुराने पड़ गए रोमांटिक कवियों के हिन्दी अनुयायियों, छायावादियों से कम ही सहानुभूति दिखाते हैं और 'किमाश्चर्यमतः परं', उनमें से कुछ पर तो क्युमिंग्ज जैसे अंग्रेजी के उन कवियों के प्रभाव का भी सन्देह करते हैं, जिनका नाम भी उन कवियों ने जाने कितने दिनों बाद सुना होगा। किन्तु शुक्ल जी रचनात्मक साहित्य में जिस नवीनता के विरोधी हैं, उनके साथ न्याय किया जाए तो कहना पड़ेगा कि उनका अपना रचनात्मक साहित्य भी उनके आदर्श के अनुरूप अवश्य है। उसे साहित्येतिहास तथा साहित्यालोचन के क्षेत्र में उनकी जैसी तत्परता के साथ अपनानेवाले आज भी हिन्दी के कुछेक विद्वान ही मिलेंगे। रिचर्ड्स और क्रोचे के सिद्धान्तों का उल्लेख ही नहीं, उनका खंडन भी करनेवाला यह व्यक्ति भारत तो क्या, पश्चिम के भी समकालीन दो-चार ही विद्वानों में एक रहा होगा।''[7] शुक्ल जी की विद्वत्ता पर प्रकाश डालते हुए आगे शर्मा जी कहते हैं—''शुक्ल जी के वैदुष्य की यह भी एक विचित्रता है कि उन्हें जैसी मान्यता मार्क्सवादी प्रगतिवादियों से मिली है, वैसी शायद ही किसी दूसरे हिन्दी के

आचार्य को मिली होगी, यद्यपि इसका रहस्य स्पष्ट ही है। वह यह कि विधेयवाद अपने ढंग से मार्क्सवादियों को उतना ही ग्राह्य है, जितना शुक्ल जी के समान विद्वानों को। दोनों ही साहित्य तथा पारिपार्श्विक परिस्थितियों में कार्य-कारण सम्बन्ध मानते हैं, अन्तर है तो मात्र दृष्टिकोण का। पंडित रामचन्द्र शुक्ल के साहित्येतिहास की इन विशेषताओं के बावजूद, जो त्रुटि है, वह यह कि अनुपात की दृष्टि से उसका स्वल्पांश ही प्रवृत्ति-निरूपणपरक है, अधिकांश विवरण प्रधान ही है, और वे स्वयं स्वीकार करते हैं कि इसके लिए उनका मुख्य आधार वह 'विनोद' है।[8] आचार्य शुक्ल इतिहास-लेखन के क्षेत्र में महत्त्वपूर्ण भूमिका निभानेवाले नायक सिद्ध हुए हैं। हर ग्रन्थ में कुछ बुरा होता है। कुछ लोगों द्वारा वह ग्रन्थ प्रशंसा पाता है तो कुछ केवल उसमें कमियाँ ढूँढ़ते हैं। आचार्य शुक्ल के साथ भी ऐसा ही हुआ, लेकिन सभी गुण-दोषों के बावजूद सभी ने उनके ग्रन्थ को मान्यता दी और मील का पत्थर माना। डॉ. नगेन्द्र द्वारा सम्पादित 'हिन्दी साहित्य का इतिहास' की पूर्वपीठिका में डॉ. गणपतिचन्द्र गुप्त लिखते हैं–"आचार्य शुक्ल ने साहित्येतिहास के प्रति एक निश्चित व सुस्पष्ट दृष्टिकोण का परिचय देते हुए युगीन परिस्थितियों के सन्दर्भ में साहित्य के विकासक्रम की व्याख्या करने का प्रयास किया। इस दृष्टि से कहा जा सकता है कि उन्होंने साहित्येतिहास को साहित्यालोचन से पृथक् रूप में ग्रहण करते हुए विकासवादी और वैज्ञानिक दृष्टिकोण का परिचय दिया। हिन्दी साहित्य लेखन की परम्परा में आचार्य शुक्ल का योगदान महत्त्वपूर्ण है। उनका इतिहास ही कदाचित् अपने विषय का पहला ग्रन्थ है जिसमें अत्यन्त सूक्ष्म और व्यापक दृष्टि, विकसित दृष्टिकोण, स्पष्ट विवेचन-विश्लेषण और प्रामाणिक निष्कर्षों का सन्निवेश मिलता है। आचार्य शुक्ल की नवनवोन्मेष-शालिनी प्रतिभा एवं प्रौढ़ विवेचनाशक्ति के महत्त्व के समक्ष नत-मस्तक होते हुए भी हमें यह कटु सत्य स्वीकार करना पड़ता है कि इतिहासकार शुक्ल की उपलब्धियाँ उसी सीमा तक ग्राह्य हैं जहाँ तक वे उनके आलोचक रूप से सम्बद्ध हैं, किन्तु जहाँ वे आलोचक से पृथक् होकर शुद्ध इतिहासकार के रूप में अवतरित होते हैं, वहीं उनकी अनेक सीमाएँ नष्ट होने लगती हैं। अवश्य ही ये उनकी अपनी सीमाएँ न होकर इतिहास की सीमाएँ हैं, अर्थात् जिस काल-सीमा में उन्होंने कार्य किया था, उसमें यह कदाचित् सम्भव नहीं था कि इतिहास को वह रूप दिया जा सकता जो परवर्ती अनुसन्धान से उपलब्ध नूतन तथ्यों और निष्कर्षों के आलोक में सम्भव है। वस्तुत: उस युग की सीमित ज्ञानराशि को लेकर भी उन्होंने उसे जैसा रूप दिया, वह निश्चय ही उनके जैसे व्यक्ति के लिए ही सम्भव था। इतिहास-लेखन की परम्परा में आचार्य शुक्ल का महत्त्व सदा अक्षुण्ण रहेगा, इसमें कोई सन्देह नहीं।"[9] गुप्त जी की यह स्पष्ट स्वीकारोक्ति सर्वमान्य है।

आचार्य रामचन्द्र शुक्ल ने कई विधाओं में लेखन किया। वे श्रेष्ठ निबन्धकार के रूप में प्रतिष्ठित हुए तथा श्रेष्ठ गद्य लेखक कहलाए। उन्होंने काव्य रचना भी की। बहुमुखी प्रतिभा के धनी आचार्य शुक्ल के सम्बन्ध में टिप्पणी करते हुए वाजपेयी जी कहते हैं–''पं. रामचन्द्र शुक्ल की प्रसिद्धि उत्कृष्ट गद्य लेखक और समालोचक की दृष्टि से है, उनकी कविताएँ उन्हें अधिक सम्मानित नहीं कर सकी हैं। 'बुद्ध चरित' के अतिरिक्त उनकी अन्य रचनाएँ इधर-उधर पड़ी हैं, संगृहीत नहीं हुई हैं। शुक्ल जी हिन्दी के विद्वान और दार्शनिक आलोचक हैं परन्तु उनकी सहृदयता भी विशेष उल्लेखनीय है। वन्य प्रकृति के उजाड़ और सूने स्वरूप के प्रति भी उनका जितना अनुराग है, उतना बगीचों में खिले हुए गुलाब के प्रति नहीं। सौन्दर्य को बड़े ही व्यापक रूप में देखने की अन्तर्दृष्टि शुक्ल जी को मिली है। उनके प्राकृतिक वर्णन बुद्ध-चरित के सर्वश्रेष्ठ अंग हैं, उनसे उनका सूक्ष्म निरीक्षण प्रतिभासित होता है, 'हृदय के मधुर भार' शीर्षक में उनके फुटकर पद्यों में कहीं व्यंग्य और कहीं मीठी चुटकियों के द्वारा मानव समाज की अज्ञता, दुर्बलता और अहंकारिता का नग्न रूप दिखाया गया है।''[10] वाजपेयी जी शुक्ल जी को स्वच्छन्दतावादी समीक्षक स्वीकार करते हुए कहते हैं कि अंग्रेजी ढंग की गम्भीर समीक्षाओं का प्रारम्भ बाबू श्यामसुन्दर दास तथा आचार्य रामचन्द्र शुक्ल ने किया है। वे कहते हैं–''आचार्य शुक्ल ने हिन्दी समीक्षा को एक प्रौढ़ व्यक्तित्व प्रदान किया, उसकी आगामी सम्भावनाओं के लिए जमीन तैयार की, यह एक सर्वमान्य तथ्य है। हिन्दी समीक्षा का अगला विकास शुक्ल जी के प्रयत्नों का दूर तक ऋणी है।''[11] शुक्ल जी के युग में प्रौढ़ इतिहास-लेखन हुआ। उनके पहले गियर्सन, मिश्रबन्धुओं आदि ने इतिहास लिखा किन्तु वह इतिहास का वास्तविक रूप नहीं था, न ही उसमें ऐतिहासिक गरिमा थी। अव्यवस्थित इतिहास को शुक्ल जी ने व्यवस्था प्रदान की। उन्होंने ग्रियर्सन और मिश्रबन्धुओं की तरह हजारों कवियों को नहीं लिया। किन्तु सीमित कवियों को लेकर उन्होंने सारगर्भित, गरिमामय, प्रौढ़ तथा व्यवस्थित इतिहास लिखा जो परवर्ती इतिहासकारों के लिए ही नहीं बल्कि इतिहास का अध्ययन करनेवाले जिज्ञासु विद्यार्थियों के लिए यह शिक्षाप्रद और उपयोगी सिद्ध हुआ। डॉ. रूपचन्द्र पारीक ने अपने ग्रन्थ में इस तथ्य को स्वीकार करते हुए लिखा है–''इतिहास को उसका वास्तविक रूप एवं गरिमा आचार्य रामचन्द्र शुक्ल के द्वारा ही प्राप्त हो सकती थी। इस युग में सर्वप्रमुख व्यक्तित्व उन्हीं का रहा। उनके पश्चात् के साहित्येतिहासकारों ने नए कृतिकारों एवं कृतियों के नाम चाहे कितने ही क्यों न गिनाए हों, नई सूचनाएँ चाहे कितनी ही क्यों नहीं दी हों–आचार्य शुक्ल के विस्तार और सीमा का वे स्पर्श भी नहीं कर सके। शुक्ल जी ने अपनी मान्यतानुसार जो कुछ लिख दिया, इतिहास-लेखन की जो एक प्रणाली

निर्धारित कर दी, उसी पर परवर्ती साहित्येतिहासकार चलते रहे। विवरण उन्होंने शुक्ल जी से कितने ही अधिक क्यों न दिए हों, परन्तु साहित्यिक प्रवृत्तियों की छानबीन में शुक्ल जी का मुकाबला करना उनके वश की बात नहीं है।''[12] कम विवरण देने के सम्बन्ध में आचार्य शुक्ल स्वयं स्वीकार करते हैं–''पाँच या छह वर्ष हुए छात्रों के उपयोग के लिए मैंने कुछ संक्षिप्त नोट्स तैयार किए थे, जिनमें परिस्थिति के अनुसार शिक्षित जनसमूह की बदलती हुए प्रवृत्तियों को लक्ष्य करके हिन्दी साहित्य के इतिहास के काल विभाग और रचना की भिन्न-भिन्न शाखाओं के निरूपण का एक कच्चा ढाँचा खड़ा किया गया था। हिन्दी शब्द सागर समाप्त हो जाने पर उसकी भूमिका के रूप में भाषा और साहित्य का विकास देना भी स्थिर किया गया, अत: एक निश्चित समय के भीतर ही यह इतिहास लिखकर पूरा करना पड़ा। साहित्य का इतिहास लिखने के लिए जितनी अधिक सामग्री मैं जरूरी समझता था उतनी तो उस अवधि के भीतर न इकट्ठी हो सकी, पर जहाँ तक हो सका आवश्यक उपादान सामने रखकर यह कार्य पूरा किया गया।''[13] डॉ. रूपचन्द्र पारीक शुक्ल जी के इतिहास की अनेक विशेषताओं पर प्रकाश डालते हैं। कुछ कमियों की चर्चा करते हैं तो कहीं उसके वैशिष्ट्य की प्रशंसा करते हैं। वे कहते हैं कि शुक्ल जी के इतिहास-ग्रन्थ में तथ्य संग्रह की कमी है तथा वे कुशलतापूर्वक सैद्धान्तिक आलोचना करते हैं जबकि यह साहित्य के इतिहास में नहीं होना चाहिए। ''आचार्य शुक्ल जी के समस्त इतिहास का गम्भीरतापूर्वक पारायण करने पर यह विशेषता सबसे पहले परिलक्षित होती है कि इतिहास-लेखन के लिए जिस विशुद्ध तथ्य संग्रहकारिणी प्रतिभा की आवश्यकता होती है, वह आचार्य में बहुत कम मात्रा में मिलती है। तिथि निरूपण, कृतिकारों के जीवन चरित्र, उनकी कृतियों के क्रमिक निर्माण तथा अन्य इतिवृत्तों की ओर उनकी रुचि अधिक नहीं रही। कोरे तथ्य विश्लेषण से उन्हें सन्तोष नहीं होता था। उनका विचारक और चिन्तक रूप ही इतिहास में अधिक व्यक्त हुआ है। साहित्यिक प्रवृत्तियों की खोजबीन में उनकी प्रतिभा अधिक चमकी है। साहित्येतिहास में सैद्धान्तिक आलोचना के लिए बहुत कम स्थान रहता है, व्यावहारिक आलोचना ही उसका आधार स्तम्भ रहता है, परन्तु आचार्य जहाँ कहीं अवसर पाते हैं, बड़ी कुशलता और निपुणता के साथ किसी सिद्धान्त की स्थापना व्यावहारिक आलोचना को साधकर विषय को और स्पष्ट कर देते हैं।''[14] आचार्य शुक्ल की वैचारिक दृढ़ता और चिन्तन क्षमता के समक्ष उनकी तथ्य सम्बन्धी भूलें या कमियाँ अधिक महत्त्व नहीं रखतीं। आचार्य किसी भी प्रवृत्ति या परम्परा के उद्‌गम की खोज के लिए सदा तत्पर रहे, प्रयत्नशील रहे।

आचार्य शुक्ल इतिहास जैसे नीरस विषय को सरस बनाकर प्रस्तुत करने की क्षमता रखते थे। वे गम्भीर प्रसंगों के बीच चुटीले व्यंग्यों का प्रयोग कर ऐसी सहज

सरसता उत्पन्न करते थे कि पाठकों को विषय नीरस या बोझिल न लगे। कभी-कभी उनके व्यंग्य आवश्यकता से अधिक तीखे हो जाते थे। पं. अयोध्यासिंह उपाध्याय और महावीर प्रसाद द्विवेदी पर तीव्र व्यंग्य किए गए हैं–(1) ''ये दोनों नाटक उपाध्याय जी ने हाथ आजमाने के लिए लिखे थे। आगे उन्होंने इस ओर कोई प्रयत्न नहीं किया।''(2) ''द्विवेदी जी के लेखों को पढ़ने से ऐसा जान पड़ता है कि लेखक बहुत मोटी अक्ल के पाठकों के लिए लिख रहा है।'' प्रभाववादी सम्प्रदाय के सम्बन्ध में वे कहते हैं–''उक्त प्रभाववादियों की बात लें तो समालोचना कोई व्यवस्थित शास्त्र नहीं रह गया। वह एक कला की कृति से निकली हुई दूसरी कला की कृति, एक काव्य से निकला हुआ दूसरा काव्य ही हुआ।''[15] आचार्य शुक्ल विनोदी किन्तु गम्भीर व्यक्तित्व के व्यक्ति थे। वे साहित्यिक सूचना के लिए या यूँ कहें कि साहित्य को सरस और रोचक बनाने के लिए व्यक्तित्व की छाप उस पर डालते थे। वे अपने मत का युक्तियुक्त प्रतिपादन करने के लिए कठोर तार्किक थे, वहीं कवियों के भावपूर्ण सरस काव्य को समझने के लिए सरस और स्निग्ध भी थे। डॉ. पारीक कहते हैं–''आचार्य जी की एक बहुत बड़ी मौलिक विशेषता युग विशेष की अपार ग्रन्थ राशि में से विशुद्ध रचनाओं का चयन करने की है। साहित्यिक और असाहित्यिक रचना का भेद जानने में शुक्ल जी बड़े सिद्धहस्त हैं। साहित्येतिहासिक लेखन में यह समस्या कितनी विकट है इसका प्रत्यक्ष अनुभव तो कोई साहित्येतिहासकार ही कर सकता है। आदिकाल की सामग्री के रूप में नाथों और सिद्धों की सहस्त्रों रचनाएँ उपलब्ध थीं जिनमें साहित्यिक कोटि के अन्तर्गत आनेवाली रचनाएँ कम थीं। उस अपार ढेर में से आचार्य शुक्ल ने केवल उन्हीं रचनाओं को चुना जो साहित्यिक सीमा में प्रवेश पा सकती थीं। यदि आचार्य यहाँ चूक जाते तो हमारा साहित्य एक भ्रामक परम्परा का शिकार हो जाता और सभी साम्प्रदायिक रचनाएँ साहित्य के इतिहास में स्थान पाने के अधिकार की घोषणा करतीं।''[16] आचार्य शुक्ल अपने मतों के समर्थन में इस दृढ़ता से तर्क देते थे कि कोई भी उनके मतों का खंडन नहीं कर पाता था। उनकी बातों से पूर्णत: सहमत न होते हुए भी तीव्रता से उसका खंडन करने का साहस नहीं होता था। आचार्य हजारी प्रासद द्विवेदी कहते हैं–''पं. रामचन्द्र शुक्ल से सर्वत्र सहमत होना सम्भव नहीं। वे इतने गम्भीर और कठोर थे कि उनके वक्तव्यों की सरसता उनकी बुद्धि की आँच से सूख जाती थी और उनके मतों का लचीलापन जाता रहता था। आपको या तो 'हाँ' करना पड़ेगा या 'ना', बीच में खड़े होने का कोई उपाय नहीं। उनका 'अपना' मत सोलह आने अपना है। वे तनकर कहते हैं–''मैं ऐसा मानता हूँ, तुम्हारे मानने या न मानने की मुझे परवाह नहीं।''[17] शुक्ल जी की दृढ़ता कहीं लाभकारी सिद्ध होती है। व्यक्ति को खीझकर ही सही फिर से गहराई से सोचने को विवश करती है। नई

दृष्टि प्रदान करती है। जैसे-जैसे गम्भीरता से उनके तर्कों के सम्बन्ध से सोचा जाए, नई-नई बातें सामने आती हैं और अन्ततः शुक्ल जी से सहमत होना ही पड़ता है। बाबू गुलाबराय कहते हैं—"वे ध्रुव की तरह अटल रहते हैं, चाहे दूसरे पक्ष की अवहेलना का दोष उन पर लागू हो जाए। शुक्ल जी ने इतिहास के जो तथ्य दिए हैं उनकी परम्परा बहुत दिनों तक चलती रहेगी।"[18] आचार्य शुक्ल तथ्यों की छानबीन बड़ी तत्परता और गम्भीरता से करते हैं तथा रचनाकारों की सामर्थ्य का पूरा-पूरा विवरण प्रस्तुत कर देते हैं जिससे उनका इतिहास केवल इतिहासकारों या इतिहास के शोधार्थियों, विद्यार्थियों के लिए ही नहीं बल्कि आलोचकों के लिए भी पथ-निर्देशित करता है, पथ प्रदर्शक का कार्य करता है। उनके इतिहास-ग्रन्थ का लाभ सभी को प्राप्त होता है। डॉ. शिवनाथ कहते हैं—"इतिहासकार के रूप में उनकी सफलता का द्योतक इसके अतिरिक्त और क्या हो सकता है कि हिन्दी साहित्य के पचासों इतिहासों से उनका इतिहास अत्युत्तम, प्रामाणिक, स्पष्ट और रोचक घोषित किया गया है।"[19] डॉ. पारीक कहते हैं—"शुक्ल जी का महत्त्व यह है कि हिन्दी साहित्येतिहास का ढाँचा उन्होंने ही खड़ा किया। उनके पश्चात् तो साहित्येतिहास ग्रन्थों की एक प्रकार से बाढ़ आ गई, विद्यार्थियों को परीक्षोपयोगी सामग्री देने के लिए अनेक इतिहास निकले, परन्तु किसी को भी सच्ची अन्तर्दृष्टि प्राप्त न थी। परवर्ती साहित्येतिहासकारों ने तिथियाँ कुछ भिन्न दी हों, सामग्री का संकोच अथवा विस्तार हो, उसे प्रस्तुत करने का ढंग भिन्न हो परन्तु पद्धति वही है जो आचार्य ने बनाई है। एक बँधी-बँधाई लीक पर वे चले हैं, अपना मार्ग उन्होंने स्वयं नहीं बनाया। विस्तार भले ही कुछ ने दिखलाया हो, परन्तु महत्त्व और गरिमा में आचार्य के पासंग में भी नहीं आते। उन्हीं की कृति का यद् किंचित् शब्द परिवर्तन कर परवर्तियों ने उपयोग किया। उन्होंने ऐतिहासिक प्रवाह की गति का उन्नयन-अवनयन दिखलाया। अपने निर्णयों के प्रति उनमें पूर्ण आत्म-विश्वास था।"[20] आगे पारीक जी कहते हैं—"संक्षेप में उन्होंने सर्वप्रथम हिन्दी साहित्य का वैज्ञानिक इतिहास लिखा। उसे मानवीय शक्ति से अनुप्राणित कर लोकसंग्रह की कसौटी पर कसा। युगीन परिस्थितियों के पार्श्व में साहित्य का विश्लेषण किया, उसकी विविध धाराओं का उत्स ढूँढ़ा और उन्हें एक क्रम में संयोजित किया। इतिहास को कवि नाम परिगणन और ग्रन्थ नाम परिगणन के संकुचित दायरे से निकालकर साहित्यिक प्रवृत्तियों को राजनीतिक, सामाजिक और धार्मिक परिस्थितियों से सम्बद्ध किया। यह वास्तव में हिन्दी साहित्य का बाइबिल है। परवर्ती इतिहास अधिकांश में कुछ है तो उसकी जूठन मात्र। साहित्येतिहास लेखन क्षेत्र में उन्होंने एक नई परम्परा का श्रीगणेश किया जिसका प्रभाव आज तक लुप्त नहीं हुआ है और न उसके लुप्त होने की कोई सम्भावना नजर आती है।"[21] शुक्ल जी के इतिहास को एक ओर जहाँ

बाइबिल की संज्ञा देनेवाले प्रशंसक हैं वहीं उन पर आक्षेप करनेवाले भी हैं। यह अवश्य है कि आक्षेप करनेवाले, आलोचक और कमियाँ ढूँढ़ने-बतानेवालों की संख्या कम है। गुलाबराय और विजयेन्द्र स्नातक द्वारा सम्पादित पुस्तक 'आचार्य शुक्ल' में जैनेन्द्र ने शुक्ल जी के इतिहास पर आक्षेप करते हुए लिखा है–"इतिहास उन्होंने जुटाया है, जगाया नहीं।"[22] वहीं राजमल बोरा इसके विपरीत वक्तव्य देते हैं। वे कहते हैं–"शुक्ल जी के इतिहास में शुक्ल जी की अन्तर्यात्रा है। व्यक्ति रूप में शुक्ल जी इतिहास लिखते समय साहित्यिक जगत की यात्रा करते रहे हैं। उनकी यह यात्रा साहित्यिक विवेक के सन्दर्भ में होती रही है। इस यात्रा का प्रयोजन साहित्यिक पुनरुत्थान है। हिन्दी साहित्य को स्वायत्तता प्रदान करने हेतु शुक्ल जी ने पुनरुथान का यह काम किया। साहित्य के पाश्चात्य चिन्तन से परिचित रहते हुए भी शुक्ल जी ने अपना विवेक जाग्रत् रखा और इतिहास-लेखन को पाश्यात्य विचारों से मुक्त रखकर भारतीय विचारों को ही समकालीन सन्दर्भ में व्यक्त किया।" 17 अक्टूबर, 1939 के एक भाषण में आचार्य शुक्ल के वक्तव्य का अंश था–"अब हमारे समझने की बात यह है कि क्या हमें इन सब बातों को ज्यों-का-ज्यों लेते हुए अपने साहित्य का निर्माण करते चलना चाहिए अथवा संसार के भिन्न-भिन्न देशों की भिन्न-भिन्न प्रवृत्तियों की समीक्षा करते हुए अपनी बाह्य और आभ्यन्तर परिस्थिति के अनुसार उसके लिए स्वतंत्र मार्ग निकालते रहना चाहिए।" शुक्ल जी की साहित्य जगत की यह अन्तर्यात्रा भारतीय मानस की पहचान कराने में समर्थ है। साहित्य के इतिहास के माध्यम से उन्होंने हिन्दी साहित्य को स्वतंत्र रूप देने का प्रयत्न किया है। हिन्दी साहित्य की यह पहचान आज भी हमें विचारोत्तेजक और बलवान प्रतीत होती है।"[23] इतिहास और नैतिकता का आपस में घनिष्ठ सम्बन्ध है। इतिहासकार अपने इतिहास में आनेवाले चरित्रों के सम्बन्ध में अपनी नैतिकता के आधार पर विवरण देता है या अपनी नैतिकता के आधार पर ऐतिहासिक चरित्रों का विश्लेषण करके विवरण देता है। वह अपनी नैतिक दृष्टि के आधार पर चरित्रों के जीवन और कार्य पर टिप्पणी करता है। उन्हें भरपूर दृष्टि से देखता है या उन चरित्रों के जीवन-वृत्त के किसी अंश से किनारा कर लेता है। शुक्ल जी नैतिकतावादी थे। उन्होंने अपनी नैतिकता के आधार पर जो निर्णय दिए वे विवाद का विषय भी बने। विवाद के बावजूद उनके दिए निर्णयों को सभी ने प्रत्यक्ष या अप्रत्यक्ष रूप से स्वीकारा। इस सम्बन्ध में राजमल बोरा जी कहते हैं–"आचार्य शुक्ल का व्यक्ति रूप इतिहास में सर्वाधिक मुखरित है। इसका एक कारण यह भी है कि आचार्य शुक्ल इतिहास को समीक्षात्मक रूप देते गए हैं। इन समीक्षाओं में निर्णयात्मक पंक्तियाँ भी हैं। इतिहासकार के निर्णय से सभी सहमत नहीं हो सकते। शुक्ल जी के ऐसे निर्णयों को लेकर बाद में प्रतिक्रियाएँ बहुत हुई हैं। ये प्रतिक्रियाएँ शुक्ल जी

की साहित्यिक अभिरुचि को लेकर हुई हैं। कहना यह है कि अपने इतिहास-लेखन में आचार्य शुक्ल अपनी साहित्यिक मान्यताओं और साहित्यिक अभिरुचियों को आधार बनाकर चलते रहे हैं। विशेष बात यह है कि शुक्ल जी अपनी साहित्यिक मान्यताओं को बौद्धिक बाने में प्रस्तुत करते हैं। वे तर्क देते हुए लिखते हैं। इसलिए सहज ही में तर्क के द्वारा खंडन करना सामान्य पाठक के लिए कठिन हो जाता है। आचार्य शुक्ल का लेखन दृढ़ है और वे बड़े आत्मविश्वास के साथ लिखते हैं। शुक्ल जी नैतिकता के पक्षपाती हैं। इस प्रकार के नैतिक निर्णय उन्होंने अपने इतिहास में दिए हैं।''[24] परवर्ती इतिहासकार आचार्य शुक्ल की नैतिकता और बौद्धिकता के सामने नतमस्तक होने को बाध्य हो जाते हैं। आचार्य शुक्ल द्वारा 'हिन्दी शब्द सागर' की भूमिका लिखी गई थी जो बाद में 'हिन्दी साहित्य का इतिहास' के रूप में सामने आई। निश्चित अवधि के भीतर चुने हुए रचनाकारों को लेकर लिखा गया शुक्ल जी का यह इतिहास सभी पर अपना प्रभाव छोड़ने में सफल रहा, बल्कि सभी इसी से दिशा-निर्देश प्राप्त करने लगे। डॉ. रामखेलावन पांडेय कहते हैं–''शुक्ल जी के गम्भीर व्यक्तित्व, निर्दिष्ट चिन्तन-प्रणाली, संरचित विधेयात्मक दृष्टि ने हिन्दी साहित्य के इतिहास को ऐसे कठोर अनुशासन से विजड़ित किया कि परवर्ती इतिहास उनकी सीमा में मर्यादित हो गया। परवर्ती इतिहास-ग्रन्थों में सामान्य संशोधन, विस्तार एवं पुनर्गठन की चिन्ताएँ परिलक्षित होती हैं, किन्तु ढाँचा शुक्ल का ही रहा। श्यामसुन्दर दास ने 'हिन्दी भाषा और साहित्य' में परम्परान्वेषी-पद्धति का उपयोग किया किन्तु वह परम्परा प्रचलित नहीं हो सकी। ऐसे तो अनेक इतिहास-ग्रन्थ लिखे गए, पर शुक्ल इन पर अभिभूत रहे।''[25] यही प्रभाव डॉ. बच्चन पर दिखाई देता है। 'हिन्दी साहित्य का दूसरा इतिहास' लिखते हुए उसकी भूमिका में ही उन्होंने स्वीकार किया-''आरम्भ में ही कह दूँ कि न तो आचार्य रामचन्द्र शुक्ल के 'हिन्दी साहित्य का इतिहास' को लेकर दूसरा नया इतिहास लिखा जा सकता है और न उसे छोड़कर। सन् 72-73 में मैं जब 'आधुनिक हिन्दी साहित्य का इतिहास' लिखने की तैयारी कर रहा था तो मुझे कुछ वैसा ही एहसास हुआ। सन् 1989 में मेरी एक दूसरी पुस्तक 'आचार्य शुक्ल का इतिहास पढ़ते हुए' छपी। उस पुस्तक को तैयार करने में मुझे उनके इतिहास के दोनों संस्करणों को अक्षरशः मिलाना पड़ा। उसमें मैंने लिखा है-''नए इतिहास के लिए शुक्ल जी का इतिहास एक चुनौती है।'' उनसे बहुत कुछ सीखने के साथ ही उनके ऐतिहासिक पैटर्न को तोड़ना होगा। जब रचनात्मक साहित्य पुराने पैटर्न को तोड़कर नया बनता है तो साहित्य के इतिहास पर वह क्यों न लागू हो? नया पैटर्न बनाना खतरे से खाली नहीं है। नया इतिहास लिखाने के लिए यह खतरा उठाना ही होगा।''[26] इसी भूमिका में अन्तिम अनुच्छेद में वे कहते हैं–''साहित्य के इतिहास को साहित्यिक बनाए रखना इतिहासकार

का केन्द्रीय धर्म है। इसके लिए शुक्ल जी से सीखा जा सकता है। किन्तु यह सीखना भी अलग किस्म का होगा। पूर्ववर्ती साहित्य तो वही रहता है पर उसे पढ़ने की दृष्टि बदल जाती है। भक्तिकाल को शुक्ल जी ने एक ढंग से पढ़ा और द्विवेदी जी ने दूसरे ढंग से। आज के परिवेश में जो अन्तर्राष्ट्रीय हलचलों से जुड़ गया है, नए सिरे से पढ़ने की जरूरत है।''[27] इस तरह शुक्ल जी एक ऐसे प्रकाश स्तम्भ सिद्ध हुए हैं जो अपने प्रकाश से परवर्ती इतिहासकारों की दृष्टि को नव्य प्रकाश से भर देते हैं जिसके प्रकाश में वे शुक्ल परम्परा को पहचानने और उसे विकसित तथा समृद्ध करने में सक्षम हो सके हैं। इतिहास–लेखन में शुक्ल जी की भूमिका नींव की तरह है जिस पर इतिहास लेखन का भव्य भवन बनकर खड़ा हुआ। उनके महत्त्व को नकारना तो दूर की बात है, उपेक्षा करके आगे बढ़ना भी कठिन ही नहीं दुष्कर है। शुक्ल जी की नैतिकता, वैचारिक पवित्रता, बौद्धिकता और दृढ़ता के कारण उनके सिद्धान्त, उनका दर्शन, उनके मत महत्त्वपूर्ण और सर्वमान्य सिद्ध हुए हैं।

आचार्य शुक्ल के इतिहास–लेखन का अध्ययन और विवेचना

''हिन्दी साहित्य के इतिहास–लेखन का अध्ययन करने के लिए हमें इतिहास के तथ्यों को जानना आवश्यक है। तथ्यों का सुकलन और संकलनकर्ता के सम्बन्ध में भी जानना चाहिए। शुक्ल जी ने इतिहास–लेखन के लिए सर्वेक्षण और तथ्य संकलन का काम किया है या नहीं, यह कहा नहीं जा सकता। उन्होंने 'हिन्दी साहित्य का इतिहास' के प्रथम संस्करण में वक्तव्य दिया है कि उन्होंने (तथ्य संकलन कहें या सर्वेक्षण कहें या सामग्री कहें) निम्नलिखित ग्रन्थों का सहारा लिया है–1. शिवसिंह सरोज, ठाकुर शिवसिंह सेंगर 1883 ई., 2. 'मॉडर्न वर्नाक्युलर ऑफ नॉर्दर्न हिन्दुस्तान'– डॉक्टर सर ग्रियर्सन, 1889 ई., 3. 1900 ई. से 1911 ई. तक आठ खोज रिपोर्ट काशी नागरी प्रचारिणी सभा ने तैयार करवाई थीं। इन सभी का उपयोग आवश्यकतानुसार किया गया है। 4. मिश्रबन्धु विनोद, गणेश बिहारी मिश्र, शुकदेव बिहारी मिश्र और श्याम बिहारी मिश्र, सन् 1913 ई., 5. हिन्दी कोविद रत्नमाला, रायसाहब बाबू श्यामसुन्दर दास, 6. कविता कौमुदी, पं. रामनरेश त्रिपाठी, 7. ब्रजमाधुरी सार, श्री वियोगी हरि जी। इस हस्तामलक और सहज उपलब्ध सामग्री जो काशी नागरी प्रचारिणी सभा में थी, का उपयोग शुक्ल जी ने किया। राजमल बोरा जी लिखते हैं–''आचार्य रामचन्द्र शुक्ल के इतिहास के अन्तर्गत 'ग्रन्थकारों' की अनुक्रमणिका पीछे दी गई है। इसमें आए गन्थकारों के नामों की संख्या कुल 830 होती है। 830 नामों में 86 नाम ऐसे हैं जिसके आगे 'देखिए'–लिखा है अर्थात् 86 नाम दोहराए गए हैं। इनको घटा दें तो कुल नाम 744 रह जाते हैं। कहाँ मिश्रबन्धुओं के नाम की तालिका 2552 और कहाँ शुक्ल जी द्वारा उपयोग में लाए गए 744 नाम।

इन नामों में 362 नाम ऐसे हैं जिनका उल्लेख मिश्रबन्धु विनोद और आचार्य रामचन्द्र शुक्ल के इतिहास में समान रूप से मिलते हैं। शुक्ल जी के इतिहास में क्रमसंख्याएँ कहीं मिलती हैं कहीं नहीं मिलतीं। वीरगाथा में 7 संख्याएँ हैं, फुटकल में 8 और 9 हैं। ये 8 और 9 वीरगाथा के आगे की संख्याएँ हैं। निर्गुण धारा में संख्याएँ तो नहीं दी गईं किन्तु कबीर से अक्षर अनन्य तक 8 नाम हैं। प्रेममार्गी (सूफी) शाखा में कुतबन से नूर मुहम्मद तक 6 नाम हैं। रामभक्ति शाखा में प्रधान नाम 5 ही हैं। बाद में अन्य नामों का उल्लेख किया गया है। स्वतंत्र रूप से उन पर लिखा हुआ नहीं है। कृष्णभक्ति शाखा में सूरदास से ध्रुवदास तक 17 नाम मिलते हैं। भक्तिकाल के फुटकल कवियों के 22 नाम हैं। रीतिग्रन्थकार कवियों के नाम 57 हैं और रीतिकाल के अन्य कवियों के नाम 46 हैं। इन संख्याओं पर ध्यान दें तो रीतिकाल तक के नामों की संख्या 170 के आसपास पहुँचती है। आधुनिक काल में शुक्ल जी ने संख्याएँ दी ही नहीं हैं। कहना यह है कि अनुक्रमणिका में 744 नाम मिलते हैं उन सब नामों पर भी शुक्ल जी ने विस्तार से नहीं लिखा है। जिनका उल्लेख मात्र हुआ है, वे नाम भी 744 संख्या में सम्मिलित हो गए हैं। संक्षेप में इतिहास में यदि तथ्यानुसंधान का काम महत्त्वपूर्ण मानते हैं तो उस ओर आचार्य शुक्ल ने ध्यान नहीं दिया है, यही कहना पड़ेगा। नए तथ्यों के उपयोग की बात छोड़ दें, जो उपलब्ध थे, उनका भी पूरा उपयोग करना उनके लिए कठिन हो गया था।''[28] आचार्य शुक्ल बौद्धिकता के पक्षपाती होने के कारण चयन के सम्बन्ध में सतर्क थे। उन्होंने चयन की प्रक्रिया अपनाते हुए सच्चे इतिहासकार का दायित्व निभाया और उपलब्ध सामग्री में से सटीक, सारगर्भित और प्रामाणिक तथ्यों को अपने ग्रन्थ में स्थान दिया। बोरा जी के अनुसार–''तथ्य चयन इतिहासकार को करना पड़ता है। इस चयन में वह चाहकर भी तटस्थ नहीं रह सकता। वह चुनाव करने के लिए विवश है। इतिहासकार जिस युग में जीता है, उस युग की आवश्यकता के अनुसार वह अतीत के तथ्यों का चयन करता है। शुक्ल जी के सामने ग्रन्थों का अम्बार लगा था किन्तु उन्होंने अपने दृष्टिकोण से ही तथ्यों का चयन किया है। कार के अनुसार–''तथ्य तभी बोलते हैं जब इतिहासकार उन्हें बुलाता है (बोलने लगता है।) तथ्य चयन में तथ्यों के सम्बन्ध में विवेक से काम लेना पड़ता है, उनके सम्बन्ध में निर्णय देना पड़ता है और फिर उनकी व्याख्या भी करनी पड़ती है। यह एक ऐसा लम्बा प्रवाह है जिसमें इतिहासकार को साथ-साथ रहना पड़ता है। वह जिस किसी युग से तथ्यों का चयन करे, उसे उस तथ्य को काल-क्रम में रखते हुए अपने समकालीन चिन्तन के अनुरूप बनाना पड़ता है और फिर इस तथ्य के चयन में वे लोग भी जिम्मेदार होते हैं जिन्होंने पहले ही तथ्यों का चयन कर लिया है। अर्थात् शिवसिंह सेंगर या मिश्रबन्धु विनोद या और विद्वान भी तथ्य चयन करते ही रहे हैं। आचार्य शुक्ल के पास तथ्य उनसे ही या

उनके माध्यम से ही पहुँचे हैं। आचार्य शुक्ल ने नए तथ्यों का चयन कर, चयन किए गए तथ्यों में से चयन किया है। बात इतनी ही है कि तथ्यों की पहचान उनकी अपनी है। इतिहास एक प्रकार से सहयोगी ज्ञान है जो परम्परा से चला आता है। परम्परा की पहचान बदलती है और बदलनेवाले इतिहासकार होते हैं।''[29] परम्परा के स्पष्टीकरण के लिए एक तो काल का प्रवाह और दूसरे इतिहास-लेखन कार्य से सम्बन्धित तथ्यों को उक्त काल-क्रम में पहचानना दोनों बातों को जानना आवश्यक होता है। शुक्ल जी ने अपनी तीव्र बुद्धि का प्रयोग करते हुए इस परम्परा को सुदृढ़ बनाया है।

काल विभाग पर मतभेद है। किसी इतिहासकार ने कुछ नाम दिया तो किसी ने कुछ और नाम दिया। कालों के नाम देने के पीछे उस अवधि में लिखी गई रचनाएँ होती हैं। उस काल या उस अवधि में लोक की प्रवृत्ति के आधार पर रचनाकार रचना करता है अत: उन रचनाओं के भाव, रस या उनसे प्राप्त होनेवाली सूचनाओं के आधार पर उन कालों को नाम दिया जाता है। आचार्य शुक्ल अपने वक्तव्य में कहते हैं—''जिस काल-खंड के भीतर किसी विशेष ढंग की रचनाओं की प्रचुरता दिखाई पड़ी है, वह एक अलग काल माना गया है और उसका नामकरण उन रचनाओं के स्वरूप के अनुसार ही किया गया है। दूसरी बात है, ग्रन्थों की प्रसिद्धि। किसी काल के भीतर जिस एक ही ढंग के बहुत अधिक ग्रन्थ प्रसिद्ध हो जाते हैं, उस ढंग की रचना उस काल के लक्षण के अन्तर्गत मानी जाएगी।'' शुक्ल जी ने इन दो आधारों पर काल-विभाजन किया है। बोरा जी कहते हैं—''काल-विभाजन में आचार्य शुक्ल ने औसतवाद का सिद्धान्त रूप में पालन किया है। औसतवाद में गुण-दोष दोनों हैं। सिद्धान्त रूप में औसतवाद का पालन करना कठिन प्रतीत हो सकता है किन्तु आचार्य शुक्ल के इतिहास में इस सिद्धान्त का पालन बड़ी कठोरता के साथ किया गया है। काल-विभाजन का मूल आधार यह औसतवाद है। आचार्य शुक्ल ने दो शब्दों का विशेष प्रयोग किया है—1. प्रचुरता, 2. प्रसिद्धि। इन्हीं के आधार पर नामकरण किया गया है। अपने सिद्धान्त का मंडन करने के उपरान्त वीरगाथा-कालीन 12 रचनाओं का उल्लेख किया और आदिकालीन रचनाओं को वीरगाथात्मक कहा। इसी आधार पर नामकरण भी किया।''[30] विभिन्न इतिहासकारों ने अपनी-अपनी बुद्धि और समझ के हिसाब से नामकरण किया। विभिन्न कालों के नामकरण के साथ ही भाषा की समस्या भी उठ खड़ी हुई। 'आदिकाल' में प्राकृत, अपभ्रंश भाषा के कारण कालों में नामकरण की समस्या बढ़ी। डॉ. गणपतिचन्द्र गुप्त कहते हैं—''सबसे पूर्व मिश्रबन्धुओं ने इसे 'आदिकाल' नाम से पुकारा, किन्तु आचार्य रामचन्द्र शुक्ल ने इस युग में वीरगाथात्मक रचनाओं की प्रधानता बताते हुए इसे 'वीरगाथा काल' नाम दिया। किन्तु वास्तविकता यह है कि शुक्ल जी के द्वारा उल्लिखित वीरगाथाओं—'खुमान रासो', 'बीसलदेव रासो', 'पृथ्वीराज रासो', 'जयचन्द्र-प्रकाश', 'जय-मयंक-

जयचन्द्रिका' और 'परमाल रासो' में से कुछ तो परवर्ती युग में रचित सिद्ध हो चुकी हैं, कुछ अप्रामाणिक हैं, कुछ वीररस से शून्य प्रेमकाव्य हैं और कुछ का अस्तित्व ही नहीं है, अत: इसे वीरगाथा काल कहना निरर्थक-सा है। डॉ. रामकुमार वर्मा ने सम्भवत: शुक्ल जी की धारणा से प्रभावित होकर कि इन वीरगाथाओं के रचयिता राजाश्रित चारण थे, इसे चारण-काल की संज्ञा दी है।''[31] डॉ. पांडेय कहते हैं– ''आदिकाल को शुक्ल ने 'वीरगाथा काल' की संज्ञा दी और अपनी धारणा को मान्य एवं स्वीकृत कराने के लिए यह प्रतिपादित किया, ''आदिकाल की इस दीर्घ परम्परा के बीच प्रथम डेढ़ सौ वर्ष के भीतर तो रचना की किसी विशेष प्रवृत्ति का निश्चय नहीं होता है–धर्म, नीति, शृंगार, वीर सब प्रकार की रचनाएँ दोहों में मिलती हैं।'' सिद्ध जैन और कतिपय अन्य रचनाओं का शुक्ल ने पूर्व परम्परा के अन्तर्गत विवेचन किया है, उन्हें हिन्दी की मूल प्रवृत्ति के अन्तर्गत परिगणित नहीं किया है।''[32] शुक्ल जी इतिहास के प्रथम संस्करण की भूमिका में लिखते हैं–''आदिकाल के भीतर अपभ्रंश की रचनाएँ भी ले ली गई हैं क्योंकि वे सदा से भाषाकाव्य के अन्तर्गत ही मानी जाती रही हैं।'' वे अपभ्रंश को 'अपभ्रंश' या 'पुरानी हिन्दी' या 'प्राकृताभास हिन्दी' कहते हैं। बच्चन जी कहते हैं–''अपभ्रंश को लेकर शुक्ल जी के इतिहास में एक रोचक अन्तर्विरोध मिलता है। वे एक ओर अपभ्रंश या पुरानी हिन्दी का प्रचार भोज और मुंज के समय (1050 सं) में पाते हैं तो दूसरी ओर वे बौद्ध सिद्धों की भाषा को भी पुरानी हिन्दी मानते हैं। सिद्धों की उद्धृत रचनाओं की भाषा देशभाषा मिश्रित अपभ्रंश अर्थात् पुरानी हिन्दी की काव्य भाषा है। इस सन्दर्भ में वे विशेष रूप से सिद्ध कण्हपा का नाम लेते हैं। उन्होंने स्वयं कण्हपा का काल सं. 900 के उपरान्त ठहराया है।''[33] 'आदिकाल' नाम और इस काल से जुड़ी समस्याओं पर अनेक इतिहासकारों ने अपना-अपना मत प्रस्तुत किया। शुक्ल जी और उनके तर्कों का उल्लेख लगभग सभी इतिहासकारों ने किया है। डॉ. गोपालराय के अनुसार–''हम यह निष्कर्ष प्रस्तुत करते हैं कि आदिकाल और अपभ्रंश काल अभिन्न हैं। वस्तुत: 'आदिकाल' में अपभ्रंश में रचित-कृतियाँ ही प्राप्त होती हैं और अपभ्रंश 'हिन्दी' से भिन्न नहीं है, वह हिन्दी का पुराना रूप है, अत: उसे 'पुरानी हिन्दी' कहना ही युक्ति-संगत है, ठीक वैसे ही जैसे चौदहवीं शताब्दी से पूर्व की अंग्रेजी को 'ओल्ड इंग्लिश' कहा जाता है। हिन्दी साहित्य के आदिकाल की आरम्भिक सीमा रेखा जितनी विवादास्पद है, उतनी विवादास्पद उसकी अन्तिम सीमा रेखा नहीं है। थोड़े बहुत वर्षों के अन्तर के साथ लगभग सभी इतिहासकारों ने चौदहवीं शताब्दी को आदिकाल की अन्तिम सीमा के रूप में स्वीकार किया है। यह सीमा रेखा डॉ. ग्रियर्सन के अनुसार 1300 ई., मिश्रबन्धुओं के अनुसार, 1387 ई. रामचन्द्र शुक्ल के अनुसार 1318 ई., श्यामसुन्दर दास और रामशंकर शुक्ल 'रसाल' के अनुसार 1400 ई.,

चतुरसेन शास्त्री के अनुसार 1300 ई. तथा रामअवध द्विवेदी के अनुसार 1350 ई. है।''[34] इस समस्या के सम्बन्ध में आचार्य हजारीप्रसाद द्विवेदी भी अपना मत व्यक्त करते हुए एक तरह से समाधान प्रस्तुत करते हैं–''वस्तुतः हिन्दी का 'आदिकाल' शब्द एक प्रकार की भ्रामक धारणा की सृष्टि करता है और श्रोता के चित्त में यह भाव पैदा करता है कि यह काल कोई आदिम मनोभावापन्न, परम्परा-विनिर्मुक्त, काव्य-रूढ़ियों से अछूते साहित्य का काल है। यह ठीक नहीं है। यह काल बहुत अधिक परम्परा प्रेमी, रूढ़िग्रस्त और सजग-सचेत कवियों का काल है। यदि पाठक इस धारणा से सावधान रहें तो यह नाम बुरा नहीं है।'' द्विवेदी जी ने इस काल में नाम की स्पष्ट रूप से व्याख्या की और इस काल की तत्कालीन प्रवृत्तियों के सम्बन्ध में बताया है कि पाठक नाम पढ़कर इस काल को आदिम भावनाओं से भरा हुआ प्राचीनतम काल न समझ लें। गणपतिचन्द्र गुप्त कहते हैं–''इस नाम की अनुपयुक्तता तो इसी से सिद्ध हो जाती है कि पाठक या श्रोता के मस्तिष्क को इसके साथ सदैव एक लम्बा वाक्य चेतावनी के रूप में संवाहित करना पड़ता है अन्यथा भ्रान्ति में पड़ जाने का भय है। यह इस काल का दुर्भाग्य है कि हमारे चोटी के इतिहासकारों के पचास वर्ष के दीर्घ प्रयत्न के पश्चात् भी इसे कोई निर्भ्रान्त नाम नहीं मिल सका।''[35] डॉ. नगेन्द्र के सम्पादित 'हिन्दी साहित्य का इतिहास' में आदिकाल में डॉ. रामगोपाल शर्मा 'दिनेश' कहते हैं कि शुक्ल जी का वीरगाथा काल नाम अनुचित है–''वे स्वयं भी रासो ग्रन्थों को सन्दिग्ध सामग्री मानते थे। उसी सन्दिग्ध सामग्री में प्राप्त चितवृत्ति को आधार मानकर उन्होंने वीरगाथा काल नाम दिया, जिसे तर्क-सम्मत कैसे कहा जा सकता है ?[36] डॉ. रामकृपाल पांडेय कहते हैं–''स्पष्ट है कि डॉ. मेनारिया एवं आचार्य द्विवेदी का दृष्टिकोण आचार्य शुक्ल के दृष्टिकोण से एकदम भिन्न है। ये लोग खुमान रासो को 'आदिकाल' में चर्चा के योग्य नहीं मानते, पर रीतिकाल में भी उसे स्थान नहीं देते। यह कहाँ का न्याय और कौन सी इतिहास-दृष्टि है ? मुझे तो आचार्य शुक्ल की ही दृष्टि अधिक सही लगती है। खुमान रासो में समय-समय पर परिवर्धन होता रहा होगा, नए-नए अंश जुड़ते रहे होंगे, इस प्रकार से उसे अन्तिम रूप 17वीं या 18वीं शताब्दी में भले ही प्राप्त हुआ हो, पर उसमें पुराना अंश किसी-न-किसी मात्रा में और यत्किंचित् परिवर्तित रूप में अवश्य होगा। वह पूर्णतः अप्रामाणिक रचना सही, पर यह सिद्ध करती है कि देशभाषा में काव्य-रचना ई. सन् की नौवीं शताब्दी में प्रारम्भ हो चुकी थी। यही बात अन्य पूर्णतः अप्रामाणिक मानी जानेवाली रचनाओं के बारे में भी कही जा सकती है।''[37] कुछ विद्वान 'आदिकाल' नामकरण को उचित मानते हैं तो कुछ 'वीरगाथा काल' को उचित मानते हैं और तर्क प्रस्तुत करते हैं। इसी शृंखला में राजमल बोरा का मत है–''सिद्धान्त रूप में वीरगाथा काल नाम उचित है जिन बारह रचनाओं का उल्लेख आचार्य शुक्ल करते हैं और

उनका विश्लेषण जिस ढंग से वे अपने सिद्धान्त की पुष्टि के लिए करते हैं, उस सबको देखा जाए तो वीरगाथा काल नामकरण उचित लगता है। वीरगाथाकालीन सामग्री पर विचार करते समय उक्त सामग्री को आचार्य जी ने आरम्भ में ही सन्दिग्ध कहा है। सारी सामग्री को उन्होंने प्रामाणिक कहा ही कहाँ है। सन्दिग्ध सामग्री को 1050–1375 संवत् के बीच मानें और उक्त सामग्री की प्रवृत्तियों पर (12 रचनाओं में) विचार करें तो सिद्धान्त रूप में वीरगाथा काल ही कहना पड़ेगा। सिद्धान्त रूप में आचार्य शुक्ल अपनी जगह ठीक हैं। अपने सिद्धान्त की रक्षा के लिए शुक्ल जी ने वीरगाथा काल में फुटकल खाता भी खोला है। सच तो यह है कि फुटकल खाते का खोलना औसतवादी सिद्धान्त की रक्षा करना है। अमीर खुसरो तथा विद्यापति को फुटकल खाते में रखा है। कालक्रम में वे वीरगाथा काल में बैठते हैं किन्तु प्रवृत्ति वीरगाथात्मक नहीं है। इसलिए फुटकल खाते में इन कवियों को जगह देनी पड़ी। सच तो यह है कि फुटकल खाते के ये दोनों कवि सन्दिग्ध नहीं हैं। कम–से–कम वीरगाथाकालीन कवियों की तरह नहीं हैं। किन्तु सिद्धान्त रक्षा की बात है और इस नाते इन्हें अलग मान लिया गया है।''[38] इस तरह 'आदिकाल' या 'वीरगाथा काल' अब तक विवादग्रस्त हैं।

आचार्य शुक्ल ने वीरगाथा काल, भक्तिकाल और रीतिकाल नामकरण के साथ ही आधुनिक काल को गद्यकाल कहा है। वे गद्य को एक विशेष प्रवृत्ति के रूप में स्वीकार करते हुए अपने इतिहास–ग्रन्थ के वक्तव्य में कहते हैं–''आधुनिक काल में गद्य का आविर्भाव सबसे प्रधान साहित्यिक घटना है, इसलिए उसके प्रसार का वर्णन विस्तार से करना पड़ा है। इस थोड़े से काल के बीच में हमारे साहित्य के भीतर जितनी अनेकरूपता का विकास हुआ है, उतनी अनेकरूपता का विधान कभी नहीं हुआ था।'' बोरा जी कहते हैं–''शुक्ल जी काल और साहित्य की प्रवृत्ति पर अपना ध्यान केन्द्रित रखते हैं। काल पर ध्यान रखने के कारण उन्हें उत्थान संवत् 1925 से संवत् 1950 तक माना है। द्वितीय उत्थान संवत् 1950 से 1975 तक है और तीसरा उत्थान संवत् 1975 के बाद का है, जो उनका अपना समसामयिक काल है। ये उत्थान उन्हें दो बार दिखलाने पड़े। गद्य का खंड उन्होंने अलग किया और पद्य का अलग। प्रथम उत्थान से पहले के पच्चीस वर्ष को उत्थान के साथ नहीं जोड़ा है। गद्य की स्थिति में वे उस काल को 'गद्य साहित्य का आविर्भाव' बतलाते हैं, और पद्य साहित्य की स्थिति में 'पुरानी धारा' कहते हैं। चूँकि आधुनिक काल को गद्यकाल कहा गया है, अत: गद्य का विकास उन्होंने आरम्भ में लिखा है। एक प्रकार से इस विकास में उन्होंने भाषा का विकास प्रस्तुत किया है। ब्रजभाषा गद्य और खड़ी बोली गद्य दोनों पर अलग–अलग विस्तार से लिखा है। शुक्ल जी के आधुनिक काल का मूल ढाँचा यही है। यह विचार करने की बात है कि 722 पृष्ठों

के इतिहास में (नवम संस्करण सं. 2009) 320 पृष्ठ आधुनिक काल को दिए हैं। प्रतिशत के हिसाब से देखें तो रीतिकाल तक का भाग 56 प्रतिशत है और आधुनिक काल का 44 प्रतिशत है। इसलिए हमें शुक्ल जी के आधुनिक काल को अलग से पहचानना चाहिए।''[39] शुक्ल जी के प्रथम उत्थान में भारतेन्दु हरिश्चन्द्र पूरी तरह छाये रहे हैं। गद्य से सम्बन्धित खंड तो पूरा भारतेन्दु मंडल है ही, इसी तरह पद्य खंड का प्रथम उत्थान भी भारतेन्दु मंडल है। भारतेन्दु से सम्बन्धित प्रथम उत्थान में, गद्य-पद्य दोनों में फुटकल खाता खोलने की आवश्यकता नहीं पड़ी है। ठीक भारतेन्दु की तरह द्विवेदी जी अपने युग पर पूरी तरह छाए हुए हैं, ऐसा नहीं कह सकते। तृतीय उत्थान में भारतेन्दु या द्विवेदी जी की तरह किसी व्यक्तित्व को नहीं दिखलाया जा सकता है। द्वितीय उत्थान तक के लेखन की शैली इतिहासपरक है। तृतीय उत्थान में ऐसी बात नहीं है। यह काल उनके इतने समीप है कि शुक्ल जी स्वयं उसके अंग हैं और अपने व्यक्तित्व के अनुरूप वे प्रतिक्रिया व्यक्त करते हुए प्रतीत होते हैं।''[40] आधुनिक काल को शुक्ल जी द्वारा गद्यकाल कहा गया जबकि इस काल की विभिन्न रचनाओं पर चर्चा करते हुए विभिन्न इतिहासकारों ने प्रश्न चिह्न लगाया है। हर काल में गद्य और पद्य दोनों लिखे जाते हैं। अनेक विधाओं में लेखन होता है। शुक्ल जी मानते हैं कि जिस विधा की प्रचुरता हो और प्रसिद्धि हो उस काल को उसी के अनुसार नाम दिया जा सकता है। अत: आधुनिक काल को गद्यकाल नाम दिए जाने के पीछे सही कारण दृष्टिगोचर होता है। डॉ. रूपचन्द्र पारीक भी इस पर विचार व्यक्त करते हैं–''आधुनिक काल को आचार्य शुक्ल ने गद्यकाल कहा है। इसमें कोई सन्देह नहीं कि गद्य की विविध धाराएँ वर्तमान काल में ही अपने अस्तित्व में आईं और विकसित हुईं, परन्तु कविता के क्षेत्र में भी महत्त्वपूर्ण परिवर्तन हुए हैं। कविता का शिल्प, शैली और विषय इतने अधिक बदल गए कि आज वह प्राचीन कविता से एक सर्वथा भिन्न भवभूमि पर खड़ी दिखलाई देती है। गद्यकाल कहने से आधुनिक काल की समस्त साहित्यिक प्रवृत्तियाँ स्पष्ट होतीं। ऐसे नामकरण में दोष और अस्पष्टता का रह जाना स्वाभाविक ही है।''[41] डॉ. रामखेलावन पांडेय को भी शुक्ल जी द्वारा दिए गए नाम 'गद्यकाल' पर थोड़ी आपत्ति है। वे तर्क देते हैं और अपनी आपत्ति को सच सिद्ध करने का प्रयत्न करते हैं। यथा–''शुक्ल ने इसे गद्यकाल कहा यद्यपि गद्य जनता की कोई चित्तवृत्ति नहीं। इस अवधि के अन्तर्गत तीन उत्थानों की कल्पना शुक्ल जी ने दी। खड़ी बोली पद्य के लिए आन्दोलन तो उन्नीसवीं शताब्दी के अन्तिम दशक में ही होने लगा किन्तु इस काव्य का वास्तविक उत्थान हुआ ईसा की बीसवीं शताब्दी के दूसरे दशक में। नाट्य साहित्य के उत्थान का प्रथम उत्थान भारतेन्दु-कालीन है और उपन्यास का भारतेन्दु का परवर्ती काल। कहानियों का रूप विन्यास भी नई कविता के प्रादुर्भाव

काल के समकालीन है। इस प्रकार गद्य की भी विविध विधाओं के उत्थान-क्रम में अन्तराल है। कविता की चिन्ता तो नहीं करनी है, क्योकि शुक्ल ने इसे गद्यकाल ही कहा। इन उत्थानों का समीकरण भारतेन्दु काल, द्विवेदी काल और छाया युग के अन्तर्गत किया जाता रहा है। आधुनिक काल को गद्यकाल कहना तो सन् 1920 ई. के पूर्व तक ठीक हो सकता था। 'पंचवटी', 'पथिक', 'पल्लव', 'अनामिका', 'आँसू', 'साकेत', 'कामायनी' आदि की रचना के पश्चात् इसे गद्यकाल कहना तो समीचीन नहीं हो सकता।''[42] शुक्ल जी ने गद्य खंड के प्रथम उत्थान के अन्तर्गत मुख्य रूप से भारतेन्दु जी को ज्यादा स्थान प्रदान किया है फिर भारतेन्दु मंडल के लेखकों का परिचय दिया है। राजा शिवप्रसाद सिंह और राजा लक्ष्मणसिंह के गद्य को प्रस्तावना मानते हैं तथा भारतेन्दु के गद्य को प्रकृत साहित्यिक और परिष्कृत गद्य मानते हैं। भारतेन्दु मंडल के लेखकों में पं. प्रतापनारायण मिश्र, बदरीनारायण चौधरी, ठाकुर जगमोहन सिंह, पं. बालकृष्ण भट्ट भारतेन्दु मंडल के लेखक थे। भारतेन्दु के जीवन काल में प्रकाशित होनेवाली 27 पत्र-पत्रिकाओं की तालिका, कुछ पत्रिकाओं का विस्तृत परिचय, सम्पादकों के नाम और स्थान भी दिए गए हैं। आरम्भिक मौलिक उपन्यासों में परीक्षा गुरु (लाला श्रीनिवासदास), निस्सहाय हिन्दू (राधाकृष्णदास), नूतन ब्रह्मचारी (बालकृष्ण भट्ट) आदि का भी शुक्ल जी ने उल्लेख किया है। भारतेन्दु के बाद कुछ लेखकों का परिचय भी दिया गया है। शुक्ल जी के मन में अपनी पूर्व पीढ़ी के प्रति, जिनसे उन्होंने संकार अर्जित किए थे, श्रद्धा और स्नेह था। भारतेन्दु हरिश्चन्द्र, पं. बदरीनारायण चौधरी, बाबू काशीनाथ खत्री, फ्रेडरिक पिन्काट आदि पर उन्होंने स्वतंत्र, लम्बे लेख लिखे तो तत्काल प्रकाशित हुए। इन लेखों में उनका वैयक्तिक स्पर्श दिखलाई देता है। इन्हीं कारणों से बोरा जी ने 'आचार्य शुक्ल-इतिहास और परम्परा' में लिखा है कि शुक्ल जी का द्वितीय उत्थान के लेखकों और कवियों की तुलना में प्रथम उत्थान के भारतेन्दु मंडल के लेखकों और कवियों पर अधिक लगाव था। प्रथम उत्थान को शुक्ल जी गद्य साहित्य परम्परा का प्रवर्तन कहते हैं और द्वितीय उत्थान को गद्य साहित्य का प्रसार। द्वितीय उत्थान में नाटक, उपन्यास, कहानियाँ, छोटी कहानियाँ, निबन्ध, समालोचना आदि शीर्षक हैं। निबन्ध को सर्वाधिक स्थान और महत्त्व दिया गया है। इस काल में मौलिक और अनूदित नाटक, उपन्यास, कहानियाँ प्रकाश में आईं। देवकीनन्दन खत्री के तिलिस्मी उपन्यास, गोपालराम गहमरी के जासूसी उपन्यास महत्त्वपूर्ण रहे। किशोरीलाल गोस्वामी की 'इन्दुमती', स्वयं शुक्ल जी की कहानी 'ग्यारह वर्ष का समय', गुलेरी की 'उसने कहा था' मौलिक कहानियाँ प्रसिद्ध हुईं। साथ ही प्रसाद, विश्वम्भरनाथ शर्मा 'कौशिक' आदि की कहानियाँ भी चर्चित रहीं। द्वितीय उत्थान शुक्ल जी का समसामयिक युग था। तृतीय उत्थान को शुक्ल जी 'गद्य साहित्य की

वर्तमान गति' कहते हैं। तृतीय उत्थान के दूसरे अनुच्छेद में शुक्ल जी कहते हैं– ''इन बीस–इक्कीस वर्षों के बीच हिन्दी साहित्य का मैदान काम करनेवालों से पूरा–पूरा भर गया, जिससे इसके कई अंगों की बहुत अच्छी पूर्ति हुई पर साथ ही बहुत सी फालतू चीजें भी इधर–उधर बिखरीं।'' इस तृतीय उत्थान में सामान्य परिचय, उपन्यास–कहानी, छोटी कहानियाँ, नाटक, निबन्ध, समालोचना और काव्य मीमांसा इस क्रम में इतिहास लिखा गया है। इस काल में आध्यात्मिक निबन्ध संग्रह ज्यादा निकले। महाराज कुमार रघुवीर सिंह को तृतीय उत्थान का निबन्धकार माना गया। तृतीय उत्थान में प्रमुख स्थान उपन्यास को मिला। वे मानते हैं कि वर्तमान काल में उपन्यासों की बड़ी शक्ति है। प्रेमचन्द, जैनेन्द्र, वृन्दावनलाल वर्मा आदि के सामाजिक, ऐतिहासिक उपन्यास इस काल में लिखे गए। नाटकों का लेखन और अनुवाद हुआ।

पद्य खंड को शुक्ल जी ने दो भागों में विभक्त किया–पुरानी धारा और नई धारा। पुरानी धारा रीतिकाल तक चली आई है। यहाँ भी प्रथम, द्वितीय और तृतीय उत्थान है तथा अनेक कवियों का उल्लेख किया गया है।

आचार्य शुक्ल का इतिहास इतिहास होते हुए भी समीक्षात्मक ग्रन्थ है। इतिहास–ग्रन्थ और समीक्षात्मक ग्रन्थ के रूप में सदैव उपयोगी एवं महत्त्वपूर्ण रहेगा। इसे हम समीक्षात्मक इतिहास भी कह सकते हैं। शुक्ल जी ने तीन कवियों (भक्तिकाल) पर स्वतंत्र रूप से समीक्षात्मक लेख लिखे हैं–1. गोस्वामी तुलसीदास, 2. सूरदास, 3.जायसी। चिन्तामणि भाग–1, 2, 3 में कुछ समीक्षात्मक और कुछ स्वतंत्र लेख हैं। डॉ. रामखेलावन पांडेय भक्तिकाल के कवियों की जन्म व मृत्यु की तिथि पर विचार करते है तथा 'भक्तिकाल' नाम की सार्थकता को सन्दिग्ध मानते हैं। पूर्व मध्यकाल को आचार्य शुक्ल ने भक्तिकाल कहा है। पांडेय जी कहते हैं–''विद्यापति का जन्म सन् 1360 ई. के आसपास हुआ और सन् 1399 ई. में कबीर का। कबीर के जन्म के आस–पास ही विद्यापति की रचनाएँ प्रकाश में आईं। विद्यापति की पदावली को देखते हुए उन्हें वीरगाथा काल के फुटकल खाते में रखना उपयुक्त नहीं है। कबीर यदि भक्तिकाल के हैं तो विद्यापति को उस अवधि से निष्कासित नहीं किया जा सकता। रामानन्द, नामदेव, त्रिलोचन, जयदेव, कबीर के पूर्व हुए, अतः भक्तिकाल का प्रारम्भ तो रामानन्द से ही मानना पड़ेगा। रामानन्द का जन्म सन् 1299 ई. में हुआ। हिन्दी साहित्य के मुख्य चरण का आरम्भ सन् 1300 के आसपास माना जा सकता है और विद्यापति इस अवधि के अन्तर्गत आते हैं। कबीर की मृत्यु सन् 1528 ई. में (अनुमानतः) हुई और तुलसी की सन् 1623 में। तुलसी की मृत्यु ही भक्तिकाल की समाप्ति नहीं, यद्यपि इस काल की अवधि शुक्ल ने तुलसी की मृत्यु के बीस वर्ष बाद तक रखी। तुलसी की मृत्यु के पहले ही केशव की मृत्यु हो चुकी

थी और बिहारी उस समय कम-से-कम चौबीस-पच्चीस वर्ष के तो थे ही। 'कविप्रिया' की रचना तो तुलसी की मृत्यु के प्रायः बाईस वर्ष पूर्व हो चुकी थी। अकबरी दरबार के कवियों का जन्म भी तुलसीदास के पूर्व हो चुका था और उनकी रचनाएँ समसामयिक हैं। मतिराम और भूषण का जन्म भी तुलसी की मृत्यु के पहले ही हो चुका था और सम्भवतया ये रचनाएँ कर रहे थे। इस अवधि के संस्कृत साहित्य को देखें तो और भी विलक्षण स्थिति दीख पड़ेगी।[43] इसी प्रकार निर्गुण धारा के दो विभाग प्रेमाश्रयी और ज्ञानाश्रयी तथा सगुण धारा के दो विभाग रामभक्ति शाखा और कृष्णभक्ति शाखा पर भी पांडेय जी ने विभिन्न तर्क दिए हैं और इन नामों को सन्दिग्ध बताया है। आचार्य शुक्ल ने भक्ति का मूल कारण इस्लाम को बताया है। अपने इतिहास-ग्रन्थ में वे लिखते हैं-''देश में मुसलमानों का राज प्रतिष्ठित हो जाने पर हिन्दू जनता के हृदय में गौरव, गर्व और उत्साह के लिए अवकाश न रह गया। उनके सामने ही उनके देव मन्दिर गिराए जाते थे, देवमूर्तियाँ तोड़ी जाती थीं और पूज्य पुरुषों का अपमान होता था और वे कुछ भी नहीं कर सकते थे। ऐसी दशा में अपनी वीरता के गीत न तो गा ही सकते थे और न बिना उत्तेजित हुए सुन ही सकते थे। आगे चलकर जब मुस्लिम साम्राज्य दूर तक स्थापित हो गया, तब परस्पर लड़नेवाले स्वतंत्र राज्य भी नहीं रह गए। इतने भारी राजनीतिक उलट-फेर के पीछे हिन्दू समुदाय पर बहुत दिनों तक उदासी छाई रही। अपने पौरुष से हताश जाति के लिए भगवान की शक्ति और करुणा की ओर ध्यान ले जाने के अतिरिक्त दूसरा मार्ग ही क्या था।''[44] इस धारणा के लिए आचार्य शुक्ल को तीव्र विरोध का सामना करना पड़ा। आचार्य हजारीप्रसाद द्विवेदी ने 'हिन्दी साहित्य की भूमिका' में किया। बाद में यह धारणा बलवती हुई कि भक्तिकाल का रूप इस्लाम के आगमन के बिना भी लगभग वही रहता। डॉ. बच्चनसिंह कहते हैं-''हिन्दी के विद्वान कभी शुक्ल जी के मत का समर्थन करते रहे तो कभी द्विवेदी जी के मत का। जरूरत यह है कि दोनों मतों से हटकर विचार किया जाए क्योंकि दोनों आधे-आधे सच हैं। शुक्ल जी के कथन को पूर्णतः मान लेने पर भक्तिकाल खंडित हो जाएगा। सन्त काव्य और सूफी काव्य उनके सैद्धान्तिक दायरे से बाहर हो जाएँगे। द्विवेदी जी का कथन भी अर्धसत्य ही है। यदि मुसलमान न आए होते तो न सन्त काव्य लिखा जाता, न सूफी काव्य। क्षितिमोहन सेन और इतिहासकार ताराचन्द ने स्पष्ट रूप से सन्त कवियों पर सूफियों का प्रभाव स्वीकार किया है। शुक्ल जी का मत भी इससे भिन्न नहीं है।''[45]

डॉ. नगेन्द्र द्वारा सम्पादित 'हिन्दी साहित्य का इतिहास' में भी 'भक्तिकाल' नाम और उनके नामकरण के सम्बन्ध में शुक्ल और द्विवेदी जी के कथनों का उल्लेख किया गया और लगभग समान तर्क प्रस्तुत किए गए हैं। डॉ. शम्भूसिंह शुक्ल जी के काल-विभाजन और नामकरण पर प्रतिक्रिया व्यक्त करते हुए कहते हैं-''शुक्ल जी

ने भक्ति और रीति शब्द को जिस अर्थ में लिया है वह अतिव्याप्ति दोषवाला अर्थ है। भक्ति शब्द से उस समस्त धार्मिक, आध्यात्मिक, साधनात्मक, पौराणिक और नैतिक काव्य का भाव व्यक्त किया है और इसी दृष्टि से सं. 1375 से सं. 1700 तक के काल को उन्होंने भक्तिकाल कहा है। किन्तु भक्ति काव्य के अन्तर्गत नैतिक, पौराणिक और सन्तों का साधनात्मक काव्य नहीं लिया जा सकता। इसी तरह संवत् 1700–1900 तक का समस्त साहित्य 'रीतिबद्ध' साहित्य नहीं है। इसलिए आचार्य विश्वनाथ प्रसाद मिश्र ने इस काल की प्रमुख प्रवृत्ति शृंगारिकता को मानकर इस काल का नाम शृंगारकाल दिया है। इस प्रकार रीतिकाल नाम भी विवादास्पद है और उसके सम्बन्ध में उठाई गई आपत्तियाँ भी युक्तिसंगत हैं। शुक्ल जी तथा अन्य इतिहासकारों ने सं. 1900 के बाद काल को हिन्दी साहित्य के इतिहास का आधुनिक काल माना है किन्तु किसी ने भी यह तर्क नहीं दिया कि इस काल को आधुनिक क्यों कहा जाए? भाषा विज्ञान में हिन्दी भाषा को आधुनिक आर्यभाषा माना जाता है, फिर क्यों न समस्त हिन्दी साहित्य को आधुनिक साहित्य कहा जाए? यदि आधुनिक शब्द वर्तमानत्व का बोधक है तो आधुनिक काल का आरम्भ 1850 ई. से क्यों माना जाए, क्योंकि 19वीं शताब्दी तो अतीतकाल है, वर्तमान नहीं। अत: आधुनिक नाम देने के लिए आधुनिकता की प्रवृत्तियों का विश्लेषण करना तथा हिन्दी साहित्य में उनकी खोज करना इतिहासकार का उत्तरदायित्व है। शुक्ल जी ने 'गद्य साहित्य' को आधुनिकता का लक्षण मानकर आधुनिक काल को 'गद्यकाल' नाम दिया, किन्तु क्या हिन्दी गद्य से आधुनिक काल का काव्य कम आधुनिकतापूर्ण है? इस दृष्टि से 'गद्यकाल' नाम किसी भी तरह युक्तिसंगत नहीं है। इसी तरह शुक्ल जी ने आधुनिक काल का जो युग-विभाजन किया है, वह भी युक्तिसंगत नहीं है।''[46] विभिन्न कालों के नामकरण पर जिस तरह टीका-टिप्पणी हुई है उसी तरह रीतिकाल पर भी हुई किन्तु अधिकांश इतिहासकारों को यह रीतिकाल नाम उचित लगा। 'रीतिकाल' नाम रखने के पीछे आचार्य शुक्ल जी की जो धारणा थी, जो तर्क उन्होंने प्रस्तुत किए, वे सटीक लगे। बच्चन सिंह कहते हैं–''इस काल का नाम रीतिकाल रखने का श्रेय रामचन्द्र शुक्ल को है। प्रवृत्ति की दृष्टि से इससे बेहतर नाम की कल्पना नहीं की जा सकती। उनके पूर्व मिश्रबन्धु ने इसे 'अलंकृत मध्यकाल' कहा है। इस नाम के औचित्य के सम्बन्ध में उन लोगों ने लिखा है–''पूर्वालंकृत प्रकरण में सात अध्यायों द्वारा भूषण और देव काल का कथन है और उत्तरालंकृत प्रकरण में दास-पद्माकर काल वर्णित है। इन दोनों प्रकरणों के नाम 'अलंकार' लिये हुए इस कारण से रखे गए हैं कि इस समय के कवियों ने सालंकार भाषा अधिक लिखने का प्रयत्न किया। यहाँ पर अलंकृत शब्द का अंग्रेजी के 'आर्नेट' के अर्थ में प्रयोग हुआ है। विंटरनित्स ने संस्कृत काव्य को 'आर्नेट' काव्य कहा है। अलंकारों के प्रचुर प्रयोग से कवि

श्रोताओं और पाठकों को चौंकाना चाहते हैं। रीतिकाल में कुछ कवियों में चौंकाने की प्रवृत्ति है, पर अधिकांश ने सरस शृंगारिक रचनाएँ की हैं। अत: अलंकृत शब्द अपने अर्थ की संकीर्ण सीमा में उस काल की समस्त काव्य प्रवृत्तियों को समाहित नहीं कर पाता। देव, मतिराम, पद्माकर, घनानन्द की कीर्ति उनके काव्यात्मक सौन्दर्य पर निर्भर है न कि भाषागत अलंकार-योजना पर।''[47] उत्तर मध्यकाल को आचार्य शुक्ल ने रीतिकाल कहा है। इस काल में लगभग 200 वर्षों तक एक ही प्रकार की काव्य रचना प्रचुर मात्रा में हुई। भक्तिकाल के समान उसके उपविभाग नहीं किए गए हैं। उनका विचार है-''रीतिकाल के भीतर रीतिबद्ध रचना की जो परम्परा चली है उसका उपविभाग करने का कोई संगत आधार मुझे नहीं मिला। किसी रचना के स्वरूप आदि में कोई स्पष्ट भेद निरूपित किए बिना विभाग कैसे किया जा सकता है? रीतिकाल में केवल रीतिबद्ध रचना ही नहीं प्रचुर परिणाम में रीति-मुक्त रचना भी हुई।''[48] 'रीतिकाल' नाम पर प्रतिक्रिया व्यक्त करते हुए डॉ. महेन्द्रकुमार कहते हैं-''विषय चयन के आधार पर भी इस काल को 'रीतिकाल' कहने में किसी प्रकार का अव्याप्ति-दोष न होगा, क्योंकि प्रत्येक कवि द्वारा इसमें शृंगार को न्यूनाधिक रूप से ग्रहण किया जाना भी तो एक विशेष प्रकार की रीति (पद्धति) ही है। आचार्य रामचन्द्र शुक्ल ने दबे स्वर में इसको 'शृंगारकाल' कहे जाने में जो आपत्ति प्रकट नहीं की, उसका कारण यही हो सकता है कि उनके समय तक सामान्य रूप से इस युग का शृंगारपरक साहित्य ही अधिक प्रकाश में आया था। इस प्रसंग में यह स्पष्ट कर देना असंगत न होगा कि अनेक रीति-आचार्यों ने ऐसे भी ग्रन्थ लिखे हैं कि जो रीति-निरूपण सम्बन्धी नहीं है। पर क्योंकि काव्यांग निरूपण में उनका मनोयोग परिलक्षित होता है तथा लक्षण ग्रन्थों में उनके काव्य शास्त्रीय संस्कार मुखर होकर आए हैं, इसलिए उनकी सभी विषयों की रचनाएँ इसी कोटि की मानी जाएँगी एवं उनको भी 'रीति कवि' कहना ही अधिक युक्ति-युक्त होगा।''[49] आचार्य शुक्ल का काल-विभाजन और नामकरण बौद्धिकता से भरा हुआ, गम्भीरतापूर्वक विचार किया हुआ और गहन विश्लेषण-विवेचन के बाद किया गया है। विवादों में घिरे रहकर भी यह सर्वमान्य है। शुक्ल जी द्वारा कालों को दिए गए नाम और विवरण ने परवर्ती रचनाकारों को कुछ और नया कैसे और किस प्रकार किया जाए, यह ज्ञान दिया। आरोप और विवाद से घिरकर भी यह प्रकाश स्तम्भ साबित हुआ। शुक्ल जी के इतिहास को छोड़कर, उसकी उपेक्षा का कोई भी इतिहास-लेखन के मार्ग पर आगे बढ़ नहीं सकता। एक सी मित अवधि में किया गया यह महत्त्वपूर्ण लेखन वरदान की तरह है। यूँ अच्छे लेखन का चर्चा में रहना सामान्य बात है, चर्चा सकारात्मक हो या नकारात्मक। इस सम्बन्ध में डॉ. रामखेलावन पांडेय कहते हैं-''हिन्दी साहित्य के इतिहास को इस्लामी संस्कृति के सन्दर्भ में देखने का आरोप शुक्ल के इतिहास में है।

इस्लामी आक्रमणों ने वीरता के अवसर उपस्थित किए, संघर्ष हुए, राजाओं ने वीर कार्य किए, कवियों ने वीरों का यशगान किया, साहित्य का 'वीरगाथा काल' हो गया। हृत-गौरव हिन्दू जाति के लिए ईश्वर के अतिरिक्त और कोई अवलम्ब नहीं रह गया। पराजित और विवश हिन्दू जाति भक्ति की शरणागत हुई, अत: 'भक्तिकाल' हो गया। मुसलमानों के राज्य स्थापित हुए, संस्कृति दरबारी हो गई, विलास मूल विन्यास हो गया, कामुकता प्रवृत्ति हो गई। कवियों ने नरेशों के लिए कामोत्तेजक सामग्री उपस्थित की और आ गया 'रीतिकाल' जिसे पुन: संस्कारवादी धारणा के सन्दर्भ में हीन-वृत्ति माना गया। पुनर्जागरण काल में शृंगारी वृत्ति के प्रति आक्रोश सहज और स्वाभाविक हुआ। आधुनिक काल में गद्य का विपुल प्रयोग होने लगा। यह नवीन पद्धति थी, पहले गद्य का ऐसा उपयोग नहीं था और साथ-ही-साथ इस्लामी बन्धन से मुक्ति का बोध, अंग्रेजों ने हिन्दू धर्म की रक्षा कर ली। जनता की चित्तवृत्ति को प्रतिमान माननेवाले शुक्ल को स्मरण नहीं रहा कि वीरगाथा विधा है, भक्ति प्रवृत्ति है, रीति शैली और पद्धति है और गद्य भाषा रूप है। नामकरण करते समय उनकी कसौटी कहीं खो गई थी।''[50] यह आरोप बेतुका है क्योंकि शुक्ल जी पहले ही कह चुके हैं कि नामकरण का आधार उस काल की रचनाओं में से किसी की प्रचुरता या प्रसिद्धि होगी। विधा को लें तो जिस विधा में ज्यादा लिखा गया हो, वह नाम दिया जाएगा। जनता की चित्तवृत्ति अगर भक्ति से ओत-प्रोत हो और उसी प्रवृत्ति को लेकर लिखा जा रहा हो, तो प्रवृत्ति के आधार पर भी नामकरण किया जा सकता है। जिस शैली या पद्धति में प्रचुरता से रचना की जा रही हो, वह नाम भी दिया जा सकता है। और भाषा रूप के आधार पर भी नामकरण करना त्रुटिपूर्ण नहीं है क्योंकि गद्य की प्रचुरता है तो गद्य या पद्य के रूप में रचना की जा रही है तो इस गद्य या पद्य (काव्य) भाषा रूप के आधार पर भी नामकरण हो सकता है। अत: पांडेय जी का यह तर्क बेकार सा ही प्रतीत होता है।

शुक्ल जी केवल इतिहासकार या निबन्धकार ही नहीं थे बल्कि श्रेष्ठ समीक्षक भी थे। उन्होंने कहानियाँ और कविताएँ भी लिखीं जिनमें उन्हें उतनी सफलता और प्रसिद्धि नहीं मिली लेकिन उनके निबन्ध और समीक्षाएँ उन्हें साहित्य के सर्वोच्च सिंहासन पर बिठाती हैं। उनकी विवेचन प्रणाली में उनकी सजगता और सतर्कता के दर्शन होते हैं। डॉ. पारीक कहते हैं-''आचार्य शुक्ल ने अपने इतिहास में कवियों और लेखकों का वर्गीकरण ढंग पर किया है परन्तु उनका विश्लेषण शत प्रतिशत स्वदेशी अथवा भारतीय पद्धति पर हुआ है। आचार्य की सबसे बड़ी शक्ति है उनकी रसज्ञता। कौन-सा साहित्य श्रेष्ठ है और कौन-सा निकृष्ट, यह समझने में आचार्य ने कभी भूल नहीं की। रचना उक्ति है अथवा काव्य? यदि काव्य है तो प्रबन्ध है अथवा मुक्तक? यदि प्रबन्ध है तो प्रबन्धकार को कथा के मार्मिक स्थलों की पहचान है

अथवा नहीं ? उसमें लोकमंगल की भावना कहाँ तक है ? कवि का प्रकृति निरीक्षण सूक्ष्म है अथवा स्थूल ? रचयिता का छन्द विधान कहाँ तक परम्परा का ऋणी है और कहाँ तक स्वतंत्र ? पात्रों में शील और सौजन्य की मर्यादा है अथवा नहीं ? राजनीतिक, सामाजिक और धार्मिक परिस्थितियाँ उसे कहाँ तक प्रभावित कर सकी हैं ? यह रचना लोकरुचि के अनुकूल है या प्रतिकूल ? यह सब तो प्राचीन काव्य के सम्बन्ध में है। जहाँ तक आधुनिक काव्य का प्रश्न है वहीं उस पर पश्चिम के प्रभाव का विश्लेषण करते हुए उसकी सामाजिक उपयोगिता अथवा अनुपयोगिता को परखा गया है। कवियों की सूक्ष्म-से-सूक्ष्म विशेषता को उद्घाटित करने में आचार्य की प्रतिभा सदैव सतर्क, सजग, स्वस्थ एवं समर्थ रही। वास्तव में उन्हें अन्तर्भेदिनी दृष्टि मिली थी। क्रोचे के मत का खंडन करने में तो उन्होंने विलक्षण वैदुष्य का परिचय दिया है।''[51] आचार्य शुक्ल ने अपने इतिहास में यूरोपीय साहित्य जगत में प्रचलित अनेक वादों की चर्चा की है।

शुक्ल जी श्रेष्ठ समीक्षक हैं और किसी भी सिद्धान्त की स्थापना व्यावहारिक आलोचना के साथ बड़ी कुशलता और निपुणता के साथ करते हुए विषय को अधिक स्पष्ट कर देते हैं। बिहारी की कला की चर्चा करते हुए मुक्तक काव्य के सम्बन्ध में कहे गए उनके वचन आदरणीय, अविस्मरणीय हैं–''मुक्तक कविता में जो गुण होना चाहिए, वह बिहारी के दोहों में अपने चरम उत्कर्ष को पहुँचा है। मुक्तक में प्रबन्ध के समान रस की धारा नहीं बहती, जिसमें कथा प्रसंग की परिस्थिति में अपने को भूला हुआ पाठक मग्न हो जाता है और हृदय में एक स्थायी प्रभाव ग्रहण करता है। इसमें तो रस के ऐसे छींटे पड़ते हैं जिनसे हृदय कलिका थोड़ी देर के लिए खिल जाती है। यदि प्रबन्ध काव्य एक विस्तृत वनस्थली है तो मुक्तक एक चुना हुआ गुलदस्ता है।''[52] हिन्दी साहित्य का इतिहास लिखते हुए आचार्य शुक्ल की भाषा इतनी सरस और स्निग्ध है कि इतिहास जैसे उबाऊ विषय को पढ़ते हुए भी पाठक को कहीं ऊब या नीरसता का अनुभव नहीं होता। शुद्ध भावलोक में विचरण करते हुए आचार्य भावविभोर होकर ऐसी सरसता से कोमल शब्दों का प्रयोग करते हैं कि पाठक को इतिहास पढ़ने जैसा नहीं बल्कि कोमलकान्त पदावली से युक्त किसी कविता की व्याख्या पढ़ने जैसा अनुभव होता है। आचार्य शुक्ल को सूर और तुलसी विशेष रूप से प्रिय रहे हैं। सूर के पद का भावार्थ करते हुए उनके शब्दों की कोमलता, भाव, रस और सहृदयता देखते ही बनती है–''कालिन्दी के कूल पर शरत की चाँदनी में होनेवाले रास की शोभा का क्या कहना है, जिसे देखने के लिए सारे देवता आकर इकट्ठे हो जाते थे। सूर ने एक न्यारे प्रेमलोक की आनन्द छटा अपने बन्द नेत्रों से देखी है। कृष्ण के मथुरा चले जाने पर गोपियों का जो विरह-सागर उमड़ा है उसमें मग्न होने पर तो पाठकों को वार-पार नहीं मिलता।

वियोग की जितनी प्रकार की दशाएँ हो सकती हैं सबका समावेश उसके भीतर हैं।''[53] हिन्दी साहित्य का इतिहास लिखते हुए आचार्य शुक्ल ने भाषा का सच्चा स्वरूप प्रदर्शित किया। आचार्य नन्ददुलारे बाजपेयी कहते हैं–''एक अन्य प्रासंगिक विशेषता इस ग्रन्थ की यह है कि इसमें हिन्दी साहित्य के साथ उसकी आधारभूत हिन्दी भाषा के स्वरूप और उसके विकास को अच्छी तरह पहचाना और प्रदर्शित किया गया है। आरम्भिक युग में जब प्राकृत भाषा अथवा अपभ्रंश की शब्दावली हिन्दी के साथ-साथ चल रही थी, और उसके स्वतंत्र रूप को आवृत कर रही थी, शुक्ल जी ने उसकी यथार्थ छानबीन की है। विद्यापति की भाषा का परिचय देते हुए उन्होंने दोनों प्रकार की पद्धतियों का उल्लेख किया है। एक वह जिसमें वे परम्परागत प्रयोगों से आकृष्ट होकर पुरानी पदावली का प्रयोग कर रहे थे, और दूसरी वह जिसमें उन्होंने हिन्दी के अपने स्वरूप का विकास किया है। हिन्दी भाषा के माधुर्य के लिए यदि वे सूर की प्रशंसा करते हैं तो उसकी व्यापकता के लिए तुलसी का उदाहरण रखते हैं। छन्दों और तुकों की पूर्ति के लिए किया गया भाषागत अनाचार उन्हें पसन्द नहीं है। रीतिकाल के कवियों की भाषा रूढ़ि में बँध रही थी, अतएव शुक्ल जी ने भारतेन्दु हरिश्चन्द्र के भाषा-आदर्श को उपस्थित किया है, जिन्होंने जनसमाज में प्रचलित भाषा का फिर उत्थान किया। शुक्ल जी कृत्रिम और दुरूह भाषा के स्थान पर जीवित और प्रचलित भाषा के हिमायती थे। वे हिन्दी की स्वतंत्र सत्ता का आग्रह रखते थे। ग्रामीण, प्रान्तीय या स्थानिक प्रयोगों के पक्षपाती न होकर वे भाषा का सर्वमान्य रूप चाहते थे। हिन्दी पर किसी अन्य भाषा का प्रभाव, चाहे वह फारसी का हो या संस्कृत ही क्यों न हो, उन्हें इष्ट न था। इससे हिन्दी के प्रति उनके असीम अनुराग के साथ ही भाषा सम्बन्धी उनकी स्वस्थ विवेचना का परिचय मिलता है।''[54] वाजपेयी जी ने अपने एक ग्रन्थ में आचार्य शुक्ल की हिन्दी आलोचना पर टिप्पणी करते हुए कहा है–''हिन्दी आलोचना की आरम्भिक किन्तु नवचेतन अवस्था में पं. रामचन्द्र शुक्ल का आगमन हुआ। उन्होंने रस और अलंकार शास्त्र को नवीन मनोवैज्ञानिक दीप्ति दी और उन्हें ऊँची मानसिक भूमि पर ला बिठाया। इस प्रकार रस और अलंकार हिन्दी समीक्षा से बहिष्कृत हो जाने से बचे। दूसरे शब्दों में, शुक्ल जी ने समीक्षा के भारतीय ढाँचे को बना रहने दिया। यही नहीं, उन्होंने इस साँचे के लिए यह दावा भी किया कि भविष्य की साहित्य समीक्षा का निर्माण इसी के आधार पर होना चाहिए। यह दावा करते हुए शुक्ल जी ने 'रस और अलंकार' आदि को लक्षण ग्रन्थों वाले नि:शक्त रूप में न रहने देकर उन्हें नवीन प्राणों से अनुप्राणित कर दिया। उन्होंने उच्चतर जीवन सौन्दर्य का पर्याय बनाकर 'रस और अलंकार' पद्धति का व्यवहार किया। जहाँ तक उनकी प्रयोगात्मक (व्यावहारिक) आलोचना है, उन्होंने तुलसी और जायसी जैसे उच्चतर कवियों को चुना और उनके

ऊँचे काव्य सौन्दर्य के साथ 'रस और अलंकार' का विन्यास करके 'रस पद्धति' को अपूर्व गौरव प्रदान किया और साथ ही उन्होंने काव्य की स्थापना ऊँचे मानसिक संवेदना के स्तर पर की कि लोग यह भूल ही गए कि रसों और अलंकारों का दुरुपयोग भी हो सकता है।''[55] शुक्ल जी ने अर्धचेतन साहित्य को दिशा ज्ञान दिया। प्रांजलता और महाकाव्योचित औदात्य उनके लेखन में पाया जाता है। उन्होंने उच्चकोटि और निम्नकोटि के काव्य को न केवल अलग–अलग किया बल्कि परवर्ती साहित्यकारों को भी यह दृष्टि प्रदान की कि वे इस अन्तर को पहचानें। उन्होंने समीक्षा के सभी अंगों का समान विकास किया। वायजेयी जी कहते हैं–''पांडित्य में उनकी अप्रतिहत गति थी', विवेचना की उनमें विलक्षण शक्ति थी। वे आलोचक या समीक्षक मात्र नहीं थे, सच्चे अर्थ में साहित्य के आचार्य थे। समीक्षक की हैसियत से शुक्ल जी का आदर्श बहुत ऊँचा है और उनका एक सन्देश है कि साहित्य की समीक्षा किसी एक अंग अथवा पहलू पर समाप्त नहीं हो जानी चाहिए, बल्कि वह सब अंगों को ध्यान में रखकर की जानी चाहिए। आज हिन्दी में जो कोई समीक्षा के जिस कोने को पकड़ पाता है, उसे ही खींचे चलता है। शुक्ल जी ने इस प्रवृत्ति को साहित्यिक कनकौआ उड़ाना कहा है, और उन्होंने इसका ठीक ही नामकरण किया है। यह प्रवृत्ति हमें साहित्य की समीक्षा में बहुत दूर तक नहीं ले जा सकती, साहित्य की अन्तरात्मा के दर्शन तो करा सकती है।''[56] डॉ. राजकिशोर पांडेय भी शुक्ल जी की सूक्ष्म और गहन दृष्टि की प्रशंसा करते हुए कहते हैं–''पं. रामचन्द्र शुक्ल ने 'काव्य में रहस्यवाद' और 'चिन्तामणि' के दो भागों में काव्य की अनेक प्राचीन एवं आधुनिकतम समस्याओं पर विचार किया। उनमें प्राचीन सिद्धान्तों को नवीन दृष्टि से देखने और आधुनिक मान्यताओं को प्राचीन सिद्धान्तों की कसौटी पर करने की अद्‌भुत क्षमता थी। उन्होंने एक ओर तो यथार्थवाद, आदर्शवाद, अभिव्यंजनावाद, व्यक्ति वैचित्र्यवाद, छायावाद, रहस्यवाद आदि आधुनिकतम काव्य सिद्धान्तों का विश्लेषण किया, दूसरी ओर भारतीय काव्यशास्त्र की प्राचीन मान्यताओं रस, अलंकार, छन्द आदि पर विचार किया।''[57] शुक्ल जी की आलोचना पद्धति निराली और श्रेष्ठ है। उन्होंने आलोचना के नए प्रतिमान स्थापित किए। उनके पूर्व साहित्यकार आलोचना को केवल तुलनात्मक दृष्टि से लेते थे। एक की तुलना में दूसरे के ग्रन्थ को अच्छा या बुरा ठहराना, कमियाँ ढूँढ़ना और एक के ग्रन्थ की तुलना में दूसरे के ग्रन्थ को निम्नकोटि का ठहराना, यही आलोचना पद्धति थी। वर्तमान में आलोचक किसी के ग्रन्थ की कोई एक बात, एक विषय या एक कमी को पकड़ लेते हैं और उसी की टाँग खींचते रहते हैं। उस ग्रन्थ की अच्छाइयों को लगभग भूल ही जाते हैं। ऐसे आलोचकों और समीक्षकों ने इस आलोचना और समीक्षा की विधा को उबाऊ बना दिया था और गलत परम्परा का निर्वाह कर रहे थे। शिवदान सिंह चौहान कहते हैं–

''शुक्ल जी के आलोचना क्षेत्र में अवतीर्ण होने से पूर्व हिन्दी में तुलनात्मक आलोचना की प्रवृत्ति ही चलती रही, जिसने वास्तव में न कोई नया काव्यादर्श सामने रखा और न मूल्यांकन का ऐसा सिद्धान्त ही, जिससे काव्य, नाटक, उपन्यास, कहानी के रूप में विकसित होनेवाले नए हिन्दी साहित्य की रचनाओं और प्रवृत्तियों का मूल्यांकन हो सकता। तुलनात्मक आलोचना रीति-पद्धति पर आधारित थी। ऐसी आलोचना अधिकतर पूर्वग्रह और लेखक की रुचि पर ही निर्भर करती है। लेखक का पक्षपात जिस कवि के साथ होता था उसे ही उठाया जाता था और दूसरे को गिराया जाता था। आलोचक का ध्यान केवल रूप विन्यास की सुघड़ता पर रहता था, विषय-वस्तु पर नहीं।[58] आगे चौहान जी कहते हैं-''आचार्य शुक्ल हिन्दी के युगद्रष्टा आलोचक हुए हैं। पद्मसिंह शर्माजी या मिश्र जी की तुलनात्मक आलोचना को आपने प्रारम्भ से ही अग्राह्य माना। द्विवेदी जी की आलोचना में सामाजिक उत्थान में सहायता देनेवाले साहित्य को महत्त्व देने की जो प्रवृत्ति थी, शुक्ल जी स्वभावत: उसके अधिक समीप थे। उन्होंने सामाजिक पृष्ठभूमि में रखकर कवियों और उनकी कृतियों तथा साहित्य की सामान्य प्रवृत्तियों को परखा और हिन्दी आलोचना का अभिनव ढंग से विकास किया। उनका समीक्षादर्श आज चाहे पूरी तरह से मान्य न हो, किन्तु इतना तो निर्विवाद है कि उन्होंने अपनी मौलिक प्रतिभा से सैद्धान्तिक समीक्षा के हर पहलू का गम्भीरतम विवेचन किया है और अपनी नई-नई उद्‌भावनाओं द्वारा हिन्दी आलोचना को नई दृष्टि और अर्थ गौरव दिया है। शुक्ल जी के दो सिद्धान्त उल्लेखनीय हैं-'काव्यात्मक लोकवाद' का सिद्धान्त और 'साधारणीकरण' का सिद्धान्त। 'काव्यात्मक लोकवाद' के सिद्धान्त का आधार यह है कि काव्य में भाव-सत्ता व्यवहार निरपेक्ष नहीं हो सकती, सामान्य लोकभूमि पर ही काव्य की भाव-सत्ता स्थापित होती है। अत: कोरी वैयक्तिक अनुभूति का साहित्य में कोई मूल्य नहीं है। 'साधारणीकरण' के सिद्धान्त में उन्होंने प्रतिपादित किया कि काव्य वस्तु या विषय चित्रण के अनुसार साधारणीकरण भी कई भूमियों पर होता है। जो सत् है या सत् का प्रतीक है उसके चित्रण में पाठक या श्रोता की चित्तवृत्ति सहज ही रमती है, रसानुभव करती है। किन्तु असत् के चित्रण में मनुष्य की वृत्ति या तो रमती ही नहीं या आंशिक रूप से ही रमती है इसलिए रसानुभव अंशत: ही सम्भव होता है। इस उपपत्ति में उनके नीतिवादी दृष्टिकोण की झलक है।''[59] आचार्य शुक्ल के ऐतिहासिक इतिहास-ग्रन्थ की कमजोरियों पर, पक्षपात पर भी चौहान जी ने ध्यान आकर्षित किया है जिनका कारण वे स्वयं आचार्य शुक्ल के व्यक्तित्व को मानते हैं। वे कहते हैं-''शुक्ल जी का दृष्टिकोण नीतिवादी था। वर्णाश्रम-धर्म व्यवस्था और अवतारवाद में उनकी पूरी आस्था थी। नीतिवादी दृष्टिकोण से ही कृष्ण के बजाय राम उनके आदर्श थे। इसका प्रभाव उनकी साहित्य समीक्षा पर भी पड़ा। सूर से उन्होंने तुलसी

को बड़ा कवि माना, कबीर और दूसरे निर्गुणपन्थी कवियों की सराहना करने में संकोच दिखाया। प्रगति काव्य की अपेक्षा प्रबन्ध काव्य को श्रेष्ठ कहा। शुक्ल जी के आलोचनात्मक दृष्टिकोण में उनकी वैयक्तिक रुचि के कारण और भी अनेक त्रुटियाँ हैं। प्रकृति वर्णन के समर्थक होते हुए भी उन्होंने प्रकृति के स्थायी वर्ण्य-विषयों और वर्णन प्रकारों का विवेचन करके एक विशेष ढंग के प्रकृति वर्णन को ही श्रेष्ठ बताया है। नई काव्य शैलियों का भी समर्थन न कर सके, अर्थात् छायावाद को राष्ट्रीय जागरण द्वारा प्रेरित समत्व की भावना और नए पूँजीवादी समाज सम्बन्धों के प्रति व्यक्ति के असन्तोष और प्रतिवाद की व्यंजना के रूप में वे देख सके। वस्तु और शैली, भाव-पक्ष और अभिव्यंजना पक्ष इन दोनों के अविच्छिन्न सम्बन्ध को भी वे न देख सके। वस्तुतः उन्होंने प्रतिपादित किया कि ये दोनों प्रतिक्रियाएँ आत्यन्तिक रूप से पृथक् हैं। परन्तु इन सीमाओं के होते हुए भी शुक्ल जी ने हिन्दी आलोचना को जो दिया है वह स्थायी मूल्य का है। उन्होंने साहित्य के सभी अंगों का सैद्धान्तिक विवेचन करके अपने सम्पूर्ण साहित्य-शास्त्र का निर्माण किया। साथ ही उन्होंने तुलसी की सर्वथा मौलिक ढंग से व्याख्या की, सूर और जायसी के विस्तृत अध्ययन प्रस्तुत किए तथा हिन्दी साहित्य का इतिहास एक नए ढंग से लिखा।''[60] आचार्य शुक्ल के इतिहास में इस विषय पर चर्चा नहीं हो सकी कि रीतिकाल के कवियों में इतिहास-बोध कैसा था? था या नहीं। शुक्ल जी ने मुख्य रूप से रीति ग्रन्थों से सम्बन्धित कवियों पर ही विचार किया। शुक्ल जी साधना के पक्षपाती हैं। शील के कारण भावयोग होता है और जिसे शुक्ल जी कर्मयोग और ज्ञानयोग के समकक्ष मानते हैं। शील के साक्षात्कार में सौन्दर्य का दर्शन होता है। आचार्य शुक्ल का सौन्दर्यबोध भक्ति-साहित्य पर आधारित है।

शुक्ल जी अपने मार्ग पर दृढ़ता से डटे रहे। वे स्थान और समय, परिस्थिति और आवश्यकता के अनुसार रंग नहीं बदलते। उनकी दृढ़ता ने उनको बलवान बनाया। अपने सिद्धान्तों के प्रति वे बड़े निर्मम रहे हैं। उनकी इस निर्ममता के कारण कुछ विद्वानों का आक्रोश किस प्रकार प्रकट हुआ यह डॉ. महेन्द्रपाल सिंह के कथन से पता चलता है–''शुक्ल जी के अनैतिहासिक बयानों को ब्रह्म वाक्य माननेवालों की एक सी 'कुल' बुद्धि हुई कि हिन्दी का इतिहास शुक्ल जी की मान्यताओं के चक्रव्यूह में अभिमन्यु की तरह अपना सिर पीट रहा है। अंग्रेजी भाषा के संस्कारों से प्रभावित आलोचना दृष्टि ही ब्रजभाषा एवं रीतिकालीन साहित्य की सबसे बड़ी शत्रु साबित हुई। यदि महावीर प्रसाद द्विवेदी के नेतृत्व में इसे पत्र-पत्रिकाओं से बहिष्कृत करने की पहल की गई थी, तो शुक्ल जी के अध्यापकों ने आलोचकों को यह बताकर ब्रेन वाश कर दिया कि यह काव्य शृंगारिकता, विलासिता एवं ऐन्द्रियता आदि से संयुक्त होने के कारण अच्छे संस्कारों के अनुकूल नहीं है। फलतः उसके प्रति उदासीनता

एवं बेरुखी की ऐसी संक्रामक बीमारी लगी कि उसका जीवन भी दूभर हो गया।''[61] बोरा जी कहते हैं–''उनके व्यक्तित्व में दो रूप प्रधान हैं–निबन्धकार और आचार्यत्व। इन दोनों रूपों में मूल्यांकन करें तो उनकी नवीनता को पहचाना जा सकता है। इतिहासकार और समीक्षक के रूप में वे पुराने प्रतीत होने पर भी उनके व्यक्तित्व से ये दोनों रूप ऐसे जुड़े हुए हैं कि उन्होंने स्वयं अपने इन दोनों रूपों को निबन्धकार रूप में परिमार्जित किया है और वहाँ वे आज भी नवीन हैं।''[62] शुक्ल जी का इतिहासकार और समीक्षक का रूप ज्यादा सहारा गया। वे अपनी साहित्यिक अभिरुचि के आधार पर अपनी बौद्धिकता, नैतिकता, भावनाएँ और सिद्धान्त सामने रखकर समीक्षा करते हैं। उनके समीक्षात्मक ग्रन्थ तुलसी, सूर और जायसी को लेकर लिखे हैं, वे प्रशंसनीय और अविस्मरणीय हैं। राम शुक्ल जी को बहुत प्रिय हैं। तुलसी उनके प्रिय हैं।''शुक्ल जी के समीक्षक रूप पर विचार करते समय प्रथम अवलोकनीय तथ्य यह है कि उन्होंने साहित्यिक कृतियों से सीधा साक्षात्कार किया है। साहित्य का अध्ययन करते–करते जिस कवि विशेष पर उनकी दृष्टि स्थिर हो गई है, वह कवि 'तुलसी' है। उनकी समीक्षाओं में 'तुलसी' समीक्षा के प्रतिमान के रूप में काम करता दिखलाई देता है। शुक्ल जी सूरदास के सम्बन्ध में लिखते समय तुलसी को भूलते नहीं हैं। गोस्वामी तुलसीदास पर उनके द्वारा लिखी हुई पुस्तक छोटी है जबकि जायसी पर उन्होंने अधिक लिखा है और श्रम से लिखा है किन्तु फिर भी उक्त लेखन में तुलसी उनके मस्तिष्क में रहे हैं। हम तो यह अनुभव करते हैं कि तुलसी के समस्त लेखन में जैसे राम केन्द्र में रहते हैं, ठीक उसी तरह शुक्ल जी के समस्त लेखन में 'तुलसी' केन्द्र में रहे हैं। इस तरह तुलसी को प्रमाण मान लेने से उनकी समीक्षा प्रबल भी हुई और कुछ हद तक निर्बल भी।''[63] शुक्ल जी अपने इतिहास को अधूरा मानते थे और बार–बार उसमें संशोधन और परिवर्द्धन करते रहते थे। आधुनिक काल पर लिखी गई टिप्पणियाँ बाद के संस्करणों में प्रकाशित हुईं। उन्होंने जो नई सामग्री एकत्रित की थी उसका पूरा प्रयोग उनकी इच्छानुसार नहीं हो पाया। उनके पुत्र गोकुलचन्द्र शुक्ल ने 'इतिहास की नियति–शुक्ल जी'-शीर्षक लेख में लिखा है– ''आचार्य शुक्ल हिन्दी में अकेले ऐसे लेखक हैं जो अपने लेखन को बार–बार परिष्कृत करते रहे हैं। निबन्ध तथा अन्य प्रकार के लेखन को भी जब उन्होंने संशोधित किया है तो इतिहास को वे वैसे ही नहीं रख सकते थे। यह उनके स्वभाव के विपरीत बात लगती है। उनकी संशोधित सामग्री दो बार गायब हो गई। दो बार गायब होने पर भी वे हिम्मत नहीं हारे। तीसरी बार ठीक किया। तीसरी बार लिखा हुआ अंश भी 150 पृष्ठों से कुछ अधिक ही था। मृत्यु के अवसर पर घरवालों की आँख बचाकर कुछ जानकरों ने वह सामग्री गायब कर दी। अन्त तक सामग्री ठीक से इतिहास में जुड़ ही नहीं पाई।''[64] शुक्ल जी के इतिहास के साथ यह दुर्भाग्य जुड़ गया कि बार–

बार हिम्मत जुटाकर लिखनेवाले शुक्ल जी अपने इतिहास में अपनी इच्छानुसार पूरी नई सामग्री जोड़ भी नहीं पाए कि उनका देहान्त हो गया। शुक्ल जी के इतिहास की श्रेष्ठता का कारण बताते हुए बोरा जी कहते हैं–"इतिहास-लेखन में संशोधन-परिवर्द्धन का कार्य निरन्तर जारी रहता है। इतिहास-बोध में काल बदलने से परिवर्तन होता है और नए तथ्य मिल जाएँ तो उनको क्रम में स्थान देने के लिए पूर्व मूल्यांकन को बदलना आवश्यक हो जाता है। अपनी सामग्री को नवीनतम रूप देते रहने का काम बौद्धिक रूप से सजग विद्वान ही कर सकता है। हमारे पास आज जो इतिहास उपलब्ध है, वह सन् 1941 ई. के अनुसार नहीं है। 1929 के बाद कम-से-कम तीन बार संशोधित करने के प्रमाण हमारे पास उपलब्ध हैं, जिनका उपयोग इतिहास में नहीं हो सका है। एक दशक के बीच ही लेखक ने इतिहास बदलकर लिखना आवश्यक समझा तो आज की स्थिति में आज की नई सामग्री के परिप्रेक्ष्य में शुक्ल जी कितना परिवर्तन करना चाहते, यह विचारने की बात है। शुक्ल जी का इतिहास आज 1986-1929=57 वर्षों बाद भी आकृष्ट करता है तो उसका एक बड़ा कारण यह भी है कि उसमें अपने युग की आवश्यकताएँ सोद्देश्य मौलिक चिन्तन से युक्त हैं। शुक्ल जी का इतिहास चिन्तन गतिशील होते हुए अपने में दृढ़ भी है। उनकी गतिशीलता को पहचानने के प्रयास होने चाहिए। हम शुक्ल जी को बौद्धिक रूप में जितना जानते हैं, उतना उनके निजी मानवीय व्यक्तित्व के आलोक में नहीं जानते। व्यक्ति रूप में शुक्ल जी को पहचान कर उनके इतिहास को पढ़ा जाएगा तो हमें युग को समझने में नई दृष्टि मिल सकती है।"[65] इतिहासकार स्वयं उस इतिहास का एक हिस्सा होता है अतः इतिहासकार को व्यक्ति रूप में जाने बिना हम उस युग को ठीक-ठीक समझ नहीं सकते। इस अध्याय में हमने शुक्ल जी को व्यक्ति रूप में पहचानने की चेष्टा की। उनके चार रूप–इतिहासकार, निबन्धकार, समीक्षक और आचार्य पर दृष्टि डाली है। शुक्ल जी श्रेष्ठ निबन्धकार हैं। इतिहासकार के रूप में परवर्ती इतिहासकारों के लिए प्रकाश स्तंभ, मील का पत्थर हैं। श्रेष्ठ समीक्षक हैं। उनका लेखन उन्हें आचार्य की पदवी प्रदान करता है। व्यक्ति रूप में भी वे आचार्यत्व से सम्पन्न रहे। उनकी नैतिकता, बौद्धिकता, व्यावहारिकता, विनोदी स्वभाव, सिद्धान्त की दृढ़ता और गम्भीरता, विचारशीलता उन्हें श्रेष्ठ लेखक और श्रेष्ठ मनुष्य सिद्ध करती है और उनका इतिहास सर्वोच्च आसन पाता है।

सन्दर्भ ग्रन्थ

1. पं. रामचन्द्र शुक्ल, अंग्रेजी मासिक द हिन्दुस्तान रिव्यू, सं. डॉ. सच्चिदानन्द सिन्हा, फरवरी 1907 अंक अनुवाद–'आलोचना' 74 जु.-सि. 1985 अंक
2. चन्द्रशेखर शुक्ल, रामचन्द्र शुक्ल, पृ. 214-16
3. आचार्य रामचन्द्र शुक्ल, हिन्दी साहित्य का इतिहास, पृ. 1, वक्तव्य से

4. राजमल बोरा, आचार्य रामचन्द्र शुक्ल इतिहास और परम्परा, पृ. 9, 11
5. वही, पृ. 12-13
6. आचार्य रामचन्द्र शुक्ल, हिन्दी साहित्य का इतिहास, पृ. 2
7. श्री नलिनविलोचन शर्मा, साहित्य का इतिहास दर्शन, पृ. 88
8. वही, पृ. 89
9. सं. डॉ. नगेन्द्र, हिन्दी साहित्य का इतिहास-पूर्व पीठिका, पृ. 49-50
10. आचार्य नन्ददुलारे वाजपेयी, हिन्दी साहित्य का संक्षिप्त इतिहास, पृ. 60
11. वही, पृ.-91
12. डॉ. रूपचन्द्र पारीक, हिन्दी साहित्य के इतिहास-ग्रन्थों का आलोचनात्मक अध्ययन, पृ. 127
13. आचार्य रामचन्द्र शुक्ल, हिन्दी साहित्य का इतिहास, वक्तव्य, पृ. 1-2
14. डॉ. रूपचन्द्र पारीक, हिन्दी साहित्य के इतिहास-ग्रन्थों का आलोचनात्मक अध्ययन, पृ. 137
15. आचार्य रामचन्द्र शुक्ल, हिन्दी साहित्य का इतिहास, पृ. 431, 443, 496
16. डॉ. रूपचन्द्र पारीक, हिन्दी साहित्य के इतिहास-ग्रन्थों का आलोचनात्मक अध्ययन, पृ. 140
17. आचार्य हजारीप्रसाद द्विवेदी, हिन्दी साहित्य की भूमिका, पृ. 147
18. बाबू गुलाब राय, आलोचना 'इतिहास विशेषांक', पृ. 29
19. डॉ. शिवनाथ, आचार्य रामचन्द्र शुक्ल, पृ. 237
20. डॉ. रूपचन्द्र पारीक, हिन्दी साहित्य के इतिहास-ग्रन्थों का आलोचनात्मक अध्ययन, पृ. 144
21. वही, पृ. 145
22. सं. गुलाबराय, विजयेन्द्र स्नातक, 'आचार्य शुक्ल', पृ. 48
23. राजमल बोरा, आचार्य रामचन्द्र शुक्ल–इतिहास और परम्परा, पृ. 17
24. वही, पृ. 145
25. डॉ. रामखेलावन पांडेय, हिन्दी साहित्य का नया इतिहास, पृ. 12
26. बच्चन सिंह, हिन्दी साहित्य का दूसरा इतिहास–भूमिका से
27. वही
28. राजमल बोरा, आचार्य रामचन्द्र शुक्ल–इतिहास और परम्परा, पृ. 25
29. वही, पृ. 28
30. वही, पृ. 32
31. डॉ. गणपतिचन्द्र गुप्त, हिन्दी साहित्य का विकास, पृ. 28
32. डॉ. रामखेलावन पांडेय, हिन्दी साहित्य का नया इतिहास, पृ. 15
33. बच्चन सिंह, हिन्दी साहित्य का दूसरा इतिहास, पृ. 23
34. डॉ. गोपाल राय, हिन्दी साहित्य का आदिकाल, लेख (हिन्दी साहित्य का इतिहास पुनर्लेखन की समस्याएँ)
35. डॉ. गणपतिचन्द्र गुप्त, हिन्दी साहित्य का विकास, पृ. 29
36. डॉ. नगेन्द्र, हिन्दी साहित्य का इतिहास, पृ. 69

37. डॉ. रामकृपाल पांडेय, हिन्दी साहित्य का आरम्भ कब से मानना चाहिए? (हि.सा. का इ. पुनर्लेखन की समस्याएँ)
38. राजमल बोरा, आचार्य रामचन्द्र शुक्ल–इतिहास और परम्परा, पृ. 33–34
39. वही, पृ. 33–34
40. वही, पृ. 126–28
41. डॉ. रूपचन्द्र पारीक, हिन्दी साहित्य के इतिहास-ग्रन्थों का आलोचनात्मक अध्ययन, पृ. 134
42. डॉ. रामखेलावन पांडेय, हिन्दी साहित्य का नया इतिहास, पृ. 20
43. वही, पृ. 16
44. डॉ. रामचन्द्र शुक्ल, हिन्दी साहित्य का इतिहास, पृ. 52
45. डॉ. बच्चन सिंह, हिन्दी साहित्य का दूसरा इतिहास, पृ. 81
46. डॉ. शम्भूनाथ सिंह, हिन्दी काव्य की सामाजिक भूमिका, पृ. 45
47. डॉ. बच्चन सिंह, हिन्दी साहित्य का इतिहास, पृ. 191
48. डॉ. रूपचन्द्र पारीक, हिन्दी साहित्य के इतिहास-ग्रन्थों का आलोचनात्मक अध्ययन, पृ. 134
49. सं. डॉ. नगेन्द्र, हिन्दी साहित्य का इतिहास, पृ. 294
50. डॉ. रामलखेलावन पांडेय, हिन्दी साहित्य का नया इतिहास, पृ. 121
51. डॉ. रूपचन्द्र पारीक, हिन्दी साहित्य के इतिहास-ग्रन्थों का आलोचनात्मक अध्ययन, पृ. 136
52. आचार्य रामचन्द्र शुक्ल, हिन्दी साहित्य का इतिहास, पृ. 214
53. वही, पृ. 148
54. नन्ददुलारे वाजपेयी, आधुनिक साहित्य, पृ. 267–68
55. नन्ददुलारे वाजपेयी, हिन्दी साहित्य : बीसवीं शताब्दी, पृ. 83
56. वही, पृ. 87
57. डॉ. राजकिशोर पांडेय, हिन्दी साहित्य का उत्तर मध्य युग, पृ. 187
58. शिवदान सिंह चौहान, हिन्दी साहित्य के अस्सी वर्ष, पृ. 233
59. वही, पृ. 233–34
60. वही, पृ. 234–35
61. डॉ. महेन्द्रप्रताप सिंह, रीतिकालीन हिन्दी साहित्य की ऐतिहासिक व्याख्या, पृ. 215
62. राजमल बोरा, आचार्य शुक्ल : इतिहास और परम्परा, पृ. 140
63. वही, पृ. 51
64. ई. एच. कार, इतिहास क्या है? अनु. अशोक चक्रधर, पृ. 19
65. वही, पृ. 21–22

आचार्य रामचन्द्र शुक्ल के पश्चात् हुए साहित्येतिहास लेखन का अध्ययन और विश्लेषण

आचार्य रामचन्द्र शुक्ल के अतिरिक्त हिन्दी के प्रमुख रूप से निम्नलिखित साहित्येतिहास लिखे गए जो हमारे अध्ययन के विषय बने हैं–

– 'हिन्दी साहित्य की भूमिका' : आचार्य हजारीप्रसाद द्विवेदी
– 'हिन्दी साहित्य' : आचार्य हजारीप्रसाद द्विवेदी
– 'हिन्दी साहित्य' : डॉ. श्यामसुन्दर दास
– 'हिन्दी साहित्य का इतिहास' : रामशंकर शुक्ल 'रसाल'
– 'हिन्दी साहित्य का विवेचनात्मक इतिहास' : सूर्यकान्त शास्त्री
– 'हिन्दी भाषा और साहित्य का विकास' : अयोध्यासिंह उपाध्याय 'हरिऔध'
– 'आधुनिक हिन्दी साहित्य का इतिहास' : कृष्णशंकर शुक्ल
– 'हिन्दी साहित्य का आलोचनात्मक इतिहास' : डॉ. रामकुमार वर्मा
– 'खड़ी बोली हिन्दी साहित्य का इतिहास' : ब्रजरत्नदास
– 'हिन्दी भाषा और साहित्य का इतिहास' : आचार्य चतुरसेन शास्त्री
– 'हिन्दी साहित्य का संक्षिप्त इतिहास' : आचार्य नन्ददुलारे वाजपेयी
– 'हिन्दी साहित्य का विकास' : डॉ. गणपतिचन्द्र गुप्त
– 'हिन्दी साहित्य का आदर्श इतिहास' : डॉ. रामगोपाल शर्मा 'दिनेश'
– 'हिन्दी साहित्य विमर्श' : पदुमलाल पुन्नालाल बख्शी
– 'हिन्दी साहित्य का नया इतिहास' : डॉ. रामखेलावन पांडेय
– 'हिन्दी साहित्य का इतिहास' : सं. डॉ. नगेन्द्र जैन
– 'हिन्दी साहित्य का दूसरा इतिहास' : बच्चन सिंह
– 'आधुनिक हिन्दी साहित्य की भूमिका' : लक्ष्मी सागर वार्ष्णेय
– 'हिन्दी भाषा और साहित्य का विकास' : राजेन्द्र सिंह गौड़
– 'हिन्दी साहित्य के अस्सी वर्ष' : शिवदान सिंह चौहान
– 'हिन्दी साहित्य का उत्तर मध्य युग' : डॉ. राजकिशोर पांडेय
– 'हिन्दी साहित्य और संवेदना का विकास' : डॉ. रामस्वरूप चतुर्वेदी

– ‘हिन्दी साहित्य तृतीय खंड’ : डॉ. धीरेन्द्र वर्मा एवं साथी
– ‘हिन्दी काव्य की सामाजिक भूमिका’ : डॉ. शम्भूनाथ सिंह
– ‘हिन्दी साहित्य का अतीत’ : आचार्य विश्वनाथ प्रसाद मिश्र
– ‘साहित्य का इतिहास दर्शन’ : नलिन विलोचन शर्मा
– ‘हिन्दी साहित्य : बीसवीं शताब्दी’ : नन्ददुलारे वाजपेयी
– ‘आचार्य रामचन्द्र शुक्ल : इतिहास और परम्परा’ : राजमल बोरा
– ‘हिन्दी साहित्य के इतिहास-ग्रन्थों का आलोचनात्मक अध्ययन’ : डॉ. रूपचन्द्र पारीक

हिन्दी साहित्य के इतिहास का वास्तविक रूप से लेखन आचार्य रामचन्द्र शुक्ल के काल में हुआ। उनके पहले लिखे गए तासी, सरोज, ग्रियर्सन, मिश्रबन्धु, एडबिन ग्रीज, एफ.ई. के, बदरीनाथ भट्ट आदि के इतिहास-ग्रन्थों को पूर्व शुक्ल युग में शामिल किया है। ये सभी प्रकार के वृत्त संग्रह हैं। पूर्ववर्ती वृत्त संग्रहों में केवल कवियों की रचनाओं के नमूने ही प्राप्त थे, इन वृत्त संग्रहों में कुछ अधिक सूचनाएँ, जानकारियाँ उपलब्ध हैं। पूर्ववर्ती काव्य संग्रहों में भाषा काव्य संग्रह ही अधिक जानकारियाँ देने के लिए अपवादस्वरूप है। इसमें रचनाओं के नमूनों के साथ रचनाकारों पर संक्षिप्त टिप्पणियाँ भी दी गई हैं। कहीं-कहीं प्रवृत्तियों का विश्लेषण और रचना के सम्बन्ध में निर्देश दिए गए हैं।

शुक्ल युग इतिहास-लेखन की प्रौढ़ावस्था का काल है। इस युग में सर्वाधिक महत्त्वपूर्ण और व्यवस्थित इतिहास आचार्य शुक्ल जी ने लिखा। एक प्रकार से इतिहास-लेखन की वास्तविक परम्परा की शुरुआत की। शुक्ल जी के पश्चात् अनेक छोटे-बड़े इतिहास लिखे गए परन्तु शुक्ल जी जैसी पकड़ किसी भी इतिहासकार में नहीं थी। डॉ. पारीक कहते हैं–“रचनाकारों पर सूत्र रूप में भी उन्होंने जो कह दिया परवर्ती इतिहासकार पृष्ठों में भी इतिहास के उन तथ्यों तक नहीं पहुँच पाए। रचनाकारों के रचना साम्राज्य का वैसा उद्घाटन तो कोई अन्य इतिहासकार कर ही नहीं सका। उनके मत से सर्वथा सहमत होना तो सम्भव नहीं है परन्तु उनके प्रखंड पांडित्य के आगे नतमस्तक होना ही पड़ता है। उनके कुछ निष्कर्षों और स्थापनाओं को लेकर हिन्दी के विद्वानों ने कभी ऊहापोह मचाने की भी चेष्टा की परन्तु इससे आचार्य शुक्ल का महत्त्व कम नहीं होता। अपनी समस्त सीमाओं के बावजूद आज भी उनका इतिहास हिन्दी साहित्य का सर्वश्रेष्ठ इतिहास है। परवर्ती इतिहासकारों ने उनकी सामग्री को ही शब्द परिवर्तन के साथ रखने की चेष्टा की है। नवीनतम उनमें है ही नहीं। हाँ, आचार्य हजारीप्रसाद द्विवेदी अवश्य इसके अपवाद हैं।”[1] आचार्य शुक्ल के इतिहास-ग्रन्थ के सम्बन्ध में हम पूर्व अध्यायों में चर्चा कर चुके हैं। इस अध्याय में आचार्य शुक्ल के बाद के कुछ महत्त्वपूर्ण इतिहास-ग्रन्थों पर चर्चा

करेंगे। आचार्य शुक्ल से प्रेरणा पाकर अनेक छोटे-बड़े इतिहास-ग्रन्थ लिखे गए। क्योंकि इतिहास के विद्यार्थी, शोधार्थी और जिज्ञासु लोग यह मानने लगे कि सम्पूर्ण इतिहास का अध्ययन और विवेचन करने से ज्यादा सरल और सरस होगा कि किसी एक या किसी विशेष काल-खंड को लेकर इतिहास पढ़ा और लिखा जाए। अत: छोटे-बड़े इतिहास-ग्रन्थों की रचना हुई। यह उचित और व्यावहारिक भी था। नागरी प्रचारिणी सभा द्वारा हिन्दी साहित्य का वृहत् इतिहास सत्रह भागों में लिखा गया। तीन खंडों वाले मँझोले आकार के इतिहास की भी रचना हुई। इन सभी ग्रन्थों में से कुछ महत्त्वपूर्ण, उपलब्ध इतिहास-ग्रन्थों पर प्रकाश डाला जाएगा। इस अध्याय में शुक्ल जी के बाद के इतिहास-ग्रन्थों का अध्ययन करने के लिए हम हजारीप्रसाद द्विवेदी के इतिहास-ग्रन्थ से प्रारम्भ करेंगे।

'हिन्दी साहित्य की भूमिका' : आचार्य हजारीप्रसाद द्विवेदी

आचार्य द्विवेदी ने व्यक्तिवादी इतिहास प्रणाली को छोड़कर, उससे आगे बढ़कर सामाजिक इतिहास प्रणाली को अपनाया और इतिहास-लेखन के क्षेत्र में एक नए दृष्टिकोण का सूत्रपात किया। डॉ. पारीक के अनुसार-''साहित्यकारों और उनकी कलाकृतियों के वैयक्तिक विवेचन का मोह छोड़कर आचार्य द्विवेदी ने हिन्दी साहित्य के विराट पुरुष, उसके सामूहिक प्रभाव तथा साहित्येतिहास के माध्यम से आती हुई अबाध हिन्दी जाति की चिन्ताधारा और भाव परम्परा को स्पष्ट करने का प्रयास किया है। हिन्दी साहित्य का वास्तविक परिचय प्राप्त करने के लिए हिन्दी पूर्व सम्पूर्ण भारतीय साहित्य के सहज और स्वाभाविक विकास के रूप में हिन्दी साहित्य का निरूपण किया गया है।''[2] 'हिन्दी साहित्य की भूमिका' आचार्य द्विवेदी का महत्त्वपूर्ण इतिहास-ग्रन्थ है। इसका प्रकाशन 1940 ई. में हुआ। इसमें द्विवेदी का मूल उद्देश्य साहित्यिक प्रवृत्तियों का अध्ययन और उनके उद्गम को खोजकर उन्हें मूल उत्स के साथ संयोजित करता है। उन्होंने प्रचलित परम्परा के अनुसार इसमें काल-विभाजन नहीं किया। चारण काल को छोड़कर आधुनिक युग के प्रारम्भ में ही पहले हिन्दी कविता से निम्नलिखित छह बिन्दु निर्धारित किए हैं-1. डंगल कवियों की वीरगाथाएँ, 2. निर्गुणियाँ सन्तों की वाणियाँ, 3. कृष्णभक्त या रामानुजी भक्तिमार्ग के साधकों के पद, 4. रामभक्त या वैधीमार्ग के उपासकों की कविताएँ, 5. सूफी साधना से पुष्ट मुसलमान कवियों के रोमांस काव्य, 6. ऐहिकतापरक हिन्दू कवियों के रीति काव्य।

इसके साथ ही निम्नलिखित साहित्यिक प्रवृत्तियों के उद्गम स्थलों की खोज की तथा उनका सहज-स्वाभविक विकास बताया-1. सन्त मत, 2. भक्तों की परम्परा, 3. योगमार्ग और सन्तमत, 4. सगुण मतवाद, 5. मध्ययुग के सन्तों का सामान्य विश्वास, 6. भक्तिकाल के प्रमुख कवियों का व्यक्तित्व, 7. रीतिकाव्य।[3]

हिन्दी साहित्य एक पराजित, हतदर्प जाति का साहित्य है, इस धारणा का खंडन करते हुए आचार्य द्विवेदी ने हिन्दी साहित्य को समस्त भारतीय साहित्य का अविभाज्य अंग माना है। इस्लाम का आगमन यदि नहीं हुआ होता तब भी हमारे साहित्य का अधिकांश भाग वैसा ही होता। वे यह बात एक लम्बे वक्तव्य द्वारा स्थापित करने की चेष्टा करते हैं–''मैं इन बातों का प्रतिवाद करता हूँ और यह कहने का साहस करता हूँ कि इस साहित्य का अध्ययन करना नितान्त आवश्यक है, क्योंकि इन सौ वर्षों तक दस करोड़ कुचले हुए मनुष्यों की बात भी मानवता की प्राप्ति के अनुसन्धान के लिए केवल अनुपेक्षणीय ही नहीं बल्कि अवश्य ज्ञातव्य वस्तु है। ऐसा करके मैं इस्लाम के महत्त्व को भूल नहीं रहा हूँ बल्कि जोर देकर कहना चाहता हूँ कि अगर इस्लाम नहीं आया होता तो भी इस साहित्य का बारह आना वैसा ही होता जैसा आज है।''[4] इसी प्रकार उन्होंने हिन्दी भाषा की स्थिति पर टिप्पणी करते हुए कहा है–''इस प्रकार आज से पच्चीस वर्ष पहले हिन्दी ने जो सब कुछ को अपनी आँखों देखने की दृष्टि पाने का यत्न आरम्भ किया था, उसमें वह बहुत कम सफल रही। परन्तु यह सत्य है कि अभी तक इन अध्ययनों में उतनी मौलिकता नहीं आ पाई है जितनी कि आशा की जानी चाहिए। हिन्दी संसार की सर्वाधिक बोली जानेवाली 6–7 भाषाओं में से है, उसका विस्तार जितना अधिक है, उसकी आवश्यकताएँ भी उतनी ही अधिक हैं। जितना कार्य हुआ है वह सन्तोषजनक बिलकुल नहीं है, पर आशाजनक अवश्य है। हमने मुक्त दृष्टि पाई है। हम संसार की प्रत्येक वस्तु को अपनी आँखों से देखना चाहते हैं, यह कम नहीं है। यदि हममें सुबुद्धि उत्पन्न हो गई है तो चिन्ता की कोई बात नहीं है क्योंकि कुलीन जन की निर्धनता खलनेवाली बात नहीं होती, उसकी बुद्धिहीनता या कुबुद्धि ही चिन्ता का विषय होती है। हम कुलीन हैं, पूर्वजों के ज्ञान–विज्ञान के प्रत्येक क्षेत्र में गम्भीर चिन्ता थी, हमारा पुराना साहित्य यद्यपि अधिकांश खो गया है, तो भी उतना ही विशाल और गहन है। हममें अगर आत्मचेतना आ गई है तो निराश होने का कोई कारण नहीं।''[5] आचार्य द्विवेदी ने सूरदास, तुलसीदास, कबीर, रामचन्द्र शुक्ल, जयशंकर प्रसाद आदि पर श्रेष्ठ समीक्षाएँ लिखी हैं। कबीर पर आचार्य द्विवेदी ने बड़े मन से काम किया है। कबीर उन्हें विशेष प्रिय हैं। रीति काव्य के सम्बन्ध में आचार्य द्विवेदी कहते हैं कि उसमें चिन्तन का अभाव था, क्योंकि रीति ग्रन्थकार कवियों ने अपने मत को गौण समझा और शास्त्रीय मत को प्रधान समझा।

आचार्य द्विवेदी ने अपने समकालीन साहित्यकारों और प्रतिनिधि युग–निर्माता रचनाकारों का बड़ा सूक्ष्म और मनोवैज्ञानिक विश्लेषण किया है। प्रसाद के सम्बन्ध में वे लिखते हैं–''प्रसाद ने यद्यपि प्राचीन गौरव का अध्ययन और मनन बहुत अधिक किया था परन्तु उन्होंने अपने समस्त अध्ययन को मनुष्य की दृष्टि से देखने

का प्रयत्न नहीं किया। अध्ययन, अध्ययन के लिए नहीं है, मनुष्य के उद्धार और उन्नयन के लिए है। शास्त्र ज्ञान इसी महान उद्देश्य की सिद्धि का सार्थक होता है। प्रसाद ने नाटक, काव्य, कहानी और उपन्यास लिखे हैं। विषय अधिकांश प्राचीन साहित्य के लिए हैं पर सबको नवीन बीजारोपण में विनियुक्त किया है। यह बात ध्यान देने की है कि प्रसाद जी ने हमारे आलोच्य काल में अपनी भाषा और प्रकाशन की माँग बदल दी थी।''[6] द्विवेदी जी की समीक्षाएँ हर काल में और हर रचनाकार द्वारा सराही गईं। कबीर को उन्होंने जिस सूक्ष्म दृष्टि से देखा वह अद्‌भुत है। वह उनकी मौलिक दृष्टि और विवेचना है। डॉ. नामवरसिंह कहते हैं–''अपने समकालीन अन्य शुक्लोत्तर आलोचकों की तरह द्विवेदी जी न तो कहीं शुक्ल जी से आतंकित हैं, न ग्रस्त–मुख्यतः शान्ति निकेतन काल की कृतियों में। इस मामले में वे कबीर के समान ही सौभाग्य से शास्त्र वंचित थे। कबीर को हिन्दुओं का शास्त्र पढ़ने को नहीं मिला तो द्विवेदी जी को हिन्दी आलोचना का शास्त्र। एक बात और है जिसमें वे कबीर से ज्यादा भाग्यशाली थे। वे अपने निर्माण काल में काशी से दूर रहे–शुक्ल जी आदि की छाया से। इसलिए न उन्हें हिन्दी की यह महान परम्परा विरासत में मिली, न इस परम्परा से खामखाह उलझने की कड़वाहट ही महसूस हुई।''[7] आचार्य द्विवेदी जी ने साहित्य में जो कुछ किया वह उनकी मौलिक प्रतिभा है। डॉ. पारीक कहते हैं–''कबीर की महत्ता को सर्वप्रथम व्यापक रूप से स्वीकार करने का श्रेय आचार्य हजारीप्रसाद द्विवेदी को है। कबीर की ऐतिहासिक आलोचना द्वारा उन्होंने अपना स्थान बहुत ऊँचा बना लिया है। आचार्य रामचन्द्र शुक्ल द्वारा उपेक्षित कबीर को उन्होंने अत्यन्त गरिमा प्रदान की है और उसके साहित्य का अन्यतम विश्लेषण किया है। 'हिन्दी साहित्य की भूमिका' लिखकर आचार्य हजारी प्रसाद द्विवेदी ने यह सिद्ध कर दिया कि आचार्य रामचन्द्र शुक्ल द्वारा निर्दिष्ट पथ ही एकमात्र पथ नहीं है। उससे भिन्न मत का अवलम्बन करके भी इतिहास लिखा जा सकता है। 'हिन्दी साहित्य की भूमिका' वास्तव में साहित्येतिहास लेखन क्षेत्र में एक नए युग की भूमिका है जो अपने विचार विस्तार के लिए किसी अन्य साहित्येतिहासकार की प्रतीक्षा कर रही है।''[8] इतिहास से हमें अनेक प्रकार की जानकारी मिलती है, जैसे–क्या साहित्य और सम्प्रदाय का अटूट सम्बन्ध है? क्या निराशा और दुख में सत् साहित्य और शक्तिशाली साहित्य की रचना हो सकती है? क्या साहित्य साम्प्रदायिक होने पर भी लोककल्याण का साधन बन सकता है? पारीक कहते हैं–''शुक्ल जी के इतिहास में भक्तिकाल के सामान्य परिचय में सोमनाथ के मन्दिर और तत्सम्बन्धी जितनी अन्य चर्चाएँ आई हैं, वे सत् साहित्य तो क्या सद्-प्रवृत्ति की भी द्योतक नहीं हो सकतीं। इस अन्तर्विरोध को समझने के लिए यदि हमें किसी ने दृष्टि दी तो आचार्य हजारीप्रसाद

द्विवेदी ने। शुक्ल जी से इतनी बड़ी भूल होने का कारण हिन्दी साहित्य के इतिहास को क्रमिक रूप में नहीं देख पाना है। काल-विभाजन की शृंखलाएँ इतनी बड़ी हो गईं कि अनेकों ऐतिहासिक विवाद गलत मार्ग की ओर चले गए। 'हिन्दी साहित्य की भूमिका' में द्विवेदी जी ने ऐसे अनेक तथ्यों का निरूपण किया है।''[9] द्विवेदी जी के इस इतिहास की प्रशंसा करते हुए कोमल कोठारी कहते हैं–''शुक्ल जी की यह परिपाटी अगर किसी ने भंग की है तो वे हैं आचार्य हजारीप्रसाद द्विवेदी। इतिहास को लिखते समय तथ्य तो एक होंगे ही इसमें सन्देह नहीं, तुलसी के स्थान पर तुलसी होंगे और इतिहास की व्यवस्था के समय तुलसी के 'रामचरितमानस' का ही उल्लेख करना होगा। तब इतिहास की परिपाटी कैसे भंग होती है ? इससे तात्पर्य यह है कि ऐतिहासिक तथ्यों के मिलान, उसका समन्वय, शक्तिशाली प्रयोग, विकास के प्रमुख कारण और कारणों के तत्सम्बन्धी सामाजिक आन्दोलन आदि का कोई लेखक किस प्रकार निरूपण करता है ? उससे साहित्य की समस्याओं और समाज के जीवन पर पड़नेवाले प्रभाव का कैसा स्वरूप निखरता है ? यही एक महत्त्वपूर्ण मौलिक प्रश्न है जो आचार्य द्विवेदी को अन्य इतिहासकारों से पृथक् कर देता है।''[10] द्विवेदी जी ने संस्कृत साहित्य, जैन और बौद्ध साहित्य में उपयोगी और नई-नई जानकारियाँ दीं। 'हिन्दी साहित्य की भूमिका' द्विवेदी जी का श्रेष्ठ इतिहास-ग्रन्थ है जो नई शैली में लिखा गया। इसके बाद हम उनके दूसरे ग्रन्थ 'हिन्दी साहित्य' का अध्ययन करेंगे।

'हिन्दी साहित्य' : आचार्य हजारीप्रसाद द्विवेदी

आचार्य हजारीप्रसाद द्विवेदी का यह दूसरा साहित्येतिहास ग्रन्थ 1955 ई. में प्रकाशित हुआ। इसमें उन्होंने अपने द्वारा व्यवहार में लाई गई प्रणालियों का विवेचन करते हुए इतिहास लिखा है। इसमें हिन्दी साहित्य के उद्‌भव और विकास का संक्षिप्त वर्णन है। साहित्य की विभिन्न प्रवृत्तियों और उसके महत्त्वपूर्ण बाह्य रूपों के मूल और वास्तविक स्वरूप का स्पष्ट परिचय दिया गया है। इस ग्रन्थ में द्विवेदी जी ने काल-विभाजन प्रस्तुत किया है–1. हिन्दी साहित्य का आदिकाल (100 ई.-1400 ई.), 2. भक्ति साहित्य का आविर्भाव, 3. रीतिकाल (16वीं शताब्दी के मध्य भाग से 19वीं शताब्दी के मध्यकाल तक), 4. आधुनिक काल (1800-1952 ई.)। इस काल-विभाजन पर किसी को आपत्ति नहीं है किन्तु तिथि के सम्बन्ध में आपत्ति अवश्य है। आदिकाल का प्रारम्भ वे 100 ई. से मानते हैं किन्तु 'हिन्दी साहित्य की भूमिका' के पृ. 1 पर वे स्वयं इसका खंडन कर देते हैं। द्विवेदी जी ने भक्तिकाल और रीतिकाल की कोई स्पष्ट तिथि नहीं दी है, उनके जैसे विद्वान इतिहासकार से यह चूक कैसे हुई, कहा नहीं जा सकता।

द्विवेदी जी ने 'पृथ्वीराज रासो' की प्रामाणिकता या अप्रामाणिकता पर भी विस्तार से अपने विचार व्यक्त किए हैं। भक्ति आन्दोलन के सम्बन्ध में उन्होंने कहा है कि यह हारी हुई हिन्दू जाति की प्रतिक्रिया नहीं है बल्कि साहित्य का स्वाभाविक विकास है। इसी तरह रीतिकाल को वे मस्ती और शृंगार का ही काव्य नहीं मानते। कहते हैं–"इस प्रकार की ऐहिकता और आमुष्मिकता को एक साथ जोड़ देने की प्रवृत्ति इस साहित्य में पाई जाती है। परन्तु इस युग की रसिकता का मेरुदंड औदार्य और मस्ती उतनी नहीं थी, जितनी एक प्रकार से मानसिक पिंड छुड़ाने का बहाना। वहाँ नारी कोई व्यक्ति या समाज के संघटन की इकाई नहीं है, बल्कि सब प्रकार की विशेषताओं के बन्धन में यथासम्भव मुक्त विलास का एक उपकरण मात्र है।" देव ने कहा–

कौन गने पुर वन नगर कामिनी एकै रीति।
देखत हरै विवेक को चित्त हरै करि प्रीति॥

इससे इतना स्पष्ट है कि नारी की विशेषता इनकी दृष्टि में कुछ नहीं है, वह केवल पुरुष के आकर्षण का एक केन्द्र भर है। उसका सामाजिक अस्तित्व मानो कुछ है ही नहीं। इतना होते हुए भी रीतिकाल के कवि एकान्तिक शृंगारी नहीं हैं। उनकी रचना में गृहस्थी का भरपूर रस है। परन्तु गृहस्थी में भी नारी केवल एक टाइप है, व्यक्ति नहीं। भारतीय साहित्य में टाइप की प्रधानता शुरू से ही रही है, पर रीतिकाल में वह चरम सीमा पर पहुँच गई है।[11] द्विवेदी जी कहते हैं कि रीतिकाल में केवल रीतिबद्ध काव्य ही नहीं बल्कि रीतिमुक्त काव्य भी रचा गया। इसकी अनेक धाराएँ प्रवाहित हुईं। आचार्य द्विवेदी ने अपने काल-विभाजन के अन्तिम बिन्दु आधुनिक काल के अन्तर्गत राष्ट्रीयता और प्रगतिशील आन्दोलनों पर भी चर्चा की। वे कहते हैं कि राष्ट्रीयता भारतवर्ष के लिए इस युग में नवीन विश्वास थी। यूरोपीय सत्ता के सम्पर्क में आकर धीरे-धीरे भारतीयों में एक भावोदय हुआ जिसे भारतीयों में 'राष्ट्रीयता' नाम दिया गया। इससे पहले वे इस शब्द और भाव से अपरिचित थे। साम्प्रदायिकता हानिकारक है। प्रगतिशील आन्दोलन एक महान उद्देश्य लेकर चल रहे हैं। यदि इन आन्दोलनों के साथ साम्प्रदायिकता के भाव नहीं जुड़ें तो इन आन्दोलनों से बहुत अधिक आशाएँ, सम्भावनाएँ हैं। इसी तरह हिन्दी के भविष्य को उन्होंने उज्ज्वल कहा है। द्विवेदी जी ने यह ग्रन्थ विद्यार्थियों की दृष्टि से लिखा है किन्तु इसमें हुई कुछ त्रुटियाँ अखरनेवाली हैं। अपने पहले ग्रन्थ 'हिन्दी साहित्य की भूमिका' के कुछ अंशों को दुहरा दिया गया है। ऐतिहासिकता का ध्यान कम रखा गया है। निर्गुण काव्य धारा के पश्चात् सूफी काव्य की चर्चा करने के बाद रामकाव्य और कृष्णकाव्य पर चर्चा होनी चाहिए थी पर यहाँ यह ऐतिहासिक प्रवाह खंडित है। कुछ अशुद्ध तिथियाँ भी दी गई हैं। ये अशुद्धियाँ

आचार्य द्विवेदी का शुक्लोत्तर पद्धति को अपनाने और साहित्य की परम्परा को अविच्छिन्न रूप में देखने के कारण है। इस विषय पर शर्मा जी कहते हैं–''कोई सर्वथा नवीन पद्धति अपनाएगा, किन्तु वह हिन्दी के भाव साहित्येतिहासकारों को यह सुझाने में अवश्य सफल हुआ है कि साहित्येतिहास लेखन की वह एक ही प्रणाली नहीं है, जिसे शुक्ल जी ने इतने प्रभावोत्पादक और अपने ढंग से परिपूर्ण रीति से अपनाया था। यह दूसरी बात है कि इस सुझाव की सम्भावनाओं को हम आज भी देख–समझ न पाएँ।''[12] द्विवदी जी के इस इतिहास–लेखन पर प्रकाश डालते हुए रामविलास शर्मा कहते हैं–''आदिकाल से लेकर छायावाद तक द्विवेदी जी ने उन्हीं धाराओं के हिसाब से इतिहास लिखा है, जिनका विवेचन शुक्ल जी ने किया था पर एक अन्तर है। द्विवेदी जी ने आदिकाल की तरह आधुनिक काल का नाम तो रखा है लेकिन मध्यकाल नाम छोड़ दिया है। आदि है और आधुनिक है तो मध्य भी होना चाहिए। उसे छोड़ने का कोई संगत कारण दिखाई नहीं देता। इसके सिवा और युगों में जहाँ द्विवेदी जी ने उन्हीं साहित्यिक धाराओं और प्रवृत्तियों को मुख्य माना है, जिनकी चर्चा शुक्ल जी ने की थी, वहाँ आदिकाल की मुख्य धारा उन्होंने स्पष्ट नहीं की।''[13] इस तरह आचार्य हजारीप्रसाद द्विवेदी ने अपने इतिहास–ग्रन्थों द्वारा समाज की सामूहिक चेतना का प्रतिबिम्ब प्रस्तुत किया। विद्यार्थियों के लिए शिक्षोपयोगी सामग्री जुटाई तथा एक नए ढंग की शैली में इतिहास लिखकर परवर्तियों के लिए एक नई दृष्टि का विकास किया। द्विवेदी जी का इतिहास भी समीक्षा की दृष्टि से अत्यन्त उपयोगी है। उन्होंने रामचन्द्र शुक्ल, प्रेमचन्द, कबीर, सूर, तुलसी को सूक्ष्म और मनोवैज्ञानिक दृष्टि से जाँचा–परखा और प्रस्तुत किया। हिन्दी भाषा के उज्ज्वल भविष्य की आशाएँ बाँध दीं तथा संस्कृत, जैन, बौद्ध साहित्य की उपयोगी सामग्री प्रस्तुत की। स्त्री के रूप, गुण, स्थिति के सम्बन्ध में चर्चा की और तत्कालीन समाज की झाँकी प्रस्तुत की।

'हिन्दी साहित्य' : डॉ. श्यामसुन्दर दास

सन् 1930 में डॉ. दास का 'हिन्दी भाषा और साहित्य' प्रकाशित हुआ। बाद में इसका परिवर्द्धित और परिमार्जित संस्करण 'हिन्दी साहित्य' के नाम से 1944 में प्रकाशित हुआ। भाषा वाला भाग 'हिन्दी भाषा' के नाम से अलग पुस्तक के रूप में प्रकाशित हुआ। 'हिन्दी साहित्य' के दोनों संस्करणों के बीच अन्तर बतलाते हुए वे कहते हैं–''पहले की आवृत्तियों से इस संस्करण में अनेक अन्तर है, यद्यपि मूल आकार पूर्ववत् है। इसका उद्देश्य पहले से यह था कि भिन्न–भिन्न काल की मूल वृत्तियों का वर्णन किया जाए। जिस काल में जैसी राजनीतिक, सामाजिक, धार्मिक परिस्थिति थी, उसके वर्णन के साथ उस काल के मुख्य–मुख्य प्रवर्तक कवियों का

वर्णन भी रहे। यह अंश ज्यों का त्यों है। कवियों के विषय में जो नए अनुसन्धान हुए हैं उनके आधार पर साहित्यिक स्थिति के वर्णन में आवश्यक परिवर्तन किए गए हैं और कवियों की कविता के नमूने भी दिए गए हैं। इस अंश में विशेष परिवर्तन है। भिन्न-भिन्न विश्वविद्यालयों ने एम.ए., पीएच. डी. और डी-लिट की परीक्षाओं के लिए जो अनेक थीसिस लिखे हैं और जिनके देखने का मुझे अवसर मिला है उनमें से आवश्यक सामग्री मैंने इस संस्करण में सम्मिलित की है।''[14] डॉ. दास ने जिन ग्रन्थों से सहायता ली है उनके नाम प्राप्त नहीं हैं, उन्होंने कहीं उनका उल्लेख नहीं किया है। इनके काल-विभाजन पर शुक्ल जी की छाप स्पष्ट दिखाई देती है। इसका अध्ययन हम पूर्व के अध्याय में कर चुके हैं। डॉ. दास कहते हैं–''हिन्दी के कुछ इतिहास लेखकों ने उसके आदि युग का प्रारम्भ विक्रम की सातवीं शताब्दी से माना और अपने मत का समर्थन अलंकार तथा रीति सम्बन्धिनी एक ऐसी पुस्तक के नामोल्लेख से किया है, जो अब तक अप्राप्य है तथा जिसके एक भी उद्भूत अंश के अब तक दर्शन नहीं हुए हैं। हम इस मत के समर्थक नहीं हैं।''[15] डॉ. दास शुक्ल जी के साथ ही इतिहास लिखना चाहते थे किन्तु उनकी यह इच्छा पूरी नहीं हो पाई। आचार्य शुक्ल के इतिहास से प्रभावित होकर 'हिन्दी भाषा और साहित्य' लिखी। प्रवृत्ति निरूपण में भिन्नता होने के बावजूद डॉ. दास का इतिहास उस कसौटी पर खरा नहीं उतर सका। नामवर सिंह कहते हैं–''बाबू साहब वह गहराई और बारीकी तो नहीं निभा सके, लेकिन उन्होंने शुक्ल जी के इतिहास के विच्छिन्न प्रवाह को क्रम संख्या, रचनाओं का नमूना आदि बातें घटाकर अविच्छिन्न-सा दिखलाना चाहा। हाँ, उन्होंने शुक्ल जी की अपेक्षा राजनीतिक, सामाजिक, संस्कृतियों का खाता और लम्बा कर दिया।''[16] डॉ. दास जब एक प्रवृत्ति विशेष का चित्रण करते हैं तो उस प्रवृत्ति की सभी रचनाओं की चर्चा कर लेते हैं। वे खंडित रूप में या अलग-अलग करके प्रवृत्तियों को विश्लेषित नहीं करते, जैसे–वीरगाथा काल के अन्तर्गत ही भूषण की चर्चा करते हैं जबकि कालक्रम के अनुसार उनका स्थान रीतिकालीन कवियों के साथ है। इसी तरह रामभक्ति शाखा के अन्तर्गत मैथिलीशरण गुप्त को स्थान दे दिया गया है। डॉ. दास कहते हैं–''अनेक भक्ति सम्प्रदायों का हमारे साहित्य पर भी प्रभाव पड़ा और वीरगाथा काल की एकांगिता दूर होकर हिन्दी में एक प्रकार की व्यापकता और आध्यात्मिकता का समावेश हुआ। मध्य युग का हिन्दी साहित्य हिन्दी के इतिहास में तो उत्कृष्टता की दृष्टि से अतुलनीय है ही, उसकी तुलना संसार के अन्य समृद्ध साहित्यों से भी भली-भाँति की जा सकती है। हिन्दी के इस उत्कर्षवर्द्धन में तत्कालीन भक्ति-अभ्युत्थान ने विशेष सहायता पहुँचाई थी।''[17] डॉ. दास ने कबीर, नानकदेव, दादूदयाल, मलूकदास, सुन्दरदास पर साहित्यिक समीक्षा लिखी। किन्तु इस सबके बावजूद डॉ. दास के इतिहास में शुक्ल जी जैसी

गहराई और प्रतिपादन कुशलता का अभाव है। दास का दृष्टिकोण वैसा व्यापक नहीं है जैसा शुक्ल जी का है। उदाहरण पर्याप्त मात्रा में नहीं हैं। इन्होंने कोई नया दृष्टिकोण विकसित नहीं किया बल्कि वे शुक्ल जी के ही मार्ग का अनुसरण करते रहे। अत: यह इतिहास साहित्य जगत में अपना महत्त्वपूर्ण स्थान नहीं बना सका। लोगों ने इसे विस्मृति के संसार में धकेल दिया।

'हिन्दी साहित्य का इतिहास' : रामशंकर शुक्ल 'रसाल'

'रसाल' के इस ग्रन्थ का प्रकाशन 1931 में हुआ। अपना उद्देश्य स्पष्ट करते हुए वे भूमिका में लिखते हैं–"ईश्वर की कृपा से आज वह समय आ गया है कि हिन्दी भाषा का साहित्य श्री संपन्न होता हुआ सबके लिए समाकर्षक हो रहा है और सभी इसके अध्ययन की ओर समुत्सुक होकर ध्यान दे रहे हैं। ऐसी दशा में यह आवश्यक ठहरता है कि इसके जीवन का वास्तविक विवरण जनता के सम्मुख उपस्थित किया जाए क्योंकि साहित्य के अध्ययन के पूर्व साहित्य के विषय में यथेष्ट ज्ञान प्राप्त करना, उसके ऐतिहासिक विकास से परिचित होना तथा उसकी विचार में यथेष्ट ज्ञान प्राप्त करना, उसके ऐतिहासिक विकास से परिचित होना तथा उसकी विचारधाराओं, रीतियों आदि का यथोचित रूप से जानना अनिवार्य ही है। इसी विचार से साहित्य का इतिहास विशेष महत्त्वपूर्ण माना जाता है और उसके बिना साहित्य का भंडार एक प्रकार से सूना सा ही रहता है।"[18] साहित्य के इतिहास और उसके महत्त्व को स्वीकार करते हुए भी बहुत से विद्वान रसाल जी की बातों से सहमत नहीं हैं। 'रसाल' जी ने साहित्येतिहास सम्बन्धी मान्यताओं को विस्तार से प्रस्तुत किया है। इनमें से कुछ मान्यताओं को हमने अध्याय एक के अन्तर्गत प्रस्तुत किया है। कुछ मान्यताओं का उल्लेख यहाँ करेंगे–"साहित्य के इतिहास से हमारा तात्पर्य यही है कि इतिहास के समान जिसमें साहित्य के भिन्न-भिन्न समय से सम्बन्ध रखनेवाली दशाओं या अवस्थाओं का सुव्यवस्थित वर्णन हो, उसे साहित्य का इतिहास समझना चाहिए। जिस प्रकार किसी देश अथवा समाज के इतिहास से हमें उससे सम्बन्ध रखनेवाली घटनाओं, उनके कारणों, परिणामों एवं उनकी परिस्थितियों आदि का यथाक्रम आद्योपान्त एवं सांगोपांग परिचय प्राप्त होता है उसी प्रकार किसी भाषा के साहित्य के इतिहास में हमें उस साहित्य से सम्बन्ध रखनेवाली भिन्न-भिन्न विषयों की दशाओं, उनके कारणों एवं परिणामों आदि का उनकी महत्त्वपूर्ण परिस्थितियों और प्रगतियों के साथ ज्ञान प्राप्त होता है।" वे आगे लिखते हैं–"साहित्य के इतिहास का यथार्थ उद्देश्य यही है कि वह साहित्य के भूतकाल से प्रारम्भ करके यौक्तिक क्रम के साथ वर्तमान काल तक जो कुछ भी उसमें विकास हुआ है उसका एक सच्चा चित्र चित्रित करके पाठकों के सम्मुख

उपस्थित कर दें। जिस प्रकार इतिहास में राजनीति के केन्द्ररूपी सम्राटों एवं राजाओं के शासनों, अनुशासनों एवं कार्यों का मार्मिक विवेचन सत्यता के साथ किया जाता है, उसी प्रकार साहित्य के इतिहास सम्राटरूपी लेखकों एवं कविराजों (महाकवियों) के साहित्यिक कार्यों पर प्रकाश डाला जाना चाहिए। इतिहास में जैसे राजाओं की नीतियों एवं रीतियों की समालोचना की जाती है वैसे ही साहित्य के इतिहास में भी लेखकों एवं कवियों की नीतियों, रीतियों एवं शैलियों आदि की सकारण तुलनात्मक और मार्मिक विवेचना उनके परिणामों के साथ की जानी चाहिए।'' साहित्य के प्रभावशाली इतिहास के सम्बन्ध में वे कहते हैं–''साहित्य के क्षेत्र में कार्य करनेवाले कवियों और लेखकों की उनके समयानुसार एक यथाक्रम सूची दे देना ही उचित एवं उपयुक्तोपादेय नहीं है क्योंकि वह तो एक प्रकार से तालिका या सूचीपत्र देना मात्र है। प्राधान्य होना चाहिए साहित्य के इतिहास में विचारों, विशेषतया साहित्य सम्बन्धी विचारों के विकास का। जिस प्रकार इतिहास में राजाओं के पारस्परिक युद्ध आदि के ऊपर विशेष महत्ता के साथ प्रकाश डाला जाता है, क्योंकि उनका बहुत बड़ा प्रभाव देश, जनता और उसके समस्त व्यापारों पर प्रायः पड़ता है, उसी प्रकार यहाँ भी आचार्यों के मत-मतान्तर सम्बन्धी विचारों पर जोर दिया जाता है और दिया भी जाना चाहिए क्योंकि साहित्यिक क्षेत्र तथा उससे सम्बन्ध रखनेवाले समस्त लोगों पर इनका गहरा प्रभाव पड़ता है।''[19] रसाल जी कहते हैं कि साहित्येतिहास से हमें साहित्य का पूर्व परिचय प्राप्त हो जाना चाहिए। उससे सम्बन्धित विषयों के क्रमिक विकास का भी पता चल जाना चाहिए। भाषा, शैलियों आदि में होनेवाले परिवर्तनों का भी पता चलना चाहिए तभी यह साहित्येतिहास लाभकारी होगा व लेखक अपने कर्तव्य और उद्देश्य में सफल माना जाएगा। यद्यपि इन विचारों के पीछे कोई दृढ़ आधार नहीं है तथापि रसाल जी से पूर्व किसी साहित्येतिहासकार ने ऐसे विचार व्यक्त नहीं किए। 'रसाल' जी बार-बार दुहराते हैं कि साहित्येतिहासकार का प्रधान कार्य विचारधाराओं का विवेचन और विश्लेषण करना है।

'रसाल' जी अपने पूर्ववर्ती साहित्येतिहासों पर प्रतिक्रिया व्यक्त करते हुए 'सरोज' के सम्बन्ध में कहते हैं–'''सरोज' वास्तव में साहित्य का इतिहास-ग्रन्थ नहीं कहा जा सकता, क्योंकि उसमें वह सामग्री नहीं है, जिसका होना साहित्य के इतिहास में अनिवार्य है। उसमें न तो साहित्य की परम्परागत विचारधाराओं, उनकी शैलियों आदि का विवेचन है और न उसमें देश, समाज, समय आदि की संस्कृतियों की ही जिसके प्रभाव से भाषा और साहित्य प्रभावित होकर प्रगतिशील होता है– आलोचना है।'' मिश्रबन्धु विनोद के सम्बन्ध में टिप्पणी करते हैं–''वास्तव में हिन्दी साहित्य के इतिहास का जन्म श्रद्धेय मिश्रबन्धुओं के द्वारा ही हुआ है और

इसके लिए हिन्दी साहित्य उनका शाश्वत ऋणी और आभारी है। मिश्रबन्धुओं ने ही साहित्य के इतिहास का सच्चा मार्ग दिखलाया है। और उन्होंने साहित्य की आलोचना (सत्समालोचना) की भी परम्परा चलाई है। अस्तु, मिश्रबन्धु ही साहित्य के इतिहास और सत्समालोचना के मुख्य प्रवर्तक हैं। इस ग्रन्थ में साहित्य की परम्पराओं-विचारधाराओं और रचना शैलियों आदि पर भी सांकेतिक प्रकाश डाला गया है।'' इसी शृंखला में वे आचार्य रामचन्द्र शुक्ल के सम्बन्ध में कहते हैं– ''शुक्ल जी ने यह पुस्तक बड़ी विद्वत्ता और बड़े परिश्रम से लिखी है और इसमें विचारधाराओं, शैलियों और परम्पराओं आदि पर सूक्ष्म रूप से अच्छा प्रकाश डाला गया है। कवियों की रचनाओं का सुन्दर विवेचन किया है। पुस्तक सराहनीय है किन्तु साहित्य के सभी ग्रन्थों पर प्रकाश डालने में सर्वथा समर्थ नहीं है।'' ऐसा ही मत वे डॉ. श्यासुन्दर दास के सम्बन्ध में व्यक्त करते हैं–''ग्रन्थ यद्यपि योग्यतापूर्ण और श्लाघ्य है, किन्तु सर्वांगपूर्ण और यथेष्ट रूप में विस्तृत नहीं है, जिससे उच्च कक्षा के पाठकों को हताश होना पड़ता है।'' इन सभी इतिहास-ग्रन्थों में कहीं-न-कहीं अपूर्णता थी जिसे भरने का प्रयास करते हुए 'रसाल' जी ने अपना इतिहास लिखा है।

'रसाल' जी के सम्बन्ध में डॉ. पारीक कहते हैं–''रसाल जी का इतिहास आचार्य रामचन्द्र शुक्ल के इतिहास से अत्यधिक प्रभावित है। यदि उसे आचार्य के इतिहास की आवृत्ति (अनुकृति) मात्र कह दिया जाए तब भी कुछ हर्ज नहीं होगा। उन्होंने भी प्रत्येक काल की राजनीतिक, सामाजिक, धार्मिक आदि परिस्थितियों की विस्तार से चर्चा की है परन्तु साहित्य से उनका अन्तःसम्बन्ध निर्धारित नहीं किया है।''[20] 'रसाल' जी की मान्यता है–''साहित्य का इतिहास पूर्णतया इतिहास पर ही निर्भर है तो भी कोई विशेष अत्युक्ति न होगी–यदि वास्तविक दृष्टि से देखा जाए तो प्रत्येक देश एवं समाज की राजनीतिक एवं आर्थिक दशा पर ही उसकी साहित्यिक दशा एवं प्रगति समाधारित रहती है। साहित्य में उसी प्रकार की अवस्थाएँ, दशाएँ, प्रणालियाँ एवं परिवर्तन की प्रगतियाँ पाई जाती हैं जिस प्रकार कि देश के इतिहास में। इससे स्पष्ट है कि साहित्य का इतिहास पूर्णतया इतिहास का एक मुख्य अंग होकर उसी पर समाधारित-सा रहता है।'' यह इतिहास के प्रारम्भिक पृष्ठों (2-3) पर ही दिया है।

'रसाल' जी का काल-विभाजन हम अध्याय दो में पढ़ चुके हैं। उस पर 'विनोद' का प्रभाव स्पष्ट है। श्याम बिहारी मिश्र जी लिखते हैं–'''शुक्ल 'रसाल' जी के इस इतिहास में न तो 'मिश्रबन्धु विनोद' की कच्चाइयाँ ही रहने पाई हैं और न पं. रामचन्द्र शुक्ल के इतिहास के अनुचित पक्षपात ही इसमें पाए जाते हैं और न बाबू श्यामसुन्दर दास कृत ग्रन्थ की कविता सम्पन्न नीति की ही बू इसमें आने पाई

है। पं. रामशंकर शुक्ल जी ने न तो किसी पर अनुचित आक्षेप ही किया है और न अनुचित प्रशंसा ही उनके ग्रन्थ में पाई जाती है। शुक्ल जी ने हिन्दी साहित्य का काल-विभाजन इस प्रकार किया है कि आदिकाल संवत् 1000 से 1400 तक, मध्यकाल संवत् 1400 से 1800 तक और आधुनिक काल 1800 से आज तक। हमारी अनुमति में यह काल विभाग बहुत युक्ति-युक्त प्रतीत नहीं होता, क्योंकि ऐसा विभाग किसी भी भाषा के इतिहास का किया जा सकता है। हिन्दी की विशेषताओं पर ध्यान देते हुए जो विभाग हमने 'मिश्रबन्धु विनोद' में किए हैं, हमको वे ही अब भी ठीक जँचते हैं।''[21] श्याम बिहारी मिश्र ने लिखा कि रसाल जी ने किसी पर भी अनुचित आक्षेप नहीं किया जबकि महत्त्वपूर्ण कृतिकारों पर उन्होंने जो टिप्पणी की है वह उनकी हीनभावना से ग्रस्त विचारधारा का परिणाम लगती है, जैसे–'रहीम' पर की गई टिप्पणी पर ध्यान दें–''रहीम खाँ को दिल्ली में रहकर हिन्दी और संस्कृत सीखने का अवकाश बहुत ही थोड़ा प्राप्त हुआ था, इतने 10 या 12 वर्ष के भीतर उनको इतना प्रौढ़ ज्ञान उक्त दो भाषाओं, उनके काव्य साहित्यों तथा उनकी रचना पद्धतियों (छन्दशास्त्र, काव्यशास्त्र आदि) का न हो सकता था कि वे उक्त दोनों भाषाओं में इतनी सुचारु सफलता के साथ ऐसी सुन्दर और प्रौढ़ रचनाएँ कर सकते। हमारा अनुमान है कि उनके नाम से दूसरे विद्वान कवियों ने ये रचनाएँ की थीं और रहीम ने उन्हें पुरस्कृत करके अपने नाम को अमर करने का प्रयत्न किया।'' मैथिलीशरण गुप्त पर टिप्पणी–''इसकी प्रथम पुस्तक देश दशा पर 'भारत भारती' नाम से निकली, जिसे हम सफल सत्काव्य नहीं कह सकते, हाँ पद्यात्मक निबन्ध मान सकते हैं। गुप्त जी में मौलिक भावों की न्यूनता तथा काव्य शैली की संकीर्णता उन्हें ऊँचा स्थान देने से रोकती है।'' प्रसाद पर टिप्पणी–''जो अंग्रेजी मत से प्रभावित हो सूफी सन्तों के रहस्यवाद से कुछ मार्मिकभाव लेकर लाक्षणिकता, व्यंजकता और मूर्तिमत्ता के साथ लिखा करते हैं। बाबू जयशंकर प्रसाद ने 'अजातशत्रु', 'चन्द्रगुप्त', 'स्कन्द्रगुप्त' तीन चार सुन्दर नाटक लिखे है। इन्हें साहित्य में भी स्थान दिया जा सकता है।''[22] 'रसाल' जी के यह विचार संकीर्ण और एकांगी हैं। लगता है वे खड़ी बोली के साहित्य को साहित्य स्वीकार करना नहीं चाहते। यह इतिहास उनकी हीनता-ग्रन्थि को उजागर करता है। सृजन के क्षेत्र में 'प्रसाद' और 'आलोचना' के क्षेत्र में रामचन्द्र शुक्ल का व्यक्तित्व इतना महत्त्वपूर्ण है कि रसाल से उनकी तुलना ही हास्यास्पद है। डॉ. पारीक कहते हैं–''केवल अनुमान के आधार पर किसी समर्थ एवं प्रौढ़ कृतिकार के सम्बन्ध में इस प्रकार की उत्तरदायित्वहीन धारणा व्यक्त करना बहुत बड़ा साहित्यिक अपराध है। रहीम का ब्रजभाषा पर जैसा अधिकार था, वैसा अधिकार भाषा पर बहुत कम कवियों का देखने में आता है। रहीम के अनेक दोहे भारतीय जनता का कंठ हार बने हुए हैं।

रहीम की लोकप्रियता सिद्ध करने के लिए वे पर्याप्त हैं। 'रसाल' जी ने भी ब्रजभाषा में थोड़ी बहुत कविता रची है। किसी समय उन्होंने 'रसिक मंडल' की स्थापना भी की थी परन्तु कवि के रूप में उन्हें मान्यता, जितनी उनकी अपेक्षा थी, नहीं मिली और न भविष्य में उसके मिलने की सम्भावना है जो हिन्दी-प्रेमियों ने शताब्दियों से रहीम को दे रखी है। ऐसे मानसिक विकास का प्रदर्शन और समर्थ कवियों को छोटा सिद्ध करके साहित्यिक क्षेत्र में प्रशंसा प्राप्त करना उतना सरल और सहज नहीं है जितना 'रसाल' जी उसे समझते हैं। कबीर, रहीम, गुप्त और छायावादी कवियों की प्रतिभा और बुद्धि की उपेक्षा करनेवाला इतिहासकार जब भवभूति की रचना को भारवि की रचना कहता है—उत्तररामचरित रसाल जी के अनुसार भारवि की रचना है—और फिर अपने इतिहास-प्रेम की दुहाई देता है तब ऐसी विराट प्रतिभा को नमस्कार किया जा सकता है। और कुछ नहीं।''[23] 'रसाल' जी का इतिहास एक विस्मृत और उपेक्षित इतिहास है। डॉ. शर्मा कहते हैं—'' 'रसाल' जी के साहित्यिक इतिहास विषयक विचार जितने समन्वयात्मक नहीं हैं उतने निश्चित योजना के अभाव के परिचायक हैं। साहित्यिक इतिहास में जिन-जिन सारणियों की झलक लेखक को मिली है, या जिन-जिन की कल्पना वह कर सका है, सभी को उसने परिभाषा में समाविष्ट कर लिया है। व्यवहार में इसका परिणाम यह हुआ है कि उसका विवेचन विशीर्ण तथा योजना रहित हो गया है।''[24] 'रसाल' जी के इस इतिहास को अधिक प्रसिद्धि नहीं मिली।

'हिन्दी साहित्य का विवेचनात्मक इतिहास' : सूर्यकान्त शास्त्री

शास्त्री जी का ग्रन्थ 1932 में प्रकाशित हुआ। गेटे का प्रसिद्ध उदाहरण देकर अपनी इतिहास सम्बन्धी मान्यता को शास्त्री जी इस प्रकार स्पष्ट करते हैं—''समय-समय पर इतिहास इसलिए पुनः लिखा जाना चाहिए, इसलिए नहीं कि बहुत से नवीन तथ्यों को खोजा गया है, परन्तु नए दृष्टिकोण सामने आते हैं क्योंकि एक युग की प्रगति में सक्रिय भाग लेते समय ऐसे केन्द्र बिन्दु पर पहुँचते हैं जहाँ से अतीत एक नवीन प्रकार से जाँचा और परखा जा सकता है।'' आगे इसी स्थापना का खंडन करते हुए कहते हैं—युगों के निर्माण तथा क्रम में हिस्ट्री लिटरेचर का अनुकरण किया गया है।''[25] इनके द्वारा किया गया काल-विभाजन हम अध्याय दो में लिख चुके हैं। अपने विभाजन का औचित्य प्रतिपादित करते हुए वे कहते हैं—''साहित्य का विभाग करने में निम्नलिखित सिद्धान्त से काम लिया गया है। सबसे पहले हिन्दी की शैशवावस्था का वर्णन है। इसमें चारणों का प्राचीनतम साहित्य सम्मिलित है, इसके पश्चात् जब भी किसी विशेष आन्दोलन ने साहित्य में परिवर्तन उपस्थित किया तभी से साहित्य के विशेष युग की स्थापना हुई समझ उसका विशेष रूप से

पृथक् वर्णन किया है। यह युग संक्षेप में इस प्रकार प्रारम्भ होते हैं—1. 1400 के लगभग, जब वैष्णव सम्प्रदाय ने हिन्दी साहित्य पर अपना प्रभाव डाला था। 2. 1500 के लगभग, जब हिन्दी साहित्य में लालित्य तथा लावण्य की उत्पत्ति हुई। 3. 1800 के लगभग जब पाश्चात्य देशों के साथ सम्पर्क होने के कारण हिन्दी साहित्य पर आधुनिक परिस्थिति का प्रभाव पड़ना शुरू हुआ।''[26] एफ. ई. के. महोदय ने ए हिस्ट्री ऑफ लिटरेचर के पृ. 11 पर जो मान्यताएँ स्थापित की थीं अर्थात् जो विचार काल-विभाजन के सम्बन्ध में रखे थे, वही शास्त्री जी ने ज्यों का त्यों उतारकर रख दिया है। हिन्दी साहित्य में मुसलमानों के योगदान को वे काव्यात्मक गद्य के से रूप में प्रस्तुत करते हैं—''हिन्दी साहित्य के तात्कालिक विकास में जितना हिन्दुओं का हाथ है उतना ही मुसलमानों का भी। यदि हिन्दी साहित्य की वेदी पर हिन्दुओं ने तुलसी को समर्पित किया तो मुसलमानों ने कबीर द्वारा हिन्दी साहित्य की सेवा की। यदि सूरदास हिन्दू थे तो जायसी का जन्म मुसलमान वंश में हुआ। यदि मीराबाई हिन्दू थीं तो ताज मुसलमान थीं। यदि बिहारी ने हिन्दू वंश में जन्म लिया तो रहीम खानखाना और रसलीन ने इस्लाम की गोद में शिक्षा पाई थी। यदि हिन्दी साहित्य-गगन में से हिन्दू कवियों को निकाल दिया जाए तो सूर्यास्त हो जाता है और यदि उसमें से मुसलमान कवियों का बहिष्कार कर दिया जाए तो चन्द्रोदय नहीं होता। फलतः हिन्दी साहित्य के यथार्थ बोध के लिए हिन्दू और मुसलमान दोनों जातियों के मार्मिक इतिहास को जानना आवश्यक है।''[27] शास्त्री जी की भाषा आलंकारिक है और चमत्कार वृत्ति की ओर अग्रसर दिखाई देती है। किन्तु इतिहास के लिए जिस गम्भीरता की आवश्यकता होती है वह शास्त्री जी की भाषा में नहीं है। वे अंग्रेजी और हिन्दी साहित्य का, हिन्दू और मुसलमान साहित्य का तुलनात्मक अध्ययन करते प्रतीत होते हैं।

'हिन्दी भाषा और साहित्य का विकास' : अयोध्यासिंह उपाध्याय 'हरिऔध'

पं. 'हरिऔध' ने पटना विश्वविद्यालय में हिन्दी भाषा और साहित्य के सम्बन्ध में कुछ भाषण दिए जो 1934 ई. में 'हिन्दी भाषा और साहित्य का विकास' नाम से पुस्तक के रूप में प्रकाशित हुए। इस ग्रन्थ में 'हरिऔध' जी के इतिहास विषयक विचार, हिन्दी भाषा और साहित्य ग्रन्थ, कारण, उद्देश्य कुछ भी स्पष्ट नहीं किया है। भूमिका के पूर्व में उन्होंने कहा—''इस ग्रन्थ के पृष्ठ 10 में मैंने यह प्रतिपादित किया है कि आर्य जाति का मूल निवास स्थान भारतवर्ष ही है, वह किसी दूसरे स्थान से न तो आई है और न वह उसका उपनिवेश है।''[28] आपने इस मत के समर्थन में विभिन्न विद्वानों के मतों को उदाहरण के रूप में प्रस्तुत किया है। काल-विभाजन हम अध्याय दो में पढ़ चुके हैं। वे विषय सूची में लिखते हैं—''मैंने

प्रारम्भिक काल आठवीं शताब्दी से तेरहवीं शताब्दी तक माना है। इन पाँच सौ वर्षों में वीरगाथा काल कवियों और लेखकों के अतिरिक्त अन्य विषयों के ग्रन्थकार और रचनाकार भी हुए हैं।'' 'हिन्दी भाषा और साहित्य के विकास' को उन्होंने कलाकार की दृष्टि से देखा और स्पष्ट किया। इसमें ऐतिहासिक तत्त्वों का अभाव है। रचना और रचनाकारों का विवेचन वे उदारतापूर्वक करते हैं। उन्होंने समकालीन रचनाकारों की प्रशंसा की है। त्रुटियों की ओर उनका ध्यान नहीं गया। उन्होंने स्व. पं. रामावतार शर्मा को संस्कृत का उद्‌भट विद्वान के साथ अंग्रेजी भाषा का विस्तृत ज्ञान रखनेवाला बताया। मैथिलीशरण गुप्त संसार के प्रसिद्धि प्राप्त सुकवि हैं जो हिन्दी देवी की सेवा करनेवाले और उसके चरणों पर अभिनव पुष्पांजलि अर्पित करनेवाले जो कतिपय सर्वसम्मत, सहृदय भावुक हैं उनमें आप भी अन्यतम हैं, ऐसा कहा। पं. रामचन्द्र शुक्ल बड़े गम्भीर, मननशील लेखक हैं। हिन्दी-संसार के अद्वितीय समालोचक हैं। कवीन्द्र रवीन्द्र की रचनाओं को जो गौरव बंग भाषा में प्राप्त है, वही प्रतिष्ठा पंडित जी की लेखनी को हिन्दी भाषा में प्राप्त है। प्रेमचन्द की भाषा चलती और कड़कती होती है। उसमें मानसिक भावों का प्रकाशन सुन्दरता से होता है। पन्त की रचनाएँ अनूठापन लिये हुए होती हैं। उनकी हृत्‌तंत्री उन रचनाओं में बड़ी मधुरता से झंकृत होती है। उनकी रचनाएँ भावप्रधान और मार्मिक होती हैं। रामकुमार वर्मा का जैसा मधुर कंठ है वैसी मधुर कविता है। इस तरह रचनाकारों की कमियों पर उनका ध्यान गया ही नहीं। यह इतिहास-ग्रन्थ विस्मृति के गर्भ में समा गया।

'आधुनिक हिन्दी साहित्य का इतिहास' : कृष्णशंकर शुक्ल

शुक्ल जी का ग्रन्थ 1934 में प्रकाशित हुआ। साहित्य के इतिहास के सम्बन्ध में अपना दृष्टिकोण वे इस तरह स्पष्ट करते हैं-''इस पुस्तक में अपने साहित्य के सत्तर वर्षों का विवरण प्रस्तुत किया गया है। भारतेन्दु काल तथा द्विवेदी काल के अनेक लेखकों के विषय में अन्तिम बात कही जा सकती थी। पर जो प्रतिभा-सम्पन्न कवि अभी कार्य कर रहे हैं उनकी विशेषताओं का कुछ परिचय ही दिया जा सकता था। अतः नवीन काल में आए हुए कवियों के विषय में प्रकट किए गए विचार परिचयात्मक ही समझे जाएँगे, निर्णयात्मक नहीं। पुस्तक का उद्‌देश्य सब कवियों की नामावली प्रस्तुत करने का न था। अनेक लेखकों के नाम, जिनमें से बहुत से प्रतिभा-सम्पन्न होंगे, असावधानी या भूल से छूट गए होंगे।''[29] शुक्ल जी ने मुक्त कंठ से यह स्वीकार किया है कि उन्होंने इस इतिहास-लेखन में किसी सिद्धान्त का पालन नहीं किया-''नवीन काल के कवियों के वर्णन क्रम में किसी सिद्धान्त का पालन नहीं है। नामों का क्रम न अवस्था के अनुसार है, न योग्यता

के।'' काल-विभाजन जो शुक्ल जी ने इस इतिहास में प्रस्तुत किया है, वह हम अध्याय दो में लिख चुके हैं। उन्होंने रामचन्द्र शुक्ल के ही काल-विभाजन को स्वीकार किया है। इन्होंने आधुनिक काल की विस्तार से विवेचना की है जबकि भारतेन्दु के पूर्व तक का इतिहास संक्षिप्त रूप में दिया है। शुक्ल जी ने कोई मौलिक विचार व्यक्त नहीं किए।

'हिन्दी साहित्य का आलोचनात्मक इतिहास' : डॉ. रामकुमार वर्मा

वर्मा जी का यह ग्रन्थ 1938 में प्रकाशित हुआ। इस विशालकाय ग्रन्थ में वर्मा जी ने 700-1750 तक के साहित्य के प्रथम दो कालों का अध्ययन और विश्लेषण प्रस्तुत किया है। वर्मा जी ने निवेदन में लिखा है-''हिन्दी साहित्य के अनक इतिहास लिखे जा चुके हैं। किन्तु इधर साहित्य के इतिहास में कई नवीन अन्वेषण हुए हैं। इतिहास लिखने के दृष्टिकोण और शैली में भी नूतन वैज्ञानिक उत्क्रान्ति हुई है। अतः हिन्दी का इतिहास-लेखन अभी पूर्ण नहीं है।'' इतिहास-लेखन की विशेषता बताते हुए वे कहते हैं-''इतिहास-लेखन बहुत कठिन कार्य है। वैज्ञानिक विवेचन की गम्भीरता के साथ-साथ इतिहास लेखक का उत्तरदायित्व बहुत बड़ा है। इन दोनों बातों के लिए इतिहास लेखक को तैयार रहना चाहिए। फिर हिन्दी साहित्य का इतिहास तो बहुत विस्तृत और व्यापक है। वास्तव में इस साहित्य में जितनी जटिलताएँ और गुत्थियाँ हैं, शायद भारतीय साहित्य के किसी इतिहास में ना पाई जावेंगी क्योंकि हिन्दी भाषा और साहित्य का विस्तार बहुत प्राचीन काल से अखिल भारतीय रूप में बिखरा हुआ है। अभी तो समुचित रूप से उसकी खोज ही नहीं हो पाई है। खोज की बात तो अलग है-मुझे तो ऐसा लगता है कि बहुत-सी सामग्री जो प्रत्यक्ष फैली पड़ी है, उसका इतिहास-ग्रन्थों में अभी तक उल्लेख भी नहीं हो सका।''[30] इतिहास-लेखन का कारण बताते हुए वे निवेदन में ही लिखते हैं-''बी.ए. के विद्यार्थियों को इतिहास पढ़ाने का अवसर मिला तभी से मेरे हृदय में इतिहास-लेखन की इच्छा उत्पन्न हुई। साहित्य का इतिहास आलोचनात्मक शैली से अधिक स्पष्ट किया जा सकता है। अतः ऐतिहासिक सामग्री के साथ कवियों एवं साहित्यिक प्रवृत्तियों की आलोचना करना मेरा दृष्टिकोण है। मैंने साहित्य की संस्कृति का आदर्श सुरक्षित रखते हुए पश्चिम की आलोचना शैली को ग्रहण करने का प्रयत्न किया है।'' वे कहते हैं-''वस्तुतः साहित्य और संस्कृति एक ही वृन्त के दो फूल हैं और उनका पोषण एक ही रस से होता है। देश के स्वतंत्र हो जाने के उपरान्त हमारे सांस्कृतिक जागरण ने साहित्य का महत्त्व बढ़ा दिया है और इतिहास-लेखन की समस्या और भी महत्त्व धारण कर रही है। हमें तो यह भी देखना है कि हिन्दी के राष्ट्र भाषा हो जाने के बाद अन्य प्रान्तीय भाषाओं से हिन्दी का पहले क्या

सम्बन्ध रहा है और भविष्य में क्या हो सकता है। इस दृष्टि से विद्यापति, मीरा, नामदेव तथा सन्त साहित्य के नानक और बुल्लेशाह की हिन्दी रचनाओं का महत्त्व क्या है ? अन्य प्रान्तीय भाषाओं और साहित्यों ने हिन्दी को किस रूप में समृद्धशाली बनाया है यह भी इतिहास लेखकों का दृष्टिकोण होना आवश्यक है।''[31] डॉ. वर्मा का इतिहास-ग्रन्थ समृद्ध है। इन्होंने आचार्य रामचन्द्र शुक्ल के ही काल-विभाजन को मान्यता देते हुए अपना काल-विभाजन प्रस्तुत किया है। जिसका अध्याय हम अध्याय दो में कर चुके हैं। डॉ. पारीक वर्मा जी के इतिहास में कुछ त्रुटियाँ पाते हैं– जो निम्नलिखित हैं–1. वर्मा जी ने राजस्थान की प्रसिद्ध बोलियाँ–मेवाड़ी और मारवाड़ी लिखी है जबकि यह भ्रामक सूचना है। प्रसिद्ध बोलियाँ मारवाड़ी और जयपुरी हैं जो क्रमशः पश्चिमी राजस्थानी और मध्यपूर्वी राजस्थानी नाम से विख्यात हैं। 2. मुसलमानों का पहला आक्रमण 712 ई. अर्थात् 8वीं शताब्दी में सिंध पर हुआ था परन्तु डॉ. वर्मा मुसलमानों का आगमन भारत में सातवीं शताब्दी में ही मानते हैं। 3. डिंगल शब्द की व्युत्पत्ति के सम्बन्ध में उन्होंने तीन विभिन्न मतों की चर्चा की है परन्तु उनका औचित्य-अनौचित्य वे स्वीकार नहीं कर पाए, जबकि डिंगल शब्द की व्युत्पत्ति के सम्बन्ध में तीन नहीं बल्कि दस मत प्रचलित हैं। पारीक जी कहते हैं–डॉ. वर्मा को शोध का ज्ञान नहीं है। एक और दूषण यह है कि उसमें उनका आलोचक रूप ही प्रमुख और प्रबुद्ध हो गया है और इतिहासकार गौण और लुप्त।''[32] डॉ. वर्मा ने सन्धिकाल, चारणकाल और भक्तिकाल का विस्तार से वर्णन किया है। तुलसी, सूर, कबीर के सम्बन्ध में विस्तार से आलोचनात्मक लेख लिखे हैं। विशुद्ध इतिहास-ग्रन्थ के अनुकूल उनका लेखन नहीं है। वर्मा जी के इस ग्रन्थ का महत्त्व यह है कि रामचन्द्र शुक्ल के पश्चात् जितने भी इतिहास लिखे गए हैं उन सभी का पूरा उपयोग उन्होंने अपने ग्रन्थ में किया है। यह विद्यार्थियों के लिए उपयोगी है। आदिकाल, भक्तिकाल के सभी रचनाकारों की विस्तृत विवेचना और प्राप्त तथ्य एक ही स्थान पर संयोजित हैं तथा राजनीतिक, सामाजिक, धार्मिक परिस्थिति का विस्तृत चित्रण इसे महत्त्वपूर्ण बनाता है। अतः समस्त इतिहास का अध्ययन करने पर हमें यह अत्यन्त उपयोगी ग्रन्थ लगता है। इसमें वर्मा जी की आलोचनात्मक पद्धति इसे इतिहास-ग्रन्थों की कसौटी पर खरा उतरने में रुकावट डालती है।

'खड़ी बोली हिन्दी साहित्य का इतिहास' : ब्रजरत्नदास

यह ग्रन्थ 1941 ई. में प्रकाशित हुआ। इन्होंने अपने ग्रन्थ में अनेक साहित्येतिहासकारों के ग्रन्थों की सूची प्रस्तुत की है। भूमिका के अन्त में वे लिखते हैं–''हिन्दी साहित्य का इतिहास लिखने में हिन्दी-भाषी तथा यूरोपियन विद्वानों ने बराबर प्रयत्न किए हैं

और करते भी जा रहे हैं, पर देखा जाता है कि उनमें ब्रजभाषा, अवधी, डिंगल आदि के ही साहित्य का विशेष रूप से विवरण दिया गया है, खड़ी बोली हिन्दी अर्थात् राष्ट्रभाषा हिन्दी की ओर ध्यान भी नहीं दिया गया है। इसी कारण इसका अभाव मानकर इसके विरोधी दल वाले इसके विषय में अनेक भ्रामक बातें फैलाकर अपना पक्ष समर्थन करने की चेष्टा किया करते हैं। ऐसी अवस्था में यह आवश्यक था कि राष्ट्रभाषा हिन्दी को तथा उसमें प्राप्त कम या अधिक साहित्य को लेकर भी कुछ लिखा जाए, पर ऐसा अब तक हुआ नहीं और न किसी विद्वान साहित्य इतिहास लेखक ने इस ओर दृष्टि की। अतः इसी अभाव को दृष्टि में रखकर हिन्दी तथा उर्दू के साहित्यकारों ने इतिहास लिखते समय ऐसे साधन एकत्र किए जिससे राष्ट्रभाषा हिन्दी का साहित्येतिहास लिखा जा सके। ऐसा इतिहास न लिखे जाने का एक कारण और भी ज्ञात होता है और वह है हिन्दी तथा उर्दू का संघर्ष।''[33] इन्होंने पहले प्राचीन भाषाएँ, आधुनिक राष्ट्रभाषा हिन्दी और उसका विकास, पद्यकाल का विकास और सान्ध्यकाल से लेकर आदिकाल और उससे वर्तमान काल के विकास तक को स्पष्ट करने का प्रयत्न किया है। काल-विभाजन जो इन्होंने प्रस्तुत किया है, वह हम अध्याय दो में लिख चुके हैं।

'हिन्दी भाषा और साहित्य का इतिहास' : आचार्य चतुरसेन शास्त्री

ब्रजरत्न के पश्चात् सम्भवतः उसी के आसपास इस ग्रन्थ का प्रकाशन हुआ। 'दो शब्द' के अन्तर्गत शास्त्री जी कहते हैं–''इस ग्रन्थ में मैंने अपने पूर्ववर्ती और समकालीन प्रायः सब इतिहास लेखकों की प्रचलित परम्परा का उल्लंघन करके अपने कुछ नए ऐतिहासिक दृष्टिकोण निर्धारित किए हैं और उनके समर्थन में इतिहास की सामाजिक और राजनीतिक पृष्ठभूमि का सेवाएँ दी हैं।''[34] यहाँ शास्त्री जी ने यह स्पष्ट नहीं किया कि इतिहास लेखकों की परम्परा कौन सी थीं जिनका उन्होंने उल्लंघन किया और कौन-सी नवीन मान्यताएँ स्थापित कीं। यह इतिहास के विद्यार्थियों को पूर्णतः सन्तुष्ट नहीं करता। अतः इसे गम्भीर अनुशीलन और मनन के योग्य कृति नहीं माना गया तथा यह भी विस्मृति की गर्द से ढँका गया।

'हिन्दी साहित्य का संक्षिप्त इतिहास' : आचार्य नन्ददुलारे वाजपेयी

इसका प्रकाशन 1968 ई. में हुआ। वाजपेयी ने वीरगाथाकाल, भक्तिकाल, रीतिकाल, आधुनिक काल-पद्य प्रवाह–छायावाद के कवि, प्रगतिवाद, प्रयोगवाद और अन्त में आधुनिक काल-गद्य प्रवाह का चित्रण किया है। जिसके अन्तर्गत विभिन्न वादों और उनके अन्तर्गत की गई समीक्षाओं का चित्रण किया है। काल-विभाजन हम अध्याय दो में लिख चुके हैं। वीरगाथा काल में वे लिखते हैं–''राजाश्रित कवियों

की रचनाओं में न तो इतिहास-सम्मत घटनाओं का उल्लेख मिलता है और न उच्चकोटि के कवित्व का ही उन्मेष पाया जाता है। एक तो उस युग की रचनाएँ अब अपने मूल रूप में मिलती ही नहीं और जो कुछ मिलती भी हैं, उनमें ऐतिहासिक तथ्यों से बहुत कुछ विभिन्नता पाई जाती है।''[35] आधुनिक काल के गद्य प्रवाह के अन्तिम पृष्ठ पर वे कहते हैं–''कला पक्ष और भाव पक्ष दोनों में अभी पूर्ण परिपक्वता नहीं आई है, पर हिन्दी दोनों की ओर दृढ़तापूर्वक अग्रसर हो रही है। सच बात तो यह है कि हिन्दी भाषा और साहित्य का वर्तमान रूप बड़ा चमत्कारपूर्ण है। इसमें भावी उन्नति के बीज वर्तमान हैं जो समय पाकर अवश्य पल्लवित और पुष्पित होगा। हिन्दी और उसके साहित्य का भविष्य बड़ा ही उज्ज्वल और सुन्दर दीख पड़ता है।''[36] वाजपेयी जी ने यह अत्यन्त उपयोगी और संक्षिप्त इतिहास लिखा, जो पठनीय है।

'हिन्दी साहित्य का विकास' : डॉ. गणपति चन्द्र गुप्त

यह ग्रन्थ 1971 में प्रकाशित हुआ। यह गुप्त जी के इतिहास सम्बन्धी निबन्धों का संकलन है। भूमिका में वे कहते हैं–साहित्य के विकास की प्रक्रिया की व्याख्या सामान्य रूप से इन पाँच सूत्रों के आधार पर की जा सकती है–1. प्राकृतिक सर्जन शक्ति, 2. परम्परा, 3. वातावरण, 4. द्वन्द्व, 5. सन्तुलन। जब हमारी परम्पराएँ रूढ़ि में परिणत होकर युग धर्म की अपेक्षा करने लगती हैं या युग धर्म अति उच्छृंखल होकर जीवित परम्पराओं का तिरस्कार करने लगता है, तो साहित्यकारों की प्रतिभा या सर्जनशक्ति उद्वेलित होकर क्षेत्र विशेष या दिशा विशेष में तब तक सक्रिय रहती है जब तक कि द्वन्द्व के उभय पक्षों में सन्तुलन स्थापित नहीं हो जाता। एक क्षेत्र का द्वन्द्व शान्त हो जाने पर साहित्य प्रतिभा क्रमशः अन्य क्षेत्रों के द्वन्द्व की ओर आकर्षित होती है। इस प्रकार संक्षेप में साहित्यकारों की सर्जनशक्ति परम्परा और वातावरण के द्वन्द्व से प्रेरित एवं गतिशील होती हुई अन्ततः सन्तुलन स्थापित कर अपने विकास की एक आवृत्ति पूरी कर लेती है। वे कहते हैं–1. रूपात्मक विकास, 2. प्रवृत्यात्मक विकास, 3. गुणात्मक या मूल्यात्मक विकास। साहित्य के विकास की प्रक्रिया को समझने में इन सिद्धान्तों से पर्याप्त सहायता मिलती है। आज हिन्दी साहित्य के इतिहास-लेखन की परम्परा अपनी उपलब्धियों की दृष्टि से पर्याप्त प्रौढ़ एवं पुष्ट है। प्रस्तुत पुस्तक में मेरे इतिहास सम्बन्धी कतिपय निबन्ध संकलित हैं जो थोड़े में हिन्दी साहित्य की प्रमुख धाराओं एवं विधाओं के विकास को समझना चाहते हैं।''[37] डॉ. गुप्त द्वारा प्रस्तुत काल-विभाजन हम अध्याय दो में लिख चुके हैं। डॉ. गुप्त ने 'हिन्दी साहित्य का आविर्भाव काल', 'हिन्दी साहित्य का काल-विभाजन पुनर्विचार', 'आदिकाल और उसकी समस्याएँ', 'भक्ति-उद्भव और

विकास', 'सन्त काव्य उद्‌गम स्रोत और प्रवृत्तियाँ', 'प्रेमाख्यान काव्य परम्परा-प्रेरणा स्रोत व उद्‌गम स्रोत', 'हिन्दी प्रेमाख्यानक काव्य परम्परा, प्रवृत्तियाँ', 'रामकाव्य या पौराणिक प्रबन्ध काव्य परम्परा', 'कृष्ण-भक्ति काव्य धारा : विकास और प्रवृत्तियाँ', 'रीतिबद्ध काव्य और उसकी प्रवृत्तियाँ', 'स्वच्छन्द मुक्तक काव्य परम्परा' ये 11 निबन्ध 'हिन्दी साहित्य युग और परम्पराएँ' के अन्तर्गत लिखे। 'हिन्दी साहित्य रूप और विधाओं का विकास' शीर्षक के अन्तर्गत 10 निबन्ध लिखे हैं जो गद्य की विभिन्न विधाओं के रूप और विकास के साथ महाकाव्य, गीति काव्य और मुक्तक काव्य के स्वरूप और विकास को स्पष्ट करते हैं। अन्तिम शीर्षक 'हिन्दी साहित्य आधुनिक वादों का विकास' के अन्तर्गत हिन्दी काव्य में छायावाद, प्रगतिवाद और प्रयोगवाद के स्वरूप विकास को स्पष्ट किया गया है। काल-विभाजन से सम्बन्धित निबन्ध में गुप्त जी कहते हैं–"हमें यहाँ यह भी न भूलना चाहिए कि हिन्दी का साहित्यिक क्षेत्र इतना विस्तृत और व्यापक है कि उसमें एक ही युग में अनेक प्रवृत्तियाँ साथ-साथ चलती हुई दृष्टिगोचर होती हैं। जिस समय राजस्थान के चारण वीरता के गीत गाने में संलग्न थे, उसी समय मिथिला के कवि सौंदर्य, प्रेम और विरह के भावों की अभिव्यक्ति में लीन थे। जिस समय अकबर के दरबार में अनेक कवि नायिका के सौन्दर्य की व्याख्या रसिकतापूर्ण शब्दों में कर रहे थे, उसी समय तुलसी की लेखनी भक्ति-रस से ओत-प्रोत पक्तियाँ लिख रही थी। अस्तु, जिस वीरता, भक्ति और शृंगारिकता को हम तीन अलग-अलग युगों की प्रवृत्तियों के रूप में मानते चले आ रहे हैं, वे वस्तुतः एक ही युग में साथ-साथ विकसित होनेवाली तीन प्रवृत्तियाँ हैं।"[38] इस तरह गुप्त जी ने कालों में नामकरण की व्याख्या की है। यह एक समृद्ध इतिहास-ग्रन्थ है, जो निबन्धों के रूप में होकर भी उपयोगी और पठनीय है।

'हिन्दी साहित्य का आदर्श इतिहास' : डॉ. रामगोपाल शर्मा 'दिनेश'

इसका प्रथम संस्करण 2009 वि. को प्रकाशित हुआ था। 15वाँ और 16वाँ संस्करण क्रमशः 1975 और 1976 में प्रकाशित हुए। प्रथम संस्करण की भूमिका में दिनेश जी लिखते हैं–"यह इतिहास नवीनतम खोजों के अनुसार लिखा गया है। प्रमुख साहित्यकारों की रचनाओं को विस्तृत समीक्षाओं से परीक्षोपयोगी बनाया गया है। अनावश्यक विवरणों से बचाकर आवश्यक चर्चाओं एवं विवेचनाओं से सजाया गया है तथा इस बात का प्रयत्न किया गया है कि साहित्य के प्रत्येक काल की मूल प्रवृत्तियाँ पाठकों के मस्तिष्क में धारावाहिक रूप से स्पष्टतः उतर सकें। इसलिए भाषा शैली भी सरस तथा सरल रखने का प्रयत्न किया गया है।" इसके पश्चात् सोलहवें संस्करण की भूमिका में वे लिखते हैं–इस संस्करण में अब तक के

अनुसन्धानों और नए ग्रन्थों के अनुसार पूर्ण संशोधन कर दिया गया है। गत 10–15 वर्षों में हिन्दी साहित्य ने जो प्रगति की है, उसको भी यथास्थान महत्त्व दिया गया है। जो नई प्रतिभाएँ सामने आई हैं, उनके ऐतिहासिक महत्त्व को स्वीकार किया गया है। कई नए साहित्यकारों का परिचय जोड़ दिया गया है। आठवाँ अध्याय नए सिरे से लिखा गया है। जो साहित्य की विभिन्न प्रवृत्तियों का परिचय देनेवाला उपयोगी अध्याय है।''[39] इन्होंने आदिकाल से आधुनिक काल तक पूरा विवरण स्पष्ट दिया है। इनका काल-विभाजन हम अध्याय दो में पढ़ चुके हैं। 'दिनेश' जी का यह महत्त्वपूर्ण, संक्षिप्त ऐतिहासिक इतिहास-ग्रन्थ है।

'हिन्दी साहित्य विमर्श' : पदुमलाल पुन्नालाल बख्शी

इस ग्रन्थ का चौथा संस्करण जो प्राप्त हुआ है वह 1945 में प्रकाशित हुआ है। यह बख्शी जी का इतिहास सम्बन्धी निबन्धों का संग्रह है। इसके प्रकाशक ने 'निवेदन' करते हुए लिखा है–''आलोचना ही साहित्य की श्रीवृद्धि का एममात्र उपाय है। जिस साहित्य में समालोचना की जितनी अधिक कमी होगी, वह साहित्य उतना ही हीन समझा जाएगा। किसी भाषा की उन्नति के लिए यह बहुत ही आवश्यक है कि उसकी काफी समीक्षा की जाए और उसके लेखकों, पाठकों और प्रकाशकों की रुचि की सच्ची समीक्षा (समालोचना) खुलकर की जाए। इन निबन्धों से हिन्दी साहित्य के विकास पर काफी रोशनी पड़ेगी। इसमें हिन्दी साहित्य के प्राचीन और अर्वाचीन लेखकों और कवियों की आलोचना बड़े मार्मिक ढंग से की गई है। हिन्दी साहित्य का आलोचनात्मक इतिहास, भाषा के विकास तथा उसकी स्थिरता के सम्बन्ध में पश्चिमीय तथा पूर्वीय विद्वानों की क्या राय है, उसका हिन्दी भाषा के इस विकास युग में कहाँ तक पालन किया जाता है तथा आधुनिक गद्य-पद्य लेखकों एवं शुभचिन्तकों ने कहाँ तक पालन किया है, इस पर भी विचार किया गया है।'' वे आगे कहते हैं–''हिन्दी भाषा के शुभचिन्तकों में इस समय कई दल हैं। कोई तो उसे व्याकरण के पाश में सदा बाँधे रखना चाहते हैं, कोई उसे स्वच्छन्द घूमने और विचरण करने की अनुमति देते हैं, कोई केवल संस्कृत भाषा के आश्रय में ही उसकी उन्नति समझते हैं और कोई उसके भंडार को सब भाषाओं की सहायता से भरना चाहते हैं। इसी तरह से विद्वानों में कई विषयों पर मतभेद हैं। इस प्रकार के प्राय: सभी विवादपूर्ण प्रश्नों की विद्वान लेखक ने बड़ी योग्यता से समीक्षा की है।''[40]

बख्शी जी का यह साहित्येतिहास ग्रन्थ निबन्ध संकलन के रूप में है। इसमें उन्होंने भाषा और साहित्य, कविता के स्वरूप आदि पर स्पष्ट टिप्पणी की है। भाषा के सम्बन्ध में वे कहते हैं–''भाषा विद्वानों की ही सम्पत्ति नहीं है, उस पर

सभी का अधिकार है। उसके अधिकारियों में अधिकांश लोग विद्या से शून्य हैं। यदि विद्वत्समाज भाषा सम्पत्ति को अपनाने की चेष्टा करेगा तो छूछा कोष उसके हाथ रह जाएगा और सम्पत्ति जनता के हाथ चली जाएगी। भाषा पर विद्वानों का प्राधान्य न कभी रहा है न कभी रहेगा। भाषा जनता का अनुसरण करेगी और विद्वान भाषा का अनुसरण करेंगे। भाषा मृत तभी होती है जब विद्वानों की सम्पत्ति बन जाती है। तब वह देश भाषा न होकर साहित्यिक भाषा हो जाती है।''[41] बख्शी जी 'उपसंहार' में कहते हैं–''हिन्दी में ही असत्य के प्रतिपादक 'शिक्षादायक' ग्रन्थों का अभाव नहीं है। धर्म के पथ को अक्षुण्ण बनाए रखने के लिए यदि किसी समाज को मिथ्या आदर्शों से सन्तोष होता हो तो वह यही हिन्दू समाज है। अपने समाज की दुरवस्था की ओर ध्यान न देकर और उसके प्रतिकार की चेष्टा न कर हिन्दू ग्रन्थकार भगवती, सीता और सावित्री के पतिव्रत का स्मरण कराकर समाज के मिथ्या धार्मिक संस्कार और अन्धविश्वास की पुष्टि करते हैं।''[42] इस प्रकार बख्शी जी ने तीखी और व्यंग्यात्मक भाषा का सरलता और गम्भीरता के साथ बड़े मार्मिक ढंग से प्रयोग किया है। संक्षिप्त होते हुए भी यह इतिहास उपयोगी और पठनीय है।

'हिन्दी साहित्य का नया इतिहास' : डॉ. रामखेलावन पांडेय

पांडेय जी का यह ग्रन्थ 1969 में प्रकाशित हुआ। इसकी भूमिका में पांडेय जी कहते हैं–''यह इतिहास नहीं, इतिहास की भूमिका मात्र है, अनुमापकों की परिक्रमा को ही समग्र मात्रा मानने का उत्साह मुझमें नहीं है। यह भूमिका है, पुस्तकों का वृहत् सूची पत्र नहीं, ग्रन्थकारों का कोश नहीं, चलते-चलते जिन अनुमापकों पर दृष्टि गई, वहाँ रुककर यात्रा का अन्दाज जरूर कर लिया है। इसमें प्रतिबोध की नवीनता हो या न हो, नवीनता का प्रतिबोध तो है ही। प्रतिबोध का नवीन संयोजन मिलना ही चाहिए, ऐसा मेरा विश्वास है।''[43] पांडेय जी ने जो काल-विभाजन प्रस्तुत किया है वह हम अध्याय दो में लिख चुके हैं। काल के सम्बन्ध में वे कहते हैं–''काल-विभाजन कम चिन्ताजनक नहीं, क्योंकि काल तो अविभाज्य ही है, दिशाएँ सीमाहीन हैं, काल निरवधि है, द्रष्टा की स्थिति सापेक्ष्य बोध के कारण काल की सीमा और दिशा का बोध जागरित करती है। ग्रियर्सन के लिए जो वर्तमान काल था, वह आचार्य शुक्ल के लिए अतीत हो चुका था। अकविता लिखनेवालों की स्थिति के अनुसार भारतेन्दु तो आधुनिक नहीं हैं। प्रत्येक युग अपने लिए वर्तमान और आधुनिक ही रहता है।''[44] पांडेय जी ने 'साहित्य के इतिहास दर्शन' से सम्बोधि काल तक धर्म, भक्ति राजनीति, समाज आदि की परम्पराओं की स्पष्ट व्याख्या की है। यह साहित्येतिहास ग्रन्थ महत्त्वपूर्ण है। सम्बोधि काल में पत्र-

पत्रिकाओं, उपन्यास, नाटक, कहानी, निबन्ध, कविता आदि के कुछ महत्त्वपूर्ण संकलनों पर प्रकाश डाला गया है जो विद्यार्थियों के लिए उपयोगी हैं। पांडेय जी ने अन्य साहित्येतिहासकारों से थोड़ा अलग हटकर इसे लिखने की चेष्टा की, अत: भाषा का प्रयोग भी क्लिष्ट है।

'हिन्दी साहित्य का इतिहास' : सं. डॉ. नगेन्द्र जैन

डॉ. नगेन्द्र द्वारा सम्पादित यह ग्रन्थ 1976 में प्रकाशित हुआ। इसमें 23 लेखकों द्वारा लिखे गए आलेख हैं जो एक सम्पूर्ण इतिहास ग्रन्थ रचते हैं। डॉ. नगेन्द्र ने प्रारम्भ में 'हिन्दी साहित्य का इतिहास, पुनर्लेखन की समस्याएँ', 'काल-विभाजन', 'रीतिकाल की उपलब्धियाँ' लिखा। इसके आगे डॉ. भोलानाथ तिवारी ने भूमिका और गणपतिचन्द्र गुप्त ने पूर्वपीठिका प्रेमाख्यानक काव्य लिखा। इसी तरह सभी ने मिलकर साहित्येतिहास के सभी कालों पर गम्भीर, उपयोगी, महत्त्वपूर्ण टिप्पणी की, व्याख्या की। यह ग्रन्थ शोध-दृष्टि से और विद्यार्थियों की जिज्ञासा शान्त करने के लिए अत्यन्त महत्त्वपूर्ण है। इसलिए इसने प्रसिद्धि प्राप्त की है और साहित्य जगत में अपना नाम स्थापित किया है। नगेन्द्र द्वारा लिखा गया अध्याय एक हमें साहित्येतिहास की उत्पत्ति, परिभाषा, विशेषता, महत्त्व, दर्शन आदि का भरपूर ज्ञान प्रदान करता है। इसमें आदिकाल, भक्तिकाल, रीतिकाल, आधुनिक काल सभी पर विस्तार से चर्चा हुई है तथा भारतेन्दु युग, द्विवेदी युग, छायावाद युग, छायावादोत्तर युग के गद्य साहित्य की विभिन्न विधाओं की चर्चा की गई है। डॉ. नगेन्द्र लिखते हैं–"साहित्य के इतिहास-लेखन की दिशा में हिन्दी में अभी उचित प्रगति नहीं हुई। अन्य भाषाओं में स्थिति और भी खराब है। इसका कारण यह है कि इतिहास विधा की हमारे देश में विकसित परम्परा नहीं रही। और आज भी हम इस दिशा में विशेष उन्नति नहीं कर पाए हैं। परिणाम यह है कि सौ से ऊपर इतिहास ग्रन्थों के प्रकाशन के बाद भी हिन्दी में सर्वाधिक प्रामाणिक इतिहास आचार्य शुक्ल का ही है जिसकी रचना 1929 में हुई थी। यह स्थिति हिन्दी के गौरव के अनुकूल नहीं है–विशेषत: जबकि हिन्दी का आलोचना-साहित्य इतना समृद्ध हो चुका है।"[45] इस ग्रन्थ के अन्य रचनाकार डॉ. उमाकान्त ने 'द्विवेदी युग' को 'जागरण सुधार-काल' नाम दिया है। इसमें वे कहते हैं–"वस्तुत: आलोच्य युग में युग निर्माता साहित्यकारों का ध्यान पहले भाषा के परिष्कार की ओर गया और बाद में साहित्यिक अभावों की पूर्ति की ओर। ज्ञान-विज्ञान का साहित्य प्रस्तुत करना आसान नहीं था। हिन्दी का साहित्यकार अपार उत्साह और अखंड निष्ठा के बावजूद ज्ञान के साहित्य की सृष्टि नहीं कर सकता था। इसके लिए ज्ञान-विज्ञान के मान्य विद्वानों को हिन्दी में लिखने के लिए प्रेरित करना आवश्यक था। नागरी प्रचारिणी सभा ने इसके लिए कई प्रकार

के पुरस्कारों की व्यवस्था की। हिन्दी साहित्य सम्मेलन ने भी इसी नीति का अनुसरण किया। इन प्रयत्नों का परिणाम परवर्ती युग में सामने आया।''[46] इस तरह नगेन्द्र जी का यह ग्रन्थ श्रेष्ठ साहित्येतिहास ग्रन्थ है, जो भाषा, साहित्य, इतिहास आदि की श्रेष्ठ व्याख्या प्रस्तुत करता है और आधुनिक काल की नवीनतम जानकारी प्रस्तुत करता है।

'हिन्दी साहित्य का दूसरा इतिहास' : बच्चन सिंह

इस ग्रन्थ का प्रकाशन 1996 में हुआ। 'भूमिका' में वे कहते हैं–''आरम्भ में ही कह दूँ कि न तो आचार्य रामचन्द्र शुक्ल के 'हिन्दी साहित्य का इतिहास' को लेकर दूसरा नया इतिहास लिखा जा सकता है, न उसे छोड़कर। इस अवधि में अनेकानेक शोधग्रन्थ छपे, नई पांडुलिपियाँ उपलब्ध हुईं, ढेर-सा नया साहित्य लिखा गया। नया इतिहास लिखने के लिए यह सामग्री कम पर्याप्त और कम महत्त्वपूर्ण नहीं है। यह भी ध्यातव्य है कि शुक्ल जी का इतिहास औपनिवेशिक भारत में लिखा गया। अब देश स्वतंत्र है, लोकतांत्रिक व्यवस्था है। भारतीय लोकतंत्र की अपनी समस्याएँ हैं, सांस्कृतिक-सामाजिक संघर्ष हैं, इन्हें देखने-समझने का बदला हुआ नजरिया है। इस नए सन्दर्भ में यदि पिष्टपेषण नहीं करना है तो नया इतिहास ही लिखा जाएगा। आज के परिवेश में जो अन्तर्राष्ट्रीय हलचलों से जुड़ गया है, नए सिरे से पढ़ने की जरूरत है। किसी हद तक हिन्दी साहित्य को इसी दृष्टि से पढ़ने और इतिहासबद्ध करने का प्रयास किया गया है।''[47] बच्चन सिंह द्वारा प्रस्तुत काल-विभाजन हम अध्याय दो में लिख चुके हैं। इन्होंने अपभ्रंश, भक्ति, रीति और आधुनिक कालों के अन्तर्गत साहित्येतिहास को वर्णित किया है। आधुनिक काल में नवजागरण युग, स्वच्छन्दतावाद युग, उत्तर स्वच्छन्दतावाद युग को समेटा है। हिन्दी की विविध स्थितियों से गद्य की विविध विधाओं तक और आधुनिकता, नव्य प्रगतिवाद, उत्तर-आधुनिकता आदि की स्पष्ट रूप से व्याख्या की है। आधुनिकतावाद और नव्य प्रगतिवाद (जनवाद) के सम्बन्ध में वे कहते हैं–''आधुनिकतावाद एक वैश्विक प्रवृत्ति (फेनामिना) के रूप में स्वीकार कर लिया गया है। यह भी इतिहास की एक विशेष परिस्थिति में जन्म है। अपनी ऐतिहासिक परिस्थितियों के फलस्वरूप विभिन्न भू-भागों में इसकी उत्पत्ति का समय भी भिन्न-भिन्न है। भारत में इसका प्रवेश सन् 1960 के बाद होता है। इसमें पश्चिमी आधुनिकतावाद की गम्भीरता, अनेक आयामीयता और तकनीकी पेचोखम नहीं है। पश्चिमी आधुनिकतावाद दो-दो महायुद्धों द्वारा विध्वस्त जीवन, अस्तित्ववादी दर्शन, फासीवाद, पूँजीवादी पदार्थीकरण की देन हैं। इसके कीटाणु वायरस की तरह दुनिया भर में फैल गए। इसकी तकनीक हिन्दी में भी

ग्रहण की गई।''[48] यह ग्रन्थ हिन्दी साहित्य को इतिहासबद्ध करने की दिशा का श्रेष्ठ प्रयास है। वर्तमान में यह शिक्षोपयोगी एवं महत्त्वपूर्ण साहित्येतिहास ग्रन्थ की कोटि में आता है।

'आधुनिक हिन्दी साहित्य की भूमिका' : लक्ष्मी सागर वार्ष्णेय

यह ग्रन्थ 1952 में प्रकाशित हुआ। वार्ष्णेय जी भूमिका के रूप में वक्तत्व देते हैं– ''प्रस्तुत ग्रन्थ में हिन्दी साहित्य की आधुनिकता की प्रारम्भिक कहानी है, इसलिए रोचक है। किन्तु हिन्दी साहित्य के इतिहास लेखकों ने अभी तक उसके वास्तविक रूप और महत्त्व को समझने की चेष्टा न की थी। प्रस्तुत लेखक ने नवीन सामग्री का अध्ययन करने के साथ-साथ आलोच्य काल का मन समझने का प्रयत्न किया है और उपलब्ध सामग्री के आधार पर अपने निष्कर्ष निकाले हैं, किन्तु यह ध्यान में रखते हुए कि 'द एज वाज बैड नॉट द इंडिविजुअल' जाति, धार्मिक आदि प्रभावों पर प्रायः विद्वान विचार कर लेते हैं। इसलिए उन्हें छोड़कर केवल भौगोलिक परिस्थिति के कारण उत्पन्न प्रभावों पर ही विशेष रूप से विचार किया गया है।''[49] इसमें लेखक ने विषय प्रवेश के रूप में आलोच्यकालीन साहित्य पर प्रकाश डाला है। 'हिन्दी प्रदेश की भौगोलिक स्थिति', आलोच्यकालीन जीवन की सामान्य परिस्थितियाँ, अंग्रेज और उनका हिन्दी प्रवेश पर प्रभाव, साहित्यिक प्रतिक्रिया के अन्तर्गत–कविता और गद्य, खड़ी बोली गद्य का विकास के अन्तर्गत 'ईस्ट इंडिया कम्पनी की भाषा नीति', 'नवीन शिक्षा और खड़ी बोली गद्य', 'ईसाई साहित्य' तथा 'हिन्दी पत्रकला और साहित्य के अन्य रूप' इन बिन्दुओं पर विस्तार से लिखा है। विषय प्रवेश में वे कहते हैं–''भारतवर्ष में अंग्रेजी राज्य के प्रथम सौ वर्षों का अपना निजी महत्त्व है। इसलिए इस काल में हिन्दी-भाषियों के साहित्यिक जीवन का अध्ययन करना परमावश्यक है क्योंकि इसी काल में हिन्दी-भाषियों ने पश्चिमी की एक शक्तिशाली जाति के सम्पर्क में आकर नवीन सांस्कृतिक भावों और विचारों के माध्यम द्वारा दुनिया को नवीन दृष्टि से देखना सीखा। ऐतिहासिक दृष्टि से इन प्रथम सौ वर्षों का साहित्य हिन्दी के 'आधुनिक' कहे जानेवाले साहित्य की भूमिका के रूप में है। कम्पनी शासन के इसी काल में आधुनिकता के प्रतीक हिन्दी खड़ी बोली गद्य का विकास हुआ। हिन्दी साहित्य के इतिहास में नवयुग की अवतारणा निश्चय ही खड़ी बोली गद्य के माध्यम द्वारा हुई और यही गद्य आगे चलकर अर्थात् 1857 में ईस्ट इंडिया कम्पनी के शासन की समाप्ति के बाद अपने विविध रूपों के सहारे अपने पैरों पर खड़ा हुआ और हिन्दी साहित्य की श्री सम्पन्नता का प्रतीक बना।''[50] वे कहते हैं कि हिन्दी साहित्य में आधुनिकता का बीजारोपण इसी खड़ी बोली गद्य के द्वारा हुआ। भारतीय सांस्कृतिक इतिहास इस बात का गवाह है कि भारतीयों ने

नया प्रभाव ग्रहण करने में देर भले ही की हो किन्तु उससे विमुख नहीं हुए और यही कारण था कि मध्यकालीन भक्ति आन्दोलन जन्म ले सका। अंग्रेजों ने भारतीय साहित्य और कला को प्रश्रय नहीं दिया तथा चौमुखी अवनति के कारण परम्परागत काव्य रूढ़िग्रस्त बना पड़ा रहा। इस प्रकार वार्ष्णेय जी का यह साहित्येतिहास ग्रन्थ हमें ब्रिटिश शासन काल से ही भारत की भौगोलिक, सांस्कृतिक, सामाजिक स्थिति व इसमें रचा गया साहित्य का परिचय व्याख्यात्मक शैली में देता है। यह उपयोगी ग्रन्थ है।

'हिन्दी भाषा और साहित्य का विकास' : राजेन्द्र सिंह गौड़

सं. 2013 में इसका प्रकाशन हुआ। 'भूमिका' में गौड़ जी कहते हैं कि इस समय हिन्दी भाषा और साहित्य के इतिहास से सम्बन्ध रखनेवाली अनेक छोटी-बड़ी पुस्तकें उपलब्ध हैं और उनमें प्रतिपादित सामग्री प्रामाणिक, उपयोगी और पठनीय है। उनमें से कुछ तो इतनी छोटी हैं कि उनसे हिन्दी भाषा और साहित्य की सम्पूर्ण प्रवृत्तियों का समुचित ज्ञान नहीं होता और कुछ इतनी बड़ी हैं कि उनके अध्ययन के लिए पर्याप्त समय अपेक्षित है। प्रस्तुत पुस्तक दोनों के बीच की शृंखला मात्र है।[51] इसे नीरस होने से बचाया गया है तथा आलोचनात्मक, ऐतिहासिक, विवेचनात्मक ज्ञान में वृद्धि कर सके, ऐसा लिखा गया है। यह साहित्येतिहास ग्रन्थ महत्त्वपूर्ण व पठनीय है। लेखक ने भूमिका में कही गई बातों को सच्चाई से उतारा है। भाषा के सम्बन्ध में वे कहते हैं–''व्याकरण राजा है, भाषा उसकी प्रजा है। राजा न होने से प्रजा की जो दशा होती है वही दशा व्याकरण के अभाव में भाषा की हो जाती है। अरब निवासी मुहम्मद बिन कासिम के आक्रमण (सं. 769) के पश्चात् इस नव विकसित भाषा को हिन्दी की संज्ञा मिली और इसमें रचनाएँ होने लगीं।''[52] वे आर्य साहित्य की महत्त्वपूर्ण विशेषता यह बताते हैं कि इसके मूल में समन्वय की भावना स्थित है। गौड़ जी ने हिन्दी भाषा के विकास के साथ ही आदिकाल, भक्तिकाल, रीतिकाल, आधुनिक काल, गद्य के विकास के युगानुरूप परिवर्तन, गद्य साहित्य की विविध विधाएँ, रहस्यवाद, छायावाद, प्रगतिवाद और प्रयोगवाद पर प्रकाश डाला है। यह विद्यार्थियों और शोधार्थियों के लिए उपयोगी ग्रन्थ है। इसे श्रेष्ठ साहित्येतिहास ग्रन्थों की श्रेणी में रखा जा सकता है।

'हिन्दी साहित्य के अस्सी वर्ष' : शिवदान सिंह चौहान

इसका प्रकाशन 1954 में हुआ। प्रस्तावना में चौहान जी कहते हैं–'' 'हिन्दी साहित्य के अस्सी वर्ष' शीर्षक से हम जो कुछ लिख रहे हैं वह आधुनिक हिन्दी साहित्य का इतिहास नहीं समूचे हिन्दी (खड़ी बोली) साहित्य का इतिहास है। 'आधुनिक'

शब्द इस प्रसंग में भ्रम उत्पन्न कर सकता है कि सम्भवत: इस 'आधुनिक' के पूर्व भी कुछ था। अंग्रेजी, फ्रेंच, तमिल, बँगला, राजस्थानी, ब्रज, मैथिली, अवधी आदि विविध भाषाओं के 'आधुनिक' साहित्य की चर्चा तो की जा सकती है—की ही जाती है—लेकिन इस अर्थ में 'आधुनिक' हिन्दी साहित्य का चर्चा करना असंगत है। साहित्य के रूप में हिन्दी साहित्य सारा-का-सारा 'आधुनिक' ही है, हमारे राष्ट्रीय जागरण के युग की पैदावार है।''[53] चौहान जी का यह संक्षिप्त इतिहास उपन्यास, निबन्ध, कहानी, नाटक, आलोचना आदि विधाओं के विकास को दर्शाता है, गम्भीरतापूर्वक लिखा गया उपयोगी ग्रन्थ है। इसकी पूर्वपीठिका में कहते हैं—''हम शताब्दी को सीमा चिह्न मानकर इस काल अवधि को उन्नीसवीं-बीसवीं शताब्दी में नहीं बाँटेंगे, न हर पीढ़ी से किसी एक महत्त्वपूर्ण या प्रतिभाशाली लेखक के नाम पर भारतेन्दु युग, द्विवेदी युग, प्रसाद युग, प्रेमचन्द युग में बाँटेंगे और न यह जानकर कि चूँकि हर विकास-धारा का आदि, मध्य और वर्तमान होता है, इसे आदि युग, मध्य युग और वर्तमान युग में ही बाँटेंगे। दिनमान के आधार पर हिन्दी-साहित्य के 'स्वर्णविहान', 'मध्याह्न' तक तो कल्पना दौड़ाई भी जा सकती है लेकिन 'अवसान' की कल्पना भयावह है और सत्य भी नहीं। इस तरह के काल-विभाजन साहित्य के विभिन्न रूपों (कविता, नाटक, उपन्यास, कहानी, निबन्ध, आलोचना) के माध्यम से विकासमान हिन्दी साहित्य की परम्परा को, विशेषकर उसकी प्रवृत्तियों और गति दिशा को, समझने में सहायक नहीं होते। इसलिए इन रूपों के अलग-अलग माध्यम से ही हम हिन्दी साहित्य के इतिहास को समझने-समझाने की चेष्टा करेंगे।''[54] इस प्रकार उन्होंने परम्परागत काल-विभाजन न करते हुए हिन्दी साहित्य की विविध विधाओं के विकास को दर्शाया है। अत: विद्यार्थियों के लिए यह उपयोगी है। नवीनतम साहित्यिक जानकारी से युक्त यह महत्त्वपूर्ण ग्रन्थ है।

'हिन्दी साहित्य का उत्तर-मध्य युग' : डॉ. राजकिशोर पांडेय

यह ग्रन्थ 1975 में प्रकाशित हुआ। निवेदन में पांडेय जी कहते हैं—''इस पुस्तक में हिन्दी साहित्य के उत्तर मध्ययुग (सन् 1650-1850) का आलोचनात्मक अध्ययन प्रस्तुत किया गया है। यह उच्चतम कक्षाओं में हिन्दी साहित्य के अध्ययन-अध्यापन करनेवाले व्यक्तियों को ध्यान में रखकर लिखी गई है। उत्तर मध्ययुग हिन्दी साहित्य के इतिहास का एक महत्त्वपूर्ण युग है। भाषा, शैली एवं वर्ण्य-विषय की दृष्टि से इस युग में बहुत से प्रयोग हुए। इस युग के काव्य में एक ओर परम्परागत प्रवृत्तियाँ समृद्ध हुईं, दूसरी ओर नई प्रवृत्तियों का सूत्रपात हुआ। इस युग के साहित्य का बहुत बड़ा अंश सार्वजनिक एवं व्यक्तिगत पुस्तकालयों में बिखरा पड़ा है। उसे प्रकाशित करने की आवश्यकता है।''[55] इस ग्रन्थ में प्रस्तुत काल-विभाजन हम अध्याय दो में

लिख चुके हैं। ग्रन्थ के प्रारम्भ में राजनीतिक, धार्मिक, आर्थिक, सामाजिक युगीन परिस्थितियों का चित्रण किया है। चित्रकला, संगीत और स्थापत्य कला की स्थिति स्पष्ट की है। इसी अध्याय में 'अंग्रेजों का प्रभाव और नए युग का सूत्रपात', साहित्यिक भाषा का प्रश्न, शैली के विविध रूप, प्रमुख काव्य धाराएँ, काल का नाम एवं सीमा का चित्रण किया गया है। दूसरे अध्याय में रीति काव्य, अलंकार, रस, ध्वनि आदि सम्प्रदाय ग्रन्थों और कवियों का विस्तार से वर्णन है। शृंगार भावना के अन्तर्गत शृंगारी कवि और ग्रन्थों का चित्रण है। कृष्णभक्ति और रामभक्ति काव्य और उनके अन्तर्गत कवियों की एक लम्बी शृंखला प्रस्तुत की है। निर्गुण भक्ति काव्य, पौराणिक काव्य, सूफी सन्तों का काव्य, चरित एवं प्रशस्ति काव्य, नीति, ज्ञानकोष एवं हास्य, गद्य साहित्य, खड़ी बोली का गद्य आदि विस्तार से लिखा गया है। उपसंहार के अन्तर्गत युगीन साहित्य, चेतना, काव्य-प्रवृत्तियाँ आदि पर विस्तार से लिखकर उत्तर मध्ययुग की लगभग सम्पूर्ण जानकारी देनेवाले इस ग्रन्थ को महत्त्वपूर्ण बना दिया है। यह शिक्षोपयोगी साहित्येतिहास ग्रन्थ है।

'हिन्दी साहित्य और संवेदना का विकास' : डॉ. रामस्वरूप चतुर्वेदी

यह ग्रन्थ 1986 में प्रकाशित हुआ। इसकी विषय सूची लम्बी और समृद्ध है। काल-विभाजन, हिन्दी का स्वरूप, हिन्दी साहित्य का आरम्भ के बाद लेखक ने आदिकाल, भक्तिकाल, रीतिकाल, आधुनिक काल का वर्णन किया है। तत्पश्चात् उपन्यास, नाटक, कहानी, निबन्ध तथा गद्य की दूसरी अन्य विधाएँ, उनकी उत्पत्ति और विकास को स्पष्ट किया है। उत्तर-छायावादी काव्य, नई कविता, युवा लेखन, साहित्यिक पत्रकारिता, प्रयोगवाद, प्रगतिवाद, आलोचना आदि पर सारगर्भित टिप्पणी की है। 'आमुख' में चतुर्वेदी जी अपने ग्रन्थ के सम्बन्ध में कहते हैं–''प्रस्तुत अध्ययन में भाषा और साहित्य के साथ-साथ तथा उनके माध्यम से, हिन्दी-भाषी जाति के जीवन-मूल्यों के विकास को भी रेखांकित करने का उपक्रम हुआ है। यों भाषा, साहित्य और संस्कृति के सम्पृक्त सन्दर्भ में हिन्दी साहित्य के साथ हिन्दी संवेदना का इतिहास भी होने का यत्न करता है। इसे तब हिन्दी साहित्य के इतिहास की तरह पढ़ा जाना चाहिए और साहित्य की तरह भी। आधुनिक युग में साहित्य के इतिहास की यह नई महत्त्वाकांक्षा कही जा सकती है। इस दृष्टि से वृत्त यहाँ सर्वांगपूर्ण न होकर चयनधर्मी है और युग का विश्लेषण तथा विवेचन प्रतिनिधि रचनाकारों के आधार पर हुआ है। यदि विवेचन सही परिप्रेक्ष्य में हुआ है तो अलग से फिर मूल्यांकन की अपेक्षा नहीं रह जाती। संवेदनात्मक विकास को समझने में सुविधा हो इसलिए 'कवि कीर्तन' की बजाय कविता 'कीर्तन' की दृष्टि यहाँ प्रमुख है। संसार को समझना दर्शन का काम है, उसे बदलना राजनीति का, और उसकी

पुनर्रचना साहित्य का दायित्व है। इसी रूप में साहित्य का विकास समझने का यहाँ यत्न हुआ है।''[56] चतुर्वेदी जी बँधी हुई भाषा का प्रयोग करते हैं, जैसे–घोषणा हो, निर्णय हो, नारा हो या मुहावरा हो। कहते हैं–''कवि का काम यदि 'दुनिया में ईश्वर के कामों को न्यायोचित ठहराना है' तो साहित्य के इतिहासकार का काम है कवि के कामों को साहित्येतिहास की विकास प्रक्रिया में न्यायोचित दिखा सकना। रचना, आलोचना और साहित्येतिहास यों मानवीय जिजीविषा के, जीवन में अर्थ-संधान के क्रमिक चरण हैं।[57] वादों पर चर्चा करते हैं–''प्रगतिवाद, प्रयोगवाद और नई कविता के दौर ऐसे घुले-मिले हैं कि इनके सहयोगी कवि इनमें से एक से अधिक को छूते-काटते चलते हैं। इससे एक महत्त्वपूर्ण निष्कर्ष यह निकलता है कि विचारधारा का आग्रह किसी कवि व्यक्तित्व को उतनी दूर तक निर्मित नहीं करता जितना कि रचनात्मक संवेदनशीलता उसे बनाती है और जिसमें से क्रमशः उसकी पहचान उभरती है।''[58] इस तरह चतुर्वेदी जी का यह ग्रन्थ विद्यार्थियों के लिए अत्यन्त उपयोगी है। आधुनिक काल के गद्य व पद्य साहित्य से सम्बन्धित नव्य जानकारियाँ और वादों की जानकारी इस साहित्येतिहास ग्रन्थ द्वारा प्राप्त हो जाती है।

'हिन्दी साहित्य तृतीय खंड' : डॉ. धीरेन्द्र वर्मा एवं साथी

यह ग्रन्थ 1969 ई. में प्रकाशित हुआ। इस ग्रन्थ को 22 लेखकों ने मिलकर पूरा किया है। गद्य की समस्त विधाएँ, काल और अन्तिम अध्याय में नगेन्द्र एवं भगीरथ मिश्र द्वारा रचित हिन्दी साहित्य का इतिहास है। अलग-अलग खंड अलग-अलग लेखकों द्वारा लिखे गए हैं। यह साहित्येतिहास ग्रन्थ के रूप में प्रतिष्ठित नहीं हो पाया है। प्रस्तावना में सम्पादक ने स्वयं स्वीकार किया है–''इस तीसरे खंड के बारे में यह बता देना जरूरी है कि विभिन्न लेखकों द्वारा लिखे गए अलग-अलग अध्यायों के माध्यम से इस काल में निहित साहित्य की किसी इतिहास-दृष्टि को प्रतिपादित या अन्तर्हित कर पाना सम्भव नहीं था। इसलिए सम्पादकों ने इस प्रयास को इतिहास की संज्ञा से अभिहीत नहीं किया।''[59] नगेन्द्र जी ने सार्थक और विस्तृत इतिहास की परम्परा और हिन्दी साहित्य की लम्बी परम्परा के सम्बन्ध में लिखकर इसके उपसंहार को सार्थक बना दिया। इस ग्रन्थ में गद्य पर ज्यादा लिखा जाता है। सभी लेख सार्थक एवं उपयोगी हैं।

'हिन्दी काव्य की सामाजिक भूमिका' : डॉ. शम्भूनाथ सिंह

यह ग्रन्थ 1966 में प्रकाशित हुआ। इसके प्राक्कथन में सिंह जी इतिहास की परिभाषा और उसे पुनः लिखे जाने का कारण बताने के पश्चात् अपने इस ग्रन्थ

का परिचय देते हैं–''आधुनिक युग से पूर्व की हिन्दी कविता का इतिहास ही उस अवधि के साहित्य का इतिहास है। हिन्दी साहित्य का इतिहास उपर्युक्त ऐतिहासिक अवधारणा के अनुसार भारतीय जनता के मानस विकास के इतिहास का एक अंग है। अत: भारतीय मानस की विविध क्रिया-प्रतिक्रियाओं से सम्बद्ध करके ही हिन्दी साहित्य के इतिहास को देखा-परखा जा सकता है। अब तक जो इतिहास-ग्रन्थ लिखे गए हैं उनमें साहित्य को एक स्वतंत्र सत्ता मानकर उसका आकलन और संकलन किया गया है। किन्तु इस ग्रन्थ में हिन्दी साहित्य को भारतीय जीवन के चेतना-प्रवाह के विविध आयामों से सम्बद्ध किया गया है। फलत: इसमें भारतीय राजनीति, सामाजिक एवं आर्थिक स्थिति, धर्म, संस्कृति, कला और भाषा का इतिहास भी स्वभावत: अधिक स्फुट रूप में समाविष्ट हुआ है। यह लघु ग्रन्थ हिन्दी साहित्य का इतिहास नहीं, उसकी भूमिका मात्र है। इसमें केवल उस दृष्टि को स्थापित किया गया है जिसके सहारे हिन्दी साहित्य का इतिहास नए सिरे से लिखा जाना चाहिए।''[60] अन्य इतिहास-ग्रन्थों की तरह इसमें भी थोड़ी-सी हेर-फेर के साथ हिन्दी भाषा, हिन्दी साहित्य का उद्‌भव तथा विभिन्न कालों को नामों की अदला-बदली के साथ प्रस्तुत किया गया है, उसमें विशेष नयापन नहीं है। ग्रन्थ उपयोगी है, पठनीय है। इसे डॉ. सिंह ने 11 अध्यायों में बाँटा है। काल-विभाजन हम अध्याय दो में लिख चुके हैं। इस ग्रन्थ में आधुनिक काल को तीन युगों में बाँटा गया है। यह परिश्रम सार्थक है।

'हिन्दी साहित्य का अतीत' : आचार्य विश्वनाथ प्रसाद मिश्र

यह ग्रन्थ दो भागों में प्रकाशित है। पहले भाग में प्रस्तावना, आदिकाल और भक्तिकाल हैं तथा दूसरे भाग में शृंगारकाल या रीतिकाल। 'पुरोवचन' के अन्तर्गत लेखक कहते हैं–''प्रस्तुत पुस्तक में हिन्दी की व्याप्ति, साहित्य की निरुक्ति और अतीत की अलक्षित विशेषता को दृष्टि में रखकर उन विवेच्य विषयों का विचार करने का प्रयास किया गया है जिनके नियत रूप में मतभेद हैं।'' इसी के अन्तर्गत वे कहते हैं–''हिन्दी साहित्य का अतीत उसके वर्तमान की अपेक्षा अधिक ऋद्ध है।'' ''देशी भाषाओं में हिन्दी सबसे जेठी है। जब तक प्रादेशिक स्वच्छन्दता ने सिर नहीं उठाया था तब तक साहित्य के अभेद और भाषागत ऐक्य के कारण सारी कृतियाँ हिन्दी की ही समझी जाती थीं।''[61] लेखक कहते हैं कि साहित्य की आराधना से व्यक्ति जीवन्मुक्त हो सकता है। साहित्य में रमकर मन जगत के प्रपंच से मुक्त हो सकता है। उन्होंने अतीत को परिभाषित किया है। भक्तिकाल में तुलसीदास और उनकी लगभग सभी रचनाओं पर प्रकाश डाला गया है। लेखक की भाषा काव्यात्मक है, अत: रुचिकर है। यह साहित्येतिहास ग्रन्थ विद्यार्थियों के लिए उपयोगी है। इसमें

सूरदास, तुलसीदास तथा भाषा विषय पर सराहनीय टिप्पणी लिखी गई है। मिश्र जी का प्रयास सफल हुआ है।

'साहित्य का इतिहास दर्शन' : नलिन विलोचन शर्मा

यह ग्रन्थ 1960 में प्रकाशित हुआ। इसमें 16 अध्याय हैं, जिनमें इतिहास दर्शन का भारतीय दृष्टिकोण, पाश्चात्य आदर्श, साहित्यिक इतिहास की प्राचीन भारतीय परम्परा–संस्कृत में, पाली, प्राकृत और अपभ्रंश में, पाश्चात्य साहित्यिक इतिहास दर्शन–प्राचीन और आधुनिक, साहित्येतिहास और विधेयवाद, साहित्यिक इतिहास के युग, पाश्चात्य साहित्यिक इतिहास–फ्रेंच, जर्मन, अंग्रेजी, रूसी, पोलिश और चेक, हिन्दी साहित्य की परम्पराएँ, हिन्दी साहित्य का इतिहास, दर्शन, नखशिख हजारा के कवियों का सूचीपत्र, पाश्चात्य साहित्य का समानान्तर विकास है। भूमिका में लेखक कहते हैं–"प्रतिज्ञा यह है कि साहित्येतिहास भी अन्य प्रकार के इतिहासों की तरह कुछ विशिष्ट लेखकों और उनकी कृतियों का इतिहास न होकर, युग विशेष के लेखक–समूह की कृति समष्टि का इतिहास ही हो सकता है। इस पर, सिद्धान्त और व्यवहार, दोनों में ही, ध्यान न देने के कारण साहित्यिक इतिहास ढीले सूत्र में गुँथी आलोचनाओं का रूप ग्रहण करता रहा है। प्रबन्ध के सिद्धान्त भाग में, इसी कारण, प्रतिज्ञा विशेष के पूर्वपक्ष का निरसन और उत्तरपक्ष का पुंखानुपंख प्रतिपादन है। प्रबन्ध में गौण लेखकों की जो विस्तृत तालिकाएँ हैं उनका भी यही कारण है, यह बताना आवश्यक है।"[62] लेखक का ग्रन्थ उनकी भूमिका के अनुरूप ही है, किन्तु उपयोगी एवं महत्त्वपूर्ण है। शोधार्थियों के लिए विशेष सहायक है।

'हिन्दी साहित्य : बीसवीं शताब्दी' : नन्ददुलारे वाजपेयी

यह वाजपेयी का निबन्ध संकलन है जो 1959 में प्रकाशित हुआ। इसमें 23 निबन्ध हैं जिनमें से 3 केवल रामचन्द्र शुक्ल पर ही भाग–1, 2, 3 करके लिखे गए हैं। शेष निबन्धों में महान लेखकों–महावीर प्रसाद द्विवेदी, भगवती प्रसाद वाजपेयी, जैनेन्द्र तथा महान कवि निराला, पन्त, मैथिलीशरण गुप्त, महादेवी वर्मा, अज्ञेय, दिनकर, अंचल आदि को स्थान मिला है। इस ग्रन्थ में लिखे गए निबन्धों को ज्यों–का–त्यों रखा गया है। कारण बताते हुए वाजपेयी जी कहते हैं–"वर्तमान में इसके प्रति हिन्दी के प्राय: सभी पाठकों की यह धारणा बन चली है कि मेरी यह पुस्तक प्रथम पुस्तक तो है ही, ऐतिहासिक दृष्टि से भी यह मेरी एक प्रतिनिधि रचना है। इसकी विवेचना, इसके विचार और इसकी भाषा शैली सब कुछ मेरी अन्य पुस्तकों से बहुत कुछ स्वतंत्र है और विशेषकर इसकी–सी स्पष्टभाषिता मेरी परवर्ती पुस्तकों

में नहीं पाई जाती। अतः यही सम्मति रही है कि इस पुस्तक में कोई संशोधन या परिवर्तन न किए जाएँ और इसका मूल स्वरूप स्थिर रखा जाए।''[63] यह पुस्तक साहित्येतिहास की कसौटी पर कसे जाने योग्य तो नहीं है किन्तु उच्च शिक्षा के साहित्येतिहास के विद्यार्थियों के लिए यह उपयोगी एवं पठनीय है, श्रेष्ठ निबन्धों का संग्रह है।

'आचार्य रामचन्द्र शुक्ल : इतिहास और परम्परा' : राजमल बोरा

यह ग्रन्थ शुक्ल जी के इतिहास को सम्पूर्ण रूप से व्याख्यायित करता है। 1987 में प्रकाशित यह ग्रन्थ शुक्ल जी के समकालीनों पर, काल-विभाजन, विभिन्न कालों पर टिप्पणी, आचार्य द्विवेदी की टिप्पणियों सहित 'हिन्दी साहित्य के इतिहास' के विभिन्न पक्षों की समीक्षा प्रस्तुत करनेवाला श्रेष्ठ ग्रन्थ है।

'हिन्दी साहित्य के इतिहास-ग्रन्थों का आलोचनात्मक अध्ययन' : डॉ. रूपचन्द पारीक

यह ग्रन्थ 1972 में प्रकाशित हुआ। 11 अध्यायों में बँटा है। इसमें 'इतिहास' शब्द का अर्थ, परिभाषा, ग्रन्थों की पूर्वपीठिका, आरम्भकाल (कविवृत्त संग्रह), इतिहास-लेखन के प्रयत्न, शुक्ल युग, आचार्य हजारीप्रसाद द्विवेदी का सम्पूर्ण इतिहास-लेखन, खंड विशेष के इतिहास, वृहत् और मझोले आकार के इतिहास, विभिन्न साहित्यिक विधाओं के इतिहास आदि लिखा गया है। यह ग्रन्थ शुक्ल जी के पूर्व के इतिहास-ग्रन्थों पर भी विस्तार से प्रकाश डालता है। यह अत्यन्त महत्त्वपूर्ण और उपयोगी साहित्येतिहास ग्रन्थ है। पूर्व के अध्यायों तथा इस अध्याय के अन्तर्गत लिखे गए इतिहास-ग्रन्थों पर पारीक जी की टिप्पणियाँ हम लिख चुके हैं।

उपर्युक्त इतिहास-ग्रन्थों के अतिरिक्त हिन्दी साहित्य-डॉ. भोलानाथ, आधुनिक हिन्दी साहित्य का विकास-डॉ. श्रीकृष्ण लाल इत्यादि हैं। ये ग्रन्थ आचार्य रामचन्द्र शुक्ल के 'हिन्दी साहित्य का इतिहास' के पश्चात् लिखे गए हैं। उन्होंने अतीत के साथ ही तत्कालीन ग्रन्थ और ग्रन्थकारों को समेटा है। ये सभी साहित्येतिहास ग्रन्थ समृद्ध और सुव्यवस्थित हैं तथा लेखकों ने अपने-अपने तरीके से इतिहास और साहित्य, भाषा और काल को व्यक्त करने का प्रयास किया है जिसमें वे सफल हुए हैं। कोई भी लेखन अपने आपमें पूर्ण नहीं होता। समय गतिशील है, समय के बीतने के साथ हर क्षण उसमें कुछ नया जुड़ जाता है। अतः हर लेखक ने पूरे नए को समेटने और सूची में जोड़ने का प्रयत्न किया है। उपलब्ध ग्रन्थों पर हमने अपनी सीमा और सामर्थ्य के अनुरूप प्रकाश डाला है।

आचार्य शुक्ल का इतिहास पढ़ते हुए : डॉ. बच्चन सिंह

डॉ. बच्चन सिंह द्वारा लिखित पुस्तक 'आचार्य शुक्ल का इतिहास पढ़ते हुए' में कुल सात अध्याय और एक परिशिष्ट शामिल है। पहले अध्याय का शीर्षक है– 'इतिहास दृष्टि और इतिहास यात्रा'। इसमें शुक्ल जी के इतिहास-दृष्टि और उनके पूर्व की इतिहास-यात्रा का उल्लेख किया गया है। दूसरा अध्याय है–'आदिकाल : अपभ्रंश और देश भाषा काव्य।' इस अध्याय में आदिकाल की मुख्य समस्याओं की चर्चा की गई है। पहली समस्या यह है कि अपभ्रंश काव्य को उसके अन्तर्गत लिया जाए या नहीं और दूसरी यह कि अप्रामाणिक रचनाओं के आधार पर देश भाषा काव्य को वीरगाथा काल क्यों कहा जाए? इसकी विस्तृत विवेचना करते हुए बच्चन जी लिखते हैं–''शुक्ल जी के पास एक रैशनल, अपने ढंग का समाजशास्त्र दृष्टिकोण और भाषा तथा साहित्य की अत्यन्त गहरी समझ है। पर जिस शिक्षित वर्ग के साथ साहित्य को उन्होंने जोड़ा है उसमें अन्तर्विरोध भी कम नहीं है।''

तीसरा अध्याय है–'भक्तिकाल' और चौथा है–'दरबारी काव्य'। शुक्ल जी के इतिहास को पढ़ते हुए बच्चन जी अपनी दृष्टि से उसकी व्याख्या करते हैं। पाँचवाँ अध्याय है–'आधुनिक काल' (गद्य खंड)। इस अध्याय की शुरुआत में शुक्ल जी के विषय में लेखक की राय इस प्रकार है–''आधुनिक काल के लेखन में संघटनात्मकता की वह पूर्णता नहीं है जो अन्य कालों के विवेचन में दिखाई पड़ती है। इससे शुक्ल जी की अपनी सीमा भी परिलक्षित हो जाती है। इतिहास-दृष्टि त्रुटिपूर्ण होने पर भी समीक्षा-दृष्टि में कहीं स्खलन नहीं आया है।''

छठा अध्याय है–'आधुनिक काल–काव्य खंड' और अन्तिम है–'परिशिष्ट'। बच्चन सिंह ने अपने दीर्घ चिन्तन के परिणामस्वरूप उत्पन्न अनेक जीवन्त प्रश्नों को उठाया है। उन्होंने इस पुस्तक में साहित्य के इतिहास-लेखन सम्बन्धी बिन्दुओं को विमर्श के लिए प्रस्तुत किया है। अपनी असहमतियों के साथ-साथ उन प्रश्नों की तलाश भी की है जो अनुत्तरित हैं और जिन पर नए सिरे से विचार करने की आवश्यकता है। फिर भी वे लिखते हैं–''शुक्ल जी का इतिहास जितनी बार पढ़ा जाए कम है। इसे कहते हैं इतिहास का रचनात्मक लेखन।''

सन्दर्भ ग्रन्थ

1. डॉ. रूपचन्द्र पारीक, हिन्दी साहित्य के इतिहास-ग्रन्थों का आलोचनात्मक अध्ययन, पृ. 4
2. वही, पृ. 165
3. आचार्य हजारी प्रसाद द्विवेदी, हिन्दी साहित्य की भूमिका, पृ. 4
4. वही, पृ. 1-2
5. वही, पृ. 151-52
6. वही, पृ. 148

7. डॉ. नामवरसिंह, दूसरी परम्परा की खोज, पृ. 19
8. डॉ. रूपचन्द्र पारीक, हिन्दी साहित्य के इतिहास ग्रन्थों का आलोचनात्मक अध्ययन, पृ. 168, 174
9. वही, पृ. 173
10. कोमल कोठारी, साहित्य, संगीत और कला, पृ. 133
11. डॉ. हजारीप्रसाद द्विवेदी, हिन्दी साहित्य, पृ. 300
12. नलिन विलोचन शर्मा, साहित्य का इतिहास दर्शन, पृ. 95
13. डॉ. रामविलास शर्मा, आचार्य रामचन्द्र शुक्ल और हिन्दी आलोचना, पृ. 186-87
14. डॉ. श्यामसुन्दर दास, हिन्दी साहित्य, निवेदन से।
15. वही, पृ. 74
16. डॉ. नामवर सिंह, आलोचना इतिहास विशेषांक, पृ. 11
17. डॉ. श्यामसुन्दर दास, हिन्दी साहित्य, पृ. 121
18. रामशंकर शुक्ल 'रसाल', हिन्दी साहित्य का इतिहास, पृ. 1, भूमिका से
19. वही, पृ. 8-10
20. डॉ. रूपचन्द्र पारीक, हिन्दी साहित्य के इतिहास-ग्रन्थों का आलोचनात्मक अध्ययन, पृ. 150
21. श्याम बिहारी मिश्र, हिन्दी साहित्य का इतिहास 'रसाल'-के प्राक्कथन से
22. रामशंकर शुक्ल 'रसाल', हिन्दी साहित्य का इतिहास, पृ. 340, 376, 656-57, 767
23. डॉ. रूपचन्द्र पारीक, हिन्दी साहित्य के इतिहास-ग्रन्थों का आलोचनात्मक अध्ययन, पृ. 152-54
24. नलिन विलोचन शर्मा, साहित्य का इतिहास दर्शन, पृ. 92
25. सूर्यकान्त शास्त्री, हिन्दी साहित्य का विवेचनात्मक इतिहास, पृ. 8
26. वही, पृ. 8
27. वही, पृ. 28-29
28. पं. अयोध्यासिंह उपाध्याय 'हरिऔध', हिन्दी भाषा और साहित्य का विकास, भूमिका से, पृ. 1
30. डॉ. रामकुमार वर्मा, हिन्दी साहित्य का आलोचनात्मक इतिहास, निवेदन से, पृ. 1
31. वही, पृ. 5
32. डॉ. रूपचन्द्र पारीक, हिन्दी साहित्य के इतिहास-ग्रन्थों का आलोचनात्मक अध्ययन, पृ. 163
33. ब्रजरत्नदास, खड़ी बोली हिन्दी साहित्य का इतिहास-भूमिका से
34. आचार्य चतुरसेन शास्त्री, हिन्दी भाषा और साहित्य का इतिहास, दो शब्द से
35. आचार्य नन्ददुलारे वाजपेयी, हिन्दी साहित्य का संक्षिप्त इतिहास, पृ. 6
36. वही, पृ. 111
37. डॉ. गणपति चन्द्र गुप्त, हिन्दी साहित्य का विकास, भूमिका से
38. वही, पृ. 24
39. डॉ. रामगोपाल शर्मा 'दिनेश', हिन्दी साहित्य का आदर्श इतिहास, प्रथम एवं सोलहवें संस्करण की भूमिका से

40. प्रकाशक–केडिया, हिन्दी साहित्य विमर्श, बख्शी निवेदन से
41. पदुमलाल पुन्नालाल बख्शी, हिन्दी साहित्य विमर्श, पृ. 23
42. वही, पृ. 160
43. डॉ. रामखेलावन पांडेय, हिन्दी साहित्य का नया इतिहास पृ. 5, 7
44. वही, 2–3
45. सं. डॉ. नगेन्द्र, हिन्दी साहित्य का इतिहास, पृ. 21
46. वही, पृ. 533
47. बच्चन सिंह, हिन्दी साहित्य का का दूसरा इतिहास, भूमिका से
48. वही, पृ. 481
49. लक्ष्मी सागर वार्ष्णेय, आधुनिक हिन्दी साहित्य की भूमिका, वक्तव्य से
50. वही, विषय प्रवेश से
51. राजेन्द्र सिंह गौड़, हिन्दी भाषा और साहित्य का विकास, भूमिका से
52. वही, पृ. 23
53. शिवदान सिंह चौहान, हिन्दी साहित्य के अस्सी वर्ष, प्रस्तावना से
54. वही, पृ. 48–49
55. डॉ. राजकिशोर पांडेय, हिन्दी साहित्य का उत्तर–मध्य युग, निवेदन से
56. रामस्वरूप चतुर्वेदी, हिन्दी साहित्य और संवेदना का विकास, आमुख से
57. वही, पृ. 24
58. वही, पृ. 192
59. हिन्दी साहित्य तृतीय खंड, डॉ. धीरेन्द्र वर्मा एवं सहयोगी, प्रस्तावना से
60. डॉ. शम्भूनाथ सिंह, हिन्दी काव्य की सामाजिक भूमिका, प्राक्कथन से
61. आचार्य विश्वनाथ प्रसाद मिश्र, हिन्दी साहित्य का अतीत, पुरोवचन से
62. नलिन विलोचन शर्मा, साहित्य का इतिहास दर्शन, भूमिका से
63. नन्ददुलारे वाजपेयी, हिन्दी साहित्य : बीसवीं शताब्दी, वक्तव्य से

आधुनिक हिन्दी साहित्य की विविध विधाएँ, उनका रचनागत विस्तार तथा साहित्यिक इतिहास-लेखन की दृष्टि से उनका मूल्यांकन

आधुनिक काल का प्रारम्भ आचार्य रामचन्द्र शुक्ल के अनुसार सं. 1900 वि. से माना जाता है। बच्चन सिंह इसे नव जागरण युग भी कहते हैं। इसके आगमन के सम्बन्ध में कहते हैं–"आधुनिकता ले आने का श्रेय अंग्रेजी उपनिवेशवादी को है। जिस तरह भक्ति आन्दोलन के बारे में प्रश्न उठाया जाता है कि यदि मुसलमान न आए होते तो भक्ति आन्दोलन की लहर न उठती, उसी प्रकार कहा जाता है यदि अंग्रेज न आए होते तो आधुनिक काल न आता। ऐतिहासिक प्रक्रिया के तहत उसे आना ही था किन्तु अंग्रेजी उपनिवेश ने इस प्रक्रिया को तेज कर दिया। अनजाने ही सही, नए परिवर्तन का श्रेय उसी को दिया जाता है।"[1] इस शताब्दी के पहले से ही खड़ी बोली गद्य की रचनाएँ मिलने लगी थीं। आरम्भिक हिन्दी को स्वरूप प्रदान करने का श्रेय चार गद्य लेखकों को है–सदासुख लाल, इंशा अल्ला खाँ, सदल मिश्र और लल्लू लाल। श्यामसुन्दर दास भाषा की दृष्टि से इंशा अल्ला खाँ को महत्त्व देते हैं और शुक्ल जी पहले स्थान पर सदासुख और दूसरे स्थान पर सदल मिश्र को रखते हैं क्योंकि ये दोनों उनकी निर्धारित तीन कसौटियों–बोलचाल की भाषा-शिष्टता, व्यवहार में आने की योग्यता, तर्कानुमोदित वाक्य-विन्यस्तता, पर खरे उतरते हैं। 1900-1920 के बीच उपनिवेशवाद के विरुद्ध आवाज उठाई जाने लगी, अतीत के गौरव को रचनात्मक रूप दिया जाने लगा। 19वीं सदी के अन्त में राष्ट्रीय कांग्रेस की स्थापना हुई। देश राष्ट्रीयता की भावना से ओत-प्रोत होने लगा। हिन्दी जाति का भाषिक संगठन मजबूत करने के लिए 1893 में नागरी प्रचारिणी सभा की स्थापना हुई। 1900 ई. में 'सरस्वती' मासिक प्रत्रिका का प्रकाशन प्रारम्भ हुआ। हिन्दी को एक नई दिशा मिली, वह पद्य के साथ-साथ गद्य की भाषा भी बनी। इसके प्रचार-प्रसार के लिए हिन्दी साहित्य सम्मेलन प्रयाग की स्थापना 1910 में हुई। बच्चन सिंह कहते हैं–"हिन्दी साहित्य में आधुनिक जीवन-बोध के

प्रवर्तक भारतेन्दु हरिश्चन्द्र का जन्म उन्नीसवीं शती के ठीक मध्य में सन् 1850 में हुआ।'' अतः इतिहास लेखकों ने इस वर्ष को ही आधुनिक हिन्दी साहित्य के आरम्भ का वर्ष मान लिया।''[2] बच्चन सिंह ने 'आधुनिक' शब्द के दो अर्थ प्रस्तुत किए हैं–मध्यकाल से भिन्नता और नवीन इहलौकिक दृष्टिकोण यानी धर्म, साहित्य के प्रति नए दृष्टिकोण का उदय। आधुनिक काल के साहित्य की विकास प्रक्रिया को समझने के लिए इसे चार विभागों में बाँटा गया है–1. पुनर्जागरण (भारतेन्दु काल)–1857–1900 ई., 2. जागरण सुधार काल (द्विवेदी युग)–1900–1928 ई., 3. छायावाद काल, 4. छायावादोत्तर काल–(क) प्रगति–प्रयोग काल–1938–1953 ई., (ख) नवलेखन–काल 1953 ई) यह बच्चन सिंह के अनुसार है। राजेन्द्र सिंह गौड़ भारतेन्दु का प्रवेश 1925 सं. मानते हैं और काल विभाग इस तरह प्रस्तुत करते हैं–1. प्रथम उत्थान काल–भारतेन्दु युग (1925–1950), 2. द्वितीय उत्थान काल द्विवेदी युग (सं. 1967–75), 3. तृतीय उत्थान काल–छायावाद–रहस्यवाद युग (सं. 1976–95), 4. 8 चतुर्थ उत्थान काल–प्रगतिवाद, प्रयोगवाद युग सं. 1996।[3] इस प्रकार अलग–अलग रचनाकारों ने कालों की तिथि और नाम में थोड़े हेर–फेर कर दिए हैं। किन्तु भारतेन्दु और द्विवेदी काल अपने नामों के साथ स्थिर हैं। हिन्दी साहित्य की दो विधाएँ हैं–गद्य और पद्य। पद्य की धारा वीरगाथा काल से चली आ रही है किन्तु आधुनिक काल से पूर्व गद्य साहित्य का विकास या गद्य रचनाएँ बहुत कम हुई थीं। डॉ. शर्मा के अनुसार–वीरगाथा काल–इसमें साहित्यिक दृष्टि से महत्त्वपूर्ण कोई गद्य रचना नहीं हुई। भक्तिकाल–ब्रजभाषा में लिखा गया कुछ गद्य साहित्य मिलता है। गोसाई विट्ठलनाथ ने 'शृंगार–रस–मंडल' लिखा और गंग कवि ने खड़ी बोली में सं. 1572 में 'चन्द छन्द बरनन की महिमा' लिखा। इसके बाद 'चौरासी वैष्णवों की वार्ता' और 'दो–सौ बावन वैष्णवों की वार्ता' लिखे गए। सं. 1660 में नाभादास ने 'अष्टयाम' की रचना की। सं. 1680 वि. में बैकुंठमणि शुक्ल ने 'अगहन माहात्म्य और वैशाख माहाम्त्य' की रचना की। रीतिकाल–इसमें ब्रजभाषा और खड़ी बोली दोनों में ही गद्य रचना हुई। सं. 1767 में सुरति मिश्र ने 'बैताल पचीसी' और सं. 1852 वि. में लाला हीरालाल ने 'आईने अकबरी की भाषा वचनिका' ग्रन्थ लिखे। 18वीं शताब्दी में 'शृंगार शतक' नाम का एक टीका ग्रन्थ भी मिलता है। सं. 1752 वि. में खड़ी बोली में 'भाषा योग वाशिष्ठ' ग्रन्थ लिखा गया। सं. 1818 वि. में पं. दौलतराम जैन ने 'पद्म पुराण' खड़ी बोली में लिखा। मुंशी सदासुख लाल का 'सुखसागर', 'इंशा अल्ला खाँ' ने 'रानी केतकी की कहानी', लल्लू लाल ने 'प्रेम सागर', सदल मिश्र ने 'नासिकेतोपाख्यान', जटमल ने 'गोरा बादल की कथा' लिखी।''[4] इस तरह गद्य साहित्य का विकास 1900 ई. या भारतेन्दु युग से माना जाता है। इस युग की

अवधि को अलग-अलग लेखकों ने अलग-अलग माना है। शुक्ल जी 1925-1950, डॉ. रामकुमार वर्मा 1927-1957, डॉ. रामविलास शर्मा 1925-1957 वि. मानते हैं। सभी लेखकों द्वारा निर्धारित तिथि की चर्चा करना अनावश्यक प्रतीत होता है।

हिन्दी साहित्य की दो विधाओं—गद्य और पद्य—में से पहले हम गद्य साहित्य के विकास और साहित्येतिहास लेखन की दृष्टि से उद्यका मूल्यांकन करेंगे। गद्य साहित्य की अनेक विधाएँ हैं—1. उपन्यास, 2. निबन्ध, 3. कहानी, 4. नाटक, 5. एकांकी, 6. आलोचना, 7. जीवनी साहित्य, 8. यात्रावृत्त, 9. पत्रकारिता, 10. संस्मरण तथा रेखाचित्र, 11. आत्मकथा, 12. रिपोर्ताज, 13. डायरी। कुछ विधाएँ भारतेन्दु काल से चली आ रही हैं। कुछ विधाओं का विकास बाद के युगों में हुआ। हम क्रमशः हर काल में गद्य की विविध विधाओं के रचनागत विस्तार को देखेंगे और उनका साहित्येतिहास की दृष्टि से मूल्यांकन करेंगे। कोई भी काल तुरन्त समाप्त नहीं होता बल्कि उसका प्रभाव अगले एक-दो दशक तक बना रहता है। पहले और बाद की रचनाओं पर भी दृष्टि डाल लेना उस काल के लिए और भी उचित प्रतीत होता है। 1884 ई. में भारतेन्दु 'काल चक्र' तैयार कर रहे थे। 1837 ई. में उन्होंने 'हिन्दी नए चाल में ढली' लिखा। 1868 ई. में 'कविवचन सुधा' का प्रकाशन और 1930 ई. में 'हरिश्चन्द्र मैग्जीन' नामक मासिक पत्रिका निकलना हिन्दी साहित्य के रचनागत विस्तार के आरम्भ को दर्शाता है।

भारतेन्दु युग

इस युग में हिन्दी गद्य का बहुमुखी विकास हुआ। इसके पूर्व कुछ लेखकों, जैसे—राजा लक्ष्मण सिंह, राजा शिवप्रसाद सितारेहिन्द, नवीनचन्द्र राय, श्रद्धाराम फिल्लौरी आदि ने रचनाएँ कीं जिनका साहित्यिक महत्त्व नहीं के बराबर है। किन्तु ये लेखक खड़ी बोली गद्य के स्वरूप विकास की प्रक्रिया में भाग लेने के कारण महत्त्वपूर्ण हैं। राजा लक्ष्मण सिंह ने विशुद्ध संस्कृतनिष्ठ हिन्दी का समर्थन किया और राजा शिवप्रसाद सितारेहिन्द हिन्दी का गँवारूपन दूर करते-करते उसे उर्दू की नजाकत से युक्त बनाते गए। हिन्दी गद्य की विविध विधाओं के विकास का ऐतिहासिक कार्य भारतेन्दु युग में पूरा हुआ। "उन्नीसवीं सदी के अन्तिम चरण में पूरे देश में सांस्कृतिक जागरण की लहर दौड़ चुकी थी। सामन्तीय सामाजिक ढाँचा टूट चुका था। अंग्रेजी शिक्षा का प्रभाव शिक्षित समाज पर पड़ रहा था। जीवन के सभी क्षेत्रों—सामाजिक, धार्मिक, आर्थिक, राजनीतिक—में परिवर्तन और सुधार की आवश्यकता थी। भारतेन्दु इसी प्रगतिशील चेतना के प्रतिनिधि कवि थे। भारतेन्दुकालीन साहित्य सांस्कृतिक जागरण का साहित्य है। इस युग में रचित गद्य

की प्रत्येक विधा-नाटक, निबन्ध, कहानी, उपन्यास, आलोचना-में सांस्कृतिक जागरण का स्वरूप स्पष्ट होता है।''[5]

उपन्यास

भारतेन्दु युग में लेखकों को उपन्यास लिखने की प्रेरणा अंग्रेजी और बँगला उपन्यासों से मिली। ''आधुनिक उपन्यास साहित्य का एक नया और संश्लिष्ट रूप-विधान है, जिसका विकास सबसे पहले यूरोप में हुआ, भारत में नहीं। अनेक विद्वानों ने उपन्यास की परिभाषा देते हुए उसे 'आधुनिक युग का महाकाव्य' बताया है। आधुनिक उपन्यास का वास्तविक विकास तो यूरोप के सांस्कृतिक जागरण के साथ ही शुरू होता है—सर्वप्रथम इटली से। इटली के लेखक बोकेशियों की व्यंग्य और विनोदपूर्ण रचना 'डी केमरान' (1348) प्रारम्भिक युग की विख्यात रचना है।''[6] भारतेन्दु उपन्यासों की शक्ति से परिचित थे, और उन्होंने स्वयं एक उपन्यास लिखना शुरू किया था जो पूरा न हो सका। इसके अतिरिक्त उन्होंने एक उपन्यास (पूर्ण प्रकाश और चन्द्रप्रभा) का अनुवाद भी किया। लेकिन हिन्दी का सबसे पहला मौलिक उपन्यास 'परीक्षागुरु' (1882) है जिसके लेखक लाला श्री निवास दास थे।''[7] इस उपन्यास पर अंग्रेजी का प्रभाव था। 1877 में श्रद्धाराम फिल्लौरी ने लघु सामाजिक उपन्यास 'भाग्यवती' लिखा जिसकी बड़ी प्रशंसा हुई।''[8] इस काल में बँगला से अनुवादित उपन्यासों को काफी प्रसिद्धि मिली। फिल्लौरी जी का 'भाग्यवती' उपन्यास प्रथम आधुनिक उपन्यास माना जा सकता है। कुछ लेखकों का मानना था कि पं. गौरीदत्त द्वारा लिखित उपन्यास 'देवरानी जेठानी की कहानी' को प्रथम उपन्यास मानना चाहिए, यह 1870 में प्रकाशित हुआ था। सदानन्द मिश्र और शम्भूनाथ मिश्र द्वारा सम्पादित उपन्यास 'मनोहर उपन्यास' (1871) जिसका उल्लेख डॉ. माताप्रसाद गुप्त ने किया है, वह विवादास्पद है। इनके अतिरिक्त रत्नचन्द्र प्लीडर ने 'नूतन चरित्र' (1813), बालकृष्ण भट्ट की 'नूतन ब्रह्मचारी' (1886), 'सौ अजान एक सुजान' (1892), राधाकृष्ण दास ने 'निस्सहाय हिन्दू' (1890), राधारण गोस्वामी ने और देवी प्रसाद शर्मा ने 'विधवा-विपत्ति' (1888), कार्तिक प्रसाद खत्री ने 'जया' (1896), किशोरी लाल गोस्वामी ने 'लवंगलता', 'कुसुमकुमारी' (1890), गोपाल राम गहमरी ने 'नए बाबू' (1894), 'सास पतोह', 'बड़ा भाई' (1898), लज्जाराम मेहता ने 'धूर्त रसिकलाल' आदि उपन्यास लिखे। देवकीनन्दन खत्री तिलिस्मी, जासूसी और ऐयारी उपन्यासों के कारण प्रसिद्ध हुए। उनका 'चद्रकान्ता सन्तति' काफी लोकप्रिय हुआ। गोपालराम गहमरी कृत 'अद्भुत लाश' (1896) प्रसिद्ध हुआ। इन्होंने भारतेन्दु युग के अन्तिम चरण में लिखना प्रारम्भ किया और लगभग 200 जासूसी उपन्यास लिखे। ठाकुर जगमोहन सिंह का 'श्यामा स्वप्न'

(रोमानी उपन्यास) 1888 में प्रकाशित हुआ। रामकृष्ण वर्मा ने उर्दू से 'संसार दर्पण' अनुवाद करके लिखा। उनकी 1885 में उर्दू से ही अनूदित 'अमला वृत्तान्तमाला' (1884), 'ठग वृतान्तमाला' (1889), 'पुलिस वृत्तान्तमाला' (1890) उल्लेखनीय हैं। इस युग में बँगला से अनूदित अनेक उपन्यासों की सूची साहित्येतिहास ग्रन्थों में प्राप्त होती है। कुछ उपन्यास अंग्रेजी से भी अनूदित किए गए थे।

नाटक

हिन्दी नाटकों का आरम्भ भारतेन्दु हरिश्चन्द्र के समय से ही माना जाता है। चौहान जी कहते हैं–''हिन्दी में नाट्य साहित्य का विकास साधारणतया भारतेन्दु हरिश्चन्द्र के प्रथम मौलिक प्रहसन 'वैदिकी हिंसा हिंसा न भवति' सन् 1873 ई. से माना जाता है।[9] भारतेन्दु हरिश्चन्द्र का हिन्दी साहित्य के इतिहास में वही स्थान है जो रूसी साहित्य में पुश्किन को प्राप्त है। वे आधुनिक हिन्दी साहित्य के पितामह हैं। उनके रचे नाटकों में सामाजिक, राजनीतिक, पौराणिक और प्रेमप्रधान सभी प्रकार के नाटक हैं।''[10] भारतेन्दु काल में रचित नाटकों को विषय और प्रवृत्ति के आधार पर विभिन्न वर्गों में रखा जा सकता है, जैसे–प्रतीकवादी, प्रहसन, पौराणिक, ऐतिहासिक आदि–भारतेन्दु ने स्वयं इन सभी वर्गों के नाटक लिखे। राम तथा कृष्ण के परिवार जनों पर बहुत नाटक लिखे गए। स्वयं भारतेन्दु कृत 'चन्द्रावली', अम्बिकादत्त व्यास कृत 'ललिता' (1884), हरिहरदत्त दुबे कृत 'महारास' (1884) और 'कल्पवृक्ष' (1886), अयोध्यासिंह उपध्याय कृत 'प्रद्युम्न विजय' (1893), 'रुक्मिणी परिणय' (1894) महत्त्वपूर्ण हैं। देवकीनन्दन खत्री कृत 'सीताहरण' (1876), 'रामलीला' (1879), शीतलाप्रसाद त्रिपाठी कृत 'रामचरितावली' (1887), द्विजदास कृत 'रामचरित नाटक' (1891), भारतेन्दु हरिश्चन्द्र कृत 'सत्य हरिश्चन्द्र' और 'सती प्रलाप', श्रीनिवास दास कृत 'प्रह्लाद चरित्र' (1888), बालकृष्ण भट्ट कृत 'नल दमयन्ती स्वयंवर' (1895), और शालिग्राम लाल कृत 'अभिमन्यु' उल्लेखनीय हैं।

आलोच्य युग के ऐतिहासिक नाटकों में भारतेन्दु कृत 'नीलदेवी', श्री निवासदास कृत 'संयोगिता स्वयंवर' (1886), राधाचरण गोस्वामी कृत 'अमरसिंह राठौर' (1895) आदि प्रसिद्ध हैं। प्रेमप्रधान रोमानी नाटकों में श्रीनिवासदास कृत 'रणधीर प्रेममोहिनी' (1877), खड्गबहादुर मल्ल कृत 'रति कुसुमायुध' (1885), शालिग्राम शुक्ल कृत 'लावण्यवती सुदर्शन' (1892), गोकुलनाथ शर्मा कृत 'पुष्पवती' आदि हैं। इनमें 'रणधीर प्रेममोहिनी' हिन्दी का पहला दुखान्त नाटक है। सामयिक उपादानों को लेकर लिखे गए नाटकों में भारतेन्दु कृत 'भारत दुर्दशा', बालकृष्ण भट्ट कृत 'नई रोशनी का विष', राधाकृष्ण दास कृत 'दुखिनी बाला', काशीनाथ खत्री कृत 'नई

रोशनी का विष', राधाकृष्ण दास कृत 'दुखिनी बाला', काशीनाथ खत्री कृत 'विधवा विवाह', गोपालराम गहमरी कृत 'देश दशा' उल्लेखनीय हैं। इनमें देश की तत्कालीन दुर्दशा का चित्र खींचा गया, समाज की समस्याओं को दर्शाया गया है। समाज में व्याप्त बुराइयों को दूर करने की प्रेरणा दी गई है। इस युग में अनेक सफल प्रहसनों की भी रचना हुई। भारतेन्दु कृत 'अन्धेर नगरी', राधाचरण गोस्वामी कृत 'बूढ़े मुँह मुँहासे', बालकृष्ण भट्ट कृत 'जैसा काम वैसा परिणाम' (1877), 'आचार विडम्बन' (1899), प्रतापनारायण मिश्र कृत 'कलिकौतुक रूपक' (1866), श्रेष्ठ प्रहसन हैं। हास्य-व्यंग्यपूर्ण शैली में पाखंडों का, धार्मिक अन्धविश्वासों का खंडन किया गया है। इस युग में प्रतीकवादी नाटक बहुत अधिक नहीं लिखे गए। कमलाचरण मिश्र कृत 'अद्‌भुत नाटक', रतनचन्द्र कृत 'न्याय सभा' (1892), शंकरानन्द कृत 'विज्ञान' भावों और मनोवृत्तियों को ही पात्रों का रूप देनेवाले ये अद्‌भुत नाटक हैं।

भारतेन्दु से पूर्व 'पद्यात्मक प्रबन्ध' रूपी नाटक लिखे गए हैं। केवल 'आनन्द रघुनन्दन' ही नाटक की पात्रता रखता है। इसे तत्कालीन लेखकों ने प्रथम नाटक माना था। डॉ. गोपीनाथ तिवारी कहते हैं—''भारतेन्दु को आधुनिक नाटक का जनक कहा जाता है। उनसे पहले शिशु नाटक लिखे गए, जिसमें शिशुओं की हीनता और दुर्बलता है। उनका ऐतिहासिक महत्त्व है, कला सम्बन्धी गौरव नहीं।''[11] इस युग में संस्कृत और बँगला से अनूदित नाटकों की एक लम्बी शृंखला है। 'अभिज्ञानशाकुन्तलम्', 'मृच्छकटिक', 'मालविकाग्निमित्रम्' के अनुवाद किए गए। बँगला के माइकेल मधुसूदन के 'पद्‌मावती' का बालकृष्ण भट्ट ने और 'शर्मिष्ठा' का रामचरण शुक्ल ने अनुवाद किया। शेक्सपियर के कुछ नाटकों—'मर्चेंट ऑफ वेनिस' और 'द कॉमेडी ऑफ एरर्स' का हिन्दी अनुवाद क्रमशः आर्या और मुंशी इमदाद अली ने किया। अंग्रेजी नाटकों के सम्पर्क में आने से हिन्दी नाटकों को नई दिशा मिली। श्रीनिवास दास के 'रणधीर प्रेममोहिनी', 'रोमियो एंड जूलियट' की ओर ध्यान ले जाता है। यह संस्कार-संक्रमण का महत्त्वपूर्ण कार्य संस्कृत, बँगला और अंग्रेजी अनुवादों के कारण ही हुआ।''[12] इस प्रकार भारतेन्दु युग नाटकों को जन्म देनेवाला युग है।

कहानी

आलोच्य काल (भारतेन्दु काल) पुनर्जागरण काल (1857-1900) में आधुनिक कलात्मक कहानी का आरम्भ नहीं हुआ था। जो प्रकाशित संग्रह प्राप्त हुए हैं उनमें मुंशी नवलकिशोर द्वारा सम्पादित 'मनोहर कहानी' (1880) में 100 कहानियाँ हैं तथा अम्बिकादत्त व्यास कृत 'कथा कुसुम कलिका' (1888), राजा शिवप्रसाद सितारेहिन्द कृत 'वामा मनोरंजन' (1886) और चंडीप्रसाद सिंह कृत 'हास्य रतन'

(1886) ये सभी हास्य, नीति, शिक्षाप्रद कहानी हैं। 1803 में लिखी गई कहानी 'रानी केतकी की कहानी' को हिन्दी की प्रथम मौलिक कहानी माना जाता है। चौहान जी कहते हैं–"'रानी केतकी की कहानी' को प्रथम मौलिक कहानी मानने में हमें आपत्ति है। सरल और ठेठ खड़ी बोली की कहानी होने पर भी उसकी भाषा की प्रवृत्ति उर्दू की है, हिन्दी की नहीं। इसलिए इंशा अल्ला खाँ की लिखी इस कहानी को आरम्भ बिन्दु बनाकर हिन्दी कहानी के उत्थानों प्रत्यावर्तनों की बात चलाना व्यर्थ है।"[13] 19वीं शताब्दी में एक-दो ही श्रेष्ठ कहानियाँ लिखी गईं हैं जिनमें राजा शिवप्रसाद सितारेहिन्द की उपदेशात्मक कहानी 'राजा भोज का सपना' और दूसरी भारतेन्दु की हास्य रस की कहानी 'अद्‌भुत अपूर्व स्वप्न हैं'। 1900 में 'सरस्वती' के प्रकाशन से पूर्व श्रेष्ठ कलात्मक कहानियों का अभाव था, कहानियों का अस्तित्व न के बराबर था।

निबन्ध

निबन्ध लेखन को सर्वाधिक सफलता भारतेन्दु युग में प्राप्त हुई। निबन्धों का सम्बन्ध पत्र-पत्रिकाओं से था। राजनीति, समाज-सुधार, आर्थिक दुर्दशा, धर्म आदि अनेक विषय लेखकों के सामने थे, अतः पत्रकारिता ने निबन्ध साहित्य को खूब समृद्ध किया। निबन्ध में आकर्षक शैली और विशिष्ट तरीके से बात को सीधे-सीधे कहा जा सकता है। भारतेन्दु हरिश्चन्द्र को प्रथम निबन्धकार माना जाता है। उन्होंने विचारात्मक, व्याख्यात्मक और व्यंग्यात्मक शैली में निबन्ध लिखे। बालकृष्ण भट्‌ट और प्रतापनारायण मिश्र ने इस गद्य विधा को और भी विकसित तथा समृद्ध किया। आचार्य रामचन्द्र शुक्ल ने तो इन्हें हिन्दी का 'स्टील' और 'एडीसन' कहा है। इसमें सन्देह नहीं कि भट्‌ट जी और मिश्र जी हिन्दी के सच्चे आत्मव्यंजक निबन्धकार थे।[14] इस युग के सभी बड़े निबन्धकार किसी-न-किसी पत्र-पत्रिका से जुड़े थे। सबका अपना अलग तरीका था लिखने का विचारात्मक, भावात्मक, वर्णनात्मक, विवरणात्मक, कथात्मक, इतिवृत्तात्मक, अनुसन्धानात्मक एवं भाषण आदि विभिन्न शैलियों में निबन्ध लिखे गए। भारतेन्दु युग के निबन्धों की महत्त्वपूर्ण विशेषता उनके माध्यम से प्रकट होनेवाला व्यापक राष्ट्रीय जागरण है, सांस्कृतिक चेतना है।

भारतेन्दु ने अनेक निबन्ध लिखे, जैसे–'पाँचवाँ पैगम्बर', 'वैष्णवता और भारतवर्ष', 'हम मूर्तिपूजक हैं', 'सूर्योदय' आदि। प्रतापनारायण मिश्र के लिए भी विषयों की कोई सीमा नहीं थी। 'धोखा', 'खुशामद', 'आप', 'बात', 'दाँत', 'भौं', 'नारी', 'मुच्छ', 'परीक्षा' आदि विषयों पर वे अपनी धुन में डूबे हुए जनता को सचेत करते चलते हैं। बालकृष्ण भट्‌ट इस युग के सबसे समर्थ निबन्धकार हैं जिन्होंने सामयिक विषयों को लेकर अपनी विशेष शैली में आत्माभिव्यक्ति दी है। अनके

श्रेष्ठ निबन्धों में–'बालविवाह', 'राजा और प्रजा', 'महिला स्वातंत्र्य', 'कृषकों की दुरवस्था', 'ईश्वर भी क्या ठठोल है', 'चली सो चली', 'खटका' आदि हैं। भारतेन्दु, मिश्र, भट्ट के पथ का अनुसरण करते हुए सचेत करनेवाले निबन्धकार और भी थे, जो महत्त्वपूर्ण भूमिका निभाने के लिए स्मरणीय हैं। इस युग में हर विषय पर निबन्ध लिखे गए। निबन्धों के लिए यह सर्वाधिक महत्त्वपूर्ण एवं सशक्त युग है। इस युग के नाटककार और उपन्यासकारों की तुलना में निबन्धकार अधिक सजग और सचेत थे।

आलोचना

भारतेन्दु युग में आधुनिक आलोचना का उत्कृष्ट उदाहरण नहीं मिलता जबकि आलोचना का आरम्भ पत्र-पत्रिकाओं के माध्यम से हो चुका था। 'हिन्दी प्रदीप' (1877-1910) ऐसा पत्र था जो गम्भीर आलोचनाएँ प्रकाशित करता था। पत्र-पत्रिकाओं में पुस्तक समीक्षा के रूप में जो आलोचना प्रकाशित होती थी उसके अलावा अन्य तीन प्रकार की आलोचनाओं के अस्तित्व का वर्णन डॉ. नगेन्द्र के ग्रन्थ में दिया गया है–1. रीतिकालीन लक्षण ग्रन्थों की परम्परा में लिखित सैद्धान्तिक आलोचना, 2. ब्रजभाषा और खड़ी बोली गद्य में लिखी गई टीकाओं के रूप में प्रचलित आलोचना, 3. इतिहास ग्रन्थों में कवि परिचय के रूप में लिखी गई आलोचना। आलोच्य युग में जहाँ एक ओर पत्र-पत्रिकाओं में व्यापक राष्ट्रीय हित और समाज कल्याण को दृष्टि में रखकर पुस्तकों की समीक्षा की जा रही थी, वहीं दूसरी ओर रीतिकालीन मूल्यों में विश्वास करनेवाले कुछ विद्वान पिंगल, नायिकाभेद, रसनिरूपण एवं अलंकार विवेचन में प्रवृत्त थे।[15] विविध ग्रन्थों पर की गई टीकाएँ, जैसे–'बिहारी सतसई' पर लल्लूलाल की टीका 'लाल चन्द्रिका' (1819) विशेष प्रसिद्ध हुई। टीका-पद्धति को भी एक तरह से आलोचना कहा जा सकता है। इस युग में लेखकों के प्रशंसात्मक व्यक्तिगत उद्‌गार तो मिल जाते हैं किन्तु आलोचना के तत्त्व नहीं के बराबर हैं। पुस्तक समीक्षा के रूप में की जानेवाली आलोचना के क्षेत्र में बदरीनारायण चौधरी 'प्रेमघन' का नाम सर्वोपरि है। उन्होंने श्री निवासदास कृत 'संयोगिता स्वयंवर' और गदाधरसिंह कृत 'बंगविजेता' के अनुवादों की विस्तृत आलोचना 'आनन्दकादम्बिनी' में की। बालकृष्ण भट्ट ने इस परम्परा को आगे बढ़ाते हुए 'नील देवी', 'परीक्षा गुरु', 'संयोगिता स्वयंवर', 'एकान्तवासी योगी' पर समीक्षा लिखी जो साहित्यिक रूप से महत्त्व रखती है। डॉ. रामचन्द्र तिवारी कहते हैं–''भारतेन्दु युग में आधुनिक-हिन्दी आलोचना का सूत्रपात तो हो गया था, किन्तु तत्कालीन समीक्षकों में न तो सूक्ष्म काव्य-सौन्दर्य विधायक तत्त्वों को पहचानने की क्षमता थी और न रचना में निहित जीवन मूल्यों को सौन्दर्य तत्त्व से जोड़कर व्याख्यायित करने की शक्ति।''[16] बदरीनाथ भट्ट की आलोचना के सम्बन्ध में

बच्चन लिखते हैं–"इस काल में दो प्रकार की आलोचना पद्धति थी। रीतिवादी और उपयोगितावादी। भारतेन्दु काल आलोचना के सूत्रपात के लिए जाना जाता है। आलोचना का विकास अगले काल में हुआ।"

जीवनी साहित्य

साहित्य की इस विधा का सूत्रपात भी भारतेन्दु काल में हुआ। विषय एवं भावों के अनुकूल आकर्षक भाषा शैली का प्रयोग करते हुए किसी व्यक्ति विशेष के जीवन वृत्त को अंकित करना जीवनी साहित्य कहलाता है। भारतेन्दु ने स्वयं विक्रम, कालिदास, सूरदास, शंकराचार्य, जयदेव, रामानुज, वल्लभाचार्य, मुगल बादशाहों और मुसलमान महापुरुषों तथा लॉर्ड मेयो, रिपन आदि से सम्बद्ध अनेक जीवनियाँ लिखीं जो 'चरितावली', 'बादशाह दर्पण', 'उदय पुरोदय' और 'बूँदी का राजवंश' नामक ग्रन्थों में संकलित हैं। कार्तिक प्रसाद खत्री ने 'अहल्याबाई का जीवन चरित्र' (1887), 'छत्रपति शिवाजी का जीवन चरित्र' (1890), 'मीराबाई का जीवन चरित्र' (1893) आदि जीवनियाँ लिखीं। काशीनाथ खत्री ने 'हिन्दुस्तान की अनेक रानियों का जीवन चरित्र' (1879) और 'भारतवर्ष की विख्यात स्त्रियों के जीवन चरित्र' (1883) आदि जीवनियाँ लिखकर साहित्य को समृद्ध किया। इस युग के प्रसिद्ध जीवनी लेखक देवीप्रसाद मुंसिफ हैं। उन्होंने 'महाराज मानसिंह कच्छवाल वाले अमीर का जीवन चरित्र' (1889), 'राजा मालदेव का जीवन चरित्र' (1889) 'उदयसिंह महाराज' (1893), 'अकबरनामा' (1893), 'राणा भीम' (1893) जैसी ऐतिहासिक जीवनियाँ लिखीं। रमाशंकर व्यास की उल्लेखनीय कृति 'नेपोलियन बोनापार्ट का जीवन चरित्र' (1883) है। राधाकृष्ण दास ने 'सूरदास' (1900), 'श्री नागरीदास जी का जीवन चरित्र' (1894), गोपाल शर्मा शास्त्री ने 'दयानन्द दिग्विजय' (1881), प्रतापनारायण मिश्र ने 'आर्यचरितामृत' (1884) यह बँगला से अनूदित ग्रन्थ हैं। बालमुकुन्द गुप्ता ने 'हरिदास गुरमानी' (1896) आदि अनेक लेखकों द्वारा महत्त्वपूर्ण व्यक्तियों की जीवनियाँ लिखी गईं। इस युग में लिखी गईं जीवनियों का मूल्यांकन करने पर हम पाते हैं कि भाषा परिमार्जित और सुगठित हैं। शैली में भी वैसा आकर्षण नहीं है, जैसा होना चाहिए। अतः यही कह सकते हैं कि जीवनी साहित्य का शुभारम्भ तो भारतेन्दु युग में हो गया था, केवल भाषा सुसंस्कृत नहीं थी।

यात्रावृत्त

साहित्य की इस विधा का लेखन भी भारतेन्दु युग में ही प्रारम्भ हो चुका था। स्वयं भारतेन्दु ने यात्रा विषयक अनेक रचनाएँ लिखीं जो 'कवि-वचनसुधा' के 1871 से 1879 तक के अंकों में समय-समय पर प्रकाशित होती रहीं। इनमें 'सरयू पार की

यात्रा', 'लखनऊ की यात्रा', 'हरिद्वार की यात्रा' उल्लेखनीय हैं। अनेक लेखकों ने इस लेखन में सहयोग किया। बालकृष्ण भट्ट की 'गया यात्रा', प्रतापनारायण मिश्र की 'विलायत यात्रा' नामक रचनाएँ हैं। ये रचनाएँ 'हिन्दी प्रदीप' के अंक 1894 और 1897 में प्रकाशित हुईं। कुछ लेखकों द्वारा रचे गए यात्रावृत्त ऐसे थे जो पुस्तक के रूप में प्रकाशित हुए, जैसे–श्रीमती हरदेवी भगवानदास वर्मा 'लन्दन यात्रा' (1883), दामोदर शास्त्री का 'लन्दन का यात्री' (1884), तोताराम वर्मा 'मेरी पूर्व दिग्यात्रा' (1885), कल्याण चन्द्र 'ब्रजविनोद' (1888), विमू मिश्र की 'बदरी-केदार यात्रा' (1890) तथा 'ब्रजयात्रा' (1894) उल्लेखनीय हैं। तोताराम वर्मा ने 'मेरी दक्षिण दिग्यात्रा' में यात्रा वर्णनों को हिन्दी में लिखने के बाद पुनः संस्कृत में लिखा कल्याण चन्द्र और विमू मिश्र ने पद्य में अपना यात्रावृत्त लिखा। इस युग में विदेशों के यात्रावृत्त में लन्दन को प्रमुखता मिली और स्वदेशी वृत्तों में तीर्थस्थानों को महत्त्व दिया गया। विदेशी यात्री जहाजों का वर्णन करते हैं तो उनमें बाल सुलभ उत्साह, जिज्ञासा होती है, तो तीर्थ स्थानों के वर्णन में प्रकृति और भूगोल का चित्रण किया जाता है।

पत्र-पत्रिकाएँ

भारतेन्दु युग से पूर्व पत्र-पत्रिकाओं के विकास का प्रथम चक्र पूरा हो चुका था। उन दिनों चेतना प्रसार का केन्द्र कलकत्ता था। हिन्दी पत्रकारिता का प्रारम्भ वहीं से हुआ। जनता जब प्रचलित हानिकारक परम्पराओं के विरोध में उठ खड़ी होती है, आवाज उठाती है और अन्याय का विरोध करती है तो पत्र-पत्रिकाओं का सहारा लेती है। पत्रकारिता का प्रथम उत्थान डॉ. नगेन्द्र के इतिहास में (1826-1867) दिया गया है। प्रथम उत्थान के पत्र-पत्रिकाएँ कुछ निम्नलिखित हैं–1. उदन्तमार्तंड (1826), साप्ताहिक कलकत्ता, 2. बंगदूत (1829) साप्ताहिक कलकत्ता, 3. प्रजामित्र (1834), साप्ताहिक कलकत्ता, 4. बनारस अखबार (1845), साप्ताहिक बनारस, 5. मार्तंड (1846), साप्ताहिक कलकत्ता, 6. मालवा अखबार (1849), साप्ताहिक मालवा, 7. सुधाकर (1850), साप्ताहिक काशी, 8. बुद्धि प्रकाश (1852), साप्ताहिक आगरा, 9. समाचार सुधावर्षण (1854), दैनिक कलकत्ता, 10. प्रजा हितैषी (1855), आगरा, 11. तत्त्वबोधिनी पत्रिका (1865), बरेली, 12. ज्ञानप्रदायिनी पत्रिका (1866), मासिक लाहौर, 13. वृत्तान्त विलास (1867), मासिक जम्मू। इन पत्र-पत्रिकाओं की भाषा अपरिमार्जित थी, टूटी-फूटी हिन्दी का प्रयोग होता था। ये समाज में चेतना और नवजागरण के स्वर फूँकती थीं।

भारतेन्दु का स्थान हिन्दी पत्रकारिता में विशिष्ट है। उन्होंने हिन्दी की हर विधा में लिखकर हर अभाव को पूरा करने की चेष्टा की है। 'कविवचन सुधा' से

भारतेन्दु के अन्तिम समय तक पत्रकारिता का दूसरा उत्थान (1868–1885) पूरा हो जाता है। धर्म, जाति और नीति से सम्बन्धी प्रचार–प्रसार इस युग में हुआ। भाषा परिमार्जित और स्थिर हुई। राष्ट्रीय चेतना का प्रसार हुआ। भारतेन्दु के जीवन काल की कुछ प्रमुख पत्र–पत्रिकाएँ निम्नलिखित हैं—कविवचन सुधा, हरिश्चन्द्र मैग्जीन, बालाबोधिनी, हिन्दी प्रदीप, आर्यमित्र, भारतेन्दु, कान्यकुब्ज प्रकाश, उचित वक्ता, सारसुधानिधि आदि महत्त्वपूर्ण शहरों से निकलनेवाली मासिक और साप्ताहिक 25 पत्र–पत्रिकाओं का विवरण, नाम नगेन्द्र के इतिहास में दिया गया है। हिन्दी पत्रकारिता का तृतीय उत्थान (1886–1900) में छोटी–बड़ी 200 से अधिक पत्र–पत्रिकाएँ प्रकाशित होती थीं। इनसे देशव्यापी जनजागरण का पता चलता है। भाषा की शक्ति बढ़ी। इनमें कुछ पत्र–पत्रिकाएँ, जैसे—आर्यावर्त, रहस्यचन्द्रिका बनारस, साप्ताहिक कलकत्ता मासिक काशी, पंडित पत्रिका काशी आदि। तृतीय उत्थान में बंगाल राजनीतिक चेतना का केन्द्र था। 'हिन्दी प्रदीप' राष्ट्रीय चेतना पूरी सफलता से फैलाता रहा।

भारतेन्दु युग में ज्ञान–विज्ञान प्रसारित करनेवाला साहित्य भी लिखा गया, जैसे—इतिहास के सम्बन्ध में राजा शिवप्रसाद सितारेहिन्द का 'इतिहास तिमिर नाशक' (1873), भारतेन्दु हरिश्चन्द्र का 'बूँदी का राजवंश' (1882) आदि। राजनीति से सम्बन्ध रखनेवाले मुख्य ग्रन्थ श्री निवासदास कृत 'राजनीति' (1869) और देवीदास कृत 'राजनीति' (1873) प्राचीन पद्धति पर लिखे गए। भूगोल सम्बन्धी ग्रन्थ लक्ष्मीशंकर मिश्र की 'प्राकृतिक भूगोल चन्द्रिका' (1876), शिवप्रसाद सितारेहिन्द की 'भूगोल हस्तामलक' (1877) आदि मुख्य हैं। ललित कला सम्बन्धी पुस्तकों में केवल संगीतशास्त्र से सम्बन्धित कुछ ग्रन्थ, जैसे—सौरीन्द्रनाथ ठाकुर की 'गीतावली' (1878), गोपालदास की 'संगीत सप्तार्णवतरंग' (1882), भक्तराम की 'राग रत्नाकर' (1885) आदि हैं। धर्म, भक्ति और दर्शन से सम्बन्धित कुछ ग्रन्थ जैसे स्वामी दयानन्द का 'सत्यार्थ प्रकाश' (1875), श्रद्धाराम फिल्लौरी कृत आत्मचिकित्सा (1867), हरिदास कृत 'परमार्थ चिन्तन विधि' (1876) महत्त्वपूर्ण हैं। चिकित्साशास्त्र से सम्बन्धित ग्रन्थ, जैसे—'जनार्दन भट्ट कृत 'वैद्यक रत्न' (1882), श्रीकृष्ण शास्त्री कृत 'चिकित्सा धातु सार' (1885), डॉ. ब्रजलाल की 'शस्त्र चिकित्सा' (1887) और डॉ. शिवचन्द्र मैत्र की 'पशुचिकित्सा' (1895) श्रेष्ठ ग्रन्थ हैं। इस युग में होमियोपैथी, एलोपैथी, आयुर्वेद तीनों के सम्बन्ध में पुस्तकें प्राप्त होती हैं। विज्ञान के क्षेत्र में ज्योतिष और गणित पर ग्रन्थ लिखे गए। आदित्य भट्टाचार्य की 'बीजगणित' (1874), नवीनचन्द्र राय कृत 'स्थिति तत्त्व और गति तत्त्व' (1882), सुधाकर द्विवेदी कृत 'चलन–कलन' (1886) तथा 'समीकरण मीमांसा' आदि ग्रन्थ प्राप्त होते हैं। नागरी प्रचारिणी सभा की स्थापना

होने के बाद लेखों के प्रकाशन में वृद्धि हुई। इस युग में भाषा का परिष्कार होना प्रारम्भ हो गया था तथा भारतेन्दु युग की अन्तिम सीमा पर देखें तो हमें भाषा का स्थिर स्वरूप दिखाई देता है।

साहित्येतिहास लेखन की दृष्टि से मूल्यांकन

भारतेन्दु युग का गद्य साहित्य के क्षेत्र में महत्त्वपूर्ण योगदान है। गद्य साहित्य की सभी विधाओं की उत्पत्ति या उनका व्यवस्थित आधुनिक लेखन भारतेन्दु युग में हुआ। इस काल में उपन्यास, निबन्ध, कहानी, नाटक, आलोचना, पत्रकारिता आदि के द्वारा समाज में नवजागरण के बीज पड़े। चेतना प्रस्फुटित हुई। ब्रिटिश साम्राज्य के प्रति विद्रोह के स्वर उठे। भारतीय नागरिकों में 'राष्ट्रीयता' की भावना जागी। भोगे हुए यथार्थ को रचनात्मकता प्राप्त हुई। निबन्ध और नाटक विधा के लेखकों को अभूतपूर्व सफलता इसी युग में प्राप्त हुई। मध्यवर्गीय सामाजिक परिवेश में जो साहित्य रचना हुई उनमें सामन्तीय संस्कारों के टूटने का स्वर था। उपन्यासों में सामाजिक जीवन की धड़कन सुनी जाने लगी। भारतेन्दु युग की महत्त्वपूर्ण उपलब्धि यह थी कि इसमें भाषा का स्वरूप स्थिर हुआ और भाषा परिष्कृत और परिमार्जन की राह पर चल पड़ी। भाषा और साहित्य दोनों जीवन चक्र के साथ जुड़ गए। पत्र-पत्रिकाओं के प्रकाशन से विचारों को संचरित करने में सहायता मिली। प्रयोग की दृष्टि से हिन्दी सफलता की राह चल पड़ी। किसी भी भाषा के इतिहास में इतनी कम अवधि में इतना विकास दर्ज नहीं किया गया जितना हिन्दी का हुआ। यह गर्व की बात है। यह राष्ट्र के जागरण की भूमिका थी। हालाँकि हिन्दी गद्य साहित्य में ऐसी गम्भीर, चित्ताकर्षक कृति की रचना नहीं हुई थी लेकिन बीजारोपण काल ऐसा अधकच्चा-अधपक्का होता ही है। यही नींव होती है जिस पर कोई भवन खड़ा होता है। साहित्य का विविध विधाओं की नींव पड़ी जिस पर बाद में परवर्ती युग के साहित्यकारों ने विशाल भवन का निर्माण किया।

साहित्य के इतिहास में भारतेन्दु युग अत्यन्त महत्त्वपूर्ण है। इसी युग की नींव पर द्विवेदी युग के साहित्यकारों ने विशाल साहित्यिक महल खड़ा किया जिस पर समस्त राष्ट्र गर्व कर सकता है। इस युग के साहित्यकार अपने राष्ट्र के प्रति नैतिक रूप से समर्पित थे। राष्ट्र उनका धर्म और जीवन था। वे सचेत थे और पूरे राष्ट्र को नवजागरण के प्रकाश से भर देना चाहते थे और ऐसा करने के लिए उन्होंने तन, मन और धन से अपने आपको राष्ट्र की सांस्कृतिक, राष्ट्रीयता की चेतना जगाने में समर्पित कर दिया। हिन्दी गद्य साहित्य को विकास के मार्ग पर जाने के लिए राह भारतेन्दु युग से मिली।

द्विवेदी युग (जागरण सुधार काल–1900–1918 ई.)

'द्वितीय उत्थान काल' युग के प्रवर्तक, विचारक, साहित्यकार, श्रेष्ठ रचनाकार, मार्गदर्शक आचार्य महावीर प्रसाद द्विवेदी थे। उनके नाम पर ही इस युग का नाम द्विवेदी युग पड़ा। नगेन्द्र के इतिहास में इसे 'जागरण सुधार काल' नाम दिया गया है तथा राजेन्द्र सिंह गौड़ इसे 'द्वितीय उत्थान काल' नाम देते हैं। यह समय ब्रिटिश शासन के दमन चक्र, कूटनीतिक चालों का काल है। ब्रिटिश साम्राज्य की शोषण और अत्याचारों की नीतियों के कारण जनता में असन्तोष और क्षोभ की अग्नि भड़कने लगी। बार-बार पड़नेवाले अकालों के कारण और ब्रिटिश नीति के कारण भारतीयों की आर्थिक स्थिति बहुत खराब थी। द्विवेदीकालीन साहित्यकारों ने अपने साहित्य द्वारा जनता को स्वतंत्रता प्राप्ति की प्रेरणा दी। देश की दुर्दशा का चित्रण करने के साथ-साथ उन्होंने भारतीयों को उनके अधिकारों और कर्तव्यों से परिचित कराया। देशप्रेम और देशभक्ति के भाव जगाकर उन्हें आत्मबलिदान का मार्ग सुझाया। देश की राजनीतिक, सामाजिक, आर्थिक, सांस्कृतिक क्षेत्रों में कूटनीतिक चालें और अंग्रेजी शिक्षा देकर भारतीयों को तन ही नहीं, मन से भी, विचारों से भी गुलाम बनाने की चालें चलीं। द्विवेदी युग के साहित्यकारों ने देशवासियों को स्वाभिमानी और निष्ठावान बनाया। साहित्य की दोनों विधाओं–गद्य और पद्य–पर इस युग के रचनाकारों ने सार्थक लेखन किया। पहले हम गद्य की विविध विधाओं पर दृष्टि डालेंगे।

गद्य साहित्य

इस युग में गद्य साहित्य के पीछे सांस्कृतिक चेतना मूल कारण था। यह काल सामाजिक, राजनीतिक, धार्मिक, आर्थिक चेतना का काल था। विभिन्न उद्योग-धन्धे फलने-फूलने लगे। अन्धविश्वास और छुआछूत की भावना समाप्त होने लगी। अन्तर्जातीय विवाह को प्रोत्साहन मिला। शिक्षित वर्ग के लोग धीरे-धीरे जागरूक हो रहे थे। इसी वर्ग द्वारा साहित्य रचना की जा रही थी। यह वर्ग संवेदनशील था, समाज की प्रत्येक घटना उनके मन को प्रभावित करती थी, जिसका प्रतिबिम्ब उनकी रचनाओं में दिखाई देता है, यहाँ हम गद्य साहित्य की विविध विधाओं का अध्ययन करेंगे, द्विवेदी युग में गद्य साहित्य की विधाओं के विकास पर दृष्टि डालेंगे।

नाट्य साहित्य

द्विवेदी युग में नाट्य साहित्य का विकास सबसे कम हुआ। भारतेन्दु ने साहित्यिक नाटकों को सुरुचिपूर्ण और लोकप्रिय बनाने के लिए बहुत प्रयत्न किया किन्तु उनके

बाद लगभग दो दशक तक नाट्य साहित्य का लगातार पतन होता रहा। नाटक तो बहुत लिखे गए किन्तु वे महत्त्वपूर्ण नहीं हैं। इस काल में ऐतिहासिक, पौराणिक, रोमांचकारी, प्रहसन, सामयिक विषयों पर और अनुवादित नाटक लिखे गए। द्विवेदी युग में राधाचरण गोस्वामी कृत 'श्रीदामा' (1904), सूर्यभानु कृत 'रूप बसन्त' (1901), बलदेव प्रसाद कृत 'नवीन तपस्विनी' (1902), देवीप्रसाद राय कृत 'चन्द्रकला भानु कुमार' (1904), हरिहर प्रसाद निर्जल कृत 'कामिनी मदन', हरनारायण चौबे कृत 'कामिनी कुसुम' प्रसाद के बाद ऐसा एक भी नाटककार नहीं है जिसमें सच्च नाट्य प्रतिभा हो। एकमात्र अपवाद बदरीनाथ भट्ट हैं किन्तु उनके नाटक भी पारसी कम्पनियों के प्रभाव से अछूते नहीं हैं।''[17] प्रसाद के नाटकों पर भी प्रारम्भ में पारसी थियेटरों का प्रभाव था। शिल्प, सुरुचि और संस्कार की दृष्टि से इस युग के नाटक श्रेष्ठ नहीं कहे जा सकते। हाँ, यह अवश्य है कि तत्कालीन समाज की विकृतियाँ, चेतना के स्वर, ब्रिटिश शासन के प्रति आक्रोश के स्वर इन नाटकों में कहीं-न-कहीं सुनाई देते हैं।

उपन्यास

द्विवेदी युग उपन्यासों की दृष्टि से समृद्ध है। इस युग में गम्भीर सामाजिक यथार्थ को लेकर उपन्यास नहीं लिखे गए किन्तु रहस्य-रोमांच से भरपूर, ऐयारी, जासूसी उपन्यासों की रचना अधिक हुई। तिलिस्मी-ऐयारी उपन्यासों की परम्परा में देवकीनन्दन खत्री की परम्परा भारतेन्दु युग से प्रारम्भ होकर इस युग तक चलती रही। खत्री जी का 'अनूठी बेगम' (1905), 'गुप्त गोदान' (1906), 'भूतनाथ'–प्रथम छह भाग (1906), हरेकृष्ण जौहर का 'मायामहल' (1901), 'निराला नकाबपोश' (1902) 'भयानक खून' (1903), किशोरी लाल गोस्वामी कृत 'तिलिस्मी शीशमहल' (1905), रामलाल वर्मा का 'पुतली महल' (1908), जासूसी उपन्यासों में गोपालराम गहमरी कृत 'सरकटी लाश' (1900), 'गुप्त भेद' (1913), 'जासूस की भूल' (1901), अन्य उपन्यासों की तुलना में आर्थर कानन डायल से प्रभावित गहमरी जी को ख्याति प्राप्त हुई। अद्भुत घटना-प्रधान उपन्यासों में अनुवादित उपन्यास 'लन्दन रहस्य', विट्ठलदास नागर का 'किस्मत का खेल' (1905), बाँकेलाल चतुर्वेदी का 'खौफनाक खून' (1912), दुर्गाप्रसाद खत्री का 'अद्भुत भूत' (1916), प्रमुख उपन्यास हैं। ऐतिहासक उपन्यासों में किशोरीलाल गोस्वामी कृत 'सुल्ताना रजिया बेगम वा रंगमहल में हलाहल' (1904), गंगाप्रसाद गुप्त का 'नूरजहाँ' (1902), 'कुमार सेनापति' (1903) आदि हैं। ये दोनों ही लेखक और लज्जाराम शर्मा जी सनातम धर्म के समर्थक थे व समाज में नैतिक जीवन दृष्टि का विकास करना चाहते थे। जयराम दास कृत 'काश्मीर पतन' (1907), 'मल्का चाँद बीबी' (1909)

ऐतिहासिक उपन्यास हैं। सामाजिक उपन्यासों में लज्जाराम शर्मा कृत 'आदर्श दम्पति' (1904), 'आदर्श हिन्दू' (1914) आदि का विशेष महत्त्व है। किशोरीलाल गोस्वामी कृत 'लीलावती वा आदर्श सती' (1901), 'पुनर्जन्म वा सौतिया डाह' (1907), 'अँगूठी का नगीना' (1918) उपन्यासों को विशेष प्रसिद्धि मिली। अयोध्यासिंह उपाध्याय ने 'अधखिला फूल' में धार्मिक अन्धविश्वासों के कुपरिणाम को दर्शाया है। 'ठेठ हिन्द का ठाठ' में इनकी लेखन प्रतिभा ज्यादा प्रदर्शित होती है। इसके अलावा अनेक अनुवादित उपन्यास भी प्रसिद्ध हुए, जैसे–गंगाप्रसाद गुप्त ने रेनाल्ड के 'लव्ज ऑफ द हेयर' का 'रंगमहल' (1904), दुर्गाप्रसाद खत्री ने विक्टर ह्यूगो के 'लामिजरेबुल' का 'अभागे का भाग्य' (1914–15) में, महावीर प्रसाद पोद्दार ने स्टो के उपन्यास 'अंकल टाम्स केबिन' का 'टाम काका की कुटिया' के नाम से अनुवाद किया। रवीन्द्रनाथ ठाकुर और बंकिम चन्द्र के कई उपन्यासों के अनुवाद प्रस्तुत किए गए। समाज-सुधार का लक्ष्य लेकर जिसने इस युग में एक सशक्त पृष्ठभूमि तैयार की, वे थे प्रेमचन्द। इनके 'प्रेमा' (1907), 'रूठी रानी' (1907) और 'सेवासदन' (1918) में प्रकाशित हुए। प्रेमचन्द अंग्रेजों की रचना-दृष्टि से परिचित थे। अतः उन्होंने मध्य वर्ग के जीवन की यथार्थता को केन्द्र में रखकर चरित्र-प्रधान उपन्यास लिखे जो प्रेम, नीति, चुहल, केलि आदि से भरपूर भी थे। डॉ. गोपाल राय कहते हैं–"उस समय तक हिन्दी-भाषी जनता का मानसिक उन्नमन एवं परिष्कार नहीं हुआ था। इस युग के सबसे सशक्त उपन्यासकार किशोरी लाल गोस्वामी हैं। उपन्यास रचना में इनका उद्देश्य प्रेम का विज्ञान प्रस्तुत करना है।"[18] इस प्रकार द्विवेदी युग उपन्यासों की दृष्टि से समृद्ध था। प्रेमचन्द ने ठीक समय पर साहित्य को नया मार्ग दिखाया।

कहानी

द्विवेदी युग में कहानियों का वास्तविक आरम्भ हुआ। किशोरीलाल गोस्वामी की 'इन्दुमती' कहानी 'सरस्वती' में 1900 ई. में प्रकाशित हुई, जो शेक्सपियर के 'टेम्पेस्ट नाटक के आधार पर लिखी गई थी। इसी वर्ष 'सुदर्शन' में माधवप्रसाद मिश्र की 'मन की चंचलता' कहानी प्रकाशित हुई। 1902 में भगवानदीन की 'प्लेग की चुड़ैल' कहानी प्रकाशित हुई। 1903 में रामचन्द्र शुक्ल की 'ग्यारह वर्ष का समय', 1907 में बंग महिला की 'दुलाई वाली', 1909 में वृन्दावन लाल वर्मा की 'राखीबन्द भाई' ऐतिहासिक कहानी लिखी गई। 1911 में जयशंकर प्रसाद की 'ग्राम' कहानी, 1912 में उनका 'छाया' कहानी-संग्रह प्रकाशित हुआ। इनकी 1912 में 'रसिया बालम' कहानी प्रकाशित हुई। 1913 में राधिकारमण सिंह की महत्त्वपूर्ण कहानी 'कानों में कँगना' प्रकाशित हुई। इस समय तक प्रेमचन्द उर्दू का

मोह छोड़कर हिन्दी की ओर आकर्षित हो चुके थे। 'सरस्वती' में उनकी अनेक कहानियाँ प्रकाशित हुईं, जैसे–'सौत' (1915), 'पंच परमेश्वर' (1916), 'सज्जनता का दंड' (1916), 'ईश्वरीय न्याय' (1917), 'दुर्गा का मन्दिर (1917), चन्द्रधर शर्मा 'गुलेरी' की प्रसिद्ध कहानी 'उसने कहा था' (1915) में प्रकाशित हुई। ''पहले महायुद्ध की पृष्ठभूमि को लेकर लिखी गई यह कहानी रचना-शिल्प की दृष्टि से अपने समय से बहुत आगे की रचना है। आधुनिक हिन्दी कहानी का आरम्भ यहीं से मान्य होना चाहिए। इसमें निहित त्यागमय प्रेम का आदर्श भारतीय संस्कृति की उदात्तता के अनुकूल है।''[19] विश्वम्भर नाथ शर्मा 'कौशिक', प्रसाद, बख्शी, इलाचन्द्र जोशी की कहानियाँ नियमित प्रकाशित होती रहीं। ''रामचन्द्र शुक्ल ने 'इन्दुमती' को पहली कहानी माना। कुछ लोगों का मत है कि यह किसी बँगला कहानी का अनुवाद है। गोस्वामी जी की कहानी 'प्रणयिनी-परिणय' (1887) को पहली कहानी माना जा सकता है। यद्यपि इसे गोस्वामी जी ने उपन्यास कहा है। पर एक ही केन्द्रीय भावना की प्रधानता और कथनात्मकता के कारण इसे पहली कहानी माना जा सकता है। कुछ लोगों ने माधवराव सप्रे की कहानी 'टोकरी भर मिट्टी' (1901) को पहली कहानी कहा है। पर तिथि को देखते हुए 'प्रणयिनी-परिणय' या 'इन्दुमती' ही पहली कहानी हो सकती हैं।''[20] इस द्विवेदी युग में प्रेमचन्द ने बोलचाल के यथार्थ, आदर्श समस्याओं, दुख-सुख, हार-जीत को व्यक्त किया और समाज केन्द्रित कहानियाँ लिखकर युग के प्रधान स्तम्भ बने, वहीं प्रसाद ने अतीत की कल्पना, और मनुष्य के आन्तरिक अन्तर्द्वन्द्व को अलंकृत भाषा, काव्यमयी भाषा में व्यक्ति केन्द्रित कहानियाँ लिखकर युग के प्रधान स्तम्भ बने। 'प्रसाद' और 'प्रेमचन्द' द्विवेदी युग की कहानियों को विकास के मार्ग पर ले जानेवाले मार्गदर्शक बने। इस युग में बँगला, संस्कृत और अंग्रेजी से अनुवादित कहानियाँ भी सामने आईं। कहानियों के लिए द्विवेदी युग जनक भी है और उनका विकास भी इसी युग में प्रारम्भ हुआ।

निबन्ध

भारतेन्दु युग में निबन्धों को और निबन्ध साहित्य को प्रतिष्ठा प्राप्त हो चुकी थी। अतः यदि तुलना करें तो द्विवेदी युग में उतने श्रेष्ठ, व्यक्तित्व को अभिव्यक्त करनेवाले निबन्धों का अभाव प्रतीत होता है। महावीर प्रसाद द्विवेदी ने परिचयात्मक या आलोचनात्मक टिप्पणियों के रूप में निबन्ध लिखे। द्विवेदी जी न्यायप्रिय, उच्च चरित्रवाले व्यक्ति थे, अतः अन्याय का प्रतिकार करनेवाले स्वरों में उनका क्षोभ, उनकी आन्तरिक पीड़ा दिखाई दे जाती है। व्यंग्य की झलक भी उनके निबन्धों में देखी जा सकती है। 'म्युनिसिपैलिटी के कारनामे' में व्यंग्य शैली है तो 'आत्मनिवेदन',

'प्रभात', 'सुतापराधे जनकस्य दंड:' आदि निबन्धों में व्यक्ति व्यंजना के दर्शन होते हैं। बालमुकुन्द गुप्त हिन्दी साहित्य में 'शिवशम्भू का चिट्ठा' (1804-1905) के लिए प्रसिद्ध हैं। ये निबन्ध तत्कालीन गवर्नर जनरल लॉर्ड कर्जन को सम्बोधित करके लिखे गए थे। इनमें कर्जन के भारत विरोधी कारनामों को व्यंग्य, तीखी और ओजपूर्ण शैली में प्रदर्शित किया गया था। माधवप्रसाद मिश्र के सभी विषयों पर लिखे गए निबन्ध 'माधव मिश्र निबन्धमाला' में प्रकाशित हुए। मिश्रबन्धुओं ने समाज-सुधार सम्बन्धी विषयों पर खोजपूर्ण, सूचनापूर्ण अनेक निबन्ध लिखे जो 'पुष्पांजलि' (1916) में संकलित हैं। इन निबन्धों ने उन्हें विशेष प्रसिद्धि दिलाई। सरदार पूर्ण सिंह श्रेष्ठ निबन्धकार हैं जिन्होंने स्वच्छन्द पद्धति पर नैतिक और सामाजिक विषयों का चुनाव कर आवेगशील और आत्माभिव्यक्ति शैली में 'आचरण की सभ्यता', 'सच्ची वीरता', 'मजदूरी और प्रेम', 'पवित्रता', 'कन्यादान' आदि छह निबन्ध लिखकर प्रसिद्धि प्राप्त की। चन्द्रधर शर्मा 'गुलेरी' के पांडित्यपूर्ण, प्रौढ़, परिमार्जित, व्यंग्यात्मक शैली के लिखे निबन्धों में—'कछुआ धर्म', 'मारेसि मोहिं कुठाँव' प्रसिद्ध निबन्ध हैं। जगन्नाथ प्रसाद चतुर्वेदी के हास्य विनोदपूर्ण शैली में लिखे निबन्ध—'ब की बहार', 'पिक्चर पूजा' आदि। पद्मसिंह शर्मा, श्यामसुन्दर दास और कृष्णबिहारी भी अपनी कलात्मक, आकर्षण शैली के लिए श्रेष्ठ निबन्धकार के रूप में जाने जाते हैं। रामचन्द्र शुक्ल गम्भीर विचारात्मक निबन्धों के लिए जाने जाते हैं। 'चिन्तामणि' उनके श्रेष्ठ, ऐतिहासिक निबन्धों का संकलन है। ''द्विवेदी युग में समाज की हीनावस्था, आर्थिक विषमता, धार्मिक पतन और व्यापक राष्ट्रीय समस्याओं को भी दृष्टि में रखकर निबन्ध लिखे गए, किन्तु विषय प्रधानता के कारण वे सच्चे निबन्धों की श्रेणी में नहीं आते। इस युग की उपलब्धियाँ नगण्य नहीं हैं, किन्तु वह ताजगी, वह उल्लास, वह निर्द्वन्द्व भाव, व्यक्तित्व का उल्लसित उच्छ्वास तथा खड़ी बोली के भीतर से झाँकती हुई अवधी, बैसवाड़ी या ब्रजी की चुलबुलाहट और मधुरता इस युग के निबन्धों में उपलब्ध नहीं होती जो भारतेन्दु युगीन निबन्ध साहित्य की सहज निधि थी।''[21] अत: कला, साहित्य, विषय-चयन की दृष्टि से निबन्ध इस युग के बाद लिखे गए।

आलोचना

द्विवेदी युग तात्विक और गम्भीर आलोचना का युग सिद्ध नहीं हो सका। किन्तु आलोचना की पद्धतियों का विकास इस युग में हुआ। रीतिकाल की लक्षण ग्रन्थ प्रस्तुत करने की परम्परा के अनुसार अनेक लेखकों ने ग्रन्थ रचे, जैसे—जगन्नाथ प्रसाद 'भानु' ने 'काव्य प्रभाकर' (1910) 'छन्द सारावली' (1917) और लाला भगवानदीन ने 'अलंकार मंजूषा' (1916) की रचना की। तुलनात्मक आलोचना

इस युग की मुख्य समीक्षावृत्ति रही। इसका आरम्भ (1907) में पद्मसिंह शर्मा ने बिहारी और सादी की तुलना द्वारा किया। मिश्रबन्धुओं ने इसे महत्त्व दिया। आगे लाला भगवानदीन और कृष्णबिहारी मिश्र ने देव और बिहारी की विस्तार से तुलना करके एक से दूसरे को बड़ा सिद्ध करने की कोशिश की। अन्वेषण और अनुसन्धानपरक आलोचना के क्षेत्र में मिश्रबन्धुओं का नाम अग्रणी है। श्यामसुन्दर दास, जगन्नाथ दास रत्नाकर आदि ने इसी क्षेत्र में ऐतिहासिक कार्य किया। भारतेन्दु युग से परिचयात्मक आलोचना प्रचलित थी। महावीर प्रसाद द्विवेदी की कई परिचयात्मक आलोचना 'सरस्वती' में छपीं। द्विवेदी जी के प्रयत्नों से भाषा परिष्कृत और परिमार्जित हुई। व्याख्यात्मक आलोचना का सूत्रपात बदरीनारायण चौधरी 'प्रेमघन' ने लाला श्रीनिवास दास के नाटक 'संयोगिता स्वयंवर' की आलोचना से किया। बालकुमुन्द गुप्त ने हिन्दी अनुवाद की परम्परा को आगे बढ़ाते हुए 'अश्रुमती नामक बँगला नाटक के अनुवाद की आलोचना की। रामचन्द्र शुक्ल ने इस परम्परा को प्रतिष्ठित किया। इस युग में पाश्चात्य समीक्षकों की आलोचनात्मक कृतियों के अनुवाद भी प्रस्तुत किए गए। जगन्नाथ दास 'रत्नाकर' ने 'पोप' के 'एस्से ऑन क्रिटिसिज्म' पर (1897) में 'समालोचनादर्श' नामक ग्रन्थ प्रस्तुत किया। आचार्य शुक्ल ने एडिसन के 'एस्से ऑन इमेजिनेशन' का 'कल्पना का आनन्द' नाम से अनुवाद किया। शुक्ल जी की आलोचनाओं द्वारा इस विधा को प्रतिष्ठा प्राप्त हुई। इसके लेखकों ने पाश्चात्य साहित्य से स्वस्थ प्रभाव ग्रहण किए और यह स्वतंत्र विधा सर्वमान्य हुई।

जीवनी साहित्य

भारतेन्दु जी की तरह महावीर प्रसाद द्विवेदी ने भी जीवनी साहित्य लिखने में रुचि ली तथा अपने साथियों का मार्गदर्शन किया। द्विवेदी जी की लिखी जीवनियों में 'प्राचीन पंडित और कवि', 'सुकवि संकीर्तन', 'चरित चर्चा' प्रमुख हैं। इस युग में अनेक प्रकार की जीवनियाँ लिखी गईं। आर्य समाज द्वारा उत्कृष्ट कार्य किए जा रहे थे अतः स्वामी दयानन्द और उनके अनुयायियों पर बहुत ज्यादा लिखा गया। माधवप्रसाद मिश्र की 'विशुद्धानन्द चरितावली' उल्लेखनीय है। 'स्वामी दयानन्द', 'दयानन्द चरितामृत', 'आर्य धर्मेन्दु जीवन महर्षि' आदि कृतियाँ रची गईं। यह राष्ट्रीय चेतना का युग था। जनता में संगठनशक्ति उत्पन्न हो चुकी थी। अतः महापुरुषों की जीवनियाँ भी लिखी गईं–महादेव भट्ट ने 'लाजपत महिमा' (1907), पारसनाथ त्रिपाठी ने 'तपोनिष्ठ महात्मा अरविन्द घोष' (1909), माताप्रसाद ने 'लोकमान्य तिलक' (1918) आदि लिखीं। ऐतिहासिक जीवनियों की शृंखला में कार्तिकप्रसाद ने 'छत्रपति शिवाजी का जीवन चरित' (1901), बलदेव प्रसाद मिश्र

ने 'पृथ्वीराज चौहान' (1902), ज्वालादत्त शर्मा ने 'महाराणा प्रताप' (1903) आदि ग्रन्थ लिखकर जनता को राष्ट्रभक्ति व राष्ट्रप्रेम का सन्देश दिया। स्वदेश के साथ विदेशी महापुरुषों के जीवन चरित्र भी प्रेरणाप्रद होते हैं, यह जानते हुए द्विवेदी युग के लेखकों ने विदेशी महापुरुषों के त्याग, बलिदान और कर्तव्य भावना को अंकित किया। सिद्धेश्वर वर्मा ने 'गैरीबाल्डी' (1901), उमापति दत्त शर्मा ने 'नेपोलियन बोनापार्ट की जीवनी' (1905), लक्ष्मीधर वाजपेयी ने 'जर्मनी के विधाता' (1914) आदि अवलोकनीय कृतियाँ लिखीं। गौरीशंकर ओझा की 'कर्नल टॉड' (1902) विशेष उल्लेखनीय कृति है। महान महिलाओं से सम्बन्धित जीवनी साहित्य भी लिखा गया। जिसमें परमानन्द की 'पतिव्रता स्त्रियों के जीवन-चरित' (1904), द्वारका प्रसाद चतुर्वेदी की 'आदर्श महिलाएँ' (1912), ललिताप्रसाद शर्मा की 'विदुषी स्त्रियाँ' भाग 1, 2 (1912) आदि प्रमुख हैं। इस युग के लेखकों ने भारतीय स्त्रियों का गुणगान करते हुए अनेक जीवनियाँ लिखीं। अत: अगर देखा जाए तो इस युग का जीवनी साहित्य पर्याप्त समृद्ध और विविधतापूर्ण था।

यात्रावृत्त

द्विवेदी युग के साहित्यकारों ने भारतेन्दु युग की यात्रावृत्त लेखन की परम्परा को जीवित रखा और विकास के पथ पर ले जाने में सहयोग किया। इस युग में लिखे गए कुछ महत्त्वपूर्ण यात्रावृत्त निम्नलिखित हैं–स्वामी मंगलानन्द की 'मॉरीशस यात्रा' (1912), श्रीधर पाठक की 'देहरादून-शिमला यात्रा' (1913), उमा नेहरू की 'युद्ध क्षेत्र की सैर' (1914), लोचन प्रसाद पांडेय की 'हमारी यात्रा' (1915), देवप्रसाद खत्री की 'बद्रिकाश्रम यात्रा' (1902), गोपालराम गहमरी की 'लंका यात्रा' (1916)। ठाकुर गदाधर सिंह को सेना के साथ युद्ध के लिए चीन जाना पड़ा अत: उन्होंने वहाँ की संस्कृति का और युद्ध का आँखों देखा हाल 'चीन में तेरह मास' (1902), और 'हमारी एडवर्ड तिलक यात्रा' (1903-04) में प्रस्तुत किए। स्वामी सत्यदेव परिब्राजक की तीन महत्त्वपूर्ण कृतियाँ–'अमरीका दिग्दर्शन' (1911), 'मेरी कैलास यात्रा' (1915) और 'अमरीका भ्रमण' (1916) है। प्रकृति और तीर्थस्थानों का, पर्यटक स्थलों का लेखकों ने इस युग में पूरी सामर्थ्य से चित्रण किया। यह युग यात्रावृत्त साहित्य की समृद्धि से भरपूर था।

संस्मरण

द्विवेदी युग में 'सरस्वती' पत्रिका के माध्यम से गद्य साहित्य की नई विधा के रूप में संस्मरण साहित्य अस्तित्व में आया। महावीर प्रसाद द्विवेदी ने 'अनुमोदन का अन्त' (1905), 'सभा की सभ्यता' (1907), 'विज्ञानाचार्य बसु का विज्ञान मन्दिर'

(1918) में लिखकर संस्मरण साहित्य की श्रीवृद्धि की। इसके अतिरिक्त रामकुमार खेमका का 'इधर-उधर की बातें' (1918), जगत बिहारी सेठ का 'मेरी बड़ी छुट्टियों का प्रथम सप्ताह' (1913), प्यारेलाल मिश्र का 'लन्दन का फाग या कुहरा' (1908), काशीप्रसाद जायसवाल का 'इंग्लैंड के देहात में महाराज बनारस का कुआँ' (1907) आदि रचनाएँ प्रकाशित हुईं। पुस्तक के रूप में 'हरिऔध जी के संस्मरण' उल्लेखनीय रचना है। इस युग में भारतीय नागरिकों को पश्चिमी भूगोल और संस्कृति से परिचित कराने के लिए प्रवासी भारतीयों ने अधिकांश संस्मरण लिखे। द्विवेदी युग इस विधा का बाल्यकाल था, इस दृष्टि से इस युग में यह विधा लोकप्रिय और प्रचलित हुई। सभी लेखकों ने रोचक संस्मरण प्रस्तुत किए जिससे मनोरंजन एवं ज्ञानवर्धन हुआ।

पत्र-साहित्य

द्विवेदी युग की यह नई विधा थी। इस समय के दो पत्र-संग्रहों की जानकारी प्राप्त होती है। महात्मा मुंशीराम ने सन् 1904 में स्वामी दयानन्द सरस्वती सम्बन्धी पत्रों का संकलन किया। यह हिन्दी साहित्य का प्रथम पत्र-संग्रह था। उसके बाद पं. भगवत् दत्त ने 'ऋषि दयानन्द का पत्र व्यवहार' (1909) अत्यन्त परिश्रम से सम्पादित किया। इन पत्रों में स्वामी जी के विचार, दृष्टि और तत्कालीन परिस्थितियों का पता चलता है। नई होने के कारण इस विधा पर ज्यादा ध्यान नहीं दिया गया था।

पत्र-पत्रिकाएँ

द्विवेदी युग में भी इस विधा पर भारतेन्दु युग की तरह ही परिश्रम होता रहा। सामाजिक चेतना के वाहक पत्रों का केन्द्र कलकत्ता था। 20वीं शती के आरम्भ से तिलक का प्रभाव राजनीति में बढ़ने लगा। उन्होंने 'केसरी' नामक पत्र का प्रकाशन 1908 से प्रारम्भ किया। कलकत्ता से निकलनेवाले 'भारतमित्र', 'मारवाड़ी बन्धु', 'नृसिंह', ये तीन पत्र तिलक की राजनीति के समर्थक थे। इस समय राजनीतिक और साहित्यिक दो प्रकार की पत्र-पत्रिकाएँ निकलती थीं। साप्ताहिक पत्रिकाओं में—1. हितवाणी (1904), कलकत्ता, 2. नृसिंह (1907), 3. अभ्युदय (1907) प्रयाग, 4. कर्मयोगी (1909) प्रयाग, 5. प्रताप (1913) कानपुर। कुछ मासिक पत्रिकाएँ, जैसे—मर्यादा (1909) प्रयाग, प्रभा 1913 खंडवा प्रकाशित हुईं थीं। इस काल में 'कलकत्ता समाचार' (1914) और 'विश्वमित्र' (1918) दैनिक समाचार पत्र निकलते थे। साप्ताहिक, सांस्कृतिक पत्रिकाओं में—सरस्वती (1900), सुदर्शन (1900), क्रमशः इलाहाबाद और काशी से निकलती थीं। समालोचक (1902) जयपुर, देवनागर (1907) कलकत्ता, मनोरंजन (1912) शाहाबाद से, इन्दु (1909)

काशी से। इनके अतिरिक्त अन्य अनेक पत्र-पत्रिकाएँ निकलती थीं जो समाज के हर पक्ष को उजागर करती थीं, सूचना देती थीं, सचेत करती थीं। कुछ गम्भीर पत्रिकाओं का प्रकाशन भी हुआ जिसने गद्य की विविध विधाओं के विकास में सहयोग किया।

इस युग में ज्ञानवर्धक पुस्तकों का प्रकाशन हुआ। सभी विषयों पर पुस्तकें लिखी गईं। इतिहास, धर्म, दर्शन, विज्ञान आदि से सम्बन्धित निबन्ध पत्र-पत्रिकाओं में प्रकाशित होते थे। इतिहास के क्षेत्र में जर्मनी, रूस, इंग्लैंड, फ्रांस का इतिहास लिखा गया। राजनीति, अर्थशास्त्र, धर्मशास्त्र, शिक्षाशास्त्र, विशुद्ध विज्ञान, भाषा, व्याकरण लिपि से सम्बन्धित अनेक महत्त्वपूर्ण ग्रन्थ लिखे गए। शोध की सीमा का ध्यान रखते हुए सभी ग्रन्थों की सूची प्रस्तुत करना सम्भव नहीं है।

कोश विज्ञान की परम्परा का सूत्रपात भी द्विवेदी युग में हुआ। हरिहर वर्मा ने 'कृषिकोश' (1910), ब्रजवल्लभ मिश्र ने 'पदार्थ संख्या कोश' (1911) लिखा। और भी ग्रन्थ इस विषय पर लिखे गए। इस सन्दर्भ में द्विवेदी युग समृद्ध रहा।

साहित्येतिहास लेखन की दृष्टि से मूल्यांकन

द्विवेदी युग में साहित्य रचना का प्रेरक तत्त्व राष्ट्रीय-सांस्कृतिक जागरण ही था। भारतेन्दु युग में इस चेतना ने साहित्य को नया मोड़ देकर समाज और साहित्य के बीच के अन्तर को कम किया और द्विवेदी युग में यही चेतना साहित्य का मुख्य विषय बनकर हर विधा में बहने लगी। राजेन्द्र सिंह गौड़ लिखते हैं–"द्विवेदी जी की पहली विशेषता यह कि गद्य और पद्य की भाषा सम्बन्धी विभिन्नता को दूर किया गया तथा खड़ी बोली को पद्य की भाषा बनाया गया। दूसरी विशेषता यह कि भाषा को संस्कारित करना। तीसरी विशेषता–गद्य शैली का संस्कार। चौथी–नवीन साहित्यकारों का निर्माण। पाँचवीं–आलोचना साहित्य का प्रसार। छठी–साहित्य के सभी अंगों का विकास किया गया।"[22] खड़ी बोली और गद्य साहित्य की अधिकांश विधाओं ने इस युग में प्रतिष्ठा प्राप्त की। निबन्ध, नाटक, उपन्यास, कहानी, पत्रकारिता, आलोचना आदि सभी विधाएँ समृद्ध हुईं, विकसित हुईं। इस युग में जागरण, चेतना संस्कार, बलिदान, त्याग, नीति के स्वर सुनाई देते हैं। साहित्य में उत्तरदायित्व बोध और गम्भीरता उत्पन्न हुई। नागरी प्रचारिणी सभा और हिन्दी साहित्य सम्मेलनों का योगदान प्राप्त हुआ। दुर्लभ ग्रन्थों की खोज हुई और साहित्य के इतिहास-लेखन में उनका सहयोग प्राप्त हुआ। साहित्येतिहास लेखन की दृष्टि से भी यह युग महत्त्वपूर्ण है। रामचन्द्र शुक्ल जैसे निबन्धकार और आलोचकों ने द्विवेदी युग के साहित्य के भंडार को भरा है। इस युग के बाद वाले साहित्यिकों ने इस परम्परा को बढ़ाया, विकसित और समृद्ध किया।

छायावाद युग 1918–1938 ई. (तृतीय उत्थान काल)

नगेन्द्र ने 1918–38 को छायावाद युग माना है किन्तु रामचन्द्र शुक्ल इसे 18से 75 तक मानते हैं। आरम्भिक सीमा के सम्बन्ध में विवाद ज्यादा नहीं है क्योंकि छायावादी रचनाएँ इस युग में प्रकाशित होना प्रारम्भ हो गई थीं। शुक्ल जी इसे 'रहस्यवाद' और 'प्रतिबिम्बवाद' कहते हैं–"जो छायावाद नाम प्रचलित है वह वेदान्त के पुराने 'प्रतिबिम्बवाद' का है। छायावाद जहाँ आध्यात्मिक प्रेम लेकर चला है वहाँ तक तो रहस्यवाद के अन्तर्गत ही रहा है। उसके आगे प्रतीकवाद या चित्र भाषावाद की काव्य शैली के रूप में गृहीत होकर भी यह अधिकतर प्रेमगान ही करता रहा है।" नन्ददुलारे वाजपेयी कहते हैं–"मानव अथवा प्रकृति के सूक्ष्म किन्तु व्यक्त सौन्दर्य में आध्यात्मिक छाया का भान मेरे विचार से छायावाद की सर्वमान्य व्याख्या हो सकती है।"[23] छायावाद में ऐसे साहित्यकार आए जो अपने तथा अपने देश के सुख–दुख, आशा–निराशा, विश्वास तथा अविश्वास से परिचित तथा प्रभावित थे। उनके पास उनकी अपनी आँखें थीं, अपना मन था, अपना हृदय था, अपनी सूझ–बूझ और अपनी वाणी थी। वे अपने युग की माँग से अवगत थे। इसलिए उन्होंने किसी कलाकार द्वारा आविष्कृत साहित्यिक मशीन पर अपनी रचनाओं का निर्माण नहीं किया, अपने विषय चुने और अपनी रुचि के अनुकूल अपनी भाषा–शैली में रंग भरने की चेष्टा की। द्वितीय उत्थान में बड़े–बड़े साहित्यकारों की नकेल द्विवेदी जी के हाथ में थी। पर इस काल में सब स्वतंत्र होकर हिन्दी साहित्य के नवनिर्माण में सहयोग देने लगे।[24] छायावाद युग भारतवासियों के लिए अस्मिता की खोज का युग है, आधुनिकीकरण का युग है। इस युग के साहित्यकारों ने प्रेम, अध्यात्म, स्वतंत्रता तन की और मन की, सूक्ष्म मानवीय मूल्यों की प्रतिष्ठा भारत के अतीत के गौरव की रक्षा, विद्रोह, अन्याय के प्रति, शोषण के प्रति, नैतिक मूल्य, राष्ट्रीय चरित्र की रक्षा के लिए लेखन कार्य किया। पहले हम इस युग के गद्य साहित्य और उसकी विविध विधाओं पर दृष्टि डालेंगे फिर साहित्येतिहास लेखन की दृष्टि से उनका मूल्यांकन करेंगे।

गद्य साहित्य

युग विशेष का साहित्य उसके पूर्ववर्ती साहित्य से और तत्कालीन सामाजिक परिस्थितियों से जुड़ा होता है। अत: छायावाद युग का अध्ययन करने पर हम पाते हैं कि राजनीति में महात्मा गांधी के नेतृत्व में सत्य, अहिंसा, प्रेम, असहयोग के माध्यम से स्वतंत्रता प्राप्ति के मार्ग पर देश चल रहा था। विभिन्न आन्दोलनों का सामना देश कर रहा था। युवा वर्ग स्वतंत्र जीवन जीने के लिए उत्साहित था। द्विवेदी युग की प्रेरणा से व्याकरण–सम्मत परिमार्जित हिन्दी भाषा का रूप स्थिर हो चुका

था। अतः गद्य की कुछ और नई विधाओं का आविष्कार हुआ। गद्य की विभिन्न विधाएँ विकास के मार्ग पर चलती हुई नए प्रतिमान स्थापित करने लगीं।

नाटक

डॉ. गोपाल राय इस युग को नाटक की दृष्टि से 'प्रसाद युग' कहना ज्यादा युक्तिसंगत मानते हैं। भारतेन्दु युग और द्विवेदी युग से चली आ रही नाटक परम्परा में इस छायावाद युग में क्रान्तिकारी परिवर्तन हुआ। विषय, शैली, पात्र, मंच की ताम-झाम सब कुछ नया-नया लेकर ऐसे प्रतिभाशाली लेखकों का आगमन हुआ। इन लेखकों ने अपनी प्रतिभा से नाट्य साहित्य को नया रूप दिया। इस नवीन सुन्दर परम्परा के सूत्रधार प्रसाद थे। प्रसाद के द्विवेदीयुगीन नाटक अपरिपक्व थे। छायावाद युग में उन्होंने अंग्रेजी के प्रभाव वश नाट्य परम्परा में वर्जित मृत्यु, वध, चुम्बन, आलिंगन आदि दृश्यों को भी मंच पर दिखा दिया। उनके नाटकों में पौराणिक, ऐतिहासिक कथावस्तु का सहारा लेकर राष्ट्रीय चेतना को जिस प्रकार जगाया गया है, वह अद्‌भुत है। प्रसाद के नाटकों में–'विशाख' (1921), 'अजातशत्रु' (1922), 'कामना' (1927), 'जनमेजय का नागयज्ञ' (1926), 'स्कन्दगुप्त' (1928), 'एक घूँट' (1930), 'चन्द्रगुप्त' (1931), 'ध्रुवस्वामिनी' (1933) प्रसिद्ध हैं। ये सभी नाट्य संसार की अत्यन्त रोचक एवं उत्कृष्ट कृतियाँ हैं। इनके अलावा विभिन्न नाटककारों ने जाति, धर्म, भाषा, छुआछूत, अन्धविश्वास, राष्ट्रीय और अन्तर्राष्ट्रीय समस्याएँ, सामाजिक समस्याएँ, नारी के जीवन के विभिन्न पहलुओं को लेकर अनेक नाटक लिखे, जिनमें से मुख्य हैं–हरिकृष्ण प्रेमी के 'स्वर्णविहान' (1930), 'रक्षाबन्धन' (1934), 'पाताल विजय' (1936), 'प्रतिशोध' (1937) आदि। लक्ष्मीनारायण मिश्र के 'अशोक' (1927), 'संन्यासी' (1929), 'मुक्ति का रहस्य' (1932), 'सिन्दूर की होली' (1934), 'आधी रात' (1934) आदि मुख्य हैं। पौराणिक, ऐतिहासिक नाटकों में–अम्बिकादत्त त्रिपाठी का 'सीय स्वयंवर' (1918), रामचरित उपाध्याय का 'देवी द्रोपदी' (1921), गौरीशंकर प्रसाद का 'अजामिल चरित' (1926), वियोगी हरि कृत 'छद्‌मयोगिनी' (1928) आदि प्रमुख हैं। ऐतिहासिक नाटकों में–गणेशदत्त इन्द्र कृत 'महाराणा संग्राम सिंह' (1921), प्रेमचन्द कृत 'कर्बला' (1928), चतुरसेन शास्त्री कृत 'उत्सर्ग' (1929), जगदीश शास्त्री कृत 'तक्षशिला' (1937), ज्ञानचन्द्र शास्त्री कृत 'जयश्री' (1924) आदि अनेक नाटक लिखे गए। सामाजिक नाटकों में–विश्वम्भरनाथ शर्मा 'कौशिक' कृत 'अत्याचार का परिणाम' (1921), 'हिन्दू विधवा' (1935), प्रेमचन्द कृत 'संग्राम' (1922), सुदर्शन कृत 'अंजना' (1923), 'ऑनरेरी मजिस्ट्रेट' (1926), 'भाग्य चक्र' (1937), गोविन्दवल्लभ पन्त कृत 'कंजूस की खोपड़ी' (1923), चन्द्रिका प्रसाद सिंह 'लोभी

पिता' (1937) आदि मुख्य नाटक हैं। इसी शृंखला में हास्य-व्यंग्य प्रधान नाटक भी लिखे गए हैं—गंगाप्रसाद श्रीवास्तव कृत 'दुमदार आदमी' (1919), 'चोर के घर छिछोर' (1933), 'चाल बेढब' (1934), 'साहित्य का सपूत' (1934) स्थूलता और अनपढ़ भाषा के दोष से युक्त नाटक हैं। कुछ नाट्यरूपक भी लिखे गए, जैसे—पंत कृत 'ज्योत्स्ना' (1934)। इसे ज्यादा महत्त्व नहीं मिला। भावनाट्य की शृंखला में गोविन्दवल्लभ पन्त का 'वरमाला' और उदयशंकर भट्ट का 'विद्रोहिनी अम्बा' (1935) मुख्य हैं। गीतिनाट्य में मैथिलीशरण गुप्त का 'अनघ' (1928), भगवतीचरण वर्मा का 'तारा', उदयशंकर भट्ट का 'मत्स्यगन्धा' (1937) आदि हैं। पारसी नाटक कम्पनियों का सहयोग करनेवाले नाटककार भी नाट्य परम्परा को विकास के मार्ग पर ले जाने में सहयोगी रहे। अतः छायावाद युग में नाट्य साहित्य समृद्ध और विकासशील था।

एकांकी नाटक

छायावादी युग में इस नई विधा का उद्‌भव और विकास हुआ। संस्कृत और अंग्रेजी में ऐसे नाटकों की परम्परा थी किन्तु हिन्दी में इसका प्रणयन काल छायावादी युग रहा। समाज, जीवन-संसार, स्त्री-पुरुष आदि सभी की स्थिति, विकृति आदि पर इनके माध्यम से प्रकाश डाला गया। कुछ प्रमुख एकांकी नाटक हैं—महेशचन्द्र प्रसाद का 'भारतेश्वर का सन्देश' (1918), देवी प्रसाद गुप्त का 'उपाधि' और 'व्याधि' (1921), पांडेय बेचन शर्मा 'उग्र' का एकांकी संग्रह 'चार बेचारे' (1929), प्रसाद का 'एक घूँट' (1930), रामकुमार वर्मा का 'बादल की मृत्यु' (1930) और 'दस मिनिट', अश्क कृत 'लक्ष्मी का स्वागत', जैनेन्द्र कुमार कृत 'टकराहट', भुवनेश्वर प्रसाद कृत 'स्ट्राइक', सुदर्शन कृत 'राजपूत की हार', भगवतीचरण वर्मा कृत 'सबसे बड़ा आदमी' ऐसे सैकड़ों एकांकी और एकांकी संग्रह हैं जो प्राचीनता और नवीनता का बोध लिये हुए हैं। गौण एकांकी, जैसे—राधाकृष्ण मिश्र कृत 'किरानी का स्वप्न', गंगाप्रसाद श्रीवास्तव कृत 'मिट्टी का शेर', सत्येन्द्र कृत 'कुणाल', इन्द्र बसावड़ा कृत 'बड़े म्याँ', 'व्यथित हृदय कृत 'पुण्यफल' आदि हैं। छायावादी युग के अन्तिम चरण में जीवन की, संसार की विविधता और विषमता को लेकर अनेक एकांकी लेखक सामने आए और उन्होंने सफल, सार्थक रचनाएँ दीं।

उपन्यास

उपन्यास साहित्य के सन्दर्भ में छायावाद युग को 'प्रेमचन्द युग' की संज्ञा लगभग मिल चुकी है, गुप्त जी कहते हैं, "प्रेमचन्द के पदार्पण के पूर्व तक हिन्दी उपन्यास मानो किसी अविकसित कलिका की भाँति मौन, निस्पन्द एवं चेतनाहीन-सा हो रहा

था। दिवाकर की प्रथम रश्मियों की भाँति प्रेमचन्द की पावन कला का पुनीत स्पर्श पाकर मानो वह जग उठा, खिल उठा और मुस्कुराने लगा।''[25] जासूसी, ऐयारी, अद्‌भुत घटनाओं वाले उपन्यासों से अलग प्रेमचन्द ने अपने उपन्यासों में ग्रामीण जीवन के यथार्थ का प्रभावशाली चित्रण किया। विधवा विवाह, वृद्ध विवाह, अनमेल विवाह, जमींदारों द्वारा शोषण, जाति-पाँति, छुआछूत, ऊँच-नीच, घर और नारी की समस्याएँ आदि सब कुछ उन्होंने शुद्ध हिन्दी में गम्भीरता और चुहलबाजी के साथ आकर्षक शैली में व्यक्त की, समाज और व्यक्ति दोनों को प्रधानता दी। उनके उपन्यासों में-सेवासदन (1918), प्रेमाश्रम (1922), रंगभूमि (1925), कर्मभूमि (1933), कायाकल्प (1926), निर्मला (1927), गबन (1931), गोदान (1936), प्रतिज्ञा (1926) आदि हैं, जो संसार प्रसिद्ध हैं। प्रेमचन्द के समकालीन लगभग 250 उपन्यासकार हैं जिन्होंने सशक्त भूमिका निभाई। उनमें से-विश्वंभरनाथ शर्मा 'कौशिक' 'माँ' और 'भिखारिणी' मुख्य हैं। जैनेन्द्र के परख (1929), सुनीता (1935), त्याग पत्र (1937) श्रेष्ठ उपन्यास हैं। प्रसाद के कंकाल (1929), तितली (1934), श्रेष्ठ उपन्यास हैं। चतुरसेन शास्त्री के हृदय की परख (1918), हृदय की प्यास (1932), अमर अभिलाषा (1932), आत्मदाह (1937) मुख्य हैं। प्रताप नारायण श्रीवास्तव कृत विदा (1929), विजय (1937), शिवपूजन सहाय कृत 'देहाती दुनिया' (1926), पांडेय बेचन शर्मा 'उग्र' कृत 'चन्द हसीनों के खुतूत' (1927), दिल्ली का दलाल (1927), बँधुआ की बेटी (1928) मुख्य उपन्यास हैं। भगवतीचरण वर्मा का 'चित्रलेखा' (1934), तीन वर्ष (1936), वृन्दावन लाल वर्मा कृत कुंडलीचक्र (1932), लगन (1929), विराटा की पद्‌मिनी (1936), राहुल सांकृत्यायन कृत 'विस्मृति के गर्भ में' (1923), शैतान की आँख (1923) मौलिक उपन्यास हैं। निराला कृत अप्सरा (1931), अलका, प्रभावती और निरुपमा (1936) भी मौलिक उपन्यास हैं। छायावाद युग उपन्यास साहित्य को स्थापित और प्रतिष्ठित करता है। चिन्तन, विचार-प्रधान, विश्लेषण आदि विभिन्न शैलियों का प्रयोग करते हुए अनेक विषयों पर लिखे गए उपन्यासों ने गद्य साहित्य के भंडार को भर दिया।

कहानी

छायावाद युग में अनेक प्रकार की और अधिक संख्या में कहानियाँ लिखी गईं। प्रेमचन्द उपन्यास साहित्य की तरह कथा साहित्य के भी सम्राट बने रहे। उन्होंने लगभग दो सौ कहानियाँ लिखीं। उनकी कहानियों में हिन्दी कहानी के विकास की लगभग सभी अवस्थाएँ दृष्टिगोचर होती हैं। बलिदान (1918), बूढ़ी काकी (1921), परीक्षा (1923), पूस की रात (1930), कफन (1936), बड़े भाई साहब (1934),

ठाकुर का कुआँ (1932), नशा (1934), हार की जीत (1922), शतरंज के खिलाड़ी (1925) उत्कृष्ट कहानियों में से कुछ हैं। जीवन से, ग्रामीण जीवन के यथार्थ से जुड़ी ये कहानियाँ अपने सन्दर्भों को बहुत बारीकी से, बहुत गहराई से व्यक्त करती हैं। इन कहानियों में परम्परागत मूल्यों के प्रति आस्था, आदर्शवादी दृष्टिकोण आदि दिखाई देते हैं। इस काल में लिखी कहानियाँ प्रेमचन्द के द्वारा बनाई गई कसौटी हैं जिन पर आधुनिक कहानियों को कसने की चेष्टा की जा रही है।

प्रसाद इस काल के दूसरे प्रमुख कहानीकार हैं। वे अतीत को भावुकता और कल्पना के साथ प्रस्तुत करते हैं। उनकी कहानियों में 'प्रतिध्वनि' (1926), 'आकाशदीप' (1929), 'आँधी' (1931), 'इन्द्रजाल' (1936) प्रमुख हैं। 'पत्थर की पुकार', 'उस पार का योगी', 'प्रतिमा' आदि। कहानियाँ संस्कृत गद्यकाव्य के निकट हैं। इनकी कहानियों में प्रेम, त्याग, बलिदान, भावुकता, आदर्श कल्पना सभी कुछ हैं लेकिन प्रेमचन्द, प्रेमचन्द हैं और प्रसाद, प्रसाद। 'पुरस्कार', 'देवरथ' आदि कहानियों में प्रसाद ने नारी जीवन की अद्‌भुत सृष्टि की है। अन्य सशक्त लेखकों की सैकड़ों महत्त्वपूर्ण और श्रेष्ठ कहानियाँ हैं जो इस युग की पहचान बन गईं, जैसे–विश्वम्भरनाथ शर्मा 'कौशिक' की कहानियाँ–'गल्पमन्दिर', 'चित्रशाला', 'प्रेमप्रतिमा', 'मणिमाला', 'कल्लोल' आदि उनकी 200 से ऊपर कहानियाँ हैं। ये जीवन के यथार्थ, कुरीतियों, विसंगतियों को दर्शानेवाली कहानियाँ हैं। सुदर्शन कृत कहानी संग्रह–'सुदर्शन सुधा', 'सुदर्शन सुमन', 'तीर्थयात्रा', 'पुष्पलता', गल्पमंजरी', 'सुप्रभात' 'पनघट' आदि उल्लेखनीय हैं। कौशिक की 'ताई', 'पगली, 'परिवर्तन' और सुदर्शन की 'हार की जीत', 'कवि की स्त्री' श्रेष्ठ कहानियाँ हैं। चतुरसेन शास्त्री की कहानियों में, 'अम्बपालिका', 'प्रबुद्ध', 'भिक्षुराज', 'बावर्चिन', 'हल्दी घाटी में' आदि हैं। इसमें भारतीय इतिहास का मर्मस्पर्शी चित्रण है। राय कृष्णदास की भावुक कहानियाँ, जैसे–'अन्त: पुर का आरम्भ' और 'रमणी का रहस्य' हैं। उग्र की कहानियाँ, जैसे–'चिनगारियाँ', 'शैतान मंडली', 'इन्द्रधनुष', 'बलात्कार', 'चॉकलेट' आदि हैं। ये सामाजिक चेतना के लेखक हैं। जैनेन्द्र की मनोवैज्ञानिक सत्य पर आधारित श्रेष्ठ कहानियाँ 'हत्या' 1927, 'खेल', 'भाग्य', 'चिड़िया', 'वातायन', 'पाजेब' आदि हैं। जैनेन्द्र के पात्र अन्तर्मुखी हैं, अज्ञेय के बहिर्मुखी। अज्ञेय के कहानी संग्रहों में–'त्रिपथगा', 'कड़ियाँ', 'अमर वल्लरी', 'हरसिंगार', रेल की सीटी' आदि प्रमुख हैं। राधिकारमण प्रसाद सिंह ने चुभती हुई भाषा का प्रयोग करते हुए–'दरिद्रनारायण', 'पैसे की घुघनी' आदि रचना की। भगवती प्रसाद वाजपेयी की–'दीपमालिका', 'हिलोर', 'मिठाईवाला', 'तारा', 'स्वप्नमयी', 'शबनम', आदि चर्चित कहानियाँ हैं। भगवतीचरण वर्मा की कहानियाँ–'इन्सटालमेंट' कहानी संग्रह में हैं। निराला और पन्त जैसे कवियों ने भी कहानियों की रचनाएँ कीं। निराला की

कहानियाँ–'श्रीमती गजानन्द शास्त्रिणी', 'पद्मा', 'लिली' आदि हैं। पन्त की–'पानवाला' श्रेष्ठ कहानी है। ये दोनों रूमानी कवि थे, अत: इनकी भाषा काव्यात्मक थी। राहुल सांकृत्यायन का श्रेष्ठ कहानी संग्रह 'सतमी के बच्चे' (1935) है। सुभद्राकुमारी चौहान की पारिवारिक कहानियाँ–'बिखरे मोती', 'उन्मादिनी', 'पापी पेट' आदि, चन्द्रगुप्त विद्यालंकार की कहानी–'गोरा', सन्देह' आदि, अनेक लेखकों की हजारों प्रसिद्ध कहानियाँ इस काल में लिखी गईं। कहानी के श्रेष्ठ रूप के दर्शन हमें इसी काल में होते हैं। इस युग में कहानी अपने विकास की प्रारम्भिक अवस्था को पार कर परिपक्व हो चुकी थी।

निबन्ध

छायावादी युग के मुख्य निबन्धकार आचार्य रामचन्द्र शुक्ल हैं। उनके मनोविज्ञान सम्बन्धी, साहित्य सिद्धान्त सम्बन्धी और साहित्यालोचन सम्बन्धी निबन्ध हैं, जो 'चिन्तामणि' भाग 1–2 में संकलित हैं। ललित निबन्धों में गुलाबराय की कुछ रचनाएँ उल्लेखनीय हैं–'ठलुआ क्लब', 'फिर निराशा क्यों', 'मेरी असफलताएँ' आदि। कुछ व्यक्तिगत निबन्ध हैं, जैसे–'मेरा मकान', 'मेरे नापिताचार्य' आदि। पदुमलाल पुन्नालाल बख्शी के निबन्ध संग्रह–'पंचपात्र' में संगृहीत निबन्ध, जैसे–'अतीत स्मृति', 'उत्सव', 'रामलाल पंडित' आदि श्रेष्ठ हैं। भाषा के जादूगर 'शिवपूजन सहाय' के निबन्ध संग्रह 'कुछ' में उनके श्रेष्ठ ललित निबन्ध हैं। इनकी भाषा परिष्कृत–परिमार्जित और शैली व्यंग्य है। शान्तिप्रिय द्विवेदी के निबन्धों में–'कवि और काव्य', 'साहित्यिकी' आदि हैं। उग्र जी के निबन्धों में कुछ भावात्मक शैली के निबन्ध, जैसे–'गाली', 'बुढ़ापा' आदि हैं। रघुवीर सिंह के निबन्धों में ऐतिहासिक व भावुक दृष्टिकोण है। प्रेमचन्द के निबन्धों में–'कुछ विचार' संग्रह हैं। निराला के निबन्ध संग्रह–'प्रबन्ध प्रतिभा', 'प्रबन्ध पद्य' आदि हैं। वियोगी हरि का 'साहित्य विहार' श्रेष्ठ निबन्ध संग्रह है। छायावाद युग में निबन्धों की पर्याप्त रचना हुई किन्तु ललित निबन्धों के क्षेत्र में कोई उल्लेखनीय उपलब्धि नहीं हो सकी। शुक्ल जी ने कहा–"अर्थ वैचित्र्य और भाषा शैली का नूतन विकास जैसा कहानियों के भीतर प्रकट हुआ है वैसा निबन्ध के क्षेत्र में नहीं देखने में आ रहा है।" इस काल में अभाव की पूर्ति हुई, नए मानदंड स्थापित हुए।

समालोचना

अन्य विधाओं की तरह समालोचना साहित्य भी इस युग में विकास की सीढ़ियाँ चढ़ता दिखाई देता है। द्विवेदी युग में जिन आलोचना ग्रन्थों की रचना प्रारम्भ हुई थी उन ग्रन्थों को व्यवस्थित रूपाकार छायावाद युग में मिला। रामचन्द्र शुक्ल श्रेष्ठ

आलोचक के रूप में प्रतिष्ठित हुए। अनेक लेखकों ने संस्कृत काव्यशास्त्र का परिचय देने के लिए सिद्धान्त या लक्षण ग्रन्थों की रचना की, जिनमें कुछ मुख्य हैं–गुलाब राय–'नवरस' (1921), हरिऔध कृत 'रसकलस' (1935), श्यामसुदर दास–'रूपक रहस्य' (1932), जगन्नाथ प्रसाद भानु–'रस रत्नाकर' (1919), अलंकार दर्पण (1936) आदि। हिन्दी की सैद्धान्तिक आलोचना का व्यवस्थित रूप जिन लेखकों ने प्रस्तुत किया उनमें से मुख्य हैं–गुलाब राय–'नवरस' (1920), श्यामसुन्दर दास–'साहित्यालोचन' (1922), रामचन्द्र शुक्ल–'काव्य में रहस्यवाद' (1929), लक्ष्मीनारायण 'सुधांशु' 'काव्य में अभिव्यंजनावाद' (1936), रामशंकर शुक्ल 'रसाल' आलोचनादर्श (1938), रामकुमार वर्मा–'साहित्य समालोचना' (1938)। इन सभी को समन्वयवादी समालोचक माना जाता है। पाश्चात्य एवं भारतीय काव्यशास्त्र में समीक्षा सिद्धान्तों में समन्वय को दिखाया गया है। प्रायोगिक आलोचना इस युग में अधिक लिखी गई। व्यावहारिक समीक्षा जिसका प्रारम्भ द्विवेदी युग में हुआ था, उसका सम्यक् विकास इस युग में हुआ। कुछ उल्लेखनीय नाम हैं–पद्मसिंह शर्मा 'बिहारी सतसई की भूमिका', कृष्णबिहारी मिश्र 'देव और बिहारी' आदि। जनार्दन प्रसाद झा 'द्विज' कृत 'प्रेमचन्द की उपन्यास कला' (1932)। आचार्य शुक्ल ने समीक्षा साहित्य को महत्त्वपूर्ण रचनाएँ दीं, जैसे–'तुलसी ग्रन्थावली' (1923), 'गोस्वामी तुलसीदास' (1933), 'जायसी ग्रन्थावली' (1925), 'भ्रमर गीतसार' (1926), 'हिन्दी साहित्य का इतिहास' (1929)। शुक्ल जी के पथ का अनुसरण करनेवाले लेखकों में कृष्णशंकर शुक्ल हैं। इनकी रचनाएँ–'केशव की काव्य कला', 'कविवर रत्नाकर' (1935) हैं। इन्हीं की पद्धति के अन्य उल्लेखनीय समीक्षक–विश्वनाथ प्रसाद मिश्र हैं–उनकी श्रेष्ठ रचना 'बिहारी की वाग्विभूति' (1936) तथा 'हिन्दी नाट्य साहित्य का विकास' (1930) हैं। शुक्ल जी की पद्धति से प्रभावित अन्य लेखकों में–ब्रजरत्नदास 'हिन्दी नाट्यसाहित्य' (1930), रामकुमार वर्मा 'कबीर का रहस्यवाद' (1931), जनार्दन मिश्र 'विद्यापति' (1932), कृष्णानन्द गुप्त 'प्रसाद जी के नाटक' (1933) आदि हैं। आलोचना की गहराई और मर्म को उद्घाटित करने की क्षमता इन लेखकों में शुक्ल जी के समान नहीं है। निराला ने 'पन्त और पल्लव' लिखकर पन्त की त्रुटियाँ दर्शाईं। छायावाद के समर्थ आलोचक नन्ददुलारे वाजपेयी और नगेन्द्र थे। किन्तु शुक्ल जी को यह श्रेय प्राप्त होता है कि उन्होंने छायावादी आलोचना को सफलता के शिखर पर पहुँचाया।

जीवनी साहित्य

छायावाद युग में इस विधा पर भी पर्याप्त कार्य हुआ। लेखकों की रुचि महापुरुषों, राष्ट्रीय नेताओं, महान महिलाओं और ऐतिहासिक महापुरुषों की जीवनी लिखने की

ओर रही। सर्वाधिक लोकप्रिय नेता गांधी जी पर जीवनी साहित्य लिखा गया। राष्ट्रीय नेताओं के सन्दर्भ में–मन्मथनाथ गुप्त 'चन्द्रशेखर आजाद' (1938), रामनरेश त्रिपाठी 'गांधी जी कौन हैं' (1921), नरोत्तमदास व्यास 'गांधी गौरव' (1921), इन्द्र वाचस्पति 'जवाहरलाल नेहरू' (1933), ऐतिहासिक महापुरुषों के सन्दर्भ में प्रेमचन्द ने 'दुर्गादास' (1938), रामवृक्ष शर्मा ने 'शिवाजी' (1925), सम्पूर्णानन्द ने 'सम्राट हर्षवर्धन' (1920) आदि पुस्तकें लिखीं। देश और समाज के लिए पूरी निष्ठा से समर्पित महिलाओं में–शिवव्रतलाल वर्मन कृत 'सच्ची देवियाँ' (1921), मनोरमा बाई कृत 'विद्योत्तमा' (1924), जहूरबख्श कृत 'आर्य महिला रत्न' (1924) आदि अनेक जीवनियाँ लिखी गईं। राष्ट्रप्रेम और जनसेवा की प्रेरणा देनेवाली ये आत्मीयता पूर्ण शैली में लिखी गई जीवनियाँ आदर्शवाद, ओजस्विता और सहजता को समेटे हुए हैं।

आत्मकथा

अपनी जीवनगाथा स्वयं लिखना 'आत्मकथा' कहलाता है। इसके लिए यह आवश्यक है कि व्यक्ति अपने चरित्र के गुण-दोषों को निर्विकार भाव से वर्णित करे। बनारसी दास जैन ने पद्य के रूप में 'अर्धकथानक' (1941) लिखकर इस विधा का आरम्भ बहुत पहले कर दिया था, किन्तु आधुनिक काल में इसे प्रतिष्ठा प्राप्त हुई। सत्यानन्द अग्निहोत्री कृत 'मुझमें देव जीवन का विकास' (1910), स्वामी दयानन्द कृत 'जीवन चरित्र' (1917) इस विधा की प्रारम्भिक कृतियाँ हैं।

आलोच्य युग में भाई परमानन्द कृत 'आपबीती' (1921), महात्मा गांधी कृत 'आत्मकथा' (1923), सुभाषचन्द्र बोस कृत 'तरुण के स्वप्न' (1935) प्रमुख हैं। 'आत्मकथा' का अनुवाद हरिभाऊ ने किया जो 1927 में प्रकाशित हुई। 'आपबीती' का अनुवाद गिरीशचन्द्र जोशी ने किया। कर्मक्षेत्र की ओर प्रेरित करनेवाली ये महत्त्वपूर्ण जीवनियाँ हैं।

यात्रावृत्त

इस आलोच्य युग में यात्रावृत्त का पर्याप्त साहित्य लिखा गया जिसमें विदेश यात्रा से सम्बन्धित पुस्तकें अधिक हैं। यूरोप यात्रा का वर्णन अधिक संख्या में किया गया है। विषय के अनुरूप भाषा, डायरी, निबन्ध, पत्र आदि शैलियों का प्रयोग किया गया है। कुछ महत्त्वपूर्ण यात्रावृत्त–राहुल सांकृत्यायन कृत 'तिब्बत में सवा वर्ष' (1933), 'मेरी यूरोप यात्रा' (1935) सत्यदेव परिव्राजक कृत 'मेरी जर्मन यात्रा' (1926), 'यात्री मित्र' (1936), रामनारायण मिश्र कृत 'यूरोप यात्रा में छह मास' (1932), शिवप्रसाद गुप्त कृत 'पृथ्वी प्रदक्षिणा' (1934), सेठ गोविन्ददास कृत 'हमारा

प्रधान उपनिवेश' (1938), प्रो. मनोरंजन कृत 'उत्तराखंड के पथ पर' (1936), केदाररूप राय कृत 'हमारी विलायत यात्रा' (1926) प्रमुख हैं। इन यात्रावृत्तों में सम्बद्ध नगर, देश, संस्कृति, पर्यावरण, यात्रा के सुख-दुख आदि सभी कुछ आकर्षक शैली में लिखा गया है।

संस्मरण तथा रेखाचित्र

आलोच्य युग में संस्मरणात्मक रेखाचित्रों की एक विधा प्रारम्भ हुई। श्रीराम शर्मा का 'बोलती प्रतिमा' (1937) संकलन श्रेष्ठ रेखाचित्रों की दृष्टि से महत्त्वपूर्ण है। 'भाई जगन्नाथ' इसकी सर्वश्रेष्ठ रचना है—बनारसी दास। चतुर्वेदी जी का 'विशाल भारत' व्यक्ति के गुणों को उद्घाटित करता है। कल्पना प्रधान और कलात्मक अभिव्यक्ति के रूप में महादेवी वर्मा ने श्रेष्ठ रेखाचित्रों की रचना की है, जैसे—'रामा' (1930), 'बिन्दा' (1934), 'सबिया' (1935), 'बिट्टो' (1935), 'घीसा' (1936) आदि। पुस्तकाकार रूप में प्रकाशित ये रेखाचित्र समाज के दीन-हीन, शोषित व्यक्तियों की कथा हैं। संस्मरणों की संख्या भी इस युग में पर्याप्त थी। विभिन्न पत्र-पत्रिकाएँ इनके प्रकाशन में सहयोगी थे। इलाचन्द्र जोशी कृत 'मेरे प्राथमिक जीवन की स्मृतियाँ', वृन्दावन लाल वर्मा कृत 'कुछ संस्मरण' उल्लेखनीय रचनाएँ हैं। श्रीराम शर्मा का 'शिकार', मन्मथनाथ गुप्त का 'क्रान्ति युग के संस्मरण' उल्लेखनीय रचनाएँ हैं। छायावाद युग के संस्मरण कर्मक्षेत्र में आगे बढ़ने की प्रेरणा देते हैं वहीं रेखाचित्र उपेक्षित, शोषित व्यक्तियों की दशा बताते हैं। चित्रात्मक शैली के ये संस्मरण, रेखाचित्र परवर्ती साहित्यकारों के लिए मार्गदर्शक बने।

गद्यकाव्य

इस विधा को छायावाद युग में प्रतिष्ठा मिली। इस पर टैगोर की 'गीतांजलि' का प्रभाव दृष्टिगोचर होता है। वैयक्तिक अनुभवों को आलंकारिक, संवेदनशील, रसात्मक गद्य के रूप में रचना ही गद्यकाव्य है। 'साधना' (1917), 'संलाप' (1927), 'प्रवाल' (1929), प्रवाह (1931) और 'छायापथ' (1931) रामकृष्णदास के प्रमुख गद्यकाव्य संग्रह हैं। ये रहस्योन्मुख, प्रकृतिपरक एवं भावुक हैं। वियोगी हरि कृत 'तरंगिणी' (1920), 'अन्तर्नाद' (1926), 'भावना' (1928), 'प्रार्थना' (1929) ये भक्तिपरक रचनाएँ हैं। आचार्य चतुरसेन शास्त्री कृत 'अन्तस्तल' (1921), 'तरलाग्नि' (1936) मुख्य हैं। दिनेशनन्दिनी चौरड्या कृत 'शबनम' (1933), 'मौक्तिकमाल' (1937), शान्तिप्रसाद वर्मा कृत 'चित्रपट' (1932), तेजनारायण काक कृत 'मदिरा' (1935), भँवरलाल सिन्धी कृत 'वेदना' (1937), रावी कृत 'पूजा' (1937) उल्लेखनीय हैं। इन रचनाओं में श्रेष्ठ छायावादी कविताओं के

सभी गुण–प्रतीकात्मकता, शब्द लालित्य, चित्रात्मकता, कल्पना, भावुकता आदि विद्यमान हैं। इस युग के ये श्रेष्ठ गद्यकाव्य संग्रह हैं।

पत्र साहित्य

छायावादी युग में पत्र साहित्य की संख्या कम भले ही हो लेकिन महत्त्व की दृष्टि से श्रेष्ठ साहित्य रचा गया। सतीशचन्द्र कृत 'पत्रांजलि', श्री रामकृष्ण आश्रम कृत 'विवेकानन्द पत्रावलि', शान्तिप्रिय आत्माराम कृत 'आलमगीर के पत्र' मुख्य हैं। ये भावुक और आत्मीयता से भरे शब्दों में लिखे गए प्रेरक पत्रों के संग्रह हैं।

अभिनन्दन एवं स्मृति ग्रन्थ

विशेष व्यक्तियों के गुणों से प्रभावित होकर उनका अभिनन्दन करना एवं उनकी स्मृति में ग्रन्थ रचना, यह कार्य छायावाद युग से प्रारम्भ हुआ। आलोच्य काल में– 'महावीर प्रसाद द्विवेदी अभिनन्दन ग्रन्थ' (1933), 'गौरीशंकर हीराचन्द्र ओझा अभिनन्दन ग्रन्थ' प्रकाशित हुए। इनमें द्विवेदी जी एवं ओझा जी के व्यक्तित्व, सामाजिक और साहित्यिक जीवन पर प्रकाश डाला गया है।

पत्र–पत्रिकाएँ

भारतेन्दु युग के पूर्व से ही पत्र–पत्रिकाओं का साहित्य की विविध विधाओं के प्रकाशन में विशेष योगदान है। ये समाज को राष्ट्र से जोड़ने का कार्य करते हैं। हम भारतेन्दु व द्विवेदी युगीन पत्र–पत्रिकाओं की जानकारी दे चुके हैं। इनकी संख्या में लगातार वृद्धि होती रही है। सामाजिक, राजनीतिक, सांस्कृतिक, खेल सम्बन्धी, नारी विषयक, गृहसज्जा, व्यायाम विषयक हजारों पत्र–पत्रिकाओं का प्रकाशन होता जा रहा है। सभी का उल्लेख करना न सम्भव है न आवश्यक। अतः कुछ पत्र–पत्रिकाओं का ही उल्लेख किया जाएगा जिनमें–'मर्यादा' (1923), 'चाँद' साप्ताहिक पत्र (1920), 'माधुरी' (1922) लखनऊ, 'कल्याण', मासिक 'हंस' (1930) बनारस, 'समन्वय' (1922), 'सरोज' (1928) कलकत्ता, 'साहित्य सन्देश' आगरा (1937), 'मतवाला' (1923) कलकत्ता आदि प्रमुख हैं।

छायावादी युग में ज्ञानवर्धक साहित्य प्रचुर मात्रा में लिखा गया। इतिहास, राजनीति, प्रशासन, भूगोल, देश–परिचय, अर्थशास्त्र, धर्म–दर्शन, शिक्षा विषयक ग्रन्थ, विज्ञान विषयक ग्रन्थ, भाषा–लिपि–व्याकरण सम्बन्धी ग्रन्थ, कोश सम्बन्धी ग्रन्थ, चिकित्सा, संगीत, वास्तु शिल्प चित्रपट, कृषि, व्यापार, पशुपालन आदि पर हजारों ग्रन्थ लिखे गए हैं। इन ग्रन्थों का उल्लेख न सम्भव है न आवश्यक, क्योंकि इनकी संख्या अधिक है तथा ये ग्रन्थ बाजार में उपलब्ध हैं। अतः जानकारी के

सम्बन्ध में कोई सन्दिग्धता नहीं है। साहित्य व ज्ञान के प्रेमियों ने इन ग्रन्थों को व्यापकता प्रदान की है।

साहित्येतिहास लेखन की दृष्टि से मूल्यांकन

छायावादी युग में गद्य की सभी विधाओं ने अभूतपूर्व उन्नति की है। प्रेमचन्द ने उपन्यास और कहानी साहित्य को केवल मजबूत नींव ही नहीं दी बल्कि कलात्मक ऊँचाई भी प्रदान की। जैनेन्द्र और अज्ञेय ने मनोविश्लेषण को आधार बनाकर नए प्रयोग किए। प्रसाद के नाटक, उपन्यास और कहानी लेखन ने भावुक, आलंकारिक, काल्पनिक, अतीतजीवी साहित्य दिया। रामचन्द्र शुक्ल जैसे महापुरुषों ने निबन्ध और आलोचना के साथ ही इतिहास-ग्रन्थों को ऊँचाई के शिखर पर बिठाया। शुक्ल जी ने मन के विकारों को विचारात्मक शैली में प्रस्तुत किया। जीवनी, यात्रावृत्त, पत्र साहित्य, संस्मरण, रेखाचित्र आदि गौण समझी जानेवाली विधाओं को इस युग में महत्त्व व सफलता प्राप्त हुई। गद्यकाव्य और एकांकी नाटक इसी युग में अंकुरित, पल्लवित और पुष्पित हुए। अत: गद्य साहित्य के क्षेत्र में छायावादी युग समृद्ध रहा। रूप और गुण दोनों बातें साहित्य में भरपूर रहीं और श्रीवृद्धि करती रहीं।

छायावादोत्तर काल–चतुर्थ उत्थान काल (1938-1953–प्रयोग-प्रगतिकाल) नवलेखन काल

यह हिन्दी गद्य साहित्य की अभूतपूर्व प्रगति का काल है। इस काल में भारत स्वतंत्र हुआ। गद्य साहित्य की विविध विधाओं का अद्‌भुत, चौमुखी विकास हुआ। रिपोर्ताज और इंटरव्यू जैसी नई विधाओं का जन्म हुआ। साहित्यकारों ने राष्ट्रीय चेतना और नवनिर्माण पर बल दिया। कथ्य की कलात्मक अभिव्यक्ति के नए बिम्ब, प्रतीक, प्रतिमान, उपमान चुने गए। मानव की सूक्ष्मातिसूक्ष्म संवेदनाओं को साहित्य में व्यक्त किया जाने लगा। हम यहाँ गद्य की विविध विधाओं के विकास पर दृष्टि डालेंगे।

नाटक

छायावादोत्तर काल में हिन्दी नाटक जीवन के यथार्थ और रंगमंच से जुड़कर नए मार्ग की ओर उन्मुख हुए। ''वस्तुत: उपेन्द्रनाथ अश्क पहले नाटककार हैं, जिन्होंने हिन्दी नाटक को रोमांस के कठघरे से निकालकर किसी सीमा तक आधुनिक भावबोध के साथ जोड़ा।''[26] इस युग के नाटकों में मानवीय कोमल, भावुक रिश्तों को कहीं मार्मिक व्यंग्य शैली में तो कहीं गम्भीर विचार मुद्रा में दर्शाया गया है। अश्क के प्रसिद्ध नाटकों में–'जय पराजय' (1937), 'छठा बेटा' (1940), 'कैद' (1945), 'उड़ान'

(1946), 'भँवर' (1950), 'अंजो दीदी' (1954), 'अन्धी गली' और 'पैंतरे' हैं। विष्णु प्रभाकर भी इस युग के श्रेष्ठ नाटककारों में हैं। उनके 'डॉक्टर' और 'समाधि' प्रसिद्ध नाटक हैं। जीवन की जटिल अनुभूतियाँ और मंचन की सार्थकता जगदीशचन्द्र माथुर के 'कोणार्क' नाटक में दिखाई देती है। 'शारदीया' माथुर का दूसरा ऐतिहासिक नाटक है। 'पहला राजा' (1969) यह माथुर का तीसरा श्रेष्ठ नाटक है। धर्मवीर भारती कृत 'अन्धायुग' (1955) प्रसिद्ध नाटक है। डॉ. लक्ष्मीनारायण लाल के सामाजिक, ऐतिहासिक नाटकों में–'अन्धा कुआँ' (1955), 'मादा कैक्टस' (1959), 'तीन आँखों वाली मछली' (1960), 'सुन्दर रस', 'सूखा सरोवर' (1960), 'रक्तकमल' (1962), 'रातरानी', (1962), 'दर्पण' (1963), 'सूर्यमुख' (1968), 'कलंकी', 'मिस्टर अभिमन्यु' (1971), 'करफ्यू' (1972), ये सभी विचारोत्तेजक और जीवन को नए परिप्रेक्ष्य में देखने की दृष्टि प्रदान करते हैं। मोहन राकेश के नाटकों में–'आषाढ़ का एक दिन' (1958), 'लहरों के राजहंस' (1963), 'आधे-अधूरे' (1969) मुख्य हैं। सेठ गोविन्ददास कृत 'कर्ण' (1942), 'शशिगुप्त (1942), 'हिंसा और अहिंसा' (1940) आदि हैं। इसके अतिरिक्त लक्ष्मीनारायण मिश्र के 'अपराजित' और 'चक्रव्यूह', हरिकृष्ण प्रेमी के 'आहुति', 'स्वप्नभंग', 'विषमान हैं। 'बन्धन' और 'छाया' 1940-41 में लिखे गए सामाजिक नाटक हैं। गोविन्द वल्लभ पन्त कृत 'सुहाग बिन्दी' (1940), 'ययाति' (1947), उदयशंकर भट्ट कृत 'शंक विजय' (1953), 'पार्वती' (1960) मुख्य हैं। जगन्नाथ प्रसाद मिलिन्द कृत 'समर्पण' (1950) और 'गौतम नन्द' (1952) मुख्य हैं। स्वतंत्र भारत में व्याप्त भ्रष्टाचार से सम्बन्धित नाटकों में मुख्य हैं–चन्द्रगुप्त विद्यालंकार का 'न्याय की रात' और विनोद रस्तोगी का 'नया हाथ'। नैतिक मूल्यों से सम्बन्धित नाटकों में मुख्य हैं–नरेश मेहता कृत 'सुबह के घंटे' और 'खंडित यात्राएँ', मन्नू भंडारी कृत 'बिना दीवार का घर'। चीनी आक्रमण से सम्बन्धित नाटकों में–शिवप्रसाद सिंह कृत 'घाटियाँ गूँजती हैं' और ज्ञानदेव अग्निहोत्री कृत 'नेफा की एक शाम' मुख्य हैं। आधुनिकता से रँगे नाटकों में–विपिन कुमार कृत 'तीन अपाहिज' (1963), ज्ञानदेव अग्निहोत्री का 'शुतुरमुर्ग' (1968), गिरिराज किशोर का 'नरमेध', सुरेन्द्र वर्मा कृत 'द्रौपदी' (1970), सर्वेश्वर दयाल सक्सेना कृत 'बकरी' मुख्य हैं। नाटक का विकास धीमा किन्तु सार्थक हुआ। अनेक भाषाओं के नाटकों के अनुवाद भी हुए, जिसने नाट्य साहित्य के चहुँमुखी विकास में सहायता की।

गीतिनाट्य

पन्त के 'रजत शिखर', 'शिल्पी' और 'सौवर्ण' संग्रहों में उनके गीतिनाट्य संकलित हैं। सेठ गोविन्ददास का 'स्नेह या स्वर्ग' (1946), गिरिजाकुमार का 'कलान्तर',

सिद्धनाथ कुमार का संग्रह 'सृष्टि की साँझ और अन्य काव्य नाटक' में पाँच गीतिनाट्य संकलित हैं–'सृष्टि की साँझ', 'लौह देवता', 'संघर्ष', 'विकलांगों का देश', 'बादलों का शाप'। दुष्यन्तकुमार का गीतिनाट्य 'एक कंठ विषपायी' (1963) श्रेष्ठ गीतिनाट्य है। इस काल में सैकड़ों श्रेष्ठ गीतिनाट्य लिखे गए।

एकांकी नाटक

इस विधा को प्रतिष्ठित, स्थापित होने के लिए काफी संघर्ष करना पड़ा किन्तु छायावादोत्तर काल में यह समृद्ध हो गई। अन्य विधाओं की तरह रचनाकारों ने सामाजिक, राजनीतिक, सांस्कृतिक, जीवन का यथार्थ, सूक्ष्म कोमल भावनाएँ, रिश्तों की विविधता और विचित्रता को इनके माध्यम से दर्शाया। कुछ प्रमुख एकांकी संग्रहों और एकांकीकारों के नाम निम्नलिखित हैं–भुवनेश्वर कृत 'ताँबे के कीड़े', 'आजादी की नींद', 'सिकन्दर'। रामकुमार वर्मा कृत 'रेशमी टाई', 'चारुमित्रा', 'सप्तकिरण', 'दीपदान', 'इन्द्रधनुष', 'पांचजन्य', 'जूही के फूल' मुख्य हैं। उदयशंकर भट्ट कृत 'स्त्री का हृदय', 'चार एकांकी', 'समस्या का अन्त', 'पर्दे के पीछे', 'आदिमयुग', 'सात प्रहसन' मुख्य हैं। इनके अतिरिक्त 'उन्नीस और पैंतीस', 'प्रथम विवाह', 'वैवस्वतमनु' भी उल्लेखनीय हैं। अश्क कृत 'देवताओं की छाया में', 'चरवाहे', 'पर्दा उठाओ-पर्दा गिराओ', 'साहब को जुकाम है', 'अन्धी गली' श्रेष्ठ एकांकी हैं। सेठ गोविन्ददास कृत 'सप्तरश्मि', 'एकादशी', 'पंचभूत', 'चतुष्पथ आदि मुख्य हैं। हरिकृष्ण प्रेमी कृत 'मातृमन्दिर', 'राष्ट्र मन्दिर', 'मान मन्दिर' आदि मुख्य हैं। जगदीश चन्द्र माथुर कृत 'भोर का तारा' और 'ओ मरे सपने' मुख्य हैं। लक्ष्मीनारायण मिश्र का 'अशोक वन' (1950), गोविन्दवल्लभ पन्त का 'विषकन्या' (1959), विष्णु प्रभाकर कृत 'प्रकाश और परछाईं', 'दस बजे रात', 'ये रेखाएँ-ये दायरे' आदि, धर्मवीर भारती का 'नदी प्यासी थी', मोहन राकेश का 'अंडे के छिलके', लक्ष्मीनारायण लाल का 'ताजमहल के आँसू', 'पर्वत के पीछे', 'नाटक बहुरंगी', 'दूसरा दरवाजा' आदि इस युग में सैकड़ों सफल और सार्थक नाटक लिखे गए, सभी का उल्लेख न सम्भव है न आवश्यक।

उपन्यास

छायावादोत्तर उपन्यास को 1940-50, 1950-60 और साठोत्तरी तीन भागों में बाँट सकते हैं। पहले दशक के रचनाकार फ्रायड और मार्क्स से प्रभावित थे। ''छायावादोत्तर काल के कथा साहित्य का परिदृश्य जैनेन्द्र कुमार से बनना शुरू होता है, जो प्रेमचन्द के मित्र, सहयोगी और शिष्य जैसे हैं, पर अपने लिए, चलने का एक भिन्न मार्ग चुनते हैं। प्रेमचन्द के बाद उपन्यास की भाषा को नए ढंग से गलाने का काम किया

जैनेन्द्र ने।''[27] प्रेमचन्द व्यक्ति को समाज से जोड़ते हैं और जैनेन्द्र उसे अस्तित्व की पहचान बनाए रखने को प्रेरित करते हैं। जैनेन्द्र के उपन्यासों में 'कल्याणी', 'सुखदा', 'विवर्त', 'व्यतीत', 'जयवर्धन' आदि हैं जो मनोविज्ञान और दार्शनिकता से भरपूर हैं। अज्ञेय भी अस्तित्व की पहचान के लिए प्रेरित करते हैं। उनके उपन्यासों में 'शेखर एक जीवनी' (1941), 'नदी के द्वीप' (1951), 'अपने-अपने अजनबी' मुख्य हैं। इलाचन्द्र जोशी मनोविश्लेषणात्मक उपन्यास लिखते हैं। उनके उपन्यासों में 'घृणामयी' (1929), 'संन्यासी' (1941), 'पर्दे की रानी' (1941), 'प्रेत और छाया', 'निर्वासित' (1946), 'मुक्तिपथ' (1950), 'जिप्सी', 'जहाज का पंछी' (1955), 'ऋतुचक्र', 'भूत का भविष्य' (1973) आदि श्रेष्ठ उपन्यास हैं। यशपाल मार्क्सवादी विचारधारा से प्रभावित थे। उनके श्रेष्ठ उपन्यासों में 'दादा कॉमरेड' (1941), 'देशद्रोही' (1943), 'पार्टी कॉमरेड' (1946), 'मनुष्य के रूप' (1949), 'झूठा सच' (दो भाग) हैं। 'तेरी मेरी उसकी बात' उनका नवीनतम उपन्यास है। रामेश्वर शुक्ल 'अंचल' के 'चढ़ती धूप' (1945), 'नई इमारत' (1946), 'उल्का' (1947) और 'मरुप्रदीप' (1951) श्रेष्ठ उपन्यास हैं। भगवती चरण वर्मा के श्रेष्ठ उपन्यास 'टेढ़े-मेढ़े रास्ते', 'आखिरी दाँव', 'भूले-बिसरे चित्र', 'सामर्थ्य और सीमा', 'रेखा' तथा 'सबहिं नचावत राम गुसाई' मुख्य हैं। अश्क के उपन्यासों में 'गिरती दीवारें' (1947), 'शहर में घूमता आईना' और 'एक नन्ही कन्दील' इसके अगले खंड हैं। 'गर्म राख' (1952), 'बड़ी-बड़ी आँखें' (1954), 'पत्थर-अल-पत्थर' (1957) मुख्य हैं। अमृतलाल नगर के श्रेष्ठ उपन्यासों में 'नवाबी मसनद', 'सेठ बाँकेमल', 'बूँद और समुद्र', 'महाकाल', 'अमृत और विष', 'शतरंज के मोहरे', 'सुहाग के नूपुर', 'एकदा नैमिषारण्ये', 'मानस का हंस' आदि हैं। ऐतिहासिक उपन्यासों में वृन्दावनलाल वर्मा के 'विराटा की पद्मिनी', 'मृगनयनी', 'झाँसी की रानी', 'कचनार', 'अहल्याबाई', 'भुवन विक्रम' आदि श्रेष्ठ हैं। आचार्य हजारीप्रसाद द्विवेदी के श्रेष्ठ ऐतिहासिक उपन्यासों में 'बाणभट्ट की आत्मकथा', 'चारुचन्द लेख', 'पुनर्नवा' आदि हैं। यशपाल के 'अमिता' और 'दिव्या' ऐतिहासिक उपन्यास हैं। राहुल संस्कृत्यायन के 'सिंह सेनापति' और 'जय यौधेय' तथा रांगेय राघव के 'मुर्दों का टीला', चतुरसेन शास्त्री का 'वैशाली की नगरवधू' ऐतिहासिक उपन्यास है। देवराज का 'पथ की खोज' श्रेष्ठ है। ग्रामांचल के उपन्यासों में रुद्र का 'बहती गंगा', नागार्जुन का 'बलचनमा', 'नई पौध', 'रतिनाथ की चाची', 'बाबा बटेसरनाथ', 'वरुण के बेटे', 'दुखमोचन' आदि हैं। रेणु के श्रेष्ठ उपन्यास 'मैला आँचल' और 'परती परिकथा' हैं। उदयशंकर भट्ट का 'सागर-लहरें और मनुष्य', रांगेय राघव का 'कब तक पुकारूँ', भैरवप्रसाद गुप्त का 'सत्ती मैया का चौरा', राही मासूम रजा का 'आधा गाँव', शिवप्रसाद सिंह का 'अलग-अलग वैतरणी', मैत्रेयी पुष्पा का

'चाक', रामदरश मिश्र का 'पानी के प्राचीर', 'जल टूटता हुआ' आदि ऐसे सैकड़ों श्रेष्ठ आंचलिक उपन्यास हैं जिनका उल्लेख सम्भव नहीं है।[28]

मनोवैज्ञानिक उपन्यासों में

धर्मवीर भारती का 'गुनाहों का देवता' और देवराज के 'मैं, वे और आप', 'अजय की डायरी', 'रोड़े और पत्थर', 'बाहर भीतर' और 'पथ की खोज' श्रेष्ठ हैं। सामाजिक चेतना के उपन्यासों में अमृतराय का 'बीज', राजेन्द्र यादव का 'उखड़े हुए लोग', 'एक इंच मुस्कान', शिवप्रसाद सिंह का 'गली आगे मुड़ती है', गिरीश अस्थाना का 'धूपछाँही रंग', मेहरुन्निसा परवेज का 'उसका घर' आदि हजारों लेखकों के हजारों श्रेष्ठ उपन्यास हैं। प्रयोगशील उपन्यासों में प्रभाकर माचवे का 'परन्तु', 'साँचा', 'द्वाभा' आदि, रुद्र कृत 'बहती गंगा', गिरिधर गोपाल कृत 'चाँदनी रात के खँडहर', सर्वेश्वरदयाल सक्सेना कृत 'सोया हुआ जल' आदि विसंगतियों से भरे उपन्यास हैं। आधुनिक बोध के उपन्यासों में मोहन राकेश कृत 'अँधेरे बन्द कमरे', निर्मल वर्मा कृत 'वे दिन', राजकमल चौधरी कृत 'मछली मरी हुई', श्रीकान्त वर्मा कृत 'दूसरी बार', महेन्द्र भल्ला कृत 'एक पति के नोट्स' आदि में आस्थाहीन समाज और अनिश्चय की स्थिति में लटके मनुष्य दिखाई देते हैं। अकेलेपन का सन्त्रास और टूटते-बिखरते परिवार को दर्शानेवाले उपन्यास मन्नू भंडारी का 'आपका बंटी', कृष्णा सोबती कृत 'डार से बिछुड़ी', उषा प्रियंवदा का 'पचपन खम्बे लाल दीवारें' आदि आधुनिकता बोध के उपन्यास हैं।

कहानी

छायावादोत्तर काल में प्रयोगवाद प्रमुख था, अतः अकहानी, सचेतन कहानी, नई कहानी आदि आन्दोलन हुए। महिला व पुरुष कहानीकारों ने बराबरी से जीवन की जटिलताओं से सूक्ष्म भावों को मनोविज्ञान, मनोविश्लेषण, दर्शन आदि कोणों से समझा और व्यक्त किया।

कुछ प्रमुख कहानियों के संग्रह हैं—भुवनेश्वर कृत 'सूर्यपूजा' और 'भेड़िये', यशपाल कृत 'पिंजड़े की उड़ान', 'फूलों का कुर्ता' आदि। अज्ञेय कृत 'गैंग्रीन', 'पठार का धीरज' आदि, इलाचन्द्र जोशी कृत 'खँडहर की आत्माएँ', 'आहुति' और 'दिवाली' आदि, अश्क कृत 'डाची', 'काँगड़ा का तेली' आदि, विष्णु प्रभाकर कृत 'धरती अब भी घूम रही है', कमल जोशी कृत 'शीराजी', 'पत्थर की आँखें' आदि हैं। 1950 के बाद मूल्यवादी और विघटित मूल्यों के स्वर सुनाई देते हैं और 1956-57 में 'नई कहानी' नाम उभरता है। मार्कंडेय कृत 'आरपार की माला', 'मुरदा सराय' आदि, रेणु कृत 'लाल पान की बेगम', शेखर जोशी कृत 'कोसी का

घटवार', अमरकान्त कृत 'जिन्दगी और जोंक', रांगेय राघव कृत 'गदल' आदि, मोहन राकेश कृत 'मलबे का मालिक', राजेन्द्र यादव कृत 'एक दुनिया समानान्तर', मन्नू भंडारी कृत 'मैं हार गई', निर्मल वर्मा कृत 'परिन्दे', ज्ञानरंजन कृत 'फ्रेंस के इधर-उधर', गिरिराज किशोर कृत 'पेपरवेट' आदि उल्लेखनीय हैं। इस काल में हजारों लेखकों द्वारा हजारों ऐसी कहानियाँ लिखी गई हैं जो विविधता और वैचित्र्य को लिये हुए हैं।

निबन्ध

छायावादोत्तर काल में आचार्य रामचन्द्र शुक्ल की समीक्षात्मक निबन्धों की परम्परा को आगे बढ़ानेवाले निबन्धकार नन्ददुलारे वाजपेयी हैं। उनके निबन्धों में 'जयशंकर प्रसाद', 'आधुनिक साहित्य', 'नया साहित्य : नए प्रश्न' आदि श्रेष्ठ हैं। इस काल के दूसरे महान लेखक आचार्य हजारीप्रसाद द्विवेदी के निबन्धों में 'अशोक के फूल', 'विचार और वितर्क', 'कल्पलता' आदि हैं। जैनेन्द्र ने अपनी दार्शनिक मुद्रा में निबन्ध रचना की, जैसे–'जड़ की बात', 'मन्थन', 'ये और वे', इतस्तत: आदि। प्रभाववादी समीक्षा के अग्रदूत शान्तिप्रिय द्विवेदी के निबन्धों में-'संचारिणी', 'धरातल', 'वृन्त और विकास', 'युग और साहित्य' आदि श्रेष्ठ हैं। रामधारी सिंह 'दिनकर' के विचार-प्रधान निबन्धों में 'हमारी सांस्कृतिक एकता', 'रेती के फूल', 'पन्त, प्रसाद और मैथिलीशरण' आदि हैं। डॉ. नगेन्द्र कृत 'यौवन के द्वार पर', 'चेतना के बिम्ब', 'आस्था के चरण' आदि श्रेष्ठ हैं। अज्ञेय कृत 'त्रिशंकु', 'आत्मनेपद', 'हिन्दी साहित्य : एक आधुनिक परिदृश्य' आदि श्रेष्ठ हैं। 'आलवाल', 'भवन्ति', 'लिखि कागद कोरे' उनके नवीन निबन्ध संग्रह हैं। रामवृक्ष बेनीपुरी कृत 'गेहूँ और गुलाब', देवेन्द्र सत्यार्थी कृत 'रेखाएँ बोल उठीं', वासुदेव शरण अग्रवाल कृत 'कला और संस्कृति', यशपाल कृत 'देखा, सोचा, समझा', 'बात-बात में बात' आदि श्रेष्ठ हैं। गुलाबराय कृत 'मन की बातें', 'मेरे निबन्ध', माखनलाल चतुर्वेदी कृत 'अमीर इरादे : गरीब इरादे', कन्हैयालाल मिश्र 'प्रभाकर' कृत 'जिन्दगी मुस्कराई', 'महके आँगन, चहके द्वार', भगवत शरण उपाध्याय 'ठूँठा आम', विद्यानिवास मिश्र 'तुम चन्दन हम पानी', भारती कृत 'ठेले पर हिमालय', 'पश्यन्ती', कुबेरनाथ राय कृत 'प्रिया नीलकंठी', 'गन्ध मादन', विवेकी राय कृत 'फिर बैतलवा डाल पर', लक्ष्मीकान्त कृत 'मैंने कहा', हरिशंकर परसाई कृत 'भूत के पाँव पीछे', 'सदाचार का ताबीज' आदि श्रेष्ठ निबन्ध हैं। इस काल में विविध विषयों पर जीवन और समाज, संसार और मनुष्य की विसंगतियों को दर्शानेवाले हजारों निबन्ध लिखे गए हैं। छायावादोत्तर काल निबन्ध सम्पदा से भरपूर है।

समालोचना

समीक्षा के क्षेत्र में आचार्य रामचन्द्र शुक्ल का अप्रतिम स्थान रहा है। उनकी त्रुटियाँ खोजते हुए उनकी परम्परा को आगे बढ़ाने का काम आलोच्य युग में नन्ददुलारे वाजपेयी और हजारीप्रसाद द्विवेदी ने किया। वाजपेयी जी के समीक्षात्मक निबन्धों में 'कवि निराला', 'प्रकीर्णिका' आदि हैं। शुक्ल संस्थान के आलोचक हजारीप्रसाद द्विवेदी ने 'हिन्दी साहित्य की भूमिका', 'सूर साहित्य', 'कबीर' आदि ऐतिहासिक ग्रन्थ लिखे हैं। डॉ. नगेन्द्र रसवादी आलोचक हैं। उन्होंने आलोचना को सैद्धान्तिक और व्यावहारिक दोनों दृष्टियों से देखा। उन पर फ्रायड के मनोविज्ञान का प्रभाव है। उनके ग्रन्थ 'रस सिद्धान्त', 'सुमित्रानन्दन पन्त', 'रीतिकाव्य की भूमिका', 'आधुनिक हिन्दी नाटक', 'विचार और अनुभूति' आदि हैं। इनके सहयोग से, प्रेरणा से अनेक संस्कृत आलोचना ग्रन्थों का अनुवाद हुआ। इन्होंने पूर्व और पश्चिम के महत्त्वपूर्ण काव्यशास्त्रों का हिन्दी अनुवाद करने–कराने में सहयोग किया। व्यावहारिक समीक्षा के क्षेत्र में गुलाबराय महत्त्वपूर्ण नाम है। इनके 'सिद्धान्त और अध्ययन', 'काव्य के रूप', 'अध्ययन और आस्वाद' आदि ग्रन्थ श्रेष्ठ हैं। विश्वनाथ प्रसाद मिश्र के प्रमुख आलोचना ग्रन्थ 'वाङ्मय विमर्श', 'बिहारी की वाग्विभूति', 'हिन्दी साहित्य का अतीत' आदि हैं। मार्क्सवादी आलोचना के क्षेत्र में शिवदान सिंह चौहान अग्रणी हैं। 'प्रगतिवाद', 'साहित्य की परख', 'आलोचना के मान', 'साहित्य की समस्याएँ' उनके श्रेष्ठ ग्रन्थ हैं। प्रकाश चन्द्र गुप्त कृत 'नया हिन्दी साहित्य', 'आधुनिक हिन्दी साहित्य' आदि, रामविलास शर्मा कृत 'प्रगति और परम्परा', 'प्रगतिशील साहित्य की समस्याएँ', आदि मुख्य हैं। दार्शनिक और मनोवैज्ञानिक अनुशासन में लिखनेवाले रचनाकारों में डॉ. देवराज कृत 'छायावाद का पतन', 'साहित्य–चिन्ता' आदि हैं। इलाचन्द्र जोशी कृत 'साहित्य सर्जना', 'साहित्य सन्तरण' आदि हैं। सैद्धान्तिक आलोचना में डॉ. नगेन्द्र का नाम अग्रणी है। वाजपेयी के अतिरिक्त भगीरथ मिश्र कृत 'हिन्दी काव्यशास्त्र का इतिहास', डॉ. निर्मला जैन कृत 'रस सिद्धान्त और सौन्दर्यशास्त्र', रामदहिन मिश्र कृत 'काव्य दर्पण', मुक्ति बोध कृत 'नई कविता का आत्मसंघर्ष', गिरिजाकुमार माथुर कृत 'नई कविता, सीमाएँ और सम्भावनाएँ', विद्यानिवास मिश्र कृत 'रीतिविज्ञान', डॉ. रविन्द्रनाथ श्रीवास्तव कृत 'शैली विज्ञान और आलोचना की नई भूमिका' आदि उल्लेखनीय हैं। आलोचना की नई दिशा में अनेक आलोचकों का अमूल्य योगदान है। डॉ. नामवर सिंह 'कहानी और कहानी', नेमिचन्द्र जैन 'अधूरे साक्षात्कार', इन्द्रनाथ मदान 'आज का हिन्दी उपन्यास', डॉ. बच्चन सिंह 'आलोचक और आलोचना', इस तरह सैकड़ों श्रेष्ठ आलोचकों ने गद्य और काव्य के हर विषय, हर विधा पर आलोचना की है। सैकड़ों ग्रन्थों का उल्लेख न सम्भव है, न आवश्यक, अतः मुख्य में से भी कुछ का ही उल्लेख यहाँ किया गया है।

जीवनी साहित्य

छायावादोत्तर युग में जीवनी साहित्य का अभूतपूर्व विकास हुआ। नेता, सन्त, महापुरुष, खिलाड़ी, लेखक, आलोचक, वैज्ञानिक आदि सभी की जीवनियाँ लिखी गईं। भारतेन्दु, द्विवेदी और छायावाद युग की परम्परा बरकरार रही। उसमें कुछ नया और जुड़ गया। विष्णु प्रभाकर कृत 'आवारा मसीहा', 'कलम का सिपाही', डॉ. प्रेमनारायण टंडन कृत 'भारतवर्ष की विभूतियाँ', र.वि. धुलेकर कृत 'मातृभूमिकोश', श्यामनारायण कपूर कृत 'भारतीय वैज्ञानिक', हरिभाऊ उपाध्याय कृत 'विश्व की विभूतियाँ', हरिमोहन शर्मा कृत 'भारतीय क्रिकेट के नवरत्न' आदि प्रमुख हैं। इनके अतिरिक्त गांधी, नेहरू, लियो टाल्सटाय, कार्ल मार्क्स, टैगोर, अरविन्द, कबीर, पन्त, निराला, रामविलास शर्मा, नाना अनवीस, जयप्रकाश नारायण, श्यामा प्रसाद मुकर्जी, भीष्म पितामह, शिवाजी, बुद्ध आदि की जीवनियाँ विभिन्न लेखकों द्वारा लिखी गईं। छायावादोत्तर काल में यह साहित्य विकसित तो हुआ लेकिन शैली की विविधता दिखाई नहीं देती।

आत्मकथा

आलोच्य युग में यह साहित्य भी पर्याप्त मात्रा में लिखा गया। कुछ आत्मकथाओं का अंग्रेजी से हिन्दी में और कुछ का हिन्दी से अंग्रेजी में अनुवाद हुआ। कुछ महत्त्वपूर्ण आत्मकथाएँ हैं—भवानी दयाल संन्यासी की 'प्रवासी की आत्मकथा', सत्यदेव परिब्राजक की 'स्वतंत्रता की खोज में' (1951), डॉ. राजेन्द्र प्रसाद की 'आत्मकथा' (1947), श्यामसुन्दर दास की 'मेरी आत्मकहानी' (1941), राहुल सांकृत्यायन की 'मेरी जीवन यात्रा' (1946), वियोगी हरि की 'मेरा जीवन प्रवाह' (1948), यशपाल की 'सिंहावलोकन' (1952), शान्तिप्रिय द्विवेदी की 'परिब्राजक की प्रजा' (1952), बख्शी की 'मेरी अपनी कथा' (1958), गोविन्ददास की 'आत्मनिरीक्षण' (1958), उग्र की 'अपनी खबर' (1960), चतुरसेन शास्त्री की 'मेरी आत्म कहानी' (1963), बच्चन की 'क्या भूलूँ क्या याद करूँ', 'बसेरे से दूर', 'नीड़ का निर्माण कर फिर' (1970) आदि श्रेष्ठ ग्रन्थ हैं।

यात्रावृत्त

कुछ छायावाद के और बाद के नए लेखकों ने यात्रावृत्त साहित्य की रचना इस आलोच्य युग में की। कुछ मुख्य यात्रावृत्त हैं—नेहरू कृत 'आँखों देखा रूस' (1953), राहुल सांकृत्यायन के अनेक यात्रावृत्तों में कुछ—'घुमक्कड़शास्त्र' (1949), 'यात्रा के पन्ने' (1952), बेनीपुरी कृत 'पैरों में पंख बाँधकर' (1952), यशपाल कृत

'राह बीती' (1956), दिनकर कृत 'देश-विदेश' (1957), अज्ञेय कृत 'अरे यायावर रहेगा याद' (1953), विष्णु प्रभाकर कृत 'हँसते निर्झर, दहकती भट्ठी' (1996), मोहन राकेश कृत 'आखिरी चट्टान तक', गोपाल प्रसाद व्यास कृत 'अरबों के देश में' (1960), रघुनाथ खाडिलकर कृत 'हॉलैंड में पच्चीस दिन' (1954), डॉ. नगेन्द्र कृत 'आप्रवासी की यात्राएँ' (1972), भगवतशरण उपाध्याय कृत 'कलकत्ता से पीकिंग' (1955) आदि अनेक यात्रावृत्तों में देश-विदेश की यात्राओं का वर्णन लेखकों ने किया है। पत्र, डायरी, निबन्ध, संस्मरण आदि में सहज, सरल भाषा शैली में प्रकृति सौन्दर्य का वर्णन विविधतापूर्ण ढंग से किया गया है।

संस्मरण तथा रेखाचित्र

आलोच्य युग में यथार्थ, कल्पना और भावुकता का समन्वय करके वैविध्यपूर्ण शैली में सरस, रोचक संस्मरण और रेखाचित्रों की रचना की गई है। हिन्दी के अलावा उर्दू, बँगला, मराठी, गुजराती आदि भाषाओं में भी लिखा गया है। कुछ महत्त्वपूर्ण संस्मरण और रेखाचित्रों का यहाँ उल्लेख करेंगे। बनारसीदास चतुर्वेदी कृत 'हमारे आराध्य', 'रेखाचित्र', 'सेतुबन्ध' (1952), 'संस्मरण' (1953) श्रेष्ठ रचनाएँ हैं। श्रीराम शर्मा का कृत 'प्राणों का सौदा' (1939), 'जंगल के जीव' (1949), 'वे जीते कैसे हैं' (1957) मुख्य हैं। बेनीपुरी कृत 'मील के पत्थर' (1957), महादेवी वर्मा कृत 'अतीत के चलचित्र' (1941), 'स्मृति की रेखाएँ' (1947), 'पथ के साथी' (1956), 'स्मारिका' (1971), शिवपूजन सहाय कृत 'वे दिन, वे लोग' (1965), विष्णु प्रभाकर का 'कुछ शब्द : कुछ रेखाएँ' (1965), राहुल सांकृत्यायन कृत 'बचपन की स्मृतियाँ' (1955), नगेन्द्र कृत 'चेतना के बिम्ब' (1967), बच्चन कृत 'नए पुराने झरोखे' (1962), अजित कुमार कृत 'दूर वन में' (1983), 'सफरी झोले में' (1985) आदि श्रेष्ठ हैं। यह साहित्य निरन्तर लिखा जा रहा है। सभी का उल्लेख सम्भव नहीं है।

गद्यकाव्य

यह आलोच्य युग की विकासशील धारा रही किन्तु छायावाद युग के ही अनेक ग्रन्थों का प्रकाशन इस काल में हुआ। कुछ मुख्य गद्य काव्य–वियोगी हरि कृत 'श्रद्धाकण' (1949), अज्ञेय कृत 'चिन्ता' (1941), तेजनारायण काक कृत 'निर्झर और पाषाण' (1943), माखन लाल चतुर्वेदी कृत 'साहित्य देवता' (1943), रघुवीर सिंह कृत 'शेष स्मृतियाँ' (1939), राजेन्द्र सिंह कृत 'मौन के स्वर' (1951) आदि हैं। इस युग में गद्यकाव्य का स्वर प्रेम और राष्ट्रीयता का रहा। ये रचनाएँ अत्यन्त प्रभावोत्पादक हैं। अतः संख्या में कम होने पर भी इन्हें गद्य साहित्य की

महत्त्वपूर्ण विधा मान सकते हैं। कुछ गद्य काव्य भावना-प्रधान हैं, कुछ बुद्धि और भावना का समन्वय है।

रिपोर्ताज

इस विधा में आँखों देखा और कानों सुना विवरण कलात्मक और प्रभावोत्पादक ढंग से सुनाया जाए कि पाठक का हृदय धड़क उठे। वह उसे कभी भूल न पाए तो उसे रिपोर्ताज कहते हैं। हिन्दी में शिवदान सिंह चौहान की रचना 'लक्ष्मीपुरा' (1938) से इसका आरम्भ हुआ। रांगेय राघव का रिपोर्ताज संकलन 'तूफानों के बीच' (1946) है। अश्क का 'रेखाएँ और चित्र' (1955), रामनारायण उपाध्याय के रिपोर्ताज 'अमीर और गरीब पुस्तकें' (1958) में संकलित हैं। शिवसागर मिश्र का 'वे लड़ेंगे हजार साल' (1966), भारती का 'युद्ध यात्रा' (1972), श्रीकान्त वर्मा का 'अपोलो का रथ' आदि श्रेष्ठ रिपोर्ताज संकलन हैं। जिनमें अकाल, बाढ़, भुखमरी, बीमारी, दुर्घटना का भावुक, अविस्मरणीय चित्रण हैं।

इंटरव्यू साहित्य

यह गद्य साहित्य की नव्यतम विधा है। व्यक्ति विशेष से मिलकर निश्चित प्रश्नमाला के आधार पर उसके व्यक्तित्व की प्रामाणिक जानकारी प्राप्त करना इंटरव्यू है। 'साक्षात्कार', 'भेंटवार्ता' आदि शब्द इसके पर्याय हैं। इसका आरम्भ बनारसीदास चतुर्वेदी ने किया-उन्होंने 'रत्नाकर जी से बातचीत' (1931), 'प्रेमचन्द जी के साथ दो दिन' (1932) वार्ता 'विशाल भारत' में प्रकाशित करवाई। डॉ. पद्मसिंह शर्मा 'कमलेश' जी की लोकप्रिय कृति 'मैं इनसे मिला' (1952) है। डॉ. रणवीर रांग्रा की 'सृजन की मनोभूमि' (1968) में शीर्षस्थ साहित्यकारों के सन्दर्भ में 21 भेंटवार्ताएँ संकलित हैं।

आधुनिक काल में इस विधा का बहुत प्रचलन है। अनेक पत्र-पत्रिकाओं, रेडियो, टेलीविजन के माध्यम से इंटरव्यू प्रकाशित, प्रसारित होते हैं।

अभिनन्दन एवं स्मृति-ग्रन्थ

छायावाद युग से चली आ रही इस परम्परा का इस युग में पर्याप्त विकास हुआ। आधुनिक काल में यह ज्यादा प्रचलित है। कुछ मुख्य ग्रन्थों का यहाँ उल्लेख करेंगे 'महाकवि निराला अभिनन्दन ग्रन्थ' (1953), 'महादेवी वर्मा अभिनन्दन ग्रन्थ' (1964), 'बाबू गुलाब राय स्मृति ग्रन्थ' 1970, 'रविशंकर शुक्ल अभिनन्दन ग्रन्थ' (1969) आदि स्वतंत्रता सेनानियों के, इतिहास पुरुषों, राष्ट्र नेताओं के भी अभिनन्दन ग्रन्थ अनेक हैं। सभी का उल्लेख सम्भव नहीं है।

पत्र–पत्रिकाएँ

भारतेन्दु के पूर्व से चली आ रही यह विधा छायावादोत्तर काल में चहुँमुखी विकास कर समृद्ध हो गई है। सभी के जीवन का अभिन्न अंग बन गई है। हर छोटे–बड़े शहर से कई पत्र–पत्रिकाएँ निकलती हैं। दैनिक, साप्ताहिक, मासिक के साथ बड़े शहरों से सुबह और शाम के पत्र भी निकलते हैं जिनका नामोल्लेख करना असम्भव है। और चूँकि सभी इन्हें इस तरह अपना चुके हैं कि इनके विकास की प्रामाणिकता सिद्ध करना आवश्यक भी नहीं लगता।

ज्ञानवर्धक साहित्य

स्वतंत्रता पूर्व से स्वतंत्रता प्राप्ति के बाद तक और अब तक यानी सन् 2003 तक हर विषय और हर क्षेत्र की हजारों पुस्तकें प्रकाशित हुई हैं और हो रही हैं। अत: पत्रकारिता की तरह इस साहित्य के विकास की प्रामाणिकता सिद्ध करने के लिए इनका नाम उल्लेख करना आवश्यक नहीं है। आधुनिक काल में यह साहित्य भरपूर वृद्धि कर रहा है।

साहित्येतिहास लेखन की दृष्टि से मूल्यांकन

छायावादोत्तर काल में मानसिक और भौतिक दोनों दृष्टियों से परिवर्तन हुए। गद्य साहित्य में प्रयोग और प्रगति की प्रवृत्तियों का उदय हुआ। हर विधा का भरपूर विकास हुआ। 1960 के बाद ठेठ आधुनिक प्रवृत्ति अपनाई गई। उपन्यास, कहानी, निबन्ध, नाटक, आलोचना सभी की दृष्टि आधुनिक ढंग से विकसित हुई। साहित्येतिहास लेखन की दृष्टि से यह क्रान्तिकारी युग है, जहाँ हर क्षेत्र में क्रान्ति हुई। पुराने मूल्य टूटे, नए मूल्यों का निर्माण वैसा नहीं हुआ जैसा होना चाहिए था। नई भाषा, नए मुहावरे, नए प्रतीक, नए बिम्ब, नए सन्दर्भ बढ़े। सपाटबयानी बढ़ी और वक्रता भी। इस काल का गद्य साहित्य जीवन की जटिलताओं को स्पष्ट करने में सक्षम है।

पद्य साहित्य

भारतेन्दु काल

इस काल के कवियों का काव्य संसार अत्यन्त व्यापक है। यह युग प्राचीन एवं नवीन के बीच खड़ा सन्धि युग है। अत: कवियों में प्राचीन का मोह और नवीन के प्रति आग्रह है। डॉ. गुप्त कहते हैं–''उनकी रचना प्रवृत्तियाँ एक ओर भक्तिकाल

और रीतिकाल से अनुबद्ध हैं तो दूसरी ओर समकालीन परिवेश के प्रति जागरूकता का भी उनमें अभाव नहीं है। प्रवृत्तिमूलक विश्लेषण के लिए उनके कर्तृत्व पर इन शीर्षकों के अन्तर्गत विचार करना उचित होगा–राष्ट्रीयता, सामाजिक चेतना, भक्ति भावना, शृंगारिक प्रकृति चित्रण, हास्य–व्यंग्य, रीति निरूपण, समस्यापूर्ति, काव्यानुवाद, कलापक्ष।''[29] इस काल के लगभग सभी कवियों में राष्ट्रीयता और भक्तिभावना थी। बाकी बिन्दुओं में कोई शृंगारिक था, कोई प्रकृति प्रेमी। इस युग में कवियों ने मुख्यतः मुक्तक काव्य और पद शैली में रचनाएँ कीं। पारम्परिक छन्द योजना भी सभी के काव्य में पाई जाती है। ब्रजभाषा और खड़ी बोली में काव्य रचना हुई। खड़ी बोली के प्रति आग्रह बढ़ा तो था पर यह प्रतिनिधि काव्य भाषा नहीं बन सकी। इस युग के प्रमुख कवियों पर दृष्टि डालेंगे जिन्होंने विविध प्रवृत्तियों को अपनाया।

भारतेन्दु हरिश्चन्द्र

युग निर्माता भारतेन्दु ने खड़ी बोली और ब्रजभाषा दोनों में ही रचनाएँ कीं। कुछ कविताएँ उर्दू शैली की हैं। खड़ी बोली को प्रतिष्ठित करने में इनका सर्वाधिक योगदान है। इन्होंने राष्ट्रीयता, प्रकृति प्रेम, सामाजिक चेतना आदि विविध प्रकृति की रचनाएँ कीं। इनकी सत्तर (70) काव्य कृत्तियाँ हैं जो सरल, सरस, मर्मस्पर्शी शैली में लिखी गई हैं। 'प्रेम सरोवर', 'प्रेम मालिका', 'वर्षा विनोद' आदि उनकी अनेक श्रेष्ठ काव्य रचनाएँ हैं। इस युग के दूसरे कपि बदरीनारायण चौधरी 'प्रेमघन' हैं। 'अब्र' नाम से इन्होंने उर्दू में कुछ कविताएँ लिखीं। 'जीर्ण जनपद', 'आनन्द अरुणोदय', 'हार्दिक हर्षादर्श', 'मयंक महिमा' आदि इनकी श्रेष्ठ काव्य कृतियाँ हैं। राष्ट्रीयता, सामाजिक दशा इनके काव्य की मुख्य अभिव्यक्ति थी। इन्होंने मुख्यतः ब्रजभाषा में काव्य रचना की। प्रतापनारायण मिश्र इस युग के श्रेष्ठ कवियों में से हैं। 'प्रेमपुष्पावली', 'मन की लहर', 'लोकोक्ति शतक', 'शृंगार विलास' इनकी श्रेष्ठ काव्य कृतियाँ हैं। इन्होंने राष्ट्रप्रेम, राजनीतिक चेतना, प्रेम एवं भक्तिपरक रचनाएँ कीं। काव्य रचना में आप ब्रजभाषा और लावनी शैली का प्रयोग करते थे। ठाकुर जगमोहन सिंह शृंगार वर्णन और प्रकृति सौन्दर्य के कवि थे। 'प्रेमसम्पत्तिलता', 'श्यामालता', 'श्यामा सरोजिनी', 'देवयानी' इनकी मुख्य काव्य–कृतियाँ हैं। ब्रजभाषा को ही आप काव्य–रचना का माध्यम बनाते थे। अम्बिकादत्त व्यास भक्ति, शृंगार, राष्ट्रीयता के कवि थे। 'पावस पचासा', 'हो हो होरी' आपकी श्रेष्ठ रचनाएँ हैं। आप ब्रजभाषा में ही काव्य रचना करते थे। समस्यापूर्तियाँ जो व्यास जी ने लिखीं वे भी उपलब्ध हैं। राधाकृष्ण दास–भक्ति, शृंगार चेतना के कवि थे। 'भारत बारहमासा' और 'देश दशा' आपकी श्रेष्ठ रचनाएँ हैं। इन्होंने कुछ कुंडलियाँ भी लिखीं। ब्रजभाषा,

खड़ी बोली दोनों ही आपकी काव्य रचना का माध्यम थीं। इस काल के अन्य कवियों में जगन्नाथ दास 'रत्नाकर', नवनीत चतुर्वेदी, दिवाकर भट्ट, गोविन्द गिल्लाभाई आदि हैं।

मूल्यांकन

साहित्येतिहास लेखन की दृष्टि से मूल्यांकन किया जाए तो यह काल हिन्दी साहित्य के विशाल आलीशन महल की नींव है। इस काल के कवि केवल भक्ति और श्रृंगार में ही नहीं बल्कि राष्ट्रीय चेतना जगाने का कार्य उन्होंने प्रारम्भ कर दिया था। भारतेन्दु इसके अगुआ थे। उन्होंने खड़ी बोली को प्रतिष्ठित करने का कार्य प्रारम्भ कर दिया था। कवियों ने ब्रजभाषा के अलावा खड़ी बोली में काव्य रचना की। राष्ट्रभक्ति, समाजसुधार, प्रकृति–प्रेम, श्रृंगार सभी विषयों पर काव्य रचना प्रारम्भ हो गई। अतः यह अत्यन्त महत्त्वपूर्ण प्रयास था भारतेन्दु का, उन्होंने राष्ट्र के और भाषा तथा साहित्य के विकास के लिए जो कार्य प्रारम्भ किया था उसे परवर्ती काल के कवियों ने आगे बढ़ाया।

द्विवेदी युग

1900 ई. में महावीर प्रसाद द्विवेदी 'सरस्वती' पत्रिका के सम्पादक बने। उन्हीं के नाम पर इस काल का नाम रखा गया। 'खड़ी बोली' को पद्य की भाषा के रूप में स्वीकार किया गया। हिन्दी काव्य श्रृंगारिकता से राष्ट्रप्रेम, जड़ता से प्रगति की ओर, रूढ़ि व परम्परा से निकलकर स्वच्छन्दता की ओर चला। अनेक कवि 'खड़ी बोली' के कवि के रूप में सामने आए। इस काल की मुख्य प्रवृत्तियाँ–राष्ट्रीयता, मानवता, नीति और आदर्श, हास्य–व्यंग्य काव्य, वर्ण्य विषयों का विस्तार, प्रबन्ध प्रगति, मुक्तक आदि सभी काव्य रूपों का प्रयोग, 'भाषा परिवर्तन' अर्थात् 'ब्रजभाषा के स्थान पर खड़ी बोली' सभी प्रकार के छन्दों में काव्य रचना आदि हैं। द्विवेदी जी ने 'कवि कर्तव्य' निबन्ध में लिखा–''चींटी से लेकर हाथी पर्यन्त पशु, भिक्षुक से लेकर राजा पर्यन्त मनुष्य, बिन्दु से लेकर समुद्र पर्यन्त जल, अनन्त आकाश, अनन्त पृथ्वी, अनन्त पर्वत–सभी पर कविता हो सकती है।''[30] इस तरह द्विवेदी युग में उस महल के लिए दीवारें बनना प्रारम्भ हुईं जिसकी नींव भारतेन्दु युग में पड़ी थी।

इस काल के मुख्य कवियों में नाथूराम शर्मा 'शंकर' हैं। प्रारम्भ में ब्रजभाषा किन्तु बाद में खड़ी बोली के कवि हुए। वे छन्द शास्त्र के ज्ञाता थे। इनकी रचनाएँ– 'साहित्य सुधाकर', 'कविता–कामिनी कान्त' श्रेष्ठ हैं। आपने समाज–दशा, सामाजिक चेतना, देशप्रेम की कविताएँ लिखीं। महावीर प्रसाद द्विवेदी युग निर्माता साहित्यकार हैं। इन्होंने हर विधा में रचनाएँ कीं। 'गंगा लहरी', 'सुमन', 'काव्य मंजूषा' आदि

श्रेष्ठ रचनाएँ हैं। श्रीधर पाठक की 'बाल विधवा', 'भारतोत्थान', 'भारत प्रशंसा' श्रेष्ठ रचनाएँ हैं। 'देहरादून', 'भारत गीत' इनकी मौलिक रचनाएँ हैं। ये खड़ी बोली के साथ ब्रजभाषा का भी प्रयोग करते हैं। हरिऔध कृत 'प्रियप्रवास', 'रसकलस', 'वैदही वनवास', राय देवीप्रसाद पूर्ण कृत 'स्वदेशी कुंडल', 'बसन्त वियोग', मृत्युंजय', रामचरित उपाध्याय कृत 'विचित्र विवाह', 'देवसभा', 'देवदूत' आदि, गयाप्रसाद शुक्ल 'सनेही' कृत 'कृषक क्रन्दन', 'प्रेमपचीसी', 'राष्ट्रीय वीणा', मैथिलीशरण गुप्त कृत 'रंग में भंग', 'भारत भारती' आदि उल्लेखनीय कृतियाँ हैं। रामनरेश त्रिपाठी कृत 'स्वप्न', 'मिलन', 'पथिक', 'मानसी' आदि श्रेष्ठ रचनाएँ हैं। इस काल में जहाँ खड़ी बोली में कविताएँ लिखी गईं वहीं ब्रजभाषा काव्य भी लिखा गया। सैकड़ों कवियों की हजारों रचनाओं का उल्लेख न यहाँ सम्भव है, न आवश्यक।

मूल्यांकन

द्विवेदी युग के काव्य का साहित्येतिहास लेखन की दृष्टि से मूल्यांकन करें तो पाएँगे कि यह राष्ट्रीय-सांस्कृतिक काव्य है। खड़ी बोली काव्य की मुख्य भाषा बनी। मानवतावाद, राष्ट्रभक्ति, चेतना, नवजागरण की प्रतिष्ठा हुई। सभी विषयों पर छन्द के हर प्रकार और काव्य के हर रूप में काव्य रचना हुई। चूँकि विकास का पहला चरण था, भाषा और साहित्य अपरिमार्जित, अपरिष्कृत थे, अतः साहित्य में गहराई भले ही न हो किन्तु यह काल महत्त्वपूर्ण है। संस्कृति, संस्कार, भाषा, नवजागरण, चेतना आदि की दृष्टि से यह अमूल्य है।

छायावाद

इस काल में भारतीय अपनी स्वतंत्रता के लिए अंग्रेजों से संघर्ष कर रहे थे। अन्याय, शोषण, आतंक, रूढ़ि आदि से जकड़े भारतीयों को 'नवीन' जैसे कवियों ने अपनी रचनाओं से जोश दिलाया–

ओ भिखमंगे, अरे पराजित, ओ मजलूम, अरे चिरदोहित।
तू अखंड भंडार शक्ति का, जाग अरे निद्रा सम्मोहित॥

नवीन जी राष्ट्रीय धारा के कवि हैं। इनके काव्य-संग्रह-'अपलक', 'रश्मिरेखा', 'कुंकुम' आदि हैं। राष्ट्रीय धारा के अन्य कवि हैं–सुभद्राकुमारी चौहान जिनके काव्य-संग्रह 'त्रिधारा' और 'मुकुल' हैं। सियारामशरण गुप्त कृत 'मौर्य विजय', 'अनाथ', 'दूर्वादल' आदि, माखनलाल चतुर्वेदी कृत 'हिमकिरीटिनी' और 'हिमतरंगिणी', रामनरेश त्रिपाठी कृत 'मानसी' इत्यादि, दिनकर कृत 'रेणुका' प्रमुख कृतियाँ हैं। 'छायावाद में अमूर्त के प्रति प्रणय निवेदन को रहस्यवाद माना है। 'दिनेश जी' कहते हैं–'छायावाद ऐसी कविता है जिसके भावपक्ष में व्यक्तिवाद,

अतृप्त प्रेम, निराशा और वेदना, प्रकृति का मानवीकरण और उसके साथ तादात्म्य की भावना, सूक्ष्म भावों की अभिव्यक्ति, जिज्ञासात्मक रहस्य भावना आदि बातें मिलती हैं। भाव पक्ष की इस नवीनता के कारण कला पक्ष में नवीन छन्द विधान, नवीन अलंकार विधान, लाक्षणिक शब्दावली और प्रतीकों का प्रयोग होता है।''[31] छायावाद में नवजागरण, स्वतंत्रता के स्वर हैं। इसमें खड़ी बोली अधिक सूक्ष्म चित्रात्मक और वक्र बनी। छायावादी कवियों ने प्रणय की अनुभूति के साथ आशा, आकुलता, आवेग, तल्लीनता, निराशा, पीड़ा, अतृप्ति, स्मृति, विषाद व्यक्त किया। इसमें प्रकृति और प्रेम का सौन्दर्य व्यक्त होता है। काव्य रूपों के लिए छायावादी काव्य बहुत समृद्ध है। इसके मुख्य कवियों में 'प्रसाद' हैं जिनकी रचनाएँ–'उर्वशी', 'वनमिलन', 'प्रेमराज्य', 'झरना', 'आँसू', 'लहर', 'कामायनी' हैं। निराला की रचनाओं में 'अनामिका', 'परमल', 'गीतिका' आदि हैं। ये श्रेष्ठ छायावादी कवि हैं। पन्त छायावाद के एक स्तम्भ हैं। इनकी श्रेष्ठ रचनाएँ–'उच्छ्वास', 'पल्लव', 'गुंजन', 'वीणा' आदि हैं। महादेवी की श्रेष्ठ रचनाओं में–'नीहार', 'रश्मि', 'नीरजा', 'यामा' और 'सान्ध्यगीत' हैं। छायावाद के अन्य कवियों में रामकुमार वर्मा, उदयशंकर भट्ट आदि हैं। इस युग में उपर्युक्त कवियों ने पीड़ा और सौन्दर्य का काव्य रचा तो प्रेम और मस्ती से भरे काव्यों में बच्चन की 'मधुशाला' है। गोपाल सिंह नेपाली, अंचल, नरेन्द्र शर्मा, हरिकृष्ण प्रेमी आदि की कविताएँ उल्लेखीय हैं। हास्य व्यंग्य के काव्य में–बेढब बनारसी, उग्र, कान्तानाथ पांडेय 'चोंच', शिवरत्न शुक्ल आदि के काव्य हैं। चोंच का 'चोंच चालीसा', शुक्ल का 'परिहास प्रमोद' श्रेष्ठ रचनाएँ हैं। हरिऔध कृत–'चोखे चौपदे' उल्लेखनीय है। इस युग में ब्रजभाषा में रचनेवाले कवियों में राय कृष्णदास, वियोगी हरि, रामचन्द्र शुक्ल, दुलारेलाल भार्गव, रामनाथ ज्योतिषी हैं। ज्योतिषी जी की 'रामचन्द्रोदय काव्य', रायकृष्णदास का 'ब्रजरज' आदि श्रेष्ठ हैं।

मूल्यांकन

साहित्येतिहास लेखन की दृष्टि से मूल्यांकन किया जाए तो इस युग में काव्य अपने विकास की चरम सीमा पर पहुँच गया। राष्ट्रीय, भक्ति, प्रेम, प्रकृति, नायिका सौन्दर्य, करुणा, पीड़ा आदि विविध भावों और विविध विषयों के काव्य रचे गए। पन्त, प्रसाद, महादेवी छायावाद के चारों स्तम्भों ने इस युग को अभूतपूर्व गरिमा प्रदान की। पद्य साहित्य का यह काल इतिहास-लेखन की दृष्टि से स्वर्णकाल है, जिसमें स्वतंत्रता है तो नीति, आदर्श और मर्यादा हैं। गरिमामय प्रेम है। मानवता है। प्रकृति सौन्दर्य है। भाषा के रूप में खड़ी बोली का राजसी आसन है। अतः इस युग में पद्य साहित्य गौरव और गरिमा के शिखर पर बैठा।

छायावादोत्तर युग

इस युग में काव्य की अनेक प्रवृत्तियाँ दिखाई देती हैं। राष्ट्रीय, सांस्कृतिक कविता पुरानी प्रवृत्तियाँ हैं किन्तु वैयक्तिक गीतिकाव्य, प्रगतिवाद, प्रयोगवाद, नई कविता ये नई प्रवृत्तियाँ हैं।

क्रमागत छायावाद को 'उत्तर-छायावाद' का नाम दिया गया है। प्रगतिवादी और वैयक्तिक धारा की कविताएँ 1935 ई. के आसपास प्रारम्भ हुईं किन्तु इनके साथ-साथ कुछ विशिष्ट रचनाएँ भी आईं। इन्हें प्रयोगवादी कहा गया। इनका आरम्भ 1943 के आसपास हुआ, जैसे-'तार सप्तक', 'इत्यलम्', 'हरीघास पर क्षण भर' (अज्ञेय), 'ठंडा लोहा' (भारती), 'नाश और निर्माण' (माथुर), दूसरा सप्तक। प्रयोगवाद ने आगे चलकर नई कविता का रूप धारण कर लिया। नई कविता के स्वतंत्र विकास के बाद भी उसमें प्रयोगवाद के तत्त्व पाए जाते हैं। बहुत से कवि दोनों धाराओं में लिखते हैं। अत: कह सकते हैं कि 1950 के बाद नए भावबोध की जो कविताएँ लिखी गईं, उन्हें नई कविता कहा गया। छायावाद युग के स्तम्भ कवि निराला, महादेवी, पन्त, जानकीवल्लभ शास्त्री आदि इस युग में, जिसे उत्तर-छायावाद नाम दिया गया है, में भी लेखनी चलाते रहे। व्यक्तिवादी गीतिकाव्य में बच्चन, नरेन्द्र शर्मा, अंचल, भगवतीचरण वर्मा, गोपाल सिंह नेपाली आदि लिखते रहे। नेपाली के गीतों में 'पंछी', 'उमंग', 'रागिनी' आदि प्रमुख हैं। राष्ट्रीय-सांस्कृतिक कविता में पूर्व की तरह मैथिलीशरण गुप्त, चतुर्वेदी, नवीन, दिनकर, सियारामशरण गुप्त, श्यामनारायण पांडे, उदयशंकर भट्ट आदि लेखनी चलाते रहे। भट्ट की रचनाओं में 'विसर्जन', 'मानसी', 'एकला चलो रे' आदि मुख्य हैं। प्रगतिवादी कवियों में केदारनाथ अग्रवाल-'वसन्ती हवा', 'माझी न बजाओ वंशी' आदि, रामविलास शर्मा, नागार्जुन-'पाषाणी', 'चन्दना', 'रवीन्द्र के प्रति' आदि। रांगेय राघव कृत 'मेधावी', 'पांचाली' आदि प्रबन्धात्मक कृतियाँ हैं। सुमन जी, त्रिलोचन जी आदि प्रगतिवादी कवि कहलाए। प्रयोगवादी और नई कविता के अन्य कवियों में भवानी प्रसाद मिश्र, मुक्ति बोध, शमशेर बहादुर सिंह आदि हैं। कुछ विशिष्ट प्रबन्ध काव्य रचे गए, जैसे-गुप्त का-'जयभारत', 'विष्णुप्रिया', दिनकर की-'रश्मिरथी', 'कुरुक्षेत्र', पन्त की-'लोकायतन', भारती की-'कनुप्रिया', कुँवरनारायण की-'आत्मजयी', नरेश मेहता की-'संशय की एक रात', डॉ. विनय की-'एक पुरुष' आदि। कुछ विशिष्ट युद्ध प्रबन्ध काव्य भी लिखे गए, जैसे-सियारामशरण गुप्त का-'उन्मुक्त', मोहनलाल महतो वियोगी का 'आर्यावर्त' दिनकर का-'कुरुक्षेत्र' आदि। नए गीतों की इस विधा के अन्तर्गत अज्ञेय के 'हरी घास पर क्षण भर', माथुर के 'धूप के गान', रामदरश मिश्र का-'पक गई है धूप', सर्वेश्वर दयाल सक्सेना-'काठ की घंटियाँ' आदि रचे गए हैं। आज की कविता को अकविता, अतिकविता

आदि कई नाम दिए गए हैं। नई कविता के युवा कवियों में धूमिल, लीलाधर जगूड़ी, विष्णुचन्द्र शर्मा, ऋतुराज आदि हैं। हास्य-व्यंग्य की कविता में निराला की-'कुकुरमुत्ता' लोकप्रिय हुई। इसके अलावा नागार्जुन, त्रिलोचन, बेढब बनारसी, गोपाल प्रसाद व्यास आदि अनेक कवियों ने इस विषय पर लिखा। ब्रजभाषा काव्य बहुत कम लिखा गया-डॉ. रसाल का 'रसाल-मंजरी', रत्नाकार का 'उद्धव शतक', हृषीकेश चतुर्वेदी का 'रामकृष्ण काव्य', सेवकेन्द्र त्रिपाठी का 'ब्रजवर्तिका' अखिलेश त्रिवेदी कृत'गंगालहरी' आदि श्रेष्ठ ब्रजभाषा काव्य हैं।

मूल्यांकन

छायावादोत्तर काव्य की प्रवृत्तियाँ विकास के चरम पर पहुँचीं और हर प्रवृत्ति से सम्बद्ध कवि ने अपनी सामर्थ्य के अनुसार श्रेष्ठ रचनाएँ दीं। राष्ट्रीय और छायावाद के कवियों के अतिरिक्त नई कविता और प्रयोगवाद के अन्तर्गत हमें अज्ञेय और मुक्तिबोध आकर्षित करते हैं। यह युग काव्य की समृद्धि का युग है किन्तु छायावाद युग के जीवनानुभवों में इस युग में आकर कोई नवीनता नहीं आई। वैयक्तिक गीतिकाव्य भी नया विचित्र अनुभव लेकर नहीं आया। प्रगतिवाद, प्रयोगवाद और नई कविता ने सामाजिक यथार्थ को ही काव्य का सौन्दर्य और सत्य मानकर रचना की। अलग से प्रयोगवाद का काल बहुत छोटा है। अत: साहित्येतिहास लेखन की दृष्टि से मूल्यांकन करें तो छायावादोत्तर काल में विस्तार है, गहराई और नवीनता ज्यादा नहीं है। प्रयोगवाद और नई कविता के सामाजिक यथार्थवादी स्वर को ही नवीन सामग्री कहा जा सकता है।

सन्दर्भ ग्रन्थ

1. बच्चन सिंह, हिन्दी साहित्य का दूसरा इतिहास, पृ. 295
2. बच्चन सिंह, हिन्दी साहित्य का इतिहास, सं. डॉ. नगेन्द्र, पृ. 437
3. राजेन्द्र सिंह गौड़, हिन्दी भाषा और साहित्य का विकास, पृ. 210
4. डॉ. रामगोपाल शर्मा 'दिनेश', हिन्दी साहित्य का आदर्श इतिहास, पृ. 90-93
5. सं. डॉ. नगेन्द्र, हिन्दी साहित्य का इतिहास, पृ. 478
6. शिवदान सिंह चौहान, हिन्दी साहित्य के अस्सी वर्ष, पृ. 163-64
7. वही, पृ. 167
8. आचार्य रामचन्द्र शुक्ल, हिन्दी साहित्य का इतिहास, पृ. 446
9. शिवदान सिंह चौहान, हिन्दी साहित्य केअस्सी वर्ष, पृ. 138
10. वही, पृ. 139
11. सं. धीरेन्द्र वर्मा, हिन्दी साहित्य तृतीय खंड, पृ. 348
12. सं. डॉ. नगेन्द्र, हिन्दी साहित्य का इतिहास, पृ. 482

13. शिवदान सिंह चौहान, हिन्दी साहित्य के अस्सी वर्ष, पृ. 198
14. सं. डॉ. नगेन्द्र, हिन्दी साहित्य का इतिहास, पृ. 485
15. वही, पृ. 487
16. वही पृ. 488
17. डॉ. गोपाल राय, हिन्दी साहित्य का इतिहास, पृ. 519
18. वही, पृ. 521
19. वही, पृ. 523
20. बच्चन सिंह, हिन्दी साहित्य का दूसरा इतिहास, पृ. 344
21. डॉ. गोपाल राय, हिन्दी साहित्य का इतिहास–नगेन्द्र, पृ. 525–26
22. राजेन्द्र सिंह गौड़, हिन्दी भाषा और साहित्य का विकास, पृ. 237–39
23. बच्चन सिंह, हिन्दी साहित्य का दूसरा इतिहास, सं. डॉ. नगेन्द्र पृ. 353
24. राजेन्द्र सिंह गौड़, हिन्दी भाषा और साहित्य का विकास, पृ. 271
25. डॉ. गणपति चन्द्र गुप्त, हिन्दी साहित्य का विकास, पृ. 226
26. बच्चन सिंह, हिन्दी साहित्य का इतिहास, सं. डॉ. नगेन्द्र, पृ. 665
27. रामस्वरूप चतुर्वेदी, हिन्दी साहित्य और संवेदना का विकास, पृ. 209
28. बच्चन सिंह, हिन्दी साहित्य का इतिहास, सं. डॉ. नगेन्द्र, पृ. 720
29. डॉ. सुरेश चन्द्र गुप्त, हिन्दी साहित्य का इतिहास, नगेन्द्र, पृ. 460
30. वही, पृ. 501
31. डॉ. रामगोपाल शर्मा दिनेश, हिन्दी साहित्य का आदर्श इतिहास, पृ. 167

आधुनिक हिन्दी साहित्य में समीक्षा की अधुनातन पद्धतियाँ और साहित्येतिहास लेखन में उनकी मूल्यगत प्रविष्टि की आवश्यकता

किसी भी भाषा के सम्पूर्ण साहित्य का विवरण या लेखा-जोखा उसके समालोचना साहित्य में मिल जाता है। स्वातंत्र्योत्तर हिन्दी साहित्य की विविध विधाओं का चहुँमुखी विकास हुआ तो यह बड़ी स्वाभाविक प्रक्रिया है, लोग इनके अच्छा-बुरा होने की बात कहें, प्रतिक्रिया व्यक्त करें। इस तरह हिन्दी साहित्य के विकास के साथ-साथ आलोचना साहित्य का भी विकास होता गया। वयोवृद्ध आलोचक बाबू गुलाबराय ने कहा था कि साहित्य जब स्वयं आत्मचिन्तन करने लगता है तभी आलोचना का जन्म होता है। जिस मधुर भाषा में लक्ष्य ग्रन्थों का हिन्दी में सृजन हो रहा है उसको देखते हुए यह आवश्यकता प्रतीत होती है कि साहित्य का मूल्यांकन कर उसकी गतिविधि निश्चित करने के लिए आलोचना साहित्य का विकास हो। गुलाबराय जी की यह इच्छा पूरी हो चुकी है। आलोचना साहित्य निरन्तर विकास के मार्ग पर चलता हुआ अपनी पहचान अलग बना चुका है।

आलोचना साहित्य के आविर्भाव के सम्बन्ध में गुप्त जी कहते हैं–''आधुनिक हिन्दी साहित्य के जन्मदाता एवं पोषक विराट् साहित्यकार भारतेन्दु हरिश्चन्द्र ने हिन्दी साहित्य के सभी उपेक्षित अंगों का विकास किया था। अत: आलोचना साहित्य भी उनके युग परिवर्तनकारी करों के स्पर्श से वंचित कैसे रह सकता था? यदि संस्कृत के प्रथम आचार्य भरत मुनि ने नाट्य शास्त्र लिखा, तो आधुनिक हिन्दी के जनक बाबू भारतेन्दु हरिश्चन्द्र ने नाटक की रचना की।''[1] आधुनिक काल में आलोचना साहित्य का विकास तीव्र गति से हुआ। भारतेन्दु युग से ही पत्र-पत्रिकाओं के माध्यम से आलोचनाएँ प्रकाशित होने लगी थीं। बाद में पुस्तकों के रूप में आलोचनाएँ होने लगीं। चौहान जी कहते हैं–''भारत की प्राचीन सांस्कृतिक परम्परा तथा राष्ट्रीय जागरण की व्यापक चेतना प्रेरणाओं से अपना अन्त:संस्कार करते हुए हिन्दी साहित्य की विशिष्ट विकास-स्थितियों में समानान्तर हिन्दी आलोचना ने भी

प्रगति की है। इन विकास स्थितियों के अनुरूप ही हिन्दी-आलोचना में भी नई-नई उद्भावनाएँ होती रही हैं, साहित्य को नई स्फूर्ति, गति और दिशा देने में योग या बाधा देती आई हैं। साधारण विद्यार्थी के लिए भी यह सर्वथा अनुमेय होना चाहिए कि आलोचना यदि साहित्य या कला की होती है तो पहले साहित्य या कला का इतना विकास और निर्माण हो जाना चाहिए कि वह आलोच्य हो सके।''[2] आगे कहते हैं–''व्यापक अर्थों में आलोचना मनुष्य की आत्म-चेतना है–साहित्य और कला के रूप में निर्माण की हुई अपनी अर्थवान रचना के सुन्दर-असुन्दर, शुभ-अशुभ, सत्य-असत्य पक्षों में प्रति जागृत् हुई चेतना है। इसके परिणामस्वरूप ही मूल्य निरूपण के मानदंड और सिद्धान्त बनते हैं। ये मानदंड और सिद्धान्त बदलते जाते हैं, जिस प्रकार देशकाल की विशिष्ट परिस्थितियों से व्यापक प्रभाव ग्रहण करके साहित्य और कला की प्रवृत्तियाँ बदलती जाती हैं और इस प्रकार समग्र अन्तर्बाह्य जीवन के सत्य या वास्तविकता का मूर्त छवियों की भाषा में युगानुकूल आकलन करती जाती हैं।''[3] साहित्यालोचन एक समृद्ध भारतीय परम्परा है। जब आचार्य द्विवेदी के काल में हिन्दी आलोचना का पदार्पण हुआ तो हिन्दी आलोचकों को रस-अलंकार के गुण-दोष दिखाकर रचना को अच्छा-बुरा सिद्ध करनेवाली प्रचलित रीतिवादी पद्धति विरासत में मिली। आचार्य द्विवेदी ने काव्य ग्रन्थों की समीक्षा के साथ अपने विभिन्न लेखों और टिप्पणियों में साहित्य की नई प्रवृत्तियों और नई पुस्तकों पर भावपूर्ण समीक्षाएँ लिखीं। उस काल के बहुत से आलोचकों ने तुलनात्मक आलोचना प्रस्तुत की। धीरे-धीरे गद्य-पद्य साहित्य की विविध विधाओं का विकास होता गया और इन पर मनन-चिन्तन करनेवाले समीक्षकों ने अनेक प्रकार से अपने मत प्रस्तुत किए।

समीक्षा की अधुनातन पद्धतियाँ

हिन्दी साहित्य की समीक्षा हर समीक्षक ने अपने-अपने विचार और दृष्टिकोण से की है। विषय, शैली, भाव, भाषा आदि अनेक प्रकार के बिन्दुओं को ध्यान में रखकर कोई सिद्धान्त की कसौटी पर, तो कोई व्यावहारिक दृष्टि से गुण-दोषों की परीक्षा करता है। अतः समीक्षा के कई प्रकार निर्धारित कर दिए गए हैं। गुप्त जी के अनुसार–''विभिन्न दृष्टिकोणों, प्रयोजनों एवं पद्धतियों की दृष्टि से आलोचना के मूलतः दो भेद किए जा सकते हैं–1. साहित्यिक समीक्षा, 2. वैज्ञानिक समीक्षा। साहित्यिक समीक्षा में समीक्षक का लक्ष्य व्यक्तिगत (Subjective) दृष्टि से कृति के सम्बन्ध में निजी अनुभूतियों, धारणाओं एवं मूल्यों को कलात्मक शैली में प्रस्तुत करने का होता है, जबकि वैज्ञानिक समीक्षा में वस्तुगत (Subjective) दृष्टि से कृति का प्रामाणिक विवेचन-विश्लेषण करते हुए उसके सम्बन्ध में सुनिश्चित एवं

सन्तुलित निर्णय देने का होता है। वैज्ञानिक समीक्षा में शैली या पद्धति भी भावात्मक न होकर विचारात्मक होती है। वस्तुतः साहित्यिक समीक्षा जहाँ कला या साहित्य की कोटि में आती है, वहाँ वैज्ञानिक समीक्षा विज्ञान या अनुसन्धान की श्रेणी में रखी जा सकती है। इनमें से भी प्रत्येक के तीन-तीन उपभेद होते हैं—ऐतिहासिक, सैद्धान्तिक और व्यावहारिक। ऐतिहासिक में जहाँ इतिहास के उद्भव और विकास की व्याख्या की जाती है, वहाँ सैद्धान्तिक में सिद्धान्तों एवं मूल्यों की स्थापना की जाती है। व्यावहारिक समीक्षा में पूर्व निश्चित सिद्धान्तों के आधार पर कृति का विवेचन एवं मूल्यांकन प्रस्तुत किया जाता है। समीक्षक के द्वारा प्रयुक्त दृष्टिकोण के आधार पर इन सबके तीन-तीन उपभेद और किए जा सकते हैं—1. शास्त्रीय, 2. मनोविश्लेषणात्मक, 3. समाजवादी। इनमें क्रमशः परम्परागत साहित्य शास्त्र, आधुनिक मनोविज्ञान एवं विश्लेषण, समाजवादी या प्रगतिवादी दृष्टिकोण को अपनाया जाता है। इसी प्रकार समीक्षा के दो निम्न स्तरीय भेद और भी हैं—1. भावाभिव्यंजक, 2. पत्रकारक। वस्तुतः ये दोनों भेद शुद्ध समीक्षा के अन्तर्गत नहीं आते, अतः इन्हें समीक्षाभास ही मानना चाहिए।''[4] इस तरह गुप्त जी ने समीक्षा के दो भेद और दोनों के तीन-तीन उपभेद बताए हैं। कुछ अन्य लेखकों ने समीक्षा की और भी पद्धतियाँ निर्धारित की हैं, जैसे—राजेन्द्र सिंह गौड़ ने तुलनात्मक और व्याख्यात्मक समीक्षा पद्धति की चर्चा की है। वे कहते हैं—''आलोचना का विकास वर्तमान युग की प्रमुख विशेषता है। प्रथम महायुद्ध के पूर्व इसका क्षेत्र सर्वप्रथम आचार्य शुक्ल जी ने तैयार किया था। उन्होंने मिश्रबन्धुओं और पद्मसिंह शर्मा द्वारा प्रचारित तुलनात्मक आलोचना को अवैज्ञानिक ठहराकर उसके स्थान पर वैज्ञानिक दृष्टिकोण से कवियों के मत आदि की, उनके ऐतिहासिक, सामाजिक, धार्मिक, आर्थिक आदि पृष्ठभूमियों के अनुसार उदारता और सहानुभूतिपूर्वक आलोचना की थी। इस ऐतिहासिक पद्धति का उनके समय में बहुत प्रचार हुआ। प्रथम महायुद्ध के पश्चात् जब हिन्दी काव्य में निराला, प्रसाद, पन्त और महादेवी का प्रवेश हुआ और उन्होंने अपने काव्यगत छायावादी-रहस्यवादी दृष्टिकोण को स्पष्ट करने के लिए अपनी रचनाओं की भूमिका में विचार व्यक्त किए तब शुक्ल जी द्वारा प्रतिपादित काव्यगत सामाजिक मर्यादा और नैतिकता की प्रतिक्रिया के रूप में एक नई प्रकार की समालोचना पद्धति का जन्म हुआ, जिसे व्याख्यात्मक समालोचना कहते हैं। इस पद्धति के अनुसार कवि की आन्तरिक संवेदना, भावाभिव्यक्ति, कल्पना सौन्दर्य, अनुभूति, व्यक्तित्व, लाक्षणिकता और ध्वन्यात्मकता की आलोचना की जाती है। व्याख्यात्मक समालोचना के साथ ही एक प्रकार की मनोवैज्ञानिक आलोचना भी हमें इस युग में मिलती है।''[5] गौड़ जी मनोवैज्ञानिक आलोचना के सम्बन्ध में जानकारी देते हुए आलोचना के विकास की प्रक्रिया को भी दर्शाते हैं और इसी बहाने आलोचना के प्रकारों पर

प्रकाश भी डालते हैं। वे कहते हैं–''हिन्दी में इसका (मनोवैज्ञानिक आलोचना) सूत्रपात फॉयड के मनोविश्लेषण–सिद्धान्त के आधार पर हुआ है। फ्रायड ने मनोवैज्ञानिक अध्ययन के सहारे यह प्रतिपादित किया है कि साहित्य अतृप्त वासनाओं की तृप्ति का साधन है। उनका कहना है कि संयम और सामाजिक बन्धनों के कारण मानव की जो अनेक प्रवृत्तियाँ अतृप्त रह जाती हैं वे जब अपनी अभिव्यक्ति के लिए छटपटा उठती हैं तभी साहित्य का जन्म होता है। उनके इस मत के अनुसार मनोवैज्ञानिक आलोचक को कवि के वैयक्तिक स्वभाव और उसकी आन्तरिक एवं निजी जीवन की अनुभूतियों में उसकी कृति का मूल खोजना पड़ता है। हिन्दी आलोचना साहित्य में इस प्रकार के आलोचक भी मिलते हैं।''[6] प्रगतिवादी आलोचना के सम्बन्ध में गौड़ जी के विचार हैं–''द्वितीय महायुद्ध के समय से हिन्दी में एक नवीन प्रकार की आलोचना पद्धति का विकास हो रहा है। इस आलोचना पद्धति को प्रगतिवादी आलोचना कहते हैं। इस आलोचना का आधार समाजवादी यथार्थवाद है। इसका जन्म रूस में हुआ और इसके आदि प्रवर्तक मैक्सिम गोर्की माने जाते हैं। मार्क्सवाद 'द्वन्द्वात्मक भौतिकवाद' पर आश्रित है। वह वस्तु–जगत, वर्ग–संघर्ष और आर्थिक दृष्टि से उत्पादन एवं वितरण के साधनों पर बल देता है। धर्म, ईश्वर, आत्मा, भाग्य, पुनर्जन्म में उसका विश्वास नहीं है। सामन्तवाद और पूँजीवाद का वह घोर विरोधी है। उसके लिए व्यक्ति का कोई मूल्य नहीं है। शोषित वर्ग के प्रति उसकी पूरी सहानुभूति है। मार्क्सवाद के इन विचारों से प्रभावित होकर हिन्दी के आलोचक भी इसे अपना रहे हैं। इस प्रकार हम देखते हैं कि हिन्दी में आलोचना का विकास निर्णयात्मक–तुलनात्मक–ऐतिहासिक–व्याख्यात्मक–मनोवैज्ञानिक–प्रगतिवादी के रूप में हुआ। इसका यह तात्पर्य नहीं है कि प्रत्येक आलोचना पद्धति अपने में पूर्ण है। उत्तम आलोचना में यथास्थान अधिक–से–अधिक पद्धतियों का समन्वय मिलता है।''[7] प्रगतिवादी आलोचना के प्रवर्तक शिवदान सिंह चौहान हैं। सबसे पहले उन्होंने अपने आलोचनात्मक निबन्धों में प्रगतिवाद की व्याख्या की है। उन्होंने आलोचना की शास्त्रीय पद्धति को अपनाना स्वीकार नहीं किया बल्कि आलोचना करते हुए उसमें मार्क्सवादी दृष्टिकोण से साहित्य और समाज के बीच सम्बन्धों का प्रश्न उठाया है। रामविलास शर्मा भी प्रगतिवादी आलोचक हैं। फ्रायड के मनोविश्लेषण शास्त्र से प्रभावित होकर आलोचना करनेवालों में डॉ. नगेन्द्र और अज्ञेय जी हैं। शुक्ल जी की समीक्षा पद्धति को अपनाकर चलनेवालों में विश्वनाथ प्रसाद मिश्र, चन्द्रबली पांडेय, गुलाबराय आदि मुख्य हैं। इन आलोचकों ने शुक्ल जी के नीतिवादी और व्यावहारिक पक्ष का समर्थन नहीं किया, उसके स्थान पर किसी नवीन पद्धति को भी जन्म नहीं दिया। विश्वनाथ प्रसाद मिश्र की आलोचना अधिकांश शास्त्रीय पद्धति का अनुसरण करती है। 'वाङ्मय विमर्श' और 'केशवदास' उनकी प्रमुख

रचनाएँ हैं। डॉ. 'दिनेश' कहते हैं–"आचार्य रामचन्द्र शुक्ल हिन्दी में पाश्चात्य एवं भारतीय समीक्षा पद्धति के नवीन मिश्रित रूप का अपना एक मापदंड निश्चित कर चुके थे। प्राचीन मान्यताओं का वर्तमान युग के सन्दर्भ में नवीन मूल्यांकन किया जा रहा था। आज निर्णयात्मक तथा व्याख्यात्मक आलोचना का युग समाप्त होकर सैद्धान्तिक तथा आत्माभिव्यंजक आलोचना पद्धतियों का ही अधिक प्रचलन है। आज हिन्दी में तीन प्रकार की आलोचना पद्धतियाँ अधिक ग्राह्य एवं लोकप्रिय हो रही हैं–1. सौष्ठववादी या स्वच्छन्दतावादी, 2. मनोविश्लेषणात्मक, 3. मार्क्सवादी या प्रगतिवादी। अब मुक्त समीक्षा पद्धति को कोई नहीं अपनाता क्योंकि सिद्धान्त के अभाव में अब व्यक्ति की अपनी व्यक्तिगत राय का कोई महत्त्व नहीं रहा है। आज आलोचना के क्षेत्र में उसी बात को अधिक ध्यानपूर्वक सुना जाता है जिसके पीछे किसी मान्य सिद्धान्त का बल रहा है।"[8] आलोचना की गतिविधियों का विवेचन करने के लिए हम डॉ. दिनेश द्वारा दी गई उपर्युक्त तीनों पद्धतियों की परिभाषा आदि का भी अध्ययन कर लें, यह आवश्यक है–"सौष्ठववादी स्वच्छन्दतावादी समालोचना में व्यक्ति के अपने मत के साथ-साथ उसके मूल्यांकन एवं विरोध को भी महत्त्व दिया जाता है। इसमें सिद्धान्तों के प्रति अधिक आग्रह न रहकर आलोचक पर पड़े प्रभाव का रूप ही अधिक उभरकर सामने आता है इसलिए इसे प्रभावाभिव्यंजक समालोचना पद्धति भी कहते हैं। इसके रूप पन्त, निराला, महादेवी वर्मा, रामकुमार वर्मा आदि कवियों के विभिन्न काव्य संग्रहों के आरम्भ में स्वयं कवि द्वारा लिखी गई भूमिकाओं के रूप में मिलते हैं। साथ ही नन्ददुलारे वाजपेयी, इलाचन्द्र जोशी, शान्तिप्रिय द्विवेदी ने भी इसी प्रकार आलोचनाएँ लिखी हैं। इनमें आलोच्य साहित्यकार और उनकी कृतियों के मनोवैज्ञानिक एवं तात्त्विक विश्लेषण का ही प्राधान्य रहता है।

पाश्चात्य जगत में फ्रायड और युंग जैसे क्रान्तिकारी विचारकों ने एक नवीन चिन्तन पद्धति का आविष्कार किया था, जिसमें मानव मन की विभिन्न स्थितियों का विश्लेषण किया जाता था। इसलिए यह चिन्तन पद्धति मनोविश्लेषणात्मक समीक्षा पद्धति के नाम से प्रसिद्ध हुई। हिन्दी में इलाचन्द्र जोशी, अज्ञेय, जैनेन्द्र आदि इसी पद्धति के अनुयायी हैं। उन पर फ्रायड के मनोविज्ञान का बड़ा गहरा प्रभाव है। ये लोग साहित्य का मूल्य यौन-चेतना को ही मानकर चलते हैं।"[9] डॉ. दिनेश फ्रायड के प्रभाव को घातक मानते हैं। इस तरह मनोविश्लेषणात्मक समीक्षा पद्धति को भी वे हीन दृष्टि से देखते हैं तथा इसके सामने प्रगतिवादी समीक्षा पद्धति को उचित मानते हैं। वे कहते हैं–"डॉ. नगेन्द्र पर प्रारम्भ में फ्रायड का गहरा प्रभाव पड़ा था परन्तु अब वे उस घातक प्रभाव से बहुत कुछ मुक्त हो चुके हैं। ये लोग व्यक्तिवादी आलोचक हैं जो साहित्य की सामाजिक उपयोगिता को बेचने से इनकार कर देते हैं। वर्तमान प्रयोगवादी आलोचक भी इन्हीं अंग्रेजों के चरण-चिह्नों पर चलकर अपने

जीवन को सफल बनाने का असफल प्रयत्न कर रहे हैं। इनकी समीक्षा पद्धति को साहित्य में उपेक्षा की दृष्टि से देखा जाता है। इस काल की सबसे अधिक लोकप्रिय एवं सशक्त समीक्षा पद्धति प्रगतिवादी समीक्षा पद्धति है। अपने कुछ प्रारम्भिक वर्षों में इस पद्धति को अपनानेवाले आलोचकों में नए मुल्लाओं का जोश रहा था, जिसने इसे अतिवादी और संकीर्ण बना दिया था। परन्तु समय की गति के साथ ये लोग अपनी गलतियों को सुधारते चले गए और आज वह स्थिति आ गई है जब इस समीक्षा पद्धति ने सम्पूर्ण समीक्षा पद्धतियों के भी उपयोगी तत्त्वों को अपनाकर अपने सर्वव्यापी प्रभाव को कायम कर रखा है। अब इसमें संकीर्णता और अतिवाद के लिए स्थान नहीं रहा है। इसके इस नवीन एवं स्वस्थ रूप को देखकर अब अनेक आदर्शवादी आलोचक भी इसका लोहा मानने लगे हैं।''[10]

प्रगतिवादी समीक्षा पद्धति के अनुयायी आलोचक अत्यन्त अध्ययनशील हैं। उदार दृष्टिकोण वाले बहुश्रुत एवं विद्वज्जन हैं। इसी कारण उनके आपसी दृष्टिकोण में सन्तुलन, स्वस्थता और नवीन परिस्थितियों को यथार्थ रूप में समझने की सामर्थ्य बनी रहती है। अपनी शक्ति, सामर्थ्य, दृष्टि, विचार के कारण ये प्रगतिवादी आलोचक ही हिन्दी साहित्य के विकास का मार्ग प्रशस्त कर रहे हैं। प्रगतिवादियों की स्वस्थ सुन्दर नीतियों के कारण ही यह समीक्षा पद्धति सफल और लोकप्रिय है। इसके प्रमुख अनुयायी–डॉ. भगवतस्वरूप मिश्र, डॉ. 'दिनेश', नामवरसिंह, रामविलास शर्मा, रांगेय राघव, अमृतराय आदि हैं। प्रगतिवादी समीक्षा पद्धति के साथ–साथ एक और समीक्षा पद्धति कुछ वर्षों में विकसित हुई है जिसे समन्वयवादी समीक्षा पद्धति कहते हैं। डॉ. 'दिनेश' कहते हैं–''यह पद्धति भारतीय तथा पाश्चात्य काव्य सिद्धान्तों तथा समीक्षा की विभिन्न पद्धतियों का समन्वय कर आलोचना करने में अधिक विश्वास रखती है। इनका दृष्टिकोण मध्यमार्गी है जो किसी भी प्रकार के अतिवाद से बहुत दूर रहता है। स्वस्थ दृष्टिकोण को अपनाना तथा सिद्धान्तों को अन्तिम न मान लेना इसकी विशेषता है। इस मध्यमार्ग का परिणाम यह निकलता है कि यह पद्धति किसी स्वस्थ निर्णय पर नहीं पहुँच पाती। इसकी दृष्टि में अच्छाइयाँ अधिक महत्त्व रखती हैं, बुराइयों का उद्घाटन कर यह किसी से शत्रुता मोल लेना पसन्द नहीं करती। फिर भी आज इस पद्धति को समालोचना जग में यथेष्ट सम्मान मिल रहा है, इसमें सन्देह नहीं। बाबू गुलाबराय को इस समीक्षा पद्धति का प्रवर्तक माना जा सकता है। डॉ. हजारीप्रसाद द्विवेदी भी इसी वर्ग के आलोचक हैं। ये लोग सबके सम्मान के पात्र होते हुए भी भ्रान्तियों का सृजन करने में काफी दक्ष हैं।''[11] इस प्रकार यह समन्वयवादी समीक्षा पद्धति भी अमान्य जैसी ही घोषित हुई क्योंकि किसी भी साहित्य के विकास के लिए यह आवश्यक है कि समीक्षक उसके गुणों के साथ–साथ उसके दोषों पर भी प्रकाश डालें, ताकि उसके दोषों को दूर करके उस

साहित्य को और भी स्वस्थ और समाजोपयोगी बनाया जा सके। समन्वयवादी केवल गुणों का बखान करते हैं, दोषों की चर्चा नहीं करते। अत: साहित्य के विकास के लिए यह विधि, पद्धति भी उपयोगी नहीं हो सकती। तुलनात्मक समीक्षा पद्धति के प्रति भी असन्तोषजनक भाव उभरने का कारण यह था कि उसमें एक को दूसरे से बड़ा दिखाने के प्रयास में रचनाकारों में आपस में बैर-भाव बढ़ने लगा। मिश्रबन्धुओं ने 'हिन्दी-नवरत्न' नामक आलोचनात्मक ग्रन्थ में देव को बिहारी से बड़ा कवि सिद्ध किया। पद्मसिंह शर्मा बिहारी पर की गई इस चोट को सह नहीं पाए वे काव्य के रसज्ञ थे। हिन्दी, उर्दू, फारसी पर उनकी समान धाक थी। उन्होंने बिहारी के एक-एक दोहे और शब्द का चमत्कारक शैली में अर्थ स्पष्ट करते हुए बिहारी की तुलना उनके ही समान कवियों से की। उनके मार्मिक और अनूठे ढंग को लोगों ने पसन्द किया और इस तुलनात्मक आलोचना की ओर लोग आकर्षित होने लगे। देव और बिहारी पर और लेखकों ने लेखनी चलाई। यह तुलना कहीं-कहीं भद्दापन उपस्थित करने लगी। चौहान जी कहते हैं–"शुक्ल जी के आलोचना क्षेत्र में अवतीर्ण होने से पूर्व हिन्दी में तुलनात्मक आलोचना की प्रवृत्ति ही चलती रही, जिसने वास्तव में न कोई नया काव्यादर्श सामने रखा और न मूल्यांकन का ऐसा सिद्धान्त ही, जिससे काव्य, नाटक, उपन्यास, कहानी के रूप में विकसित होनेवाले नए हिन्दी साहित्य की रचनाओं और प्रवृत्तियों का मूल्यांकन हो सकता। तुलनात्मक आलोचना रीति-पद्धति पर आधारित थी। ऐसी आलोचना अधिकतर पूर्वग्रह और लेखक की रुचि पर निर्भर करती है। लेखक का पक्षपात जिस कवि के साथ होता था उसे ही उठाया जाता था और दूसरे को गिराया जाता था। आलोचक का ध्यान केवल रूप-विन्यास की सुघड़ता-कुरूपता पर रहता था, विषय-वस्तु पर नहीं।"[12] युगद्रष्टा आलोचक आचार्य शुक्ल ने इस तुलनात्मक पद्धति को कभी ग्रहणीय नहीं माना। शुक्ल जी सदा ही सामाजिक उत्थान में सहायता देनेवाले साहित्य को श्रेष्ठ मानते थे। उन्होंने साहित्य की सामान्य प्रवृत्तियों की कसौटी पर परखकर आलोचना की नई दिशा खोजी, आलोचना साहित्य को सैद्धान्तिक कसौटी पर कसा और उसे नया गौरव प्रदान किया। शुक्ल जी के दो सिद्धान्त उल्लेखनीय हैं–'काव्यात्मक लोकवाद का सिद्धान्त' और 'साधारणीकरण का सिद्धान्त'। काव्यात्मक लोकवाद के सिद्धान्त का आधार यह है कि काव्य में भाव की सत्ता व्यवहार निरपेक्ष नहीं हो सकती, सामान्य लोकभूमि पर ही काव्य की भावसत्ता स्थापित होती है। अत: कोरी वैयक्तिक अनुभूति का साहित्य में कोई मूल्य नहीं। साधारणीकरण के सिद्धान्त में उन्होंने प्रतिपादित किया कि काव्य-वस्तु या विषय चित्रण के अनुसार साधारणीकरण भी कई भूमियों पर होता है। जो सत् का प्रतीक है, उसके चित्रण में पाठक या श्रोता की चित्तवृत्ति सहज ही रमती है, रसानुभव करती है किन्तु असत् के चित्रण में मनुष्य

की वृत्ति या तो रमती ही नहीं या आंशिक रूप से ही रमती है, इसलिए रसानुभव अन्शतः ही सम्भव होता है। इस उपपत्ति में उनके नीतिवादी दृष्टिकोण की पूरी झलक है।''[13] शुक्ल जी ने आलोचना के क्षेत्र में आदर्श उपस्थित किया। उन्होंने सैद्धान्तिक आलोचना के रूप में साहित्य जगत को नई दृष्टि से देखने के लिए प्रेरित किया। ''शुक्ल जी ने हिन्दी आलोचना को जो दिया है वह स्थायी मूल्य का है। उन्होंने साहित्य के सभी अंगों का सैद्धान्तिक विवेचन करके अपने में सम्पूर्ण साहित्य–शास्त्र का निर्माण किया। साथ ही उन्होंने तुलसी की सर्वथा मौलिक ढंग से व्याख्या की, सूर और जायसी के विस्तृत अध्ययन प्रस्तुत किए तथा हिन्दी साहित्य का इतिहास एक नए ढंग से लिखा।''[14]

आचार्य नन्ददुलारे वाजपेयी 'हिन्दी साहित्य का संक्षिप्त इतिहास' लिखते हुए उसमें समालोचना के बिन्दु पर आते हैं तो भूमिका के रूप में मिश्रबन्धुओं के 'हिन्दी नवरत्न' की चर्चा करते हैं तथा तत्कालीन आलोचना पद्धति के रूप में तुलनात्मक समीक्षा पद्धति का उल्लेख करते हैं। इस पद्धति के बाद शुक्ल जी द्वारा सैद्धान्तिक समीक्षा की बात करते हुए तीन प्रकार के समीक्षक और समीक्षा पद्धतियों की चर्चा करते हैं—1. स्वच्छन्दतावादी समीक्षक, 2. मार्क्सवादी समीक्षक, 3. मनोविश्लेषणवादी समीक्षक। इन समीक्षाओं के सम्बन्ध में वे लिखते हैं—''शुक्ल जी ने लोकमंगल की जिस कसौटी को कविता की श्रेष्ठता का आधार घोषित किया, वह उपयोगी होते हुए भी साहित्यिक कृति के अपने मूलभूत सौन्दर्य के उद्घाटन में उतनी सक्षम न थी। आदिकविता की, साहित्यिक कृति के मूल्यांकन हेतु कोई ऐसी कसौटी की जो साहित्य के अन्तरंग सौन्दर्य को बिना किसी साहित्येतर भूमि में प्रवेश किए सामने ला सके, यह कार्य बाद के समीक्षकों ने किया। इन (स्वच्छन्तावादी) समीक्षकों द्वारा यह मान्यता सामने लाई गई कि साहित्य का सौन्दर्य कृति में निहित है, अतः उसके उद्घाटन के लिए कृति के अन्तरंग में, रचनाकार के मानस में झाँकना आवश्यक है। प्रसाद, निराला, पन्त तथा महादेवी जी के माध्यम से हिन्दी कविता में जिस छायावाद का रूप सामने आया, उसके सौन्दर्य के सही उद्घाटन में यह कसौटी बिलकुल ठीक उतरी।''[15] समीक्षा की अन्य दो पद्धतियों की व्याख्या करते हुए उन्होंने मार्क्सवादी समीक्षकों के सम्बन्ध में कहा—''साहित्य में समाजवादी विचारधारा के प्रभाववश जहाँ रचना के क्षेत्र में एक युगान्तर आया, वहाँ समीक्षा के मानदंडों में भी कुछ परिवर्तन हुए। कुछ ऐसे समीक्षक सामने आए जिन्होंने साहित्यिक कृति की समीक्षा में सामाजिक सन्दर्भों को प्रमुखता दी। साहित्य समीक्षा की इस पद्धति ने जहाँ साहित्यिक कृति के मूल्यांकन को एक नया आधार देकर उसकी कुछ ऐसी विशेषताओं को उद्घाटित किया जो अब तक सामने न आ सकी थीं, वहाँ एकांगिता को भी प्रश्रय दिया। जिस प्रकार शुक्ल जी की समीक्षा दृष्टि में

कतिपय साहित्येतर तत्त्वों की स्थिति थी, इस पद्धति के समीक्षकों में यही बात अधिक गहराई से दृष्टिगोचर हुई। साहित्य की स्वतन्त्र सौन्दर्य संज्ञा की उपेक्षा करते हुए इस पद्धति के समीक्षकों ने उसे बाद की संकीर्ण भूमिका से जोड़ दिया। इस पद्धति के समीक्षकों में डॉ. रामविलास शर्मा, शिवदान सिंह चौहान तथा प्रकाश चन्द्र गुप्त का नाम विशेष उल्लेखनीय है।''[16] वाजपेयी जी मनोविश्लेषणवादी समीक्षकों तथा समीक्षा पर टिप्पणी करते हुए कहते हैं–''फ्रायड जैसे मनोविश्लेषण शास्त्रियों की मान्यताओं के प्रभाववश इस बीच कुछ समीक्षकों ने मनोविज्ञान की उपपत्तियों के आधार पर रचनाओं का मूल्यांकन-विश्लेषण प्रस्तुत करना आरम्भ किया। इस पद्धति की समीक्षाओं में भी जहाँ साहित्यिक मूल्यांकन सम्बन्धी कतिपय विशेषताएँ दिखाई दीं, वहाँ एकांगिता भी उभरी। साहित्य को मानसिक कुंठाओं, कामजन्य भावनाओं के सन्दर्भ में ही विश्लेषित करने का प्रयास करते हुए इन समीक्षकों ने जो भी समीक्षाएँ लिखीं, वे साहित्य की अपनी संश्लिष्ट भूमिका को समग्रता में उद्घाटित न कर सकीं। श्री इलाचन्द्र जोशी, अज्ञेय प्रभृति समालोचक इस पद्धति के प्रमुख समीक्षक कहे जा सकते हैं।''[17] समीक्षा के इन प्रकारों को विश्लेषित करने के बाद वाजपेयी जी अन्त में निष्कर्ष रूप में कहते हैं–''हिन्दी समीक्षा की वर्तमान गतिविधि किसी एक धारा या दृष्टिकोण की प्रधानता को सूचित न करते हुए भिन्न-भिन्न लीकों पर जानेवाली समीक्षाओं का रूप स्पष्ट करती है। नए-नए समीक्षक नए-नए मापदंड लेकर सामने आ रहे हैं। इस स्थिति को देखकर इतना ही कहा जा सकता है कि साहित्यिक मूल्यांकन की वही कसौटी सर्वमान्य बन सकेगी जो साहित्य की अपनी स्वतंत्र सौन्दर्य सत्ता के साथ न्याय करती हुई सामाजिक भूमिका तथा राष्ट्रीय आग्रहों के साथ भी जुड़ सके।''[18] सभी समालोचकों ने सैद्धान्तिक और व्यावहारिक समीक्षा की बात की है। सैद्धान्तिक समीक्षा साहित्य की विविध विधाओं के विकास में उपयोगी और महत्त्वपूर्ण रही है। जहाँ भी सैद्धान्तिक समीक्षा का नाम आता है वहाँ शुक्ल जी का नाम भी जुड़ जाता है। इसकी परिभाषा भी सब अपने-अपने ढंग से देते हैं। सैद्धान्तिक समीक्षा को परिभाषित करते हुए डॉ. योगेन्द्र सिंह कहते हैं–''सैद्धान्तिक समालोचना का अर्थ साहित्यिक मूल्यवत्ता के प्रतिमानीकरण से है जिसको केन्द्र में रखकर व्यावहारिक समालोचना का विकास, नियमन एवं प्रयोग होता है। विशेष रूप से जब व्यावहारिक समीक्षा से इसकी तुलना का प्रश्न उठता है तो यह दृष्टि और भी स्पष्ट हो उठती है। सम्पूर्ण सैद्धान्तिक समीक्षा के परिप्रेक्ष्य में साहित्यिक परम्पराओं का विकास हुआ है, साथ ही मूल्यों के विशिष्ट विकसनकाल में पुनश्च व्यावहारिकता का मूल्य निर्धारित करके उसकी गतिविधि का सैद्धान्तिक दृष्टि से मानकीकरण भी किया गया है। इस रूप में सैद्धान्तिक समीक्षा के मूल्य इतने गतिशील हो जाते हैं कि उनका कोई भी

निरपेक्ष व्यक्तित्व नहीं बन पाता। सैद्धान्तिक समालोचना का व्यावहारिक समीक्षा से जब निरपेक्ष सम्बन्ध बनने लगता है, वहीं शास्त्र, रूढ़ि, रीति का जन्म होते लगता है।''[19] और भी अधिक स्पष्टीकरण देते हुए डॉ. सिंह कहते हैं–''सैद्धान्तिक समीक्षा वस्तुत: उन मूल्यों का विश्लेषण एवं स्थिरीकरण है जिनके सन्दर्भ में कृतित्व प्रस्तुत होता है। कहा जा चुका है कि यह व्यावहारिक समीक्षा से सम्बद्ध होने के कारण शास्त्रीय जीवन्तता से भी सम्बद्ध है, साथ ही रचनाकार के मानसिक प्रत्यय–बोध से सम्बद्ध होने के कारण ऐसे मूल्य बोधों से भी जुड़ी हुई है–जो उसके रचनाशील व्यक्तित्व को प्रभावित किए हुए हैं, क्योंकि उस परिवेश के समस्त मूल्य उसकी विशिष्ट मानसिक संरचना के माध्यम से व्यक्त होते हैं। इस रूप में सैद्धान्तिक समीक्षा के व्यावहारिक रूप में जो भी समस्याएँ उठती हैं, उनके मूल में रचनाकार को प्रभावित करनेवाला वातावरण या रचना की संरचनात्मक पृष्ठभूमि तथा रचनाकार का अवधारक व्यक्तित्व मिलता है। रचनाकार के अवधारक व्यक्तित्व के कारण शिल्पगत मूल्यों की विशिष्टता एवं संरचनात्मक पृष्ठभूमि के फलस्वरूप एक विशेष प्रकार की शास्त्रीयता तथा समाजबोध की अवधारणा का जन्म रचनात्मक साहित्य में होता है। पुनश्च इसके विकास का एक क्रम बनता है।''[20] सिंह जी ने ऐतिहासिक सैद्धान्तिकता से लेकर व्यावहारिक सैद्धान्तिकता तक सैद्धान्तिक समीक्षा के चार विकास–क्रम बताए हैं–1. परम्परागत शास्त्रीयता, 2. व्यावहारिक शास्त्रीयता, 3. समसामयिक सैद्धान्तिकता, 4. समसामयिक–व्यावहारिक सैद्धान्तिक। समसामयिक सैद्धान्तिकता शास्त्रीय इसलिए नहीं है क्योंकि उसमें रूढ़ परम्परा एवं पुरातनता के निषेध की प्रवृत्ति दिखाई पड़ती है। इसी के साथ सैद्धान्तिक समालोचना के सम्बन्ध में अधिक स्पष्टीकरण देते हुए कहते हैं–''ऐतिहासिक दृष्टि से हिन्दी की सैद्धान्तिक समालोचना के विकास की परिस्थिति अपने आपमें पर्याप्त भिन्न रही है। प्रारम्भ में मात्र सैद्धान्तिकता के कतिपय शास्त्रीय मूल्यों को आधार बनाकर एक विशिष्ट प्रकार का निर्णय या शास्त्रीय मूल्यों का विवरण मात्र इसके लिए इतिकर्तव्य था। इसकी पृष्ठभूमि में जो भी वातावरण था, उसका कोई भी विशेष सम्बन्ध व्यावहारिक समीक्षा से नहीं था। साथ ही रचनाकार की अन्तर्मानसिकता में तो भी सैद्धान्तिक समीक्षा के मान थे, वे पूर्णरूपेण शास्त्रीय मात्र परम्परावादी रूढ़ व्यावहारिकता से सम्बद्ध थे। भारतेन्दु युग पूर्व या उनके समसामयिक जो भी सैद्धान्तिक समीक्षा की मूल्यवत्ता दृष्टिगत होती है, उसमें रचनाकार की मौलिक अभिव्यक्ति के लिए कोई स्थान नहीं रह गया था। यह शास्त्र–निष्ठा भी एक घिसी–पिटी परिपाटी के बीच केन्द्रित चर्वित चर्वण मात्र थी। इस दोष का स्पष्ट कारण था, जीवन्त (व्यावहारिक) सैद्धान्तिक समीक्षा पद्धति का अभाव। इनकी पृष्ठभूमि में भारतीय काव्यशास्त्र था और इस काव्यशास्त्र के तीन ऐसे घातक दोष थे, जो

आधुनिक युग में इसके विस्तार के लिए बाधक हुए–प्रथम दोष था, रचनात्मक साहित्य से उसकी निरपेक्षता या तटस्थता का। दूसरा दोष उसकी घोर शास्त्रीयता का। और तीसरा दोष था–ऐकान्तिक कलावादिता के स्वीकरण का।''[21] भारतीय शास्त्रीय सैद्धान्तिकता के उपर्युक्त दोषों के उत्पन्न होने के भी कारण थे। तत्कालीन समय, परिस्थिति, दोषपूर्ण अथवा संकुचित दृष्टि, संकीर्ण विचार आदि। भारतेन्दु युग परम्परागत मूल्यों और मानदंडों का युग था। रस, अलंकार, ध्वनि आदि का मूल रूप से विवेचन किया जाता था। इस युग में शब्द शक्ति को ध्वनि के साथ मिलाकर इस पर विचार किया गया। शेष गुणों पर बहुत कम कार्य हुआ। आधुनिक युग के इस प्रथम उत्थान में केवल छन्द शास्त्रों पर ही अधिक लिखा गया। ये ग्रन्थ बुद्धिजीवियों, सहृदय पाठकों और विद्यार्थियों के लिए थे केवल आभिजात्य की चेतना से संचालित थे, अतः इन ग्रन्थों की शास्त्रीयता संघर्षरत जीवन की विभिन्न आकांक्षाओं, अभावों, उधेड़-बुन और जटिलताओं से और इन परिस्थितियों की अनुभूतियों से दूर थी। भारतेन्दु युग के बाद परिवर्तन इतनी शीघ्रता से होने लगे कि प्राचीन शास्त्रीय सिद्धान्तों का लोग धीरे-धीरे भूलने लगे, और अनेक नए वादों और समीक्षा पद्धतियों का जन्म हुआ। 30 या 40 वर्षों के अन्तराल में ही ऐसा क्रान्तिकारी परिवर्तन हुआ कि शास्त्रीय सिद्धान्त ऐतिहासिक दृष्टिकोण में गिने जाने लगे। आधुनिक काल के प्रथम चरण में शास्त्रीय समीक्षा आदर्श या मर्यादा के रूप में प्रतिष्ठित थी लेकिन मध्यकाल में इसे विस्मृति की ओर धकेल दिया गया। द्विवेदी शुक्ल युग में इसका पुनः स्थापन हुआ। इसी संक्रमण काल में समन्वयवादियों की संख्या ज्यादा थी जो नवीनता को अपना रहे थे किन्तु जिनसे प्राचीनता का मोह नहीं छूट रहा था। इन्हीं के साथ व्यावहारिक समीक्षा के क्षेत्र में मूल्यवादी दृष्टिकोण के समर्थकों का भी जन्म हो रहा है।

नव्य शास्त्रीयतावाद का उदय आधुनिक प्रवृत्तियों को स्वीकार करने के कारण हुआ। इसके समर्थक मूलतः परम्परावादी थे, बाद में धीरे-धीरे इनकी दृष्टि मूल्यवादी होती गई। मूल्यवादी समसामयिक को महत्त्व देते हैं, शाश्वत की खोज नहीं करते। आरोपित मूल्यों का साथ धीरे-धीरे छूटने के कारण नव्य शास्त्रीयतावाद धीरे-धीरे समाप्त होने लगा क्योंकि इसमें इतनी क्षमता नहीं थी कि यह समसामयिक कलात्मक एवं रचनात्मक मूल्यों की व्याख्या कर सके। इसकी तुलना में व्यावहारिक समीक्षा समसामयिक रचनाबोध के साथ ज्यादा समर्थ थी। डॉ. सिंह कहते हैं–''नव्य शास्त्रीयतावाद का इतिहास बड़ा ही रोचक तथा नवीनतम कलागत मूल्य वैशिष्ट्य के अध्ययन में पूर्ण सहायक है। विशिष्टता की दृष्टि से इस शास्त्रीयतावाद के सम्पूर्ण कालखंड को तीन भागों में विभक्त किया जा सकता है–1. नवीन मूल्य के प्रति सचेतवादी प्रवृत्ति, 2. समन्वयवादी शास्त्रीयता, 3. विकसित नव्य शास्त्रीयतावाद।

नवीन मूल्यों के प्रति सचेतनवादी प्रवृत्ति पर नवीनता का संस्कार पड़ चुका था। ये वस्तुतः नवीनता को साग्रह लाना चाहते थे और इस दृष्टि से सर्वप्रथम भारतेन्दु बाबू हरिश्चन्द्र के सत्य हरिश्चन्द्र नाटक की सर्वप्रथम भूमिका प्रस्तुत की। दूसरा वर्ग– जो वस्तुतः समन्वयवादी था, इन सचेतनवादियों से कई अर्थों में भिन्न था। ये मूलतः समसामयिक अधिक थे। उनके सामने परम्परागत शास्त्रीयता नहीं थी। उनके मस्तिष्क में अपने को समसामयिक सिद्ध करने का मोह अधिक था। वे रूढ़ि का निषेध नहीं करते थे किन्तु रूढ़ि की व्याख्या नवीन सन्दर्भ में करने के पक्षपाती थे। मूलतः वे नवीन संस्कारवादी थे और प्राचीन शास्त्रीयता की व्याख्या नवीनता के सन्दर्भ में करते रहे हैं। इस प्रवृत्ति का परिणाम यह हुआ कि एक स्तर विशेष पर नवीनता तथा प्राचीनता का समन्वय हो गया किन्तु उसमें प्राचीनता मुखर न होकर दबती गई। धीरे–धीरे यह प्राचीनता इतनी दबती गई कि भारतीय शास्त्रीयता प्रायः सैद्धान्तिक समीक्षा के नाम पर काव्य रचना से निष्कासित–सी हो गई।''[22] समन्वयवादी सैद्धान्तिक समालोचना का प्रारम्भ पंडित महावीर प्रसाद द्विवेदी से माना जाता है। उन्होंने इस सैद्धान्तिकता को अन्य रचनाकारों के मस्तिष्क में मानक के रूप में बिठाया क्योंकि वे रचनाकार को सबसे गम्भीर सैद्धान्तिक समीक्षक मानते थे। द्विवेदी जी ने परम्परा से मुक्त होकर समसामयिकता को ध्यान में रखते हुए अनेक निबन्ध लिखे जो 'रसज्ञ रंजन', 'विचार विमर्श' (1925), 'साहित्य सीकर' (1948), 'संचयन' आदि में संकलित हैं। आचार्य द्विवेदी की यह समन्वयवादी परम्परा बहुत आगे तक नहीं जा सकी क्योंकि परवर्ती साहित्यकार इस परम्परा के साथ न्याय नहीं कर सके। इस परम्परा के दो प्रमुख समीक्षक श्यामसुन्दर दास और बाबू गुलाबराय हैं। श्यामसुन्दर दास कृत 'साहित्यालोचन' समीक्षा जगत की श्रेष्ठ कृति है। नगेन्द्र कहते हैं–''वस्तुतः उस युग के हिन्दी समालोचना साहित्य का जो स्वरूप धरातल था, उसके दृष्टिकोण से साहित्यालोचन सैद्धान्तिक रूप की चरम परिणति कहा जा सकता है।'' गुलाब राय का चिन्तन भी आधुनिक और नवीन साहित्यिक मूल्यों के प्रति पर्याप्त मात्राा में जागरूक रहा है। प्रौढ़ और परिपक्व साहित्यिक मूल्यों द्वारा सैद्धान्तिक समीक्षा की एक प्रौढ़ एवं समर्थ सिद्धान्त परम्परा का उदय हुआ जिसे विकसित नव्य शास्त्रीयतावाद कहा गया। इसमें समसामयिकता और मूल्य बोध दोनों साथ–साथ थे। द्विवेदी जी के बाद हिन्दी सैद्धान्तिक समीक्षा को शुक्ल जी ने नई दिशा दी।

शुक्ल जी सैद्धान्तिकता की दृष्टि से सचेतनवादी थे। शुक्ल जी की नए मूल्यों के प्रति आस्था थी। यह विकसित नव्य शास्त्रीयतावाद अत्यन्त महत्त्वपूर्ण उपलब्धि और एक स्वस्थ परम्परा का संकेत देनेवाली थी। सैद्धान्तिक और शास्त्रीय समीक्षा पर अनेक शोध ग्रन्थ लिखे गए। डॉ. रामशंकर शुक्ल 'रसाल' का 'हिन्दी काव्यशास्त्र

का विकास' (1937) में प्रकाशित हुआ। डॉ. छैलबिहारी गुप्त 'राकेश' का मनोविज्ञान के प्रकाश में इस सिद्धान्त का समालोचनात्मक अध्ययन (1943) में प्रकाशित हुआ। भगीरथ मिश्र का 'हिन्दी काव्य शास्त्र का विकास' (1947 ई.) में प्रकाशित हुआ। 'हिन्दी कविता में शृंगार रस का अध्ययन–डॉ. आर.पी. चतुर्वेदी, 'हिन्दी साहित्य में हास्य रस'–डॉ. बरसाने लाल चतुर्वेदी आदि।

मूल्यवादी समीक्षा

इसका उल्लेख भी सैद्धान्तिक समालोचना के सम्बन्ध में लिखते हुए डॉ. योगेन्द्र सिंह ने किया है। यह समीक्षा पद्धति शास्त्रीय परम्परा के संस्कारों से बिलकुल अलग होती है। यह सामाजिक चिन्तन के फलस्वरूप समाज के प्रति प्रगतिशील आस्था या प्रगतिशील तत्त्वों को पकड़ने की सामर्थ्य से उत्पन्न होती है। यह समीक्षकों में उत्पन्न हुआ एक नया संस्कार था। जब साहित्यकारों की मनुष्यों के प्रति, व्यक्तियों के प्रति निष्ठा बढ़ी तब इस समीक्षा पद्धति का जन्म हुआ। मनुष्य या व्यक्तियों के प्रति निष्ठा से तात्पर्य है कि मनुष्य के अस्तित्व को ही महत्त्वपूर्ण मानना तथा समाज में व्याप्त छल-कपट, आदर्श से भरे फरेबी स्वप्नों की उपेक्षा करते हुए प्रतिदिन भोगे जानेवाले यथार्थ जीवन के कष्टों और समस्याओं को स्वीकार करते हुए, इनके बीच फँसे हुए मनुष्य के अस्तित्व की अलग पहचान बनाना। डॉ. सिंह अपने इस लेख में कहते हैं–"मूल्यवादी समीक्षा का सैद्धान्तिक स्तर अत्यन्त व्यापक एवं वैज्ञानिक है। वादों, सिद्धान्तों एवं साहित्यकार के निर्धारित आस्थामूलक चिन्तनों में किसी प्रकार का विश्वास न रखकर मात्र रचना के निर्धारक मूल्यों को आत्मानुभूति तथा सजगता के केन्द्र में रखकर सिद्धान्त निरूपण की चर्चा की स्थिति स्वीकार की गई है। वह परम्परा एवं उसके मोह की अन्धता को भ्रामक स्वीकार करती है, साथ ही वह यह भी स्वीकार करती है कि मूल्य संस्थापन एवं बोध तत्त्व निरन्तर गतिशील हैं। मूल्यवादी समीक्षा की सबसे महत्त्वपूर्ण विशेषता है–विवेकपूर्ण दृष्टि की। यह दृष्टि साहित्य में अभिव्यक्त होनेवाले मूल्यबोध को पहचानने की है। यह विवेक दृष्टि समसामयिक यथार्थबोध से इतनी अधिक सम्बद्ध है कि वह किसी प्रकार के आरोप, प्रभाव, नारेबाजी, गुटबन्दी, आचार्य पूजन आदि में विश्वास नहीं रखती। इसकी दूसरी विशिष्टता है–नितान्त साहित्यिकता को सुरक्षित रखने की प्रवृत्ति और मात्र उसी परिवेश में मूल्यान्वेषण की दृष्टि। इसी के साथ ही, उसकी सबसे महत्त्वपूर्ण उपलब्धि है–परम्परा, रूढ़ि या अन्य समसामयिक सिद्धान्तों को आरोपित सिद्धान्त के रूप में न स्वीकार करने की प्रवृत्ति। मूल्यवादी समीक्षा निश्चित ही व्यावहारिक समीक्षा के साथ जुड़ी हुई चल रही है।"[23] सिंह साहब मूल्यवादी समीक्षा की चर्चा करते हुए बताते हैं कि वैयक्तिक अस्तित्व की

स्वीकृति और दायित्व बोध को समझनेवाले विभिन्न वादों का जन्म हुआ जिनमें उन्होंने प्रगतिवादी सैद्धान्तिक समीक्षा, मार्क्सवादी, प्रयोगवादी और नई कविता मनोविज्ञान और मनोविश्लेषणवादी समीक्षाओं का उल्लेख किया और उनकी व्याख्या की है। ''प्रगतिवादी सैद्धान्तिक समीक्षा का मूलाधार, कलात्मक परिष्कृति से उत्पन्न संवेदनापूर्ण भावों की व्याख्या के स्थान पर जनवादी मूल्यों और विशेषकर जिनका सम्बन्ध मार्क्सवादी यथार्थवाद से है की प्रायोगिकता है। सैद्धान्तिक दृष्टि से इनकी साहित्यिक नीति उपयोगितावादी है, और इस रूप में अभिजात कला रुचियों, संस्कारों, भावनात्मक प्रतिक्रियाओं के ठीक विपरीत वर्गविहीन समाज की स्थापना के प्रति सचेष्ट एवं इनमें सहायक जीवन्त तत्त्वों को उभाड़कर साहित्यिक चेतना के धरातल पर प्रतिष्ठित कराने का श्रेय इन आलोचकों को है। उपलब्धियों की दृष्टि से इसकी दिशाओं का व्यावहारिक क्षेत्र अभी प्राय: अछूता ही है। सम्भवत: इसका मुख्य कारण है निम्नवर्गीय चेतना को साहित्यिक स्तर पर अभिव्यक्ति का माध्यम बनाने में 'पैटर्न' का ही प्रयोग होता रहा है।

मार्क्सवादी सैद्धान्तिक समीक्षा का विकास हिन्दी में बहुत कम हो सका है। इस वर्ग के लेखक तथा आलोचक रामविलास शर्मा, शिवदान सिंह चौहान आदि अधिकांशतया स्वीकृत मान्यताओं के आरोपण तथा नारेबाजी के लिए प्रसिद्ध हैं। फ्रायड के अनुसार रचनाशीलता की प्रेरक तीन शक्तियाँ हैं–कामवासना (लिविडो), अचेतन मस्तिष्क तथा अतृप्त वासनाएँ (अनकॉन्शस माइंड एंड कॉम्प्लेक्सेज) एवं अहं (इगो)। इस सैद्धान्तिकता ने प्रत्यक्षत: कम किन्तु अप्रत्यक्ष रूप में साहित्य के सिद्धान्त चिन्तन को अधिक प्रभावित किया। ''यह मनोविश्लेषणात्मक समीक्षा पद्धति के लिए आवश्यक तत्त्व है जिन्होंने समीक्षा का ज्यादा भला नहीं किया। प्रयोगवाद तथा नई कविता ने नितान्त आधुनिकता या समसामयिकता के अन्तर्गत भोगी जानेवाली स्वस्थ तथा कुंठित यथार्थानुभूति को बिना छद्म के स्वीकार किया है। इस तथ्य का प्रभाव सैद्धान्तिक समालोचना पर बड़े व्यापक ढंग से पड़ा है। आज की समस्त कटुता, सुखभोग की आकांक्षा, यथार्थबोध की सम्पूर्ण भावात्मक, अभावात्मक संवेदनाएँ–सामर्थ्य–असामर्थ्य, बौद्धिकता जो कुछ भी व्यक्ति एवं समष्टि के लिए है–समान रूप से सभी को स्वीकार किया है। परिवेशगत इन बौद्धिक–अबौद्धिक संवेदनाओं एवं मानवीय यथार्थबोध के साथ–साथ चिन्तन के व्यापक स्तर पर स्वीकृत तथ्य इस समीक्षा पद्धति के साथ है।''[24] डॉ. योगेन्द्र सिंह ने सैद्धान्तिक समालोचना की व्याख्या करते हुए आलोचना की विभिन्न पद्धतियों की व्याख्या की है। समालोचना का एक प्रकार व्यावहारिक समालोचना है जिस पर दृष्टि डालेंगे। इस समीक्षा पद्धति का व्यवस्थित और क्रमिक विकास आधुनिक काल में हुआ। यह अपनी पूर्ववर्ती युगों की समालोचना पद्धति से प्रभावित थी।

डॉ. भगवतस्वरूप मिश्र कहते हैं–''व्यावहारिक समीक्षा के मूल में सिद्धान्त होते हैं उनका प्रयोजन ही सिद्धान्त प्रतिपादन है और सैद्धान्तिक समीक्षा की उपादेयता व्यावहारिक समीक्षा के लिए है। आज साहित्य सिद्धान्तों के निर्माण का सबसे महत्त्वपूर्ण साधन व्यावहारिक समीक्षा है। इस प्रकार समीक्षा के दोनों रूप एक-दूसरे पर अन्योन्याश्रित हैं। आज का युग व्यावहारिक समीक्षा का युग है।'' वे कहते हैं–''पाश्चात्य समीक्षा का जन्म ही व्यवहार और प्रयोग से हुआ है। अरस्तु का अप्राप्त ग्रन्थ भी व्यावहारिक समीक्षा का ही ग्रन्थ था। पाश्चात्य समीक्षा–कृति के मूल उद्‌गम, उसकी प्रेरणा, उसमें प्रयुक्त सामग्री, उसके भाव तथा प्रभाव तक के सम्पूर्ण रूप को उसके पूरे परिवेष्टन में देखती है। वह साहित्यिक कृति को ऐतिहासिक, सामाजिक, मनोवैज्ञानिक, शास्त्रीय, सौन्दर्यवादी आदि अनेक दृष्टियों से परखती है। पाश्चात्य साहित्यालोचक भी यह मानता है कि सम्पूर्ण समीक्षा का, चाहे वह व्यावहारिक हो या सैद्धान्तिक, अन्तिम लक्ष्य साहित्य दर्शन का निर्माण है। पाश्चात्य आलोचक मूलत: व्यावहारिक ही है। उसकी प्रक्रिया ही व्यावहारिक नहीं है अपितु वह साहित्य दर्शन की उपादेयता भी उसके व्यवहार में ही मानता है। विशुद्ध सैद्धान्तिक चिन्तन का सर्जन पर नियंत्रण करनेवाली शक्ति में परिणत होना उसकी व्यावहारिक उपादेयता ही है। इस प्रकार सर्जनात्मक साहित्य के विकास, गत्यवरोध एवं दिशा निर्देशन का यह कार्य भी साहित्य समीक्षा का व्यावहारिक रूप है।''[25]

आधुनिक युग में हिन्दी समीक्षा पश्चिम की तरह मुख्य रूप से प्रयोग पर निर्भर होती जा रही है, इसलिए भी इसे व्यावहारिक समीक्षा का युग कहना उचित होगा? मिश्र जी ने अपने इस लेख में कहा है कि हिन्दी का अपना अलग स्वतंत्र कोई साहित्य शास्त्र तो बन नहीं पाया है। भारतीय और पाश्चात्य सिद्धान्तों को हिन्दी ने आपस में मिला लिया है। इन्हीं मिश्रित सिद्धान्तों के आलोक में हिन्दी का समीक्षक अपने लक्ष्य ग्रन्थों का मूल्यांकन करता है। इस प्रकार आज हिन्दी का आलोचक प्रधान रूप से प्रयोगात्मक समीक्षक ही है। मिश्र जी कहते हैं–''भक्तिकाल से ही हिन्दी साहित्य का वास्तविक आरम्भ माना जाना चाहिए तथा भक्तिकालीन कवियों ने समीक्षात्मक चेतना का जो कुछ आभास दिया था, अगर उसे भक्ति-भावना अनावश्यक रूप से आक्रान्त न कर लेती, उसमें काव्य सौष्ठव के मूल्यांकन का विशुद्ध साहित्यिक दृष्टिकोण अधिक मान्यता प्राप्त कर जाता, तो उसको स्वच्छन्दता-पूर्वक स्वस्थ दिशाओं में विकास करने का अवसर मिलता।''[26] वे कहते हैं–रीतिकालीन साहित्य और समीक्षात्मक चेतना के अन्तस्तल में 'कला कला के लिए' वाला सिद्धान्त था। इस चमत्कारवादी दृष्टि का लाभ यह हुआ कि कवि और आचार्यों का ध्यान काव्य के विशुद्ध रूपात्मक सौन्दर्य की ओर अभिमुख हो गया। व्यावहारिक समीक्षा के विभिन्न रूपों का वर्णन करते हुए वे संस्कृत में व्यावहारिक

समीक्षा के मोटे तौर पर तीन रूपों की बात करते हैं–टीका पद्धति, सूक्तियों, सिद्धान्तों के स्पष्टीकरण के लिए काव्य ग्रन्थों से उद्धरण तथा उनकी समीक्षात्मक व्याख्या।

टीका पद्धति हिन्दी में भी है। 'मानस रहस्य' (सरदार कवि) एक ऐसा उत्कृष्ट टीका ग्रन्थ है जिसमें प्रौढ़ शास्त्रीय विवेचन के साथ ही सैद्धान्तिक और व्यावहारिक समीक्षा का मिश्रण भी मिलता है। आधुनिक युग में टीका पद्धति का विकास हो रहा है, क्योंकि काव्य के साथ अब गद्य साहित्य भी है। इस गद्य साहित्य की सूक्ष्म और प्रौढ़ व्याख्या करने के लिए, आलोचना के लिए शास्त्रीय के साथ, मनोवैज्ञानिक सौन्दर्यशास्त्रीय, ऐतिहासिक आदि टीकाएँ की जा रही हैं। मध्यकाल में 'तुलनात्मक समीक्षा' के उदाहरण मिलते हैं। इस काल में व्यावहारिक समीक्षा का अपेक्षाकृत प्रौढ़ और शास्त्रीय रूप मिल जाता है। इस काल में ज्यादातर रचना और रचनाकारों की निन्दास्तुति करनेवाली हलकी प्रभाववादी समीक्षा के ही दर्शन होते हैं। आधुनिक काल नवीन बौद्धिक क्रान्ति का काल था? मिश्र जी कहते हैं–"भारतेन्दु युग से प्रारम्भ होनेवाली नवीन साहित्य समीक्षा इसी नवीन बौद्धिक क्रान्ति का सहज एवं स्वाभाविक परिणाम है। प्रयोगात्मक समीक्षा के व्यवस्थित विकास का तो यह युग है ही पर इस युग में सैद्धान्तिक विवेचन एवं साहित्य दर्शन का निर्माण भी विस्तृत आधार पटल पर हुआ है। प्राचीन भारतीय सिद्धान्तों के गर्भ में निहित गूढ़ अर्थों के उद्‌घाटन तथा पाश्चात्य समीक्षा शास्त्र की मान्यताओं के आलोक में उनके पुनर्मूल्यांकन का कार्य भी इस युग की एक विशेषता है। काव्य का लोक जीवन से सम्बन्ध, हिन्दी की उन्नति, काव्यभाषा के स्वरूप आदि इस काल के चिन्तन के मुख्य विषय थे। यह स्पष्ट है कि काव्य-चिन्तन में एक नवीन चेतना का सूत्रपात हो गया था। यही व्यावहारिक समीक्षा के मूल में रहनेवाली चेतना है।"[27] मिश्र जी द्विवेदी युग को समीक्षा का प्रथम उत्थान काल मानते हुए कहते हैं कि इस युग में समीक्षा का व्यवस्थित विकास हुआ तथा इसी काल में समीक्षा ने निश्चित स्वरूप धारण किया। द्विवेदी जी ने इसके इसी स्वरूप को वैज्ञानिक दृष्टि दी और एक जीवंत समीक्षा पद्धति का निर्माण हुआ। यह युग पुनरुत्थान और सुधारवादी भावनाओं का, आदर्श और नैतिकता का युग था। इस युग में रस सिद्धान्त को महत्त्व दिया गया। मिश्रबन्धुओं की समीक्षा तुलनात्मक और निर्णयात्मक ही है। द्विवेदी जी ने आधुनिक स्वच्छन्दतावादी काव्य चेतना का स्वागत भी किया और उसे अपनाने की प्रेरणा भी दी। द्विवेदी जी की समीक्षात्मक धारणा विस्तृत थी परन्तु व्यावहारिक समीक्षा करते हुए उसमें वह गरिमा नहीं थी जो होनी चाहिए। द्विवेदी जी की समीक्षाएँ निर्णय देनेवाली हैं। उनकी विवेचना पद्धति विश्लेषणात्मक न होकर परिचयात्मक अधिक है। इस युग के अन्य समीक्षक लाला भगवानदीन जी, बख्शी जी, हरिऔध, कृष्णबिहारी मिश्र आदि हैं तथा ग्रन्थों में बिहारी का संजीवनी भाष्य, रसज्ञ रंजन, कालिदास की निरंकुशता आदि हैं।

प्रयोगात्मक समीक्षा का वास्तविक, वैज्ञानिक स्वरूप आचार्य शुक्ल की समीक्षा पद्धति में दिखाई देता है। शुक्ल जी ने हिन्दी साहित्य की समीक्षा के लिए ठोस सैद्धान्तिक आधार तथा वैज्ञानिक प्रणाली प्रदान की। वे रसवादी और नैतिक मूल्यवादी हैं। उनकी समीक्षा विश्लेषणात्मक एवं वैज्ञानिक है। उनकी समीक्षा शास्त्रीय एवं वैज्ञानिक होते हुए भी उस पर वैयक्तिक रुचि का कठोर नियंत्रण है। शुक्ल जी की प्रयोगात्मक समीक्षाओं को दो रूपों में बाँट सकते हैं–उद्देश्य सम्बन्धी तथा रूपात्मक। शुक्ल जी ने भारतीय साहित्य शास्त्र के आधार पर रूपात्मक समीक्षा की है। उन्होंने सूर, तुलसी, जायसी के विभाव पक्ष और भाव पक्ष का अत्यन्त सूक्ष्म एवं गम्भीर विश्लेषण किया है। शुक्ल जी की व्यापक दृष्टि की आकांक्षा ने सौष्ठववादी समीक्षा को जन्म दिया। इसकी परिभाषा बताते हुए मिश्र जी कहते हैं–''हिन्दी में नवीन रहस्यवादी सौन्दर्य चेतना से अनुप्राणित तथा दार्शनिक आभा एवं मधुर कल्पनाओं से पूर्ण अभिव्यंजना की नवीनता और संगीतमयी भाषा के साथ छायावाद के नाम से जिस आत्मपरक साहित्य का सर्जन प्रारम्भ हुआ, उसका मूल्यांकन करने के लिए हिन्दी की सौष्ठववादी समीक्षा उदित हुई। सर्जन के क्षेत्र में जिन प्रेरक शक्तियों से छायावाद का जन्म हुआ है, उन्ही शक्तियों ने भाव के क्षेत्र में सौष्ठववादी समीक्षा को रूपायित किया है।''[28] वाजपेयी जी इस सौष्ठववादी समीक्षा के सम्बन्ध में कहते हैं–''सौष्ठववादी समीक्षा का मूल आधार ही काव्य की लोकोत्तर भावमयता की अनुभूति है। इसी के सौष्ठव का साक्षात्कार है। काव्य की सम्पूर्ण विचार-धाराएँ, काव्य शैलियों, वर्ण्य विषय तथा रचना के नियम अपने से ही निर्मित होनेवाले इसी सौन्दर्य में परिणत हो जाते हैं। इसी सौन्दर्य का सम्यक् संवेदन ही सौष्ठववादी समीक्षक की दृष्टि से काव्यलोचन के प्राण हैं।''[29] वाजपेयी जी की यही धारणा सौष्ठववादी समीक्षा का वास्तविक रूप है। ''इस सौन्दर्य में, इस लोकोत्तर भावमयता में भारतीय रसात्मकता तथा पाश्चात्य संवेदनीता का सुन्दर समन्वय हुआ है। कवि हृदय की जिस अनुभूति से उसका सम्पूर्ण काव्य प्राण स्पंदन का अनुभव करता है, उसी रसात्मक अनुभूति की तुलनात्मक अभिव्यक्ति काव्य का सौष्ठव है। यही कार्लाइल की दृष्टि से काव्य का गूढ़ार्थ (Deeper Import) अथवा काव्य की दिव्य ज्योति (Empezem Fire) है। इसमें सौन्दर्य तथा मंगल एवं अनुभूति तथा अभिव्यक्ति का सुन्दर समन्वय रहता है। इसी से सम्पूर्ण काव्य ज्योतिष्मान रहता है। सौष्ठववादी समीक्षक सम्पूर्ण काव्य के वस्तु सौन्दर्य पर विचार करता है। किस प्रकार सम्पूर्ण वस्तु एक विशेष असाधारण भावोत्तेजना की सृष्टि करती है ? काव्य में कैसे मर्मपूर्ण जीवन का चित्रण है ? कवि इनकी कितनी मार्मिक, मनोरम तथा प्रभावशाली व्यंजना कर पाया है ? कवि का व्यक्तित्व तथा उसका सामाजिक परिवेष्टन इनको इस प्रकार रूपायित करने में

कैसे उत्तरदायी है ? आदि अनेक प्रश्न समीक्षक के समक्ष होते हैं। सौष्ठववादी समीक्षक संश्लिष्ट विवेचन करता है। वह काव्य की अनुभूति तथा अभिव्यक्ति, भावपक्ष और कलापक्ष को पृथक् करके नहीं चलता है। वह तो काव्यानुभूति को अखंड रूप में ही देखता है। सांस्कृतिक मनोभावों की स्वच्छन्द अनुभूति प्रवाह तथा उनकी मनोरम अभिव्यक्ति के सौन्दर्य रूप की काव्यात्मक मनोवैज्ञानिक एवं प्रभाववादी समीक्षा ही उसका उद्देश्य है।''[30] प्रसाद ने कविता में सत्यं, शिवं, सुन्दरम् का जो समन्वय किया है, वाजपेयी जी ने सूर की समीक्षा में जिस आध्यात्मिक दर्शन को प्रस्तुत किया है, साहित्य में इसी मंगलरूपी सौन्दर्य का दर्शन कराना सौष्ठववादी समीक्षक का कार्य है। मिश्र जी कहते हैं–''सौष्ठववादी समीक्षक का झुकाव प्रधानतः विशुद्ध काव्य की दृष्टि से आलोचना करने की ओर ही रहा। नीति, दर्शन, संस्कृति आदि के स्थूल मापदंड बाह्य आरोपित तथा काव्येतर हैं, यही उसकी मान्यता रही। काव्य को वह कवि का विशद आत्माभिव्यंजन मानता है। वह कवि के व्यक्तित्व का विशद मनोवैज्ञानिक विश्लेषण करता है। युग के सांस्कृतिक तथा दार्शनिक आदर्शों तथा परिवर्तनशील परिस्थितियों के आलोक में भी कवि और उसकी कलाकृति का मूल्यांकन सौष्ठववादी समीक्षक को करना पड़ता है। इस प्रकार इस समीक्षा पद्धति में काव्यात्मक एवं मनोवैज्ञानिक विश्लेषण तथा मूल्यांकन के साथ ही ऐतिहासिक समीक्षा का भी पूरा-पूरा उपयोग हुआ है। मनोवैज्ञानिक, काव्यात्मक, ऐतिहासिक तथा प्रभावात्मक ये चार इस समीक्षा पद्धति के प्रधान तत्त्व हैं।''[31] किसी सीमा तक स्वच्छन्दता का सिद्धान्त मानने के कारण सौष्ठववादी समीक्षक का दृष्टिकोण स्वच्छन्दतावादी है। चूँकि इस समीक्षा में स्वच्छन्दता और शास्त्रीयता का सुन्दर समन्वय है, इसी कारण सौष्ठववादी समीक्षक सामयिक साहित्य के साथ ही प्राचीन साहित्य का मूल्यांकन भी सफलतापूर्वक कर पाते हैं। इन सभी समीक्षकों ने भावों की गरिमा, अभिव्यंजना कौशल तथा मर्मस्पर्शिता को सर्वाधिक महत्त्व दिया तथा दार्शनिक और नैतिक मान्यताओं पर हलका दृष्टिपात किया। इन समीक्षकों की वैयक्तिक रुचि होते हुए भी इनमें सहृदयता तथा सूक्ष्म विश्लेषण शक्ति थी। मिश्र जी कहते हैं–''भावों की अत्यधिक सूक्ष्मता तथा आध्यात्मिक गहराई तक पहुँचने की तीव्र आकुलता, छायावादी प्रभाव के कारण शैली अस्पष्टता जनित दुरूहता, साहित्य में बढ़ती हुई व्यक्तिवादी धारणा के साथ समीक्षा के प्रभाववादी दृष्टिकोण की आत्मपरकता से अगर सौष्ठववादी समीक्षा आक्रान्त न हो जाती तथा साथ ही हिन्दी साहित्य की व्यक्तिवादी एवं समाजवादी विचारधाराओं से अनुप्राणित समीक्षात्मक चेतना फ्रायड आदि के अन्तश्चेतना के व्यक्तिवादी और मार्क्स के समाजवादी यथार्थ के पश्चिमी मतवादों के दलदल में फँस जाती तो सौष्ठववादी समीक्षा को स्वस्थ तथा निर्मल वातावरण

में विकसित होने का सुयोग प्राप्त हो जाता। इसके परिणामस्वरूप सौष्ठववादी नैतिकता के आग्रह से मुक्त, शीलविकास, लोकमंगल, रसवादी दृष्टि को आत्मसात् कर तथा शुक्ल शैली के तत्त्वों का परिष्कार करती हुई सौन्दर्य एवं मंगल, अनुभूति तथा अभिव्यंजना के समन्वय पर प्रतिष्ठित मनोवैज्ञानिक और ऐतिहासिक शैलियों का समुचित उपयोग करनेवाली स्वस्थ काव्यात्मक समीक्षा पद्धति का निर्माण कर पाते। निश्चय ही इस पद्धति में एक सार्वदेशिकता होती पर ऐसा होने से पूर्व ही हिन्दी समीक्षा की प्रगति में गतिरोध आया और उसकी धारा बँटकर कई दिशाओं में बहने लगी।''[32] इस पद्धति का निर्माण करने का श्रेय पन्त, निराला, महादेवी, प्रसाद आदि को है। रामधारी सिंह 'दिनकर', हजारीप्रसाद द्विवेदी, देवराज, नगेन्द्र आदि इस पद्धति का निर्माण करनेवाले हैं।

मिश्र जी ने ऐतिहासिक, चरितमूलक, प्रभाववादी, सौन्दर्यान्वेषी, अभिव्यंजनावादी आदि शैलियों का उल्लेख किया है। वे कहते हैं–''हिन्दी में ऐतिहासिक शैली ही मार्क्सवादी साहित्य दर्शन का आश्रय प्राप्त करके मार्क्सवादी समीक्षा-पद्धति के रूप में स्वतंत्र सम्प्रदाय बन गई। कवि जीवन और काव्य के घनिष्ठ सम्बन्ध के सिद्धान्त का एक विशेष रूप ही मनोविश्लेषणवादी समीक्षा सम्प्रदाय में सघन हुआ है।'' इलाचन्द्र जोशी की मेघदूत की व्याख्या में मुख्यतः सौन्दर्यान्वेषी दृष्टिकोण है। गंगाप्रसाद पांडेय का 'महाप्राण निराला' चरितमूलक समीक्षा का प्रौढ़ उदाहरण है।

मानवतावादी समाज शास्त्रीय समीक्षा

इस समीक्षा का सबसे सम्यक्, प्रौढ़ और पुष्ट रूप हजारीप्रसाद द्विवेदी की समीक्षा में मिलता है। द्विवेदी जी की जीवन-दृष्टि मानवतावादी है। वे कहते हैं–''जो जैसा है वैसा ही मान लेना, मनुष्य पूर्व जीवों का लक्षण था, पर जो जैसा है वैसा नहीं बल्कि जैसा होना चाहिए, वैसा करने का प्रयत्न, मनुष्य की अपनी विशेषता है–लोभ सहजात मनोवृत्ति है, वह पशु और मनुष्य में समान है। पर-औदार्य पर-दुख संवेदन उसमें नहीं होते वे मनुष्य की अपनी विशेषता है। सारे प्रतीयमान विरोधों का सामंजस्य एक ही बात में होगा मनुष्य का हित, हमारे समस्त प्रयत्नों का लक्ष्य एकमात्र वही मनुष्य है। उसको वर्तमान दुर्गति से बचाकर मनुष्य को आत्यन्तिक कल्याण की ओर उन्मुख करना ही हमारा लक्ष्य है। यही सत्य है, यही धर्म है।''[33] इस उदाहरण से स्पष्ट है कि द्विवेदी जी की कला कला के लिए नहीं है, बल्कि कला उनके लिए मानव कल्याण का साधन है। उनका दृष्टिकोण मानवतावादी है, जो यथार्थ पर आधारित है। साहित्य और युग के अन्योन्याश्रित तथा सापेक्ष रूप का अनुशीलन एवं मूल्यांकन ही द्विवेदी जी की दृष्टि से ऐतिहासिक समीक्षा है। द्विवेदी जी की पद्धति के सांस्कृतिक तथा ऐतिहासिक पक्ष का

मानवतावादी साहित्य दर्शन के आधार पर एक नवीन सम्प्रदाय के रूप में विकास हुआ। यह सम्प्रदाय मानवतावादी समाजशास्त्रीय समीक्षा पद्धति के रूप में विकसित हुआ। मिश्र जी कहते हैं–''मनोविश्लेषण शास्त्र तथा द्वन्द्वात्मक भौतिकवादी के प्रभाव से हिन्दी में क्रमशः व्यक्तिवादी एवं समष्टिवादी साहित्य दर्शन का विकास हुआ। इससे हिन्दी में मनोविश्लेषणात्मक एवं प्रगतिवादी समीक्षा पद्धतियों का जन्म हुआ।''

मार्क्सवादी समीक्षा

हिन्दी की प्रगतिशील समीक्षा को समझने के लिए मार्क्सवादी जीवन-दर्शन का सम्यक् ज्ञान प्राप्त करना आवश्यक है। ''मार्क्स का जीवन दर्शन भौतिकवादी है। वह जीवन और साहित्य को द्वन्द्वात्मक तथा ऐतिहासिक भौतिकवाद एवं समाजवादी यथार्थवाद के सिद्धान्तों के आधार पर परखता है। मार्क्स समाज के ऐतिहासिक विकास एवं व्यक्तियों के पारस्परिक तथा समाज से सम्बन्ध को द्वन्द्वात्मक भौतिकवाद के आधार पर समझना चाहता है, ऐतिहासिक भौतिकवाद का यही उद्देश्य भी है। मार्क्स के अनुसार कला और साहित्य का उद्भव व्यष्टि-चेतना से नहीं अपितु समष्टि-चेतना से होता है। उसकी दृष्टि से साहित्य और कला का स्वरूप वर्ग चेतना नियंत्रित करती है। कलाकार का व्यक्तित्व उसकी परिस्थितियों तथा वर्ग चेतना के द्वारा ही नियंत्रित एवं रूपायित होता है। साहित्यकार अपने युग का उपभोक्ता मात्र नहीं अपितु उसका निर्माता भी है। वह जीवन के निर्माण की अप्रतिहत शक्ति है। जीवन की प्रत्येक यथार्थवादी परिस्थिति के अन्तस्थल में जीवन के विकास की शक्ति अन्तर्निहित है और सच्चे कलाकार का कार्य उस शक्ति को पहचान कर साहित्य द्वारा उसी का आवाहन करने का है। यही कलाकार की प्रगतिशीलता है। मार्क्सवाद के अनुसार आज का वही साहित्य प्रगतिशील है जो पूँजीवादी तत्त्वों के नाश तथा समाजवादी तत्त्वों के निर्माण का समर्थक है। मार्क्सवाद साहित्य के किसी शाश्वत एवं युगनिरपेक्ष मान मूल्य के सिद्धान्त को स्वीकार नहीं करता। प्रत्येक कलाकृति अपनी परिस्थितियों में ही प्रगतिशील या प्रतिक्रियावादी है। मार्क्सवादी साहित्य की सिद्धान्ततः ऐतिहासिक व्याख्या करता है। वह साहित्य और कला को बौद्धिक तथा वैज्ञानिक दृष्टिकोणों से परखता है।''[34] शिवदान सिंह चौहान की दृष्टि उदार है पर स्वस्थ और अस्वस्थ साहित्य का निर्णय करते समय वे ठेठ मार्क्सवादी हो जाते हैं। वे कहते हैं–''मूल्यांकन करते समय रचना में वस्तुगत एवं रूपगत मूल्यों का विवेचन कर साहित्य के इतिहास में कृति विशेष का स्थान निर्दिष्ट करना चाहिए। रचना में व्यक्त मूल्य किस कोटि के हैं–सामाजिक या असामाजिक, स्वस्थ या अस्वस्थ, मानव के जीवन बोध को अधिक व्यापक और गहरा बनाते हैं या

एकांगी या उथला, सौन्दर्य चेतना अधिक परिष्कृत करते हैं या कुत्सित।''[35] चौहान में समन्वयवादी भावना भी है।''उन्होंने व्यक्तिवादी साहित्य में विकृति, कुंठा और कुत्सा के दर्शन किए हैं। प्रयोगवादी काव्य को मनुष्य की दमित इच्छाओं के विस्फोट, मानव द्रोह और अनास्था के कारण इन्होंने हेय करनेवाले कहा है।''[36] मार्क्सवादी विचारधारा के चन्द्रबली सिंह ने 'स्वर्ण किरण', 'उत्तरा' तथा अज्ञेय जी के साहित्य को सांस्कृतिक विघटन और अनास्था का साहित्य कहा है।''[37]

मनोविश्लेषणवादी समीक्षा

ऐसी विचारधारा जो साहित्य के मूल तत्त्व के रूप में व्यक्त सत्य को ही स्वीकार करती है, गहन-गम्भीर एवं वैज्ञानिक होकर मनोविश्लेषणात्मक समीक्षा पद्धति बन गई है। जोशी जी कहते हैं–''किसी कलाकार की कृति से उसके मन के भीतर के द्वन्द्व, उसकी अन्तश्चेतना में निहित पाशविक प्रवृत्तियों के कारण अथवा स्वास्थ्यकर मानवीय भावनाओं के आलोड़न का पता निश्चित रूप से लगाया जा सकता है।''[38] मिश्र जी मनोविश्लेषणात्मक समीक्षा के सम्बन्ध में कहते हैं–''मनोविश्लेषण शास्त्र में काव्य और कला में स्वप्न की तरह अन्तश्चेतना की ही अभिव्यक्ति होती है, प्रतीक अन्तश्चेतना की ही सृष्टि करते हैं। काव्य और कला में भी कलाकार की अन्तश्चेतना द्वारा उद्भूत प्रतीक ही उसके निजी व्यक्तित्व को अभिव्यक्त करते हैं। सच्चे प्रतीकों का काव्य ही पाठक की अन्तश्चेतना को अभिव्यक्ति का अवसर देकर विरेचन के द्वारा उसके व्यक्तित्व का उन्नयन करता है। इस सिद्धान्त में यही काव्य का प्रयोजन माना गया है। कवि के व्यक्तित्व के सामाजिक संस्कार बाह्य आचरण मात्र हैं। इसलिए वे काव्य की दृष्टि से दूरवर्ती और अनुपादेय हैं।''[39]

फ्रायड, एडलर और युंग के मनोविश्लेषणात्मक सिद्धान्तों पर ही यह पद्धति टिकी हुई है। फ्रायड कामवासना को ही प्रधान वृत्ति मानता है। एडलर ने प्रभुत्व की कामना को ही महत्त्वपूर्ण माना है। युंग जीवन जीने की इच्छा यानी उत्कट जिजीविषा को मूल में मानता है।''हिन्दी के मनोविश्लेषणात्मक समीक्षकों ने आधुनिक काव्य की गतिविधि पर कला की वैयक्तिकता तथा जीवनशीलता प्रदान करने की क्षमता की दृष्टि से विचार किया है, तथा मनोवैज्ञानिक सिद्धान्तों के आधार पर प्राणशक्ति के अभाव का भी विश्लेषण किया है। ये समीक्षक छायावादी काव्य के कलात्मक सौष्ठव के प्रशंसक हैं पर उन्होंने उनकी विलासिताजन्य पलायनवादी प्रवृत्ति की घोर निन्दा की है। प्रगतिवादी को भी उन्होंने कुंठाओं का परिणाम कहा है। प्रगतिवादियों के नग्न चित्रणों में उन्हें दमित वासनाओं के दर्शन होते हैं। जोशी जी ने छायावादी काव्य में दाम्भिकता और विकृत मनोभावों की तृप्ति की आकांक्षा के दर्शन किए हैं।

उनका कहना है कि प्रगतिवादी काव्य के मूल में सामूहिक कल्याण की कामना नहीं, कवि के अपने महत्त्व की स्थापना की भावना है। वे प्रगतिवाद के समाज विद्रोह के उद्गारों में रोमांटिक रस का आनन्द मानते हैं। इस प्रकार इन्होंने प्रगतिवाद का मनोविश्लेषणात्मक विवेचन किया हैं।''[40] मनोविश्लेषण के सिद्धान्तों ने हिन्दी की सृजनात्मक भावना को काफी प्रभावित किया है।

इस प्रकार इस अध्याय में हमने विभिन्न समीक्षकों द्वारा प्रस्तुत समीक्षा की अधुनातन पद्धतियों पर विस्तारपूर्वक चर्चा की है। इन्हें संक्षेप में केवल नाम और इनकी संख्या के रूप में देखें–

1. तुलनात्मक समीक्षा पद्धति
2. निर्णयात्मक समीक्षा पद्धति
3. शास्त्रीय समीक्षा पद्धति
4. सैद्धान्तिक समीक्षा पद्धति
5. व्यावहारिक समीक्षा पद्धति
6. समन्वयवादी समीक्षा पद्धति
7. मूल्यवादी समीक्षा पद्धति
8. मानवतावादी समीक्षा पद्धति
9. प्रभाववादी समीक्षा पद्धति
10. प्रगतिवादी समीक्षा पद्धति
11. मार्क्सवादी समीक्षा पद्धति
12. प्रयोगवादी समीक्षा पद्धति
13. मनोविश्लेषणात्मक समीक्षा पद्धति
14. ऐतिहासिक समीक्षा पद्धति
15. टीका पद्धति
16. सौष्ठववादी समीक्षा पद्धति
17. सौन्दर्यान्वेषी समीक्षा पद्धति
18. अभिव्यंजनावादी समीक्षा पद्धति आदि।

उपर्युक्त अधुनातन समीक्षा पद्धतियों के द्वारा साहित्य को परखकर उसके चहुँमुखी विकास के लिए नए कदम उठाए जाते हैं।

उपर्युक्त पद्धतियों की मूल्यगत प्रविष्टि की आवश्यकता

किसी भी भाषा के साहित्य का पूरा विवरण प्राप्त करने के लिए उसके आलोचना साहित्य को देखने की आवश्यकता होती है। अत: हिन्दी साहित्य की अनेक विधाओं ने स्वतंत्रता प्राप्ति के बाद कितने और कैसा विकास किया ? केवल विस्तार

पाया या गरिमामय विस्तार पाया? उसमें हमारी सामाजिक, राजनीतिक, आर्थिक, सांस्कृतिक स्थिति को किस तरह से दर्शाया गया है? क्या वह साहित्य हमारे वास्तविक जीवन से मेल खाता है? सब प्रश्नों के उत्तर हमें आलोचना साहित्य से प्राप्त होते हैं। इधर साहित्य की विविध विधाओं के साथ आलोचना साहित्य का विकास भी तेजी से हो रहा है। हिन्दी का समीक्षा जगत चेतना से भरपूर है। कई दिशाओं में काम चल रहा है। साहित्य का अनेक दृष्टियों से अध्ययन हो रहा है और शोध कार्य चल रहे हैं। हिन्दी समीक्षक के पास समीक्षा की अनेक पद्धतियाँ हैं, जो हम ऊपर पढ़ चुके हैं। इन सभी पद्धतियों के द्वारा वह कृति का परिवेष्टन, रचनाकार का व्यक्तित्व और चरित्र, रचना का वस्तु-विन्यास, रूपत्तत्व, भाव संवेदना, भावों का विश्लेषण तथा रचना के प्रभाव आदि का विभिन्न दृष्टियों से मूल्यांकन करता है। विभिन्न लेखकों की विभिन्न मान्यताएँ हैं और वे सभी अपनी-अपनी मान्यताओं के साथ एक ही साथ कई पद्धतियों को अपनाकर समीक्षा करते हैं जिससे रचना और रचनाकार का रेशा-रेशा स्पष्ट हो जाता है। रचना के गुण-दोषों पर प्रकाश पड़ता है और दोषों को दूर करने का अवसर प्राप्त होने के साथ ही स्वस्थ रचना के निर्माण और विकास में सहायता मिलती है। डॉ. शर्मा 'दिनेश' कहते हैं–''विस्तार, विषय-वैविध्य तथा गम्भीरता की दृष्टि से पन्द्रह वर्षों के इस युग में हिन्दी आलोचना में जितना काम हुआ है उससे पहले कभी नहीं हुआ। युग की बदलती हुई परिस्थितियों की बहुमुखी गतिविधि के प्रति हिन्दी के आलोचक कितने जागरूक हैं इसका प्रमाण हिन्दी में नित्य प्रति प्रकाशित हो रहे ग्रन्थों, असंख्य आलोचनात्मक ग्रन्थों से मिल जाता है जिनसे आज हिन्दी का बाजार पटा हुआ है। स्वाभाविक रूप से ग्रन्थों की यह संख्या वृद्धि उस विस्तार एवं साथ ही उस गहराई की न्यूनता के प्रति संकेत करती है जो ऐसी परिस्थितियों में अनिवार्य है। आज हिन्दी में आलोचनात्मक साहित्य का प्रकाशन परिमाण की दृष्टि से सबसे अधिक हो रहा है। इस साहित्य में विविध पाठ्यक्रमों में निर्धारित विषयों, ग्रन्थों, कवियों, लेखकों आदि से सम्बन्धित साधारण स्तर की छात्रोपयोगी पुस्तकों से लेकर प्राचीन एवं नवीन ग्रन्थों, समस्याओं, विचारधाराओं, कवियों तथा व्याकरण, भाषा-विज्ञान आदि विषयों सम्बन्धी अनेक उच्चकोटि के विद्वत्ता, मौलिकता एवं गवेषणापूर्ण ग्रन्थों का प्रणयन भी प्रचुर मात्रा में हो रहा है।''[41] साहित्य की किसी भी विधा की समीक्षा करने के लिए उसके अनेक ग्रन्थों को जुटाना, पढ़ना, मनन, चिन्तन करके तब तुलनात्मक, निर्णयात्मक, समन्वयात्मक या ऐसी ही किसी भी पद्धति का आश्रय लेना पड़ता है। इससे यह लाभ होता है कि बिखरी हुई रचनाएँ, छिपी हुई रचनाएँ प्रकाश में आती हैं और पाठक उनसे लाभ उठाता है। शर्मा जी कहते हैं–''आधुनिक समालोचना के काल में एक अत्यन्त महत्त्वपूर्ण कार्य यह हुआ कि हिन्दी की विभिन्न बोलियों में बिखरे

हुए लोकसाहित्य का संग्रह, सम्पादन और अनुसन्धान का कार्य आरम्भ हो गया। विद्वानों ने अवधी, ब्रज, कन्नौजी, बुन्देलखंडी, भोजपुरी, मैथिली आदि साहित्यिक एवं लोकभाषाओं में प्रचलित लोकगीतों का संग्रह कर इस उपेक्षित साहित्यांग को गौरवपूर्ण स्थान प्रदान किया है। इस कार्य द्वारा सबसे बड़ा लाभ यह हुआ कि लोकगीतों द्वारा किसी प्रदेश विशेष की ऐतिहासिक एवं सांस्कृतिक महत्ता पर प्रकाश पड़ना आरम्भ हो गया है। दूसरा लाभ यह हुआ है कि आज सदा से उपेक्षित बोलियों में बिखरा हुआ लोक-जीवन साहित्य के माध्यम द्वारा देश की शिक्षित जनता को लोक-संस्कृतियों के महत्त्व से परिचित करवा रहा है।''[42] आलोचना आत्म-चेतना है। परिवर्तित होते समय के साथ-साथ सामाजिक मूल्य और मानदंड भी परिवर्तित होते हैं। परिवर्तन के साथ साहित्य भी परिवर्तित मूल्यों को प्रदर्शित करता चलता है। और इस परिवर्तनशील साहित्य का मूल्यांकन करने के लिए सजग, सतर्क, आलोचक, समीक्षक अपनी विद्वत्ता का प्रयोग करते हैं। चौहान जी कहते हैं–''एक बार जब आलोचक का जन्म होता है, तो वह साहित्य कला का केवल तटस्थ व्याख्याता या निरपेक्ष द्रष्टा ही नहीं बना रहता, सांस्कृतिक परम्परा और मनुष्य के अर्जित ज्ञान का समाहार करके और वर्तमान की ऐतिहासिक चेतना लेकर संवेदनशील, युग-द्रष्टा आलोचक प्राचीन और सामयिक साहित्य की कृतियों का मूल्य आँकते हुए नए व्याख्या सूत्रों की उद्‌भावना भी करता है जिससे आलोचना केवल पाठकों को साहित्य की कृतियों से पूरे सौन्दर्य मूल्य तथा चेतना-विकासी मानव-संवेदन प्राप्त करने में ही सहायता नहीं देती, बल्कि साहित्यकारों को भी नई अन्तर्दृष्टि प्रदान करके उनके आगे रचना के नए क्षेत्र और सीमान्त खोल देती है। आलोचना एक सक्रिय शक्ति है जो साहित्य और कला की धाराओं का आवश्यकतानुसार नियंत्रण करती है तो साहित्य और कला में नई प्रवृत्तियों और धाराओं को विकास के लिए प्रोत्साहन और प्रेरणा देती है। इस प्रकार आलोचना स्वयं एक रचनात्मक क्रिया है।''[43] शुक्ल जी की समीक्षा ने समीक्षकों की दृष्टि को विस्तार दिया तथा उन्हें साहित्य को अनेक पक्षों से देखने की तुलनात्मक, समन्वयात्मक, सौष्ठवपूर्ण ढंग से समीक्षा करने को प्रेरित किया। शुक्ल जी के बाद उनकी परम्परा के और उनकी परम्परा से हटकर अनेक समीक्षकों ने समीक्षाएँ लिखीं। बच्चन सिंह, रामविलास शर्मा के सम्बन्ध में कहते हैं–''उनकी समीक्षा की मुख्य देन यह है कि उन्होंने प्रतिक्रियावादी तथा प्रगतिशील तत्त्वों की पहचान कराने की एक दृष्टि दी। हिन्दी साहित्य को नवजागरण तथा हिन्दी जाति की अस्मिता से जोड़ा। यदि वे समीक्षा के क्षेत्र में वकालत की शैली का प्रयोग न करते, अपने पक्ष के समर्थन में तोड़े-मरोड़े उद्धरण न देते तो उनकी समीक्षा अधिक सन्तुलित होती। अपनी इन त्रुटियों के बावजूद हिन्दी समीक्षा को उनका अवदान हमेशा दिशा-निर्देश देता

रहेगा। आलोचना को भाषायी रीतिबद्धता से उन्होंने वैसे ही मुक्त किया है जैसे निराला ने कविता को छन्दों के बन्धन से।''[44] साठोत्तरी आलोचना के सम्बन्ध में वे कहते हैं–''इसके फलस्वरूप आधुनिकतावादी आलोचना में अस्तित्ववादी शब्दावली भर उठी और सार्त्र, हेडेगर, किर्केगार्द, या स्पर्श आदि के उद्धरण दिए जाने लगे। आधुनिकतावादी आलोचना के समानान्तर मार्क्सवादी आलोचना भी अपनी गति से चलने लगी। उसके कट्टरवाद में कमी नहीं आई थी। इधर हिन्दी समीक्षा के क्षेत्र में सर्जनात्मक समीक्षा के नाम पर जो कूड़ा-कर्कट इकट्ठा किया जा रहा है, वह वाक्जाल का अद्भुत नमूना है। एक ओर अकादमीय आलोचना की निन्दा, दूसरी ओर विदेशी नामों की भरमार से पंडिताई की धाक जमाने की ख्वाहिश। एक ओर धन्धई आलोचना की शिकायत, दूसरी ओर अर्थहीन वाक्यों को हवा में उछालकर मन-ही-मन पुलकित होने का अहसास। ऐसे आलोचक साहित्य के चारों ओर 'चमचमाता वाक्जाल' बिछाने में माहिर हैं।''[45] बच्चन जी का यह कथन विचारणीय है–''आलोचक को यथार्थवादी और सच्चा होना चाहिए क्योंकि किसी भी कृति के सम्बन्ध में निरपेक्ष भाव से विचार कर उसके हर पक्ष को उजागर करने के लिए सत्य, नैतिकता और साहस का होना आवश्यक है। विभिन्न पद्धतियाँ अपने नामों की दृष्टि से सार्थक पहल करें तब सही आलोचना होगी।'' मिश्र जी कहते हैं–''समीक्षा सम्प्रदाय के सैद्धान्तिक आधार व्यापक एवं प्रौढ़ हैं, पर व्यावहारिक क्षेत्र में उनके रूढ़, संकुचित, स्थूल एवं पूर्वग्रहों से ग्रसित रूप के ही दर्शन होते हैं। अब हिन्दी में उच्च स्तरीय तथा तलस्पर्शी समीक्षाओं का बाहुल्य नहीं है। जीवन की उदात्तता एवं विराटता की दृष्टि से समीक्षकों ने साहित्य का मूल्यांकन नहीं किया है। अभी समीक्षक स्थायी मूल्यों का उदार दृष्टि से मूल्यांकन करने का अभ्यासी नहीं हो पाया है। भाव, संवेदनाओं, समीक्षाओं की मर्मस्पर्शिता का साक्षात्कार करानेवाली तथा उनके सूक्ष्मतम प्रकारों के स्वरूप एवं पारस्परिक अन्तर के मनोवैज्ञानिक विश्लेषण करनेवालों का दुष्काल ही है। साहित्य और परिवेष्टन में सजीव सम्बन्ध दिखानेवाली समीक्षाएँ अभी बिरली ही हैं। उपन्यास आदि विविध विधाओं पर आजकल काफी समीक्षाएँ प्रकाशित होती हैं। शिलीमुख, जगन्नाथ प्रसाद शर्मा, दशरथ ओझा आदि ने साहित्य की विविध विधाओं के अध्ययन प्रस्तुत किए हैं, इनमें तत्त्वों के आधार पर थोड़ा बहुत विश्लेषण भी हुआ है। पर किसी भी विधा के वास्तविक स्वरूप का साक्षात्कार करानेवाली समीक्षा का अभाव है। नाटकीयता अथवा औपन्यासिकता के वास्तविक स्वरूप का साक्षात्कार करानेवाला असंवेदनामय विश्लेषण और इस दृष्टि से उनकी सफलता का मूल्यांकन करनेवाली समीक्षाएँ प्राय: कम हैं। कलाकार की शिल्पविधि की विशिष्टता दो कलाकारों की शिल्पविधियों के सूक्ष्म अन्तर तथा शिल्पविधि के क्रमिक विकास को स्पष्ट करनेवाली प्रौढ़

समीक्षाओं का अभी अभाव है। विषयवस्तु और कलाकार के व्यक्तित्व के साथ विधाओं का अभिन्न सम्बन्ध स्थापित करके तदनुरूप उनके स्वरूप एवं कलाकार सौष्ठव का मूल्यांकन करनेवाली उत्कृष्ट रूपात्मक समीक्षाओं के दर्शन अभी नहीं होते।''[46] इन अभावों को, कमियों को दूर करने के लिए समीक्षा की विभिन्न पद्धतियों की मूल्यगत प्रविष्टि की आवश्यकता है, क्योंकि इन सभी समीक्षा पद्धतियों की एक महत्त्वपूर्ण देन हैं। इन्हीं के कारण साहित्य में तत्कालीन जीवन-जगत को, जीवन की विभिन्न आवश्यकताओं और उपलब्धियों को, आकांक्षाओं, निराशाओं को साहित्यकार की दृष्टि से देखकर यथार्थ की कसौटी पर परखकर हम मान पाते हैं कि मनुष्य क्या है, उसका और समाज का, समाज और साहित्य का कैसा नाता है।

हिन्दी की समीक्षा पद्धतियों में आपस में प्रबल विरोध होने पर उनमें समन्वय की आकांक्षा जाग रही है। नन्ददुलारे वाजपेयी, शिवदान सिंह चौहान एक दूसरे के दृष्टिकोणों को सहानुभूतिपूर्वक समझने के इच्छुक हैं। इसी तरह मार्क्सवादी मानवतावाद को और मानवतावादी मनोविश्लेषणवादियों की बातों को ध्यानपूर्वक सुनने और मानने की चेष्टा करता है, यह आवश्यक भी है। इलाचन्द जोशी समन्वयवादी हैं। वे व्यावहारिक और सैद्धान्तिक समीक्षाओं में फ्रायड और एडलर के सिद्धान्तों का पूरे मन से प्रयोग करते हैं। इस तरह आधुनिक युग में शुक्ल जी से लेकर अब तक के सभी समीक्षकों द्वारा जिन-जिन पद्धतियों से समीक्षा की गई है, वे सभी समीक्षा पद्धतियाँ मूल्यवान हैं और साहित्य जगत में इनकी देन बहुत महत्त्वपूर्ण है। स्वस्थ, त्रुटिहीन, प्रेरणादायी साहित्य की रचना और विविध विधाओं के विकास में इन समीक्षा पद्धतियों का अमूल्य योगदान है।

सन्दर्भ ग्रन्थ

1. डॉ. गणपति चन्द्र गुप्त, हिन्दी साहित्य का विकास, पृ. 272
2. शिवदान सिंह चौहान, हिन्दी साहित्य के अस्सी वर्ष, पृ. 229
3. वही, पृ. 229-30
4. डॉ. गणपति चन्द्र गुप्त, हिन्दी साहित्य का विकास, पृ. 269-70
5. राजेन्द्र सिंह गौड़, हिन्दी भाषा और साहित्य का विकास, पृ. 343
6. वही, पृ. 343-44
7. वही, पृ. 345
8. डॉ. रामगोपाल शर्मा 'दिनेश', हिन्दी साहित्य का आदर्श इतिहास, पृ. 210
9. वही, पृ. 210
10. वही, पृ. 211
11. वही, पृ. 211-12
12. शिवदान सिंह चौहान, हिन्दी साहित्य के अस्सी वर्ष, पृ. 233
13. वही, पृ. 234

14. वही, पृ. 235
15. आचार्य नन्द दुलारे वाजपेयी, हिन्दी साहित्य का संक्षिप्त इतिहास, पृ. 91
16. वही, पृ. 92
17. वही, पृ. 92
18. वही, पृ. 93
19. डॉ. योगेन्द्र सिंह, हिन्दी साहित्य तृतीय खंड, सं. धीरेन्द्र वर्मा, पृ. 552
20. वही, पृ. 553
21. वही, पृ. 554-55
22. वही, पृ. 563-64
23. वही, पृ. 577-78
24. वही, पृ. 575-76
25. डॉ. भगवतस्वरूप मिश्र, हिन्दी साहित्य तृतीय खंड, सं. धीरेन्द्र वर्मा, पृ. 580-81
26. वही, पृ. 585
27. वही, पृ. 592-93
28. वही, पृ. 603
29. नन्द दुलारे वाजपेयी, आधुनिक साहित्य, पृ. 306
30. डॉ. भगवत स्वरूप मिश्र, हिन्दी साहित्य तृतीय खंड, सं. धीरेन्द्र वर्मा, पृ. 605
31. वही, पृ. 606
32. वही, पृ. 607-08
33. पं. हजारीप्रसाद द्विवेदी, साहित्य का मर्म, पृ. 4
34. डॉ. भगवत स्वरूप मिश्र, हिन्दी साहित्य तृतीय खंड, सं. धीरेन्द्र वर्मा, पृ. 614
35. शिवदान सिंह चौहान, आलोचना का मान, पृ. 43
36. वही, साहित्य की समस्याएँ
37. चन्द्रबली सिंह, लोकदृष्टि और हिन्दी साहित्य, पृ. 24
38. इलाचन्द्र जोशी, विवेचना, पृ. 55
39. डॉ. भगवत स्वरूप मिश्र, हिन्दी साहित्य तृतीय खंड, सं. धीरेन्द्र वर्मा, पृ. 619
40. इलाचन्द्र जोशी, विवेचना, पृ. 170
41. डॉ. रामगोपाल शर्मा दिनेश, हिन्दी साहित्य का आदर्श इतिहास, पृ. 209
42. वही, पृ. 213
43. शिवदान सिंह चौहान, हिन्दी साहित्य के अस्सी वर्ष, पृ. 230
44. बच्चन सिंह, हिन्दी साहित्य का दूसरा इतिहास, पृ. 544
45. वही, पृ. 547
46. डॉ. भगवत स्वरूप मिश्र, हिन्दी साहित्य तृतीय खंड, सं. धीरेन्द्र वर्मा, पृ. 624

हिन्दी साहित्य के इतिहास के पुनर्लेखन की आवश्यकता का वैचारिक और तथ्यात्मक विश्लेषण

हिन्दी साहित्य के इतिहास के पुनर्लेखन की आवश्यकता है क्योंकि स्वतंत्र भारत में लोकतांत्रिक व्यवस्था है और भारतीय लोकतंत्र के अपने सामाजिक, राजनीतिक, सांस्कृतिक संघर्ष और समस्याएँ हैं। उन्हें देखने, समझने और इनसे जूझने के लिए सबके पास अपना दृष्टिकोण, अपने विचार, अपनी शक्ति और सामर्थ्य है। अत: इस नए सन्दर्भ, नई परिस्थितियों में यदि पिष्टपेषण नहीं करना है, पुरानी घिसी-पिटी लीक पर नहीं चलना है तो नया इतिहास लिखना ही पड़ेगा। नया इतिहास लिखने की आवश्यकता पर बल देते हुए डॉ. नगेन्द्र कहते हैं–"इस विषय में दो मत नहीं हो सकते। इसके दो स्पष्ट कारण हैं–साहित्य चेतना का विकास और नवीन शोध परिणाम। प्रत्येक युग में साहित्य चेतना में निरन्तर परिवर्तन या विकास होता रहा है। वर्तमान युग का साहित्य चिन्तन वैसा नहीं जैसा आचार्य शुक्ल के समय में आज से चालीस वर्ष पूर्व था। यद्यपि साहित्य के मौलिक प्रतिमान अधिक नहीं बदलते, फिर भी बदलते हुए युग-बोध के कारण परिप्रेक्ष्य, प्रविधि-प्रक्रिया आदि में परिवर्तन निश्चय ही होता है। दूसरा प्रमुख कारण यह है कि पिछले दशकों में निरन्तर अनुसन्धान के फलस्वरूप प्रचुर नवीन सामग्री प्रकाश में आई है और अनेक स्वीकृत तथ्यों का संशोधन हुआ है, जिनसे पूर्ववर्ती निर्णय और निष्कर्ष अनिवार्यत: बदल गए हैं। इनके अतिरिक्त एक सूक्ष्मतर कारण और भी है। जैसा कि इलियट ने कहा है कि केवल अतीत ही वर्तमान को प्रभावित नहीं करता, वर्तमान भी अतीत को प्रभावित करता है। इस तर्क से प्रत्येक युग में साहित्य के नए विकास-रूप उसके पूर्व रूपों के मूल्यांकन को प्रभावित करते रहते हैं। उदाहरण के लिए-मिश्रबन्धुओं के समय श्रेष्ठ कवियों की जो परम्परा थी उसमें मैथिलीशरण गुप्त, प्रसाद, निराला, पन्त आदि के आविर्भाव के बाद निश्चय ही परिवर्तन हो गया है। हिन्दी महाकाव्य परम्परा में 'रामचरितमानस' और 'रामचन्द्रिका' आदि का स्थान निर्धारण करने के लिए 'प्रियप्रवास', 'साकेत' और 'कामायनी' की रचना के बाद आज फिर से विचार करना पड़ेगा। किसी शृंखला में जब नई कड़ियाँ जुड़ती हैं तो

स्वभावत: पुरानी कड़ियों की स्थिति पूर्ववत् नहीं रह जाती। अत: नवीन शोध परिणामों के आधार पर, विकासशील साहित्य-चेतना के आलोक में, सम्पूर्ण परिदृश्य का पुनरावलोकन सर्वथा आवश्यक है।''[1] साहित्येतिहास लेखन के क्षेत्र में मौलिकता एक महत्त्वपूर्ण बिन्दु है। पुराने तथ्यों के साथ नवीन तथ्य, नवीन जानकारी का होना ही पर्याप्त नहीं है बल्कि तथ्यों की प्रामाणिकता भी एक महत्त्वपूर्ण बिन्दु है। साहित्येतिहास नवीन तथ्य संग्रह के साथ उसकी प्रामाणिकता का ध्यान रखते हुए इतिहास का पुनर्लेखन करता है।

परिवर्तनशील समय के साथ-साथ सामाजिक मान-मूल्य भी बदलते रहते हैं। चूँकि साहित्य समाज का दर्पण है अत: साहित्यकार परिवर्तित होते हुए समय की दशा, सामाजिक स्थितियाँ, राजनीतिक, सांस्कृतिक स्थितियों को अपने साहित्य में स्थान देता है। साहित्येतिहासकार का कार्य इससे भी अधिक दायित्व का है। वह कोने-कोने में छिपे ग्रन्थ और ग्रन्थकारों को प्रकाश में लाता है ताकि साहित्य समृद्ध और विकसित हो सके। प्रत्येक इतिहासकार एक अच्छा समीक्षक भी होता है, समीक्षा की उसकी अपनी पद्धति होती है। वह ग्रन्थ के गुण-दोष बताकर उसे स्वस्थ विचारधारा का अनुगामी बनाता है और इसी तरह साहित्य की विविध विधाएँ विकसित और समृद्ध होती हैं। बच्चन सिंह कहते हैं-''यों तो प्रगतिवाद और अस्तित्ववाद का प्रभाव परतंत्र भारत के आधुनिक साहित्य पर दिखाई पड़ने लगता है पर 60 के बाद अस्तित्ववाद अपने चरम उत्कर्ष पर पहुँच गया। आठवें-नवें दशक में, ऐतिहासिक परिप्रेक्ष्य के बदलाव के चलते अनेक नए-नए प्रत्ययों का जन्म हुआ, जैसे-राष्ट्र, औपनिवेशिकता, उत्तर-औपनिवेशिकता, तीसरी दुनिया, उत्तर-आधुनिकता, वैश्विक ग्राम, खुला बाजार, संचार माध्यम आदि। इनके माध्यम से विकसित देश-विशेषत: अमेरिका-तीसरी दुनिया पर अपनी संस्कृति लादने लगे। तीसरी दुनिया की संस्कृति पहली दुनिया की संस्कृति का चरागाह है। भारत तीसरी दुनिया में आता है। जो काम मैकाले नहीं कर सका, वह बहुराष्ट्रीय कम्पनियाँ, विदेशी अवधारणाएँ और जीवन शैलियाँ कर रही हैं। साहित्य सांस्कृतिक उत्पादन है। परम्परा और आधुनिक में टकराहट हुई और हो रही है। इधर टेक्नोलॉजी ने अध्ययन के नए-नए उपायों का विकास किया है। इसके फलस्वरूप नए पाठक का पुरानी कृतियों से नया रिश्ता बना है। यह रिश्ता पहले के पाठकों से कृति का जो रिश्ता बना था उससे भिन्न होगा। दोनों रिश्तों में एक प्रकार का मूल्यगत संघर्ष होता है। भाषा, शैली, रूपात्मक प्रयोग भी इतिहास के आधार बनते हैं। इसे नए सिरे से अन्वेषित करने की आवश्यकता है।''[2] काल-विभाजन के सम्बन्ध में भी बच्चन जी का कहना है कि इस पर भी पुनर्विचार किया जाना चाहिए-''बदलाव के इस परिपार्श्व में इतिहास के काल-विभाजन, नामकरण और मूल्यांकन में भी परिवर्तन

होंगे। यों तो काल-विभाजन सुविधोपजीवी होता है।'' ट्रेवेल्यन का कहना है-''तिथियों की तरह कालावधियाँ (पीरियड्स) तथ्य नहीं होतीं। वे अतीत की घटनाओं के सम्बन्ध में बनाए नए काम-चलाऊ प्रत्यय 'कांसेप्शन' हैं। इससे विवेचना में सुविधा होती है। किन्तु ये कालावधियाँ ऐतिहासिक विचारों को प्राय: भटका देती हैं। काल-विभाजन की अवधानता शुक्ल जी से फुटकल खाता खुलवाती है। वास्तविकता तो यह है कि एक ही कालावधि में अनेक प्रकार की साहित्यिक प्रवृत्तियाँ होती हैं। उनसे या तो सह अस्तित्व होता है या टकराहट होती है। पहले 'आदिकाल', 'मध्यकाल' और 'आधुनिक काल' की संज्ञाओं को लें। इस तरह का काल-विभाजन अब पुराना पड़ गया है। न तो यह साहित्येतिहासकार को मान्य है और न इतिहासकार को।''[13] अत: समय के साथ परिवर्तित होते साहित्य का मूल्यांकन कर उसी के अनुरूप उसका नामकरण भी करते जाना होगा जो सभी को मान्य हो। प्राचीन तथ्यों को नवीन के साथ मिलाकर नए सन्दर्भों में उसका आकलन करना होगा। पूर्व के साहित्येतिहास ग्रन्थों में भी हमें कुछ कमियाँ और कुछ त्रुटियाँ दिखाई देती हैं जो साहित्येतिहासकार द्वारा भ्रान्तिवश हो गई होंगी। अब जबकि हमारी दृष्टि उन त्रुटियों को देख रही है तो उन्हें सुधारकर नया त्रुटिहीन इतिहास लिखना आवश्यक है। चौहान जी अपने ग्रन्थ में ऐसे तथ्य प्रस्तुत करते हैं जिन्हें पढ़कर नए साहित्येतिहास लेखन की आवश्यकता तीव्रता से अनुभव होती है-''आधुनिक काल से पहले तक तो हम हिन्दी-भाषा-समूह का इतिहास लिखते हैं, लेकिन आधुनिक काल आते ही हम संघ-भाषा हिन्दी (खड़ी बोली का संस्कृतनिष्ठ साहित्यिक रूप) का इतिहास लिखने लगते हैं। पहले हमारी भावुकता हिन्दी की परम्परा को दीर्घतम और विशालतर दिखाने में व्यस्त होती है, और हिन्दी भाषा-समूह की किसी भाषा या बोली की एक भी रचना को इस इतिहास परम्परा से विलग करना बर्दाश्त नहीं करती, किन्तु फिर खड़ी बोली के संस्कृतनिष्ठ रूप में ही सीमित हो जाती है। आधुनिक काल आते ही हिन्दी-भाषा-समूह की अन्य भाषाओं के प्रति सहसा हमारी श्रद्धा का पारा इतनी तेजी से नीचे उतरकर शून्य पर पहुँच जाता है कि हमारी भावुकता उनमें अब साहित्य रचना के फुटकर प्रयत्नों तक का औचित्य स्वीकार करने को राजी नहीं होती। जिन भाषाओं के माध्यम से भारतीय इतिहास के मध्ययुग में सांस्कृतिक पुनर्जागरण की चेतना प्रस्फुटित-पल्लवित हुई, जिन्होंने अपने साहित्यों द्वारा समूची भारतीय संस्कृति के तत्त्वज्ञान, दर्शन, इतिहास-पुराण, विचार-परम्परा और नैतिक मूल्यों को कलात्मक अभिव्यक्ति देकर अपने-अपने भाषा क्षेत्रों में और सामान्य रूप से उत्तर-भारत में सर्वजन सुलभ बनाया, उन्हीं भाषाओं को हमारे इतिहासकार आधुनिक युग की राष्ट्रीय चेतना, नए विचारों, विज्ञान और समाजशास्त्र के तथ्यों और सिद्धान्तों की अभिव्यक्ति के लिए सर्वथा

अनुपयुक्त ठहरा देते हैं। वे अपने उच्छ्वास मात्र से ब्रजभाषा को सामन्ती दृष्टिकोण की प्रतिनिधि ठहराकर साहित्य रचना के लिए वर्जनीय घोषित कर देते हैं और खड़ी बोली को, जिसमें सिद्ध काव्य, सन्त काव्य, वीर काव्य, भक्ति काव्य या रीति काव्य आदि की कैसी भी प्राचीन परम्परा का नितान्त अभाव था और जिसमें अठारहवीं शताब्दी के अन्त तक या कहें उन्नीसवीं शताब्दी के उत्तरार्द्ध तक साहित्यिक दृष्टि से उल्लेखनीय गद्य या पद्य की कोई मौलिक रचना नहीं मिलती, उसे आधुनिक चेतना की वाहक होने की एकान्त सामर्थ्य रखनेवाली भाषा मान लेते हैं। ब्रज को गद्य के लिए सर्वथा अनुपयुक्त और खड़ी बोली को गद्य के लिए वे सहज उपयुक्त घोषित कर देते हैं। इतिहास-लेखन की यह परम्परा अनैतिहासिक और स्वेच्छाचारी है। इसके पीछे ऐतिहासिक दृष्टिकोण का अभाव है। एक प्रकार से यह पद्धति ही एक संकीर्ण सामन्ती दृष्टिकोण का पोषण करती है, साहित्य के विद्यार्थियों में जनवादी दृष्टिकोण का विकास नहीं करती।''[4] अनैतिहासिक और स्वेच्छाचारी ढंग से लिखे गए इतिहास की कमियों-त्रुटियों को दूर करने के लिए इतिहास के पुनर्लेखन की आवश्यकता है ताकि वह जनवादी दृष्टिकोण का विकास करनेवाला एक स्वस्थ, सार्थक, प्रेरक मार्गदर्शक साहित्येतिहास हो। साहित्य का इतिहास लिखते हुए भाषा का प्रश्न हमेशा विवादों के घेरे में रहा है। कोई किसी भाषा को तो कोई किसी भाषा को खड़ी बोली हिन्दी के समान स्तर पर लाकर बिठाने की बात करता है। आज 56 वर्षों के बाद हमें एक निर्णय की स्थिति में (स्वतंत्रता प्राप्ति के) पहुँच जाना चाहिए क्योंकि खड़ी बोली हिन्दी अपने सिंहासन पर आरूढ़ है। अत: प्राचीन विवादों का अन्त करते हुए और हिन्दी के वर्तमान और भविष्य पर प्रकाश डालते हुए नया साहित्येतिहास लिखना चाहिए। भाषाओं की स्थिति के सम्बन्ध में चौहान जी कहते हैं-''साहित्य के सिंहासन पर उत्तर-मध्य भारत की कभी 'इस' तो कभी 'उस' भाषा के आरूढ़ होने की बात लें। जिसका मनुष्य की विविध भाषाओं और साहित्यों के इतिहास से यत्किंचित् परिचय भी है, वह जानता है कि यह तर्क कितना अनैतिहासिक और यह सामन्ती परिकल्पना कितनी हास्योत्पादक है। क्या भाषाओं की तुलना राजवंशों से करना अभिप्रेत है ? हम जानते हैं कि सामन्त युग में दिल्ली के सिंहासन पर एक के बाद दूसरे राजवंशों का दखल हुआ। लेकिन मनुष्य की भाषा राजवंशों जैसा अस्थिर तत्त्व नहीं है। हर भाषा को किसी-न-किसी जाति या भूखंड के मनुष्य ही बोलते हैं इसलिए जब तक उसको बोलनेवाले मनुष्यों का सर्वथा वंश-नाश नहीं हो जाता, तब तक वह भाषा मिट नहीं सकती। इसलिए कोई भी भाषा साहित्य-रचना के लिए राज्याभिषेक या सिंहासनारूढ़ होने की अपेक्षा नहीं रखती। सभी जानते हैं कि ऐसा कभी नहीं हुआ कि हिन्दी समूह की कभी वह भाषा साहित्य सृजन का एकमात्र माध्यम रही हो। कोई व्यक्ति इन

भाषाओं के हजार-बारह सौ वर्षों के इतिहास को निश्चित तारीखों के अनुसार खंड-खंड बाँटकर यह नहीं बता सकता कि अमुक सन् या संवत् तक इस भाषा का प्रसार था और फिर उस दूसरी भाषा ने हिन्दी प्रदेशों की जनता की समस्याओं, भावों और अनुभवों को व्यक्त करने का दायित्व सँभाला। फिर भी इस कपोल कल्पना को तर्क के रूप में इस्तेमाल किया जाता है ताकि इस क्षेत्र की अन्य भाषाओं और बोलियों के लोग खड़ी बोली हिन्दी को साहित्य सिंहासन की एकमात्र उत्तराधिकारी मान लें। लेकिन अगर इस तर्कवाद को एक क्षण के लिए सही मान लें तो भी खड़ी बोली हिन्दी ही अब चिरकाल तक इस सिंहासन पर विराजमान रहेगी और राजस्थानी, ब्रज, मैथिली, अवधी, भोजपुरी, बुन्देली आदि अन्यान्य भाषाओं में से कोई इसे अपदस्थ करके स्वयं सिंहासनारूढ़ नहीं हो जाएगी, यह अन्तिम रूप से कैसे कहा जा सकता है ? क्या मनुष्य का इतिहास अपने विकास के अन्तिम चरण में पहुँचकर परिवर्तन का नियम ही झुठला बैठा है ? क्या राजस्थान के लोग आज भी राजस्थानी नहीं बोलते ? क्या ब्रजवासी अपनी मातृभाषा को छोड़ बैठे हैं ? या बिहार की जनता मैथिली, भोजपुरी को भूल गई है ? यदि नहीं, यदि यह सत्य है कि इस क्षेत्र की विभिन्न भाषाओं के निन्यानबे फीसदी बोलनेवाले आज भी अपनी-अपनी मातृभाषाओं को बोलते हैं, तो कल उनमें कोई दूसरा चन्द, सूर, तुलसी या विद्यापति पैदा होकर हमारे इतिहासकारों के इतने यत्न और अध्यवसाय से तैयार किए गोरखधन्धे को छिन्न-भिन्न नहीं कर डालेगा, इसकी सम्भावना से कैसे इनकार किया जा सकता है ?''[5] इस बात से इनकार नहीं किया जा सकता कि समय के प्रवाह के साथ पुरानी स्मृतियों, तथ्यों के स्थान पर नई स्मृतियाँ, नए तथ्य पुराने बनकर प्रतिष्ठित हो जाते हैं। सब कुछ बदलता रहता है। आज कोई किसी पद पर है तो कल कोई दूसरा उसे हटाकर उस पद पर प्रतिष्ठित हो सकता है। अतः चौहान जी का यह सोचना ठीक ही है कि यह भी हो सकता है कि कल कोई सूर, तुलसी, विद्यापति पुनः जन्म ले और उससे सम्बन्धित भाषा हिन्दी को हटाकर उसके स्थान पर प्रतिष्ठित हो जाए। इन प्रश्नों के साथ अन्य प्रश्नों के उत्तर भी वे खोजना चाहते हैं-''हिन्दी साहित्य का इतिहास कहाँ से शुरू हो, उसका विस्तार कहाँ तक हो, अर्थात् क्या उसमें प्रचलित परिपाटी के अनुसार खड़ी बोली हिन्दी से इतर उत्तर-मध्य भारत की अन्य भाषाओं का इतिहास भी सम्मिलित किया जाए या नहीं, यदि किया जाए तो किस रूप में, यदि न किया जाए तो चन्द, कबीर, जायसी, विद्यापति, सूर, तुलसी, मीरा, केशव, भूषण आदि के बिना हिन्दी साहित्य का इतिहास क्या नगण्य नहीं रह जाएगा ?'' इस भय से निपटने के लिए वे कहते हैं-''हमारा विचार है कि अब इतिहास-लेखन और अनुसन्धान की त्रिविध परिपाटी का सूत्रपात होना चाहिए। हिन्दी भाषा क्षेत्र के लगभग सभी क्षेत्रों में अब विश्वविद्यालयों की स्थापना हो चुकी है। कतिपय

विद्यार्थियों ने अपने क्षेत्रों की मातृभाषाओं और बोलियों के साहित्य और इतिहास में अनुसन्धान-कार्य भी किया है, लेकिन मुख्यतः इन विश्वविद्यालयों के हिन्दी विभाग खड़ी बोली हिन्दी की दृष्टि से ही इस प्रकार के अनुसन्धान-कार्य को प्रोत्साहन देते हैं। अधिकतर लोकगीतों और लोकवार्ताओं आदि की खोज और संग्रह तक ही इन प्रयत्नों की व्याप्ति है। इन भाषाओं में आज भी काव्य रचना हो रही है और गद्य साहित्य के निर्माण की सम्भावना भी पैदा की जा सकती है। इस दिशा में इन विश्वविद्यालयों के हिन्दी विभाग कोई प्रयत्न नहीं करते। फलतः आधुनिक युग के अनेक कवियों का नामोल्लेख हिन्दी साहित्य के इतिहास में नहीं होता। लेकिन ये मृत भाषाएँ नहीं हैं, और जिन भाषा-भाषियों के खून-पसीने की कमाई पर इन विश्वविद्यालयों और उनके हिन्दी विभागों को चलाया जाता है उनका कर्तव्य है कि वे हिन्दी साहित्य को समृद्ध बनाने के साथ-साथ अपने-अपने क्षेत्रों की बोलियों पर भी विशेष रूप से ध्यान दें और उनके साहित्यों के इतिहास की विस्तृत खोज-बीन कराएँ। यदि हिन्दी विभाग इसके लिए पर्याप्त न हो तो अपने-अपने क्षेत्रों की जनपदीय भाषाओं के अलग विभाग खोलने में विश्वविद्यालयों को आपत्ति नहीं होनी चाहिए, जैसे—आगरा और अलीगढ़ विश्वविद्यालयों में ब्रजभाषा विभाग, लखनऊ विश्वविद्यालय में अवधी विभाग आदि। अनुसन्धान करनेवाले विद्यार्थी के सामने विकल्प होना चाहिए कि वह चाहे तो अपनी भाषा के इतिहास की थीसिस शुद्ध मातृभाषा-गद्य में लिखे या खड़ी बोली हिन्दी में। इन भाषागत इतिहासों में अपभ्रंश काल से लेकर आज तक के लिखित अथवा श्रुति परम्परा से प्राप्त साहित्य का संग्रह, उसकी प्रवृत्तियों का विकासक्रम और विवेचन, कालक्रम से उनमें साहित्य रचना के व्यापक प्रसार और ह्रास का सम्पूर्ण लेखा-जोखा होना चाहिए ताकि ऐतिहासिक तथ्यों के आधार पर यह जाना जा सके कि किसी भाषा में किन अन्तर्बाह्य परिस्थितियों के अनुकूल अथवा प्रतिकूल संघटन के कारण साहित्य निर्माण की धारा कभी वेग से फूट पड़ी तो कभी सूखकर मन्द पड़ गई और अब उनमें आधुनिक साहित्य के निर्माण को कैसे प्रोत्साहन दिया जा सकता है। इस प्रकार जब उत्तर-मध्य भारत की विभिन्न भाषाओं और बोलियों के सुसम्बद्ध इतिहासों का अनुसन्धान और प्रणयन हो जाएगा, उस समय हम देखेंगे कि किसी भाषा-भाषी को अपमानित और लज्जित होने का अवसर नहीं रहेगा। वीर-काव्य, सन्त-काव्य, भक्ति-काव्य, रीति-काव्य या आधुनिक युग में साहित्य की मुख्य धारा से बहिष्कृत मातृभाषाओं के असंख्य कवि अपने-अपने भाषा साहित्य के इतिहास में गौरवपूर्ण स्थान पाएँगे और उनमें अपनी भाषाओं को उन्नत और विकसित करने की प्रेरणा जागेगी। तुलसीदास तक हिन्दी साहित्य के इतिहास में नहीं ब्रज और अवधी साहित्य के इतिहास में अपने सजातियों के साथ स्थान ग्रहण करेंगे।

इससे उनकी विश्ववन्द्य महत्ता को आँच नहीं आएगी।''[6] चौहान जी कहते हैं कि किसी भी कृति या कृतिकार को विश्वप्रसिद्ध होने के लिए जनसंख्या बल की आवश्यकता नहीं होती, वह अपनी रचनात्मक विषयवस्तु, शैली और अभिव्यक्ति की सामर्थ्य के बल पर शेक्सपियर की तरह महान और विश्वप्रसिद्ध हो सकता है। वे कहते हैं कि सभी महत्त्वपूर्ण भाषाओं का स्वतंत्र इतिहास लिखा जाए, फिर सभी स्वतंत्र इतिहासों के आधार पर एक वृहत् इतिहास की कल्पना की जा सकती है। इस वृहत् इतिहास में बीते समय की साहित्यिक जानकारियों के साथ वर्तमान की जानकारी भी होना चाहिए। साहित्येतिहास लेखन कोई ठहरी हुई परम्परा नहीं है बल्कि गतिशील है और बीतते समय के साथ-साथ इसमें कोई-न-कोई जानकारी जुड़ती चली जाती है। डॉ. पांडेय कहते हैं–''जीवन प्रवाह सतत गतिशील सम्भावनाओं का विराट आयोजन है। परम्परा–संरक्षण का संकल्प है और नवीनता आत्मबोध की प्रतिष्ठा का प्रयास। परम्परा निर्वाह यदि क्रिया हो तो नवीनता प्रतिक्रिया और यदि नवीनता को क्रिया मानें तो परम्परा की रक्षा प्रतिक्रियात्मक ही होगी। साहित्य की प्राणवन्त स्फूर्ति परम्परा के संवर्धन में ही प्रकट नहीं होती, बल्कि उद्वेगपूर्ण, उत्तेजनामूलक और आवेशमंडित आत्म-संस्थापन में भी प्रकट होती है। कबीर और निराला की अस्वीकृतियाँ आत्मबोध की संस्थापनाएँ हैं, तुलसी और रामचन्द्र शुक्ल परम्परा के संवर्धन विन्यास हैं। सूर, तुलसी, भारतेन्दु, प्रसाद का महत्त्व परम्परा के संरक्षण में नहीं, उसके संवर्धन में ही नहीं, बल्कि नवीनता की सम्भावनाओं के संयोजन में है। लोकवृत्ति की सम्भाव्य स्थिति के अभिनव विन्यास में साहित्यकार की सामर्थ्य प्रकट होगी।''[7] परिवर्तनशील समय के साथ परिवर्तित होता हुआ साहित्य एक नवीनता को लिये हुए होता है। प्रवाह में ही जीवन है। नदियों का प्रवाह, समय का प्रवाह हमें साहित्य के प्रवाह का स्मरण कराता है। गौड़ जी कहते हैं–''साहित्य की प्रगति का रूप सदा एक-सा नहीं रहता। समाज की परिवर्तनशीलता के कारण उसकी गति में भी परिवर्तन होते रहते हैं। जिस काल अथवा युग में समाज का जो रूप रहता है, साहित्य का उसी रूप के साथ सामंजस्य हो जाता है। साहित्य समाज का दर्पण है। जिस प्रकार दर्पण में मुखाकृतियों की छाया स्पष्ट झलकती रहती है उसी प्रकार काल विशेष के साहित्य में उस काल के समाज की भावनाएँ, कल्पनाएँ, आकांक्षाएँ आदि चित्तवृत्तियाँ प्रतिबिम्बित होती रहती हैं। यदि ऐसा न हो तो समझना चाहिए कि यह साहित्य वैयक्तिक है, जनता का प्रतिनिधि नहीं है। जनता की भावनाओं का प्रतिनिधित्व करनेवाला साहित्य ही साहित्य की प्रगति का आभास देता है। हिन्दी साहित्य का आरम्भ से अन्त तक अध्ययन करते समय हमें उसमें अनेक प्रकार की विचारधाराएँ मिलती हैं और यह देखने में आता कि उसके एक काल विशेष में कितनी रचनाएँ हुई हैं।''[8]

साहित्येतिहास का पुनः-पुनः लिखा जाना इसलिए आवश्यक है ताकि हमें अतीत काल के साथ वर्तमान काल के साहित्य की, विचारधाराओं की जानकारी मिलती रहे। अतीत काल में लिखे गए इतिहास में यदि कोई त्रुटि, कोई अभाव हो, भ्रमवश गलत जानकारी दी गई हो और अब हमें उस विषय या उस तथ्य की सही जानकारी हो गई हो तो नए लिखे जा रहे इतिहास में हम प्राचीन इतिहास की उस कमी या त्रुटि को दूर करते हुए नए साहित्येतिहास में सही जानकारी दे सकते हैं। विभिन्न लेखकों ने अनेक प्रकार के साहित्येतिहास ग्रन्थ लिखे हैं, जैसे–आलोचनात्मक इतिहास, वैज्ञानिक इतिहास आदि। इनमें लेखकों ने अपनी-अपनी पद्धति से साहित्य की समीक्षा, आलोचना, विवेचना, विश्लेषण किया है। डॉ. गुप्त इतिहास को विकास के रूप में देखते हैं। वे कहते हैं–"अब इतिहास-लेखन का दृष्टिकोण भी परिवर्तित हो गया है। पहले इतिहास स्वतंत्र घटनाओं का योग या संयोग समझा जाता था, किन्तु अब उसे परस्पर सम्बद्ध क्रिया-प्रतिक्रियाओं की विकसित शृंखला के रूप में ग्रहण किया जाता है। दूसरे शब्दों में, अब इतिहास को 'इतिहास की अपेक्षा' विकास के रूप में अधिक ग्रहण किया जाता है। डार्विन, स्पेंसर, वर्गसाँ, ट्वायनवी आदि ने मानव जाति की उत्पत्ति से लेकर सभ्यता एवं संस्कृति तक के इतिहास की व्याख्या विकासवादी दृष्टिकोण से प्रस्तुत की है। अतः आज साहित्य के इतिहास की भी विकासवादी व्याख्या के प्रयास हो रहे हैं, क्योंकि किसी भी इतिहास की शुद्ध, प्रामाणिकता एवं वैज्ञानिक विवेचना इसी के द्वारा सम्भव है।"[9] साहित्य पर समय का प्रभाव पड़ता है। समय का परिवर्तन अकसर अचानक ही होता है, किन्तु परिस्थितियाँ अचानक नहीं बदलतीं। राजनीतिक, सामाजिक, सांस्कृतिक परिवर्तन धीरे-धीरे होते हैं। साहित्यकार इन्हें अपनी सामर्थ्य के अनुसार धीरे-धीरे पकड़ता चलता है। साहित्य लेखन की क्रिया यांत्रिक नहीं है। विभिन्न परिस्थितियों के बदलते ही साहित्य नहीं बदलता बल्कि बदलता हुआ समय साहित्य में धीरे-धीरे कलमबन्द होता रहता है।

साहित्येतिहासकार अपने ग्रन्थ में हर प्राचीन और नवीनतम कृति और कृतिकार की जानकारी को दर्ज करता है। कृति के, कृतिकार के तत्कालीन समय-परिस्थितियों पर विचार व्यक्त करता है। नई पीढ़ी को प्राचीन और नवीन यानी हर युग की जानकारी देने के लिए नया इतिहास लिखा जाना आवश्यक होता है। अगर नहीं लिखा जा रहा है तो यह संकट की स्थिति है। डॉ. शम्भूनाथ कहते हैं–"वर्तमान सभ्यता में साहित्य के इतिहास-लेखन की कला गुम चुकी है। मजे की बात है कि पिछले कई दशकों में केवल सौन्दर्य शास्त्रीय और भाषा वैज्ञानिक दृष्टिकोण रखनेवाले आलोचक ही नहीं, साहित्य को सामाजिक विकास से जोड़कर देखनेवाले मार्क्सवादी आलोचक भी साहित्य के इतिहास-लेखन से विमुख हो रहे हैं। इतिहास-बोध

सम्पन्न आलोचकों को भी एक मुश्किल हुई। वे विभिन्न कृतिकारों अथवा साहित्यिक आन्दोलनों के अलग-अलग मूल्यांकन से आगे नहीं बढ़ सके। हिन्दी आलोचना में ऐतिहासिक चेतना के उत्थान और ह्रास पर गौर करें तो देखेंगे कि रामविलास शर्मा और नामवर सिंह दोनों ने तरह-तरह के सैद्धान्तिक आवरणों में आधुनिक साहित्य के इतिहास-लेखन से अपना पिंड छुड़ाया। एक के निजी मार्क्सवाद ने उसे परम्परा के मूल्यांकन से आगे बढ़ने नहीं दिया, तो दूसरे के रूपवाद ने समकालीनता के मूल्यांकन को इतने और ऐसे टुकड़ों में विभक्त कर दिया जिनमें सृजनात्मकता है, पर अखंडता नहीं। दोनों ही घटनाओं को केवल समकालीन आलोचक के ही नहीं, पूरे समाज के संकट के रूप में देखना चाहिए।''[10] नए इतिहास की आवश्यकता और जागरूकता के सम्बन्ध में वे कहते हैं–''इतिहास के प्रति जागरूकता के बिना साहित्य का अध्ययन 'सर्वथा बन्द सन्दर्भों में कृतियों की आन्तरिक आलोचना' में सिकुड़ जाता है। इतिहास के प्रति जागरूकता का अर्थ केवल परम्परा के प्रति जागरूकता नहीं है, उसका सीधा सम्बन्ध नए सामाजिक, सांस्कृतिक और सौन्दर्यात्मक परिवर्तनों से है–नई ऐतिहासिक जरूरतों से है। बिना समकालीन सन्दर्भों की गहराई में पैठे इतिहास के प्रति व्यापक जागरूकता पैदा नहीं हो सकती। आजादी के पहले के साहित्य में इतिहास स्मृति और आकांक्षा दोनों धरातलों पर मूल्यों का स्रोत था। वह कदम-दर-कदम स्वतंत्रता की ओर बढ़ते भारतीय जनता के महासंग्राम का नतीजा था। उस युग में हर स्तर पर इतिहास और साहित्य के बीच अन्तर्सम्बन्ध था, क्योंकि वस्तुजगत तथा आत्मजगत भी आपस में जुड़े हुए थे। साहित्य सहित जीवन के हर क्षेत्र में एक नया इतिहास ही नहीं बन रहा था, इतिहास के बारे में एक नई धारणा भी बन रही थी। इतिहास को विवेकवाद, मानवतावाद और राष्ट्रीय चेतना के विकास की द्वन्द्वात्मक प्रक्रिया के रूप में देखा जा रहा था। इतिहास, साहित्यिक इतिहास भी, वस्तुतः अवरहस्यीकरण तथा राष्ट्रीय अखंडता का एक बौद्धिक हथियार था। आचार्य रामचन्द्र शुक्ल का 'इतिहास' भी इसी प्रक्रिया में सामने आया।''[11] आचार्य शुक्ल ने आलोचकों को चेतावनी देते हुए सचेत किया था कि साहित्यिक कृतियों की व्याख्या और मूल्यांकन करते हुए अपनी व्यक्तिगत रुचियों को अभिव्यक्त न करें वरना इतिहास सार्थक और सम्पूर्ण नहीं बन पाएगा। वर्तमान में स्थिति और भी खराब है। इतिहास पर दृष्टि न डालकर लोग आधुनिक साहित्य को ही टुकड़ों-टुकड़ों में बाँटकर उनका विधावार या दशकों की सीमा में विवेचना करते हैं, संगठित साहित्येतिहासिक चेतना का अभाव होता जा रहा है। बौद्धिक, सांस्कृतिक विकास के लिए जिस व्यापक दृष्टिकोण की आवश्यकता है, वह लुप्त होता जा रहा है। इस मानसिकता पर टिप्पणी करते हुए नामवर सिंह कहते हैं– ''जिस इतिहास से अपरिचित रहकर भी आज का रचनाकार 'परम्परा से अवगत'

होने का दावा करता है, उस इतिहास का होना न होना, लिखा जाना न लिख जाना बराबर है। कौन नहीं जानता कि 'भाषा के उपयोग में ही परम्परा का पालन भी और उसका न्यूनाधिक परिवर्तन भी निहित है। अब हर रचना के जटिल सन्दर्भों की गहराई में उतरने की स्थिति उत्पन्न हो गई है। सन्दर्भ की जटिलता का एक सूत्र है उस मूल पाठक समुदाय की खोज, जिसके लिए साहित्यिक कृति लिखी गई है। क्योंकि कुछ इतिहासकारों के विचार से किसी साहित्यिक कृति का मूल अर्थ स्वयं उस ग्रहणशीलता के द्वन्द्वात्मक सम्बन्ध में ही निहित होता है।''[12] नामवर सिंह की यह आलोचना व्यावहारिक और यथार्थ के धरातल पर टिकी है। नए साहित्येतिहासकारों के लिए यह प्रेरणा है, गलती सुधारने का एक अवसर है तथा साहित्येतिहास का अर्थ समझानेवाली तथ्यपरक बात है। वे इतिहास की वर्तमान दुरवस्था की बात कहते हैं। शंभूनाथ जी भी यही चिन्ता व्यक्त करते हैं–''सन् 60–70 के दशक में 'इतिहास' का स्थान 'शब्द' ने छीन लिया था। साहित्य के इतिहास के प्रति प्रचंड विरोध का रुख छा गया था। एक पूरी पीढ़ी के लिए साहित्य की परम्परा अप्रासंगिक हो गई थी, 'वर्तमान' ही 'प्रधान' हो गया था। 'आत्मसम्पूर्णता', 'स्वतःस्फूर्तता', 'मौलिकता', 'प्रामाणिकता', 'अलगाव', 'विशिष्टता' आदि ही साहित्य के नए प्रतिमान हो गए थे। साहित्य का इतिहास, हिन्दी विभागों के अजायबघर की वस्तु था, जहाँ वह पुराने नामकरण, काल-विभाजन, प्रवृत्तियाँ, कवि-परिचय, उद्भव-विकास की सरलीकृत विवेचना में दम तोड़ चुका था। आज स्वतंत्रता के लगभग चालीस सालों बाद भी विभिन्न विश्वविद्यालयों में साहित्य के इतिहास का अध्ययन नोट्स टाइप के विवरणात्मक इतिहास-ग्रन्थों से आगे नहीं बढ़ सका है। लेखकों और विद्वानों ने अपने देश की जनता के जनतांत्रिक आन्दोलनों का कोई ऐतिहासिक दबाव अपनी चेतना पर महसूस नहीं किया। हमारे देश की साहित्यिक-सांस्कृतिक चेतना ने सन् 47 से पहले इतिहास की जो सृजनात्मक गतिशीलता और ऊँचाइयाँ अर्जित की थीं, जो इतिहासबोध पाया था, उसे स्वातंत्र्योत्तर क्षयशील व्यवस्था ने नष्ट कर दिया। उसने दो मुख्य औजारों से ऐसा किया–आधुनिकवाद और पुनरुत्थानवाद। इसीलिए आज लगता है कि इतिहास के सामने से इतिहास ही खो गया है। आधुनिक साहित्य के इतिहास-लेखन अथवा विच्छिन्न मूल्यांकनों में ऐतिहासिक चेतना का कहाँ-कहाँ अभाव है या शून्यता है, इस पर बहस किए बिना और एक आलोचनात्मक ऐतिहासिक अन्तर्दृष्टि पैदा किए बिना आधुनिक साहित्य का वस्तुपरक और समग्र इतिहास-लेखन सम्भव नहीं है।''[13] यह चेतना, यह अन्तर्दृष्टि पैदा करना आवश्यक है। इतिहास-लेखन के क्षेत्र में रामविलास शर्मा ने उल्लेखनीय कार्य किया है। सर्वदा प्रवहमान परम्पराएँ, जो कभी खत्म नहीं होतीं बल्कि लहरों की तरह उठती, गिरती चलती हैं, पर अनेक प्रश्न उठाए और उन

प्रश्नों के उत्तर भी खोजे। आधुनिक काल के छायावाद युग से आए दिन उदित हो जानेवाले वादों ने मतिभ्रम उत्पन्न कर दिया है और साहित्येतिहासकारों के लिए मुसीबत खड़ी कर दी है। जैसे प्रयोगवाद और नई कविता, अकविता, अकहानी आदि के नियम–कायदों के बीच थोड़ा ही अन्तर है। एक–एक लेखक कई–कई वादों के भीतर लेखन कार्य करता है। अतः समीक्षकों को अत्यन्त सावधानीपूर्वक इस युग का इतिहास लिखना होगा, समीक्षा करनी होगी, विश्लेषण करना होगा। डॉ. शम्भूनाथ कहते हैं–"प्रयोगवाद से लेकर नई कविता, नई कहानी, अकविता, अकहानी आदि तक लगभग 30 सालों के सम्पूर्ण स्वातंत्र्योत्तर आधुनिक साहित्य को यथार्थ विरोधी या प्रगति विरोधी साहित्य घोषित करना सरासर ज्यादती ही नहीं, आत्मघातक भी है। नई कहानी, नए नाटक, निबन्ध, आलोचना में भी बौद्धिक उपनिवेशवाद से मानवीय–जनतांत्रिक चेतना का संघर्ष वस्तु और रूप दोनों स्तरों पर जारी रहा। आधुनिक काल के उत्तरार्द्ध में लेखकों की एक बहुत बड़ी भीड़ है, जो इतिहास की एक निर्णायक शक्ति होते हुए भी आधुनिक इतिहासकारों के लिए एक समस्या है। हर युग या आन्दोलन में आधुनिकता, प्रगतिशीलता और जनवाद का एक ही रूप खोजना गलत है। सन् '47 के बाद आधुनिकीकरण 'पश्चिमीकरण' का पर्याय हो गया था और आधुनिकता खुद संकट में पड़ गई थी। वह उस संकट की आधुनिकता थी, जिसे पतनशील पूँजीवाद ने पैदा किया था। संकट की आधुनिकता इतनी अस्थिर और अनिश्चित प्रकृति की थी कि हर पखवाड़े एक नया साहित्य आन्दोलन अस्तित्व में आ जाता था। नई कविता और नई कहानी के बाद निषेधवाद, भूखी पीढ़ी, अक हानी, दिगम्बर कविता जैसे अनेक नाम सामने आए थे। इन साहित्यिक आन्दोलनों में निराश शिक्षित मध्य वर्ग की निस्सहायता, द्वैध और क्रोध भाव व्यक्त हुआ था। साठोत्तरी उभारों में पूँजीवादी व्यवस्था से व्यक्ति स्तर पर ही सही एक संघर्ष का भाव था, भले उसमें दृष्टिहीनता थी। उत्तर–आधुनिकतावाद किसी नैरन्तर्य में विश्वास नहीं करता और उसमें नव–रोमांटिसिज्म का तत्त्व तमाम इनकारों के बावजूद होता है, जो साठोत्तरी साहित्य में भी था। ऐतिहासिक चेतना और मूल्यबोध के अभाव के बावजूद, ऐसे साहित्य के अराजकतावाद को भी ऐतिहासिक परिप्रेक्ष्य में देखने की जरूरत है।

औपनिवेशिक असर में साठोत्तरी लेखकों ने टुकड़ों में 'बँटे अपने असम्बद्ध अनुभवों को क्रम, तर्क और प्रामाणिकता से परे नितांत निजी अनुभव बना दिया। फिर भी इस साहित्य को अछूत समझना वैसी ही गलती होगी, जैसी प्रगतिवादियों ने छायावाद के सन्दर्भ में की थी। हिन्दी का साठोत्तरी साहित्य छायावाद की कद–काठी का नहीं है, फिर भी इस साहित्य के उस हिस्से में, जिसमें बुनियादी, मानवतावादी और जनतांत्रिक सचेतनता है, एक खास युग के इतिहास का क्षोभ

झाँकता है। नई कविता और नई कहानी के समान इस साहित्यिक उभार में भी आधुनिकतावादी धारा के समानान्तर आधुनिक, प्रगतिशील और जनवादी धारा की पहचान करनी होगी।[14] हर युग के साहित्य में कुछ-न-कुछ ग्रहणीय और कुछ-न-कुछ उपेक्षणीय होता है। हमारे बौद्धिक-सांस्कृतिक जीवन में ऐतिहासिक नैरन्तर्य बनाए रखने के लिए हमें हर नई विधा और हर नई समीक्षा पद्धति को ठीक-ठीक देखना होगा। सभी में से कुछ स्वस्थ और अच्छा लेकर अपने साहित्य को समृद्ध बनाए रखने के साथ उसके प्राचीन सांस्कृतिक गौरव को भी बनाए रखना होगा। ''नई परम्परा में समय-समय पर ऐतिहासिक कारणों से रूढ़ियाँ पैदा हुईं जिनकी समीक्षा साहित्य के इतिहासकार को करनी होगी। इस सम्पूर्ण प्रक्रिया में साहित्य का इतिहासकार आज अपने काम को सामाजिक विकास तथा अन्य सांस्कृतिक घटनाओं से जोड़े बिना नहीं रह सकता। आज कोई भी साहित्येतिहास विशुद्ध साहित्य का इतिहास–रोलॉ बार्थ के शब्दों में–'रचना के उत्पादन, सम्प्रेषण और आस्वादन भर का इतिहास' नहीं हो सकता, लेकिन साहित्य का इतिहास यदि महज एक आर्थिक इतिहास बनकर रह जाए तो साहित्य से भी अधिक क्षति इतिहास की होगी। सामान्यत: आधुनिक काल जिन लक्ष्यों को सामने रखकर आरम्भ हुआ था, उन्हें समाज ने अर्जित करके भी खो दिया। एक तरह से आधुनिक काल ऐतिहासिक रूप से समाप्त हो चुका है। अपने उच्चतर आदर्शों तथा रूढ़ियों के साथ यह ऐतिहासिक काल भक्ति काल जैसा ही गौरवपूर्ण था। हम जिस नए काल और समाज में छलाँग लगा रहे हैं, वह आधुनिक समय और समाज से ही बाहर निकला है, पर इसकी प्रकृति, अन्तर्वस्तु और दिशा पहले से भिन्न ही नहीं कई सन्दर्भों में विपरीत भी है।''[15] अपने लेख के अन्त में डॉ. शम्भूनाथ लिखते हैं–''जब समाज में 'अखंडता' और किसी 'नई समग्रता' की ओर बढ़ने की आकांक्षा पैदा होती है, तभी वह समाज इतिहास की ओर भी बढ़ता है। इतिहास से बननेवाला ही इतिहास बनाता है। इतिहास से विच्छिन्न होकर लिखा गया साहित्येतिहास ऊपरी ऐतिहासिक विवरण मात्र होता है। पहले के सुन्दर उदाहरण आचार्य रामचन्द्र शुक्ल और दूसरे के डॉ. नगेन्द्र हैं। व्यक्तियों तथा सुसंगठित सांस्कृतिक संस्थानों के अन्दर इतिहास बनाने के लिए फिर से रुचि पैदा नहीं होगी, तो पौराणिक, धार्मिक, क्षेत्रीय आधार पर हमारी भाषा और संस्कृति में बौद्धिक तोड़फोड़ को रोकना सम्भव नहीं होगा। आधुनिकतावादी एवं उत्तर-आधुनिकतावादी कुचक्र भी जारी रहेगा।''[16] आधुनिक साहित्येतिहासकारों को इस कुचक्र से बचना चाहिए तथा शुक्ल जी और नगेन्द्र जी की ही तरह बौद्धिकता, नैतिकता, मानवता, समन्वयवाद, परम्परा और संस्कृत के गौरव को बनाए रखने की चिन्ता करते हुए नए साहित्येतिहास ग्रन्थ की रचना करनी चाहिए। यह पीढ़ी के लिए, नए शोधार्थी, विद्यार्थियों के लिए भी आवश्यक है कि

वे अपनी प्राचीन परम्परा का अध्ययन करते हुए नए युग की साहित्य रचना के गुणों-अवगुणों सम्बन्धी विचारों से परिचित हों। वे अपने पूर्ववर्ती और अपने समकालीन साहित्यकारों के विचारों, विश्लेषण पद्धति आदि से परिचित हों। हर विधा के अलग-अलग इतिहास लिखे जाने के सम्बन्ध में भी कुछ लोग सहमति व्यक्त करते हैं। डॉ. नन्दकिशोर नवल कहते हैं-"साहित्य के इतिहास के लिए यह आवश्यक नहीं है कि वह पूरे साहित्य का इतिहास हो। पश्चिम की भाषाओं में साहित्य के छोटे-से छोटे अंग, जैसे-छन्द का इतिहास लिखा गया है। अब हमें भी अलग-अलग कालों और अलग-अलग विधाओं का इतिहास लिखना चाहिए। यह प्रयास इतिहास-लेखन के सामूहिक प्रयास से, जिसके अन्तर्गत ढेर सारे कच्चे-पक्के लेखक हिन्दी साहित्य का एक मुकम्मल इतिहास तैयार करने की कोशिश करते हैं, निश्चय ही अधिक सार्थक होगा, क्योंकि इसमें एक ऐतिहासिक दृष्टि तो होगी। यह दृष्टि सामूहिक प्रयास से तैयार किए गए इतिहास में खुर्दबीन लेकर देखने पर भी नहीं दिखलाई पड़ती। हम आधुनिक हिन्दी कविता का एक इतिहास लिखना चाहते हैं। हम महसूस करते हैं कि दर्शन पर हमने जो कुछ पढ़ा है, वह बहुत दूर तक हमारा साथ नहीं दे रहा है और हमें अनेक नई समस्याओं का सामना करना पड़ रहा है। आखिर हम आधुनिक हिन्दी कविता का नया इतिहास लिखना ही क्यों चाहते हैं? इतिहास-दर्शन के प्रसंग में यह बात देशी-विदेशी विचारकों ने बार-बार कही है कि इतिहास वर्तमान की दृष्टि से किया गया अतीत का पुनर्मूल्यांकन है। इतिहासकार वर्तमान की दृष्टि से अतीत की परीक्षा करता है और उसमें जो कुछ आज के लिए उपयोगी और प्रासंगिक होता है, उसे उभारकर हमारे सामने रखता है। जो लोग समसामयिक हिन्दी कविता से परिचित हैं, वे जानते हैं कि पिछले कुछ वर्ष निश्चित रूप से ऐसे रहे हैं, जिनमें अस्तित्ववादी, निषेधवादी और रहस्यवादी कवि-दृष्टि लगातार अप्रासंगिक होती गई है और एक सामाजिक, तमाम चीजों पर आलोचनात्मक ढंग से विचार करनेवाली, यथार्थवादी कवि-दृष्टि लगातार अपनी सार्थकता प्रमाणित करती गई है। नई कविता को आन्दोलन समाप्त होने के बाद मुक्तिबोध का छायावादोत्तर काल के सबसे बड़े कवि के रूप में उभरना और स्वीकृत होना यही सिद्ध करता है। आज यह स्पष्ट है कि जीवन में यदि उपयोग है, तो इसी दृष्टि का।"[17] अतः इसके पुनर्लेखन के सम्बन्ध में कहते हैं-"हमारी आधुनिक हिन्दी कविता का हमारे जीवन और समाज में कोई उपयोग है या नहीं, और यदि है तो उसकी किस धारा का, किस परम्परा का? कहने की आवश्यकता नहीं होनी चाहिए कि वह धारा और परम्परा समाजवादी, आलोचनात्मक और यथार्थवादी ही हो सकती है। हम महसूस करते हैं कि इस बिन्दु पर आधुनिक हिन्दी कविता के इतिहास का पुनर्मूल्यांकन होना चाहिए जिससे कि हम जान सकें कि उसमें आज

की दृष्टि से क्या मूल्यवान और उपयोगी है।''[18] वे अपने लेख के अन्त में कहते हैं– ''आधुनिक हिन्दी कविता के इतिहास-लेखन की सार्थकता निश्चय ही इस बात में है कि इस इतिहास को नई सामाजिक और साहित्यिक आवश्यकताओं के अनुरूप पुनर्गठित और संयोजित किया जाए। इसके लिए उसे अद्यतन ही नहीं बनाना है, उसका पुनर्मूल्यांकन करना है, जिससे उसका सर्वाधिक प्रासंगिक रूप उभरकर हमारे सामने आ जाए। कोई हर्ज नहीं, यदि उसके कुछ पहलू दब जाएँ, जिनका हमारे समसामयिक जीवन और साहित्य से वैसा सरोकार न रहा।''[19] डॉ. रामचन्द्र तिवारी 1857 के स्वतंत्रता संग्राम के साथ हिन्दी साहित्य को जोड़ते हैं और समसामयिक हिन्दी रचनाओं और रचनाकारों को लेकर इतिहास के पुनर्लेखन की आवश्यकता को अनुभव करते हैं। वे कहते हैं–''डॉ. रामविलास शर्मा की अवधारणाओं से हिन्दी जाति के साहित्य का जो ढाँचा उभरता है वह पूरी तरह स्पष्ट नहीं है। उनके अनुसार हिन्दी का 14वीं सदी से लेकर आज तक का साहित्य आधुनिक काल का साहित्य है। इसको दो भागों में बाँटा जा सकता है–14वीं सदी से 1857 ई. के स्वतंत्रता संग्राम तक का साहित्य और 1857 के बाद का साहित्य। पहले कालखंड को पूर्व आधुनिक काल और दूसरे को उत्तर-आधुनिककाल कहा जा सकता है।

इन दोनों कालखंडों के अन्तर्गत आनेवाली अनेक काव्यधाराओं, प्रवृत्तियों और विधाओं को किस रूप में प्रस्तुत किया जाएगा, यह स्पष्ट नहीं है। इसके अतिरिक्त डॉ. शर्मा की इतिहास-दृष्टि समाज-व्यवस्था को केन्द्र में रखती है। वह साहित्य के इतिहास और समाज व्यवस्था के इतिहास को एक स्तर पर देखती है। ऐसी स्थिति में साहित्य की सापेक्षिक स्वायत्तता और निजी विशिष्टता के बाधित होने की आशंका स्वाभाविक है। आचार्य द्विवेदी की दृष्टि चिन्ताधाराओं की निरन्तरता और मानवीय सांस्कृतिक मूल्यों के सन्दर्भ में उनकी पुनर्नवता की व्याख्या तो करती है किन्तु मूल्यों के सामाजिक आधार को अपेक्षित महत्त्व नहीं देती। ऐसी स्थिति में हमें पुनः आचार्य शुक्ल की इतिहास-दृष्टि को केन्द्र में रखकर सोचने और निर्णय लेने के लिए लौटना पड़ता है। निश्चित रूप से उनके इतिहास का ढाँचा पुराना पड़ गया है। लेकिन उससे बेहतर और व्यवस्थित दूसरा ढाँचा अभी सामने नहीं आया है। अतः आवश्यकता उनके ढाँचे को हथौड़े से मारकर तोड़ने की नहीं संयम के साथ उनकी स्थापनाओं, तर्कों और निर्णयों पर गम्भीरतापूर्वक विचार करके उसे पुनः सँवारने और नए सन्दर्भों के अनुकूल सन्तुलित और प्रासंगिक बनाने की है।[20] आचार्य रामचन्द्र शुक्ल का हिन्दी साहित्य का इतिहास मील का पत्थर सिद्ध हुआ। उनके बाद अनेक साहित्येतिहासकारों ने अपनी-अपनी सामर्थ्य और बुद्धि के अनुरूप इतिहास-ग्रन्थ लिखे। हर काल में नया इतिहास लिखा जाना आवश्यक है। इसके लिए लेखकों ने अपनी-अपनी बुद्धि के अनुसार तर्क दिए और तथ्य प्रस्तुत किए। 'रसाल' जी कहते

हैं–''इतिहास किसी देश या जाति की प्राचीन एवं अर्वाचीन घटनाओं के विवरण का एक सुव्यवस्थित समुच्चय है। इसके पठन से हमें उस देश एवं समाज का पूरा हाल ज्ञात हो जाता है। हम यह जान सकते हैं कि भूतकाल में देश और समाज की क्या दशा थी, फिर उसमें किस प्रकार कब-कब, कैसे और क्यों-क्यों परिवर्तन होते आए और अब वे किस रूप में हमें प्राप्त हो रहे हैं। यह विदित हो जाता है कि देश और समाज ने कितनी उन्नति एवं अवनति की है और उसके क्या-क्या कारण थे, सभ्यता की विकास वृद्धि के मार्ग पर देश किस प्रकार, कितना और क्यों प्रगतिशील हुआ है। इससे हम अपना सुधार एवं परिमार्जन भी कर सकते हैं।''[21] यह सब जानकारी प्राप्त करने के लिए लाभ उठाने के लिए यह आवश्यक है कि साहित्येतिहास का पुनर्लेखन होता रहे ताकि प्राचीन परम्परा के साथ नए तथ्य जुड़ते रहें। आचार्य रामचन्द्र शुक्ल के बाद अनेक इतिहास लिखे गए जिनमें से अधिकांश साहित्येतिहासकार अपनी क्षेत्रीयता की सीमा से आगे नहीं बढ़ सके।

विभिन्न ग्रन्थों की रचना हुई जिनमें अनेक त्रुटियाँ और अनेक अभाव सामने आए जिन्हें परवर्ती साहित्येतिहासकारों ने दूर करने की चेष्टा की। कुछ पुरानी कमियाँ सामने आईं। यह क्रम लगातार चलता रहता है। इधर कुछ वर्षों से साहित्येतिहास लेखन में कुछ कमी आई है और कुछ नए वादों और विधाओं का जन्म भी हुआ है। अत: समसामयिक घटनाचक्रों को लेकर नए इतिहास का लिखा जाना आवश्यक है, ताकि जिस तरह हम लिखे जा चुके इतिहासों के माध्यम से प्राचीन ऐतिहासिक परम्परा पर दृष्टि डालते हैं, उसकी प्रकार आनेवाली पीढ़ी भी हमारे इस वर्तमान समय और साहित्य से परिचित हो सके।

बच्चन जी कहते हैं, ''साहित्य के इतिहास को साहित्यिक बनाए रखना इतिहासकार का धर्म है अत: वैयक्तिक रुचि का परित्याग करते हुए, क्षेत्रीयता की सीमा से निकलकर, अपनी मानसिकता को स्वस्थ एवं विस्तृत बनाए रखकर हर साहित्यिक रचना और रचनाकार को इतिहास में स्थान देना आवश्यक है। अन्तर्राष्ट्रीय हलचलों, राजनीतिक, सामाजिक, सांस्कृतिक, आर्थिक आदि विभिन्न गतिविधियों को गहन, गूढ़ दृष्टि से देखकर समीक्षा, आलोचना करते हुए साहित्येतिहास का लिखा जाना आवश्यक है, ताकि यह सामग्री, शोधार्थी, परीक्षार्थी, जिज्ञासु जनों के लिए लाभदायी सिद्ध हो सके।''

सन्दर्भ ग्रन्थ

1. डॉ. नगेन्द्र, हिन्दी साहित्य का इतिहास, पृ. 17
2. बच्चन सिंह, हिन्दी साहित्य का दूसरा इतिहास, भूमिका से, पृ. 8
3. वही
4. शिवदान सिंह चौहान, हिन्दी साहित्य के अस्सी वर्ष, पृ. 8-9

5. वही, पृ. 11-12
6. वही, पृ. 19-20
7. डॉ. रामखेलावन पांडेय, हिन्दी साहित्य का नया इतिहास, पृ. 22
8. राजेन्द्र सिंह गौड़, हिन्दी भाषा और साहित्य का विकास, पृ. 40
9. डॉ. गणपति चन्द्र गुप्त, हिन्दी साहित्य का विकास, पृ. 9
10. डॉ. शम्भूनाथ, हिन्दी साहित्य का इतिहास, पुनर्लेखन की समस्याएँ, सं. श्याम कश्यप पृ. 129
11. डॉ. शम्भूनाथ, वही
12. डॉ. नामवर सिंह, हिन्दी साहित्य के इतिहास पर पुनर्विचार (1961), उपयुक्त पुस्तक में संकलित
13. डॉ. शम्भूनाथ, वही
14. वही, पृ. 135
15. वही, पृ. 136
16. वही, पृ. 136
17. डॉ. नन्दकिशोर नवल, हिन्दी साहित्य का इतिहास–पुनर्लेखन की समस्याएँ, सं. श्याम कश्यप, पृ. 123-24
18. वही
19. वही, पृ. 128
20. डॉ. रामचन्द्र तिवारी, वही, पृ. 85
21. डॉ. रामशंकर शुक्ल 'रसाल', हिन्दी साहित्य का इतिहास, पृ. 3

❑❑❑